SHOPPING 2006
LA GUIDA PER COMPRARE BENE

Hélène Cadario

DeAGOSTINI

Responsabile editoriale: Marco Lissoni
Caporedattore: Fabio Pelliccia
Redazione: Giulio Galli, Loredana Micillo
Coordinamento grafico e copertina: Marco Santini
Impianti cartografici: Maria Grazia Quaglia
Coordinamento tecnico: Roberto Ghidoli

Testi: Hélène Cadario
Progetto grafico e impaginazione: Laboratorio s.r.l., Milano

Pubblicazione periodica a volumi annuali
Direttore responsabile: Pietro Boroli
Registrazione Tribunale di Novara n° 30, in data 16.12.2004

La guida è stata chiusa in redazione l'11 Luglio 2005 e le informazioni riportate sono aggiornate a quella data. Tali informazioni, tuttavia, sono soggette a notevoli variazioni. L'Editore non può essere pertanto ritenuto ragionevolmente responsabile per eventuali inconvenienti o danni subiti dal lettore. La Redazione sarà grata per qualsiasi suggerimento che possa contribuire al miglioramento dell'opera:
Redazione Turismo
Corso della Vittoria 91 - 28100 - Novara
e-mail: redazione.turistica@deagostini.it

Stampa e Legatura: La Tipografica Varese 2005

SOMMARIO

COME LEGGERE LA GUIDA

In apertura di ogni regione gli esercizi descritti nelle pagine successive sono ordinati per categoria merceologica.

In ogni regione gli esercizi sono ordinati per località e, all'interno di questa, per categoria merceologica principale in ordine alfabetico.

Gli esercizi più interessanti per qualità dell'offerta, sono evidenziati da un fondo di colore e dal simbolo dell'Oscar.

Categoria merceologica principale

Comune e provincia

Coordinate cartografiche

Categorie merceologiche secondarie

Nome dell'esercizio

Indirizzo

Tipologia (vedi glossario pag.11)

Telefono, fax, indirizzo web, e-mail e orari

Servizi

Indicazioni stradali

Sconti praticati

Descrizione

LEGENDA DEI SIMBOLI

CATEGORIE MERCEOLOGICHE

Abbigliamento	Abbigliamento classico, moda e casual, uomo e donna
Accessori	Bigiotteria, foulard, cappelli, cravatte, occhiali, uomo e donna
Alimentari	Prodotti alimentari
Bambino	Abbigliamento, calzature, accessori e intimo bambino; abbigliamento prémaman; arredamento per camerette, culle e carrozzine; giocattoli; prodotti cosmetici e preparati di puericultura
Bazar	Piccola oggettistica, articoli da regalo
Calzature e Pelletteria	Calzature, accessori in pelle, borse, valigie, guanti
Casa	Mobili e complementi d'arredo, biancheria e tessile casa, casalinghi
Cosmetici e Profumi	Cosmetici e profumi
Elettronica	Televisori, impianti hi-fi, lettori CD, DVD e VHS, computer, telefoni cellulari, palmari
Gioielli e Orologi	Gioielli e orologi
Hobby e Fai-da-te	Bricolage, fai-da-te
Intimo/Mare	Articoli intimo e mare, uomo e donna
Sport	Articoli sportivi, abbigliamento e calzature sportive, uomo e donna
Tessuti	Tessuti per abbigliamento e di arredamento
Vino e Liquori	Vino e liquori

SERVIZI

- Carte di credito accettate
- Carte di credito non accettate
- P Parcheggio
- Accesso facilitato ai disabili
- Sportello bancomat
- Carta fedeltà
- Parco giochi
- Bar
- Ristorante
- Self-service
- Spazi espositivi
- Gelateria
- Pizzeria
- T Tabacchi
- Centro estetico
- Edicola
- Farmacia
- Libreria
- Sartoria
- Organizzazione eventi

ATLANTE STRADALE

Tutte le località che compaiono nella guida sono evidenziate sull'atlante stradale in scala 1: 750 000. Le 18 località dove sorgono le cittadelle outlet sono evidenziate in giallo e rosso, tutte le altre località in giallo.

IL TREND NEGLI ACQUISTI

I consumi cambiano

In tempi di difficoltà economiche, come quelle in cui si è trovato a vivere l'Occidente dopo l'11 settembre 2001, anche il modo di consumare è cambiato. E forse il simbolo più appariscente di questo cambiamento è il fatto che uno stilista superstar come Karl Lagerfeld abbia disegnato nel 2004, anche se per una sola stagione, una linea di abbigliamento per i grandi magazzini svedesi H&M (Hennes & Mauritz) o che un altro grande della moda come Jean-Paul Gaultier firmi una collezione per il catalogo di vendita per corrispondenza francese La Redoute. Oggi l'alto contenuto moda e design si vende meglio se è a prezzo popolare. È questo il trend del nuovo millennio ed è per questo che vediamo fiorire nei centri delle nostre città negozi di moda e design a poco prezzo (Zara, H&M, Mango, Muji) e, nelle periferie grandi, catene di mobili e oggetti per la casa a prezzi assolutamente concorrenziali (Ikea). Basta andarci un sabato pomeriggio e osservare le code alle casse per capire che è un concetto che funziona.

Gli outlet

In questa nuova dimensione del consumo s'inserisce anche lo shopping negli outlet o spacci. Lì si trova il capo o l'oggetto originale di buona marca (sinonimo di design e qualità) a prezzo ridotto. Un affare al quale rinunciano in pochi. Lo spaccio o outlet è una forma di commercio che nasce nelle fabbriche in America ma esiste da decenni anche in Italia, prima come luogo riservato ai dipendenti e ora quasi sempre aperto al pubblico. Per molte aziende oggi il fatturato dell'outlet è diventato una parte importante del business, infatti i grandi marchi evitano di dare cifre o percentuali al riguardo, perchè il fatturato degli outlet è in espansione continua. Si dice anche che in alcune grandi aziende esista una produzione ad hoc per poter riempire continuamente gli scaffali degli outlet. In genere, la maggior parte dei grandi marchi italiani non solo non ama pubblicizzare i propri outlet ma evita anche di segnalarli, proprio perché la loro ricerca sia una vera e propria caccia al tesoro.

Le cittadelle outlet e lo shopping ricreativo

In Italia il mercato degli outlet è cresciuto notevolmente negli ultimi anni con l'apertura a partire dal 1998 delle cittadelle outlet, spesso nate da joint-venture tra società straniere specializzate e partner italiani. Queste società, con

la loro organizzazione collaudata da anni di esperienza, si sono accaparrate i marchi più importanti del mercato.
Architettonicamente è prevalso il gusto anglosassone che ha visto fiorire nelle nostre campagne villaggi a tema ispirati all'architettura locale, ma più spesso costruiti in uno stile che ricorda Las Vegas. Un fatto dettato dalla necessità di disegnare un luogo, o non-luogo come potrebbe sostenere più di un sociologo, dove il fare shopping diventi un'esperienza ludica.
Anche se il fenomeno nasce in America, oggi in Europa si contano ben una settantina di cittadelle outlet, che coprono all'incirca 1 milione di metri quadrati di superficie. Le cittadelle outlet italiane sono villaggi o centri commerciali dove si trovano boutique con prodotti a prezzo ridotto. Oltre alle boutique, molte cittadelle outlet propongono anche una serie di spazi dedicati allo svago, come bar, ristoranti, aree o parco giochi per bambini, multisale per cinema, attrazioni, piccoli concerti... A prima vista, la cittadella outlet può sembrare il nuovo oppio dei popoli, offrendo un'oasi dove una famiglia passa la domenica a fare acquisti o solo a sognare. In America il vagare per outlet e cittadelle come fosse un'attività per il tempo libero è stato battezzato "recreational shopping" (shopping ricreativo).

Lo shopping trasversale

In America, outlet e cittadelle hanno avuto un tale successo di pubblico da preoccupare per i loro futuro i proprietari dei negozi tradizionali. La tendenza si ripercuoterà anche in Italia? Probabilmente sì, perché qui, come in America, il trend vede consumatori che vanno più numerosi nell'outlet di uno stilista che nella sua boutique. E non si tratta solo di clienti con problemi economici. Oggi l'outlet è frequentato anche da chi può permettersi di andare nei negozi più esclusivi. Negli USA questo nuovo fenomeno si chiama "cross-class shopping" (shopping trasversale interclassista). È saltata la gerarchia dello shopping che ha caratterizzato la fine del secolo scorso, quando si frequentavano le boutique soltanto in funzione dei mezzi finanziari che si avevano. Oggi i consumatori sono un movimento indefinibile che segue sì una moda ma non necessariamente quella della stagione in corso e la va a cercare dove è più interessante, anche economicamente. Il consumatore in generale – e quello italiano in particolare – non è più quello degli anni Ottanta, desideroso di apparire a tutti i costi (anche a quello di indebitarsi) e che comprava tutto a qualsiasi prezzo, purché fosse un marchio alla moda. Oggi, in tempi poco sicuri e con un potere di acquisto ridotto, il consumatore ha sicuramente meno voglia di apparire. Se può permetterselo, spende di più per il suo benessere (piccoli viaggi, trattamenti estetici) e per il resto compra quello che gli serve dove conviene.

PER ORIENTARSI NELL'OFFERTA

La moda, gli stilisti, le loro linee e licenze

In partenza, tutte le linee degli stilisti non hanno lo stesso prezzo al pubblico, sono state pensate in funzione di fasce di mercato e di prezzo diverse. Per questo, anche negli outlet hanno prezzi diversi. Le linee più importanti nella moda, in termine di contenuto immagine e prezzi, sono:

- **Alta Moda / Haute Couture.** La linea più cara in assoluto. Abiti su misura realizzati a mano nelle pochissime grandi sartorie oramai rimaste sul mercato (per esempio: Valentino Alta Moda). È una linea che sfila. Non si trova mai negli outlet, ma, se si è fortunati, si può trovare nelle boutique vintage. Solo pochi stilisti fanno alta moda.

- **Prêt-à-porter / Alta Moda Pronta / Ready to Wear / Prima linea.** La prima linea dello stilista. In genere sfila. Porta il nome dello stilista o del marchio (Giorgio Armani, Gucci).

- **Seconda linea / Linea giovane.** In genere queste linee costano al pubblico 20-30% in meno della prima linea. I marchi più importanti le fanno sfilare (D&G, Philosophy di Alberta Ferretti).

A prezzi ancora più bassi, ci sono poi:

- **Linee Sport, Jeans e linee conformate (per le grandi taglie).** Si tratta quasi sempre di licenze, cioè di linee realizzate da industrie terze specializzate su disegno di uno stilista.

Altre linee di abbigliamento:

- **Linea intimo/mare/lingerie.** In genere si tratta di licenze, cioè di linee realizzate da industrie terze specializzate su disegno di uno stilista (D&G, Calvin Klein). Sono linee di lingerie più care, perché firmate.

E, infine, ci sono tutte le linee di accessori:

- **Linea accessori (scarpe, borse, pelletteria).** Quando l'industria che produce il marchio è specializzata in pelletteria (Gucci, Prada, Ferragamo) è un prodotto realizzato in casa, altrimenti si tratta di licenze, cioè di linee realizzate da industrie terze specializzate su disegno di uno stilista.

- **Linea Occhiali.** Si tratta sempre di licenze, cioè di linee realizzate da industrie terze specializzate su disegno di uno stilista (Gucci, Armani). Sono linee di occhiali da sole e montature da vista normalmente più care, perché firmate.

- **Linee gioielleria e orologeria.** Si tratta sempre di licenze, cioè di linee realizzate da industrie terze specializzate su disegno di uno stilista (orologi Salvatore Ferragamo).
- **Profumeria e cosmetici.** Si tratta quasi sempre di licenze, cioè di prodotti realizzati da industrie terze specializzate per uno stilista (Chanel, Versace).

Altri prodotti o linee disegnate da uno stilista:

- **Linea casa.** In genere si tratta di licenze, cioè di linee realizzate da industrie terze su disegno di uno stilista (Missoni, Valentino). Sono linee per la casa più care, perché firmate.
- **Linea Junior o Bimbo.** In genere si tratta di licenze, cioè di linee realizzate da industrie terze su disegno di uno stilista (Moschino, D&G).

Gli stilisti possono anche disegnare o firmare pellicce, macchine, oggetti, piastrelle, rubinetti, cioccolatini... il loro nome è lì, oltre che per ricevere royalties, per dare garanzia di immagine al prodotto.

Gli orari

Si consiglia sempre di verificare gli orari di apertura e chiusura. Infatti non sono pochi gli outlet che cambiano orari in base alla stagione e tendono a chiudere prima durante i mesi invernali.

I marchi in vendita e la merce a disposizione

Può capitare che il marchio che si cerca non sia disponibile nel punto vendita in quel momento. Oppure che non ci siano le borse di quel marchio particolare ma solo l'abbigliamento. Come tutti i negozi, gli outlet e le stockhouse vendono merce che prima o poi finisce.
Si ricorda anche che se un capo, un oggetto, un accessorio hanno avuto un grande successo di pubblico nella rete di vendita regolare, è molto difficile poi vederli finire in un outlet o in una stockhouse.

Gli sconti

In questa guida indichiamo gli sconti dichiarati dal punto vendita.
Vogliamo ricordare, però, che in certi punti vendita il "fare affari" è relativo. Dipende quanto si è abituati a spendere in partenza.
Per esempio, negli outlet dei grandi marchi della moda italiana una borsa in pelle della stagione precedente può costare tra 200 e 450 euro.

Le migliori occasioni

I migliori affari si fanno durante il periodo dei saldi. È in questo momento che i prezzi (già scontati in partenza) possono abbassarsi fino al 70%. Sono due i momenti clou dei saldi (possono variare secondo le regioni e le città): dopo le feste di Natale e prima delle vacanze estive. Una telefonata all'outlet permette di avere la data esatta di inizio dei saldi.

Un po' di buon senso

■ Ricordarsi che questo tipo di esercizio ha l'abitudine di rifornire i propri scaffali molto spesso (in genere almeno una volta alla settimana); pertanto se si cerca qualcosa di preciso, prevedere anche più di una visita.

■ Meglio evitare di frequentare stockhouse e outlet durante il fine settimana per poter fare shopping con maggiore tranquillità. Se il weekend è l'unica possibilità, cercare di andare subito all'apertura.

■ Se si può, scegliere il giovedì o il venerdì, quando gli scaffali sono stati riforniti in previsione del weekend.

■ Ricordarsi di fare sempre una scelta equilibrata tra qualità e prezzo, non comprare solo perché lo sconto è rilevante.

■ Controllare sempre l'articolo che è stato ribassato molto, per capire se il motivo del forte sconto sia dovuto a un difetto poco visibile (affare) oppure a un danno che lo rende inutilizzabile (fregatura).

■ Aspettarsi lunghe code alla cassa, soprattutto durante i fine settimana.

■ Darsi un budget in precedenza.

■ Se si accompagnano turisti provenienti da paesi extracomunitari, ricordarsi che la maggior parte dei grandi outlet e delle cittadelle ha a disposizione il tax refund form (modulo di rimborso IVA).

GLOSSARIO

I LUOGHI

- **Cittadelle outlet / Mall:** piccoli villaggi o padiglioni industriali dove trovare più marchi, di solito in vendita diretta dall'azienda produttrice, a prezzi scontati. L'aspetto esterno di tali spazi varia dal capannone industriale alla costruzione di veri e propri villaggi a tema (McArthurGlen, Fashion District), dove ogni negozio ha vetrina su strada. L'aspetto interno di ogni negozio è in genere quello ordinato di una boutique, ma può anche presentare scaffali e cesti con merce alla rinfusa.

- **Spaccio aziendale / Factory outlet:** un punto vendita diretto gestito dall'azienda produttrice del marchio dove trovare prodotti in ottimo stato oppure fallati o difettati. La merce è in genere quella delle stagioni precedenti.

- **Stocchista / Stockhouse:** un negozio dove si vendono fondi di magazzino (stock) di vari marchi, per lo più delle passate stagioni, anche difettati o fallati. In genere i marchi che non hanno outlet finiscono nelle stockhouse, ma non solo. Le stockhouse comprano anche direttamente i fondi magazzino (in genere dopo i saldi) delle boutique multimarca.

- **Vintage / Usato selezionato:** un negozio che vende abbigliamento, accessori o oggetti usati in buono stato e con un buon contenuto di immagine. Si possono trovare anche i grandi marchi del passato.

- **Grossista:** un negozio non aperto normalmente al pubblico, che rifornisce i commercianti.

- **Negozio discount:** un negozio che acquista prodotti in grandi quantità in modo da ottenere prezzi migliori per il pubblico.

- **Laboratorio artigianale:** un laboratorio o negozio dove un artigiano vende la sua piccola produzione. Spesso lavora anche su ordinazione.

- **Sartoria:** un laboratorio o negozio dove vengono realizzati su misura capi di abbigliamento.

- **Rigattiere:** un negozio o bazar dove si trova piccolo antiquariato e modernariato, non sempre in stato perfetto.

- **Mercato rionale:** alcuni mercati di quartiere dove si trovano bancarelle che effettuano vendite di fondi magazzini di buona qualità al pubblico (in pratica, una stockhouse all'aperto).

GLOSSARIO

I PRODOTTI

- **Abbigliamento vintage:** capi vecchi di molte stagioni, in generale usati, di buona marca e in ottimo stato.
- **Abbigliamento usato:** abbigliamento usato di ogni tipo, anche non firmato, in stato decente.
- **Alimenti stagionali:** anche le fabbriche hanno prezzi scontatissimi per prodotti a fine stagione (un esempio per tutti: il panettone a gennaio).
- **Campionari:** le collezioni che sono state utilizzate per vendere il prodotto. Sono oggetti o capi provenienti da esposizioni. Oppure sono prodotti usati per servizi fotografici e pubblicità.
- **Capi da sfilata:** capi di una collezione che ha sfilato in passerella oppure in showroom.
- **Imballo difettoso o rovinato:** abbastanza comune nel settore alimentare, il difetto dell'imballo non permette che il prodotto sia venduto attraverso i normali canali di distribuzione.
- **Oggetti vintage:** modernariato, oggetti d'arredo usati e scelti, di buona marca o con buon contenuto di immagine.
- **Prima e seconda scelta:** di prima scelta è un capo o un oggetto integro, senza difetti. Di seconda scelta è un capo o un oggetto con almeno un difetto (in genere segnalato).
- **Prodotti alimentari difettati:** di ottima qualità (quella garantita dal marchio), ma il prodotto non si presenta perfettamente.
- **Stock e rimanenze:** l'invenduto rimasto in magazzino delle stagioni passate.

Le Cittadelle Outlet

Canton Ticino (Svizzera)

MENDRISIO *3-BCc*

Foxtown Factory Stores

+41848828888
www.foxtown.ch
lun-dom (11.00-19.00)

Via Maspoli 18 - cap 6850

Ad appena 50 km da Milano, è una cittadella che vale il viaggio, con le sue 130 boutique e circa 200 marchi che vendono prodotti di alta qualità: abbigliamento uomo, donna e bambino, sportswear, intimo,accessori (scarpe e borse), tessile per la casa, oggetti per arredo, argenteria, gioielleria e orologeria, cosmetici, casalinghi, telefonia, occhiali. Un modello di successo che presto si inaugurerà a Shangai e a Tokyo. Lo spazio si articola su 25.500 mq disposti su quattro livelli, collegati tra loro da scale mobili e ascensori. È uno spazio dove è facile perdersi, ma anche riprendersi dalle "fatiche" dello shopping in uno dei numerosi punti di ristoro.
Tra i servizi presenti una farmacia, una libreria, un parrucchiere, un beauty center e un Casinò per chi non rinuncia al gioco d'azzardo.
Proprio accanto si trovano i 700 mq di Golf Espace: tutto per il golf ai prezzi più bassi d'Europa.
Si paga sia in franchi svizzeri che in euro.

→ **Come arrivare:** A9, dogana di Chiasso-Brogeda; A2 Lugano, dopo 7 km dal confine, uscita Mendrisio.

€ **Sconti: dal 30% al 70%**

Alcuni marchi

- Adidas
- Baldinini
- Bally
- Balmain
- Bassetti
- Brums
- Bruno Magli
- Cerruti
- Diadora
- Diesel
- Dolce & Gabbana
- Esprit
- Etro
- Facis
- Fratelli Rossetti
- Frette
- Gabel
- Gucci
- Guess
- Hugo Boss
- Iceberg
- Just Cavalli
- Lagostina
- La Perla
- Levis
- Malo
- Mariella Burani
- Missoni
- Nike
- Puma
- Prada-Miu Miu
- Polo Ralph Lauren
- Salvatore Ferragamo
- Samsonite
- Tommy Hilfiger
- Trussardi
- Valentino
- Versace
- Yves Saint Laurent

Valle d'Aosta

QUART (AO) *1-Bb*

Factory Store Fifty

Loc. Amerique 125:
0165775186
FAX 0165775187
Loc. Amerique 9/a:
0165765960
aosta@fifty.it
www.filty.it
lun (15.00-19.30), mart-dom (10.00-19.30)

(1) Loc. Amerique 125 - cap 11020
(2) Loc. Amerique 9/a - cap 11020

Oltre al centro Fifty aperto nel 1996 nella zona industriale Amérique al 125, da novembre 2004 il Fifty di Aosta ha aperto uno spazio più ampio, in un secondo indirizzo sempre nella stessa zona (Amérique 9/a).
Bella scelta di marchi di abbigliamento uomo, donna e bambino che vanno dal classico, allo sportswear di grande qualità, alla moda giovane. Inoltre Fifty propone anche un'ottima scelta di abbigliamento e accessori per lo sport, come testimoniano i 900 mq tutti dedicati a **Nike** al primo piano di Amérique 125. È anche un buon indirizzo per la scelta di intimo e di accessori: scarpe, borse e zaini. I due centri si suddividono le linee.
È disponibile una tessera fedeltà da richiedere online (www.fifty.it) valida in tutti i Fifty d'Italia, con la quale ottenere premi a partire da 100 punti (un punto per ogni 5,16 euro di spesa).
Oltre ai due negozi di Aosta, la Fifty ha altri tre grandi punti vendita nel Centro Nord: a Meda vicino a Milano, a Biella in Piemonte e a Modena in Emilia-Romagna.

→ **Come arrivare:** A5, usclta Aosta, SS26 direzione Aosta, a sinistra al primo semaforo e, dopo 100m a sinistra per Fifty (1) e a destra per Fifty (2).

Sconti: dal 30% al 50%

Alcuni marchi

- Alpraush
- Audace
- Barbour
- Ben Sherman
- Binker
- Blue Marlin
- Blukey
- Cerruti Jeans
- Conte of Florence
- Esologue
- Gsus
- Guy Laroche
- Hangten
- Indian Rose
- Invicta
- Jaguar
- Koko
- Machu Picchu
- Marina Yachting
- MBC
- Murphy &Nye
- Nike
- Perofil
- Play Boy
- Woolrich

Piemonte

SERRAVALLE SCRIVIA (AL) *11-Ab*

McArthurGlen Serravalle Outlet Village

0143609000
infoserravalle@b-m-g.it
www.mcarthurglen.it
lun-ven (10.00-19.00), sab, dom (10.00-20.00); ferie 1 gen, Pasqua, 25 dic, 26 dic

Statale dei Giovi 35bis - cap 15069

È la prima cittadella dello shopping nata in Italia nel 2000, grazie alla joint-venture tra McArthurGlen, la società inglese leader nello sviluppo e nella gestione di Designer Outlet in Europa, e Fingen, la holding fiorentina di Corrado e Marcello Fratini. È la cittadella outlet più grande d'Europa, un vero e proprio villaggio con un susseguirsi di edifici colorati a due piani e portici costruiti in uno stile che si ispira all'architettura locale.
170 boutique, distribuite su 44.300 mq, propongono abbigliamento classico e sportivo per uomo, donna e bambino, intimo, accessori (bella scelta di scarpe, borse e valigeria), tessile e oggetti per la casa, porcellane, cosmetici. Ci sono proposte per tutte le età e tutti gli stili.
A Serravalle si fanno buoni affari, la merce è di grande qualità e sono presenti molti marchi di lusso che danno lustro alla moda italiana.
Purtroppo ci sono code già dall'uscita autostradale, soprattutto durante i weekend ma la gita è altamente raccomandata.

→ **Come arrivare:** A7, uscita Serravalle Scrivia.
€ **Sconti: dal 30% al 70%**

Alcuni marchi

- Adidas
- Aspesi
- Bassetti
- Bulgari
- Cacharel
- Calvin Klein Jeans
- Diadora
- Diesel
- Dolce e Gabbana
- Energie
- Etro
- F.lli Rossetti
- Frette
- Furla
- Guess
- Invicta
- Lacoste
- La Perla
- L'Altra Moda
- Levi's
- Liu Jo
- Loro Piana
- Luciano Barbera
- Madina Milano
- Malo
- Marzotto
- Mc Kenzy
- Moncler
- Nike
- Petit Bateau
- Pineider
- Prada
- Reebok
- Roberto Cavalli
- Rosenthal
- Samsonite
- Sergio Tacchini
- Sutor Mantelassi
- Swarovski
- Toy Center
- Valextra
- Versace
- Villeroy & Boch
- Wolford
- Wrangler/Lee

VERRONE (BI) *1-Dc*

Factory Store Fifty

Statale Trossi 14 - cap 13871

0152557057
FAX 0152557056
biella@fifty.it
www.fifty.it
lun (15.30-19.30),
mart-ven, dom (10.00-12.30,
15.00-19.30),
sab (9.30-12.30, 14.30-19.30)

Vicino a Biella, in una zona industriale ad alta densità di spacci di vario genere (anche per questo vale il viaggio), il padiglione industriale di 3 000 mq della Fifty è comodamente suddiviso in corner. Ampia scelta di rimanenze e fine serie a prezzo di fabbrica di diversi marchi di abbigliamento per uomo, donna e bambino. Prodotti classici tipici del biellese, sportswear di grande qualità, abbigliamento e accessori per lo sport e la moda giovane. Fifty ha anche un'ottima scelta di intimo e accessori come borse, zaini, scarpe e occhiali (anche da vista). Oltre a quello di Biella, la Fifty ha altri quattro grandi punti vendita in Italia: uno a Meda (Lombardia), due ad Aosta (Val d'Aosta) e uno a Modena (Emilia-Romagna). È disponibile una tessera fedeltà da richiedere online (www.fifty.it) valida in tutti i Fifty d'Italia con la quale ottenere premi a partire da 100 punti (un punto per ogni 5,16 euro di spesa).

→ **Come arrivare:** A4, uscita Carisio, direzione Biella, poi per Verrone.

Sconti: dal 30% al 50%

Alcuni marchi

- ABKost
- Allen Cox
- Alpraush
- ArgentoVivo
- Baci Rubati
- Barbour
- BD Baggies
- Ben Sherman
- Blue Marlin
- Blus
- Bocodo
- Conte of Florence
- Custo Barcelona
- Dubin
- Gallieni
- Gioia
- Gsus
- Hamilton
- Henry Lloyd
- Indian Rose
- Invicta
- Julipet
- J&S
- Koko
- Lemon
- Ma.al.bi
- Mbc
- Mura Collant
- New Balance
- Nudie
- Peter Hadley
- Pickwick bimbo
- Play Boy accessori
- Stef in Time
- Store House
- Timberland
- Vespa
- Woolrich

Piemonte

VICOLUNGO (NO) *1-Dbc*

Vicolungo Outlets

0321835032
FAX 0321835690
vicolungooutlets@vicolungooutlets.com
www.vicolungooutlets.com
lun-gio (10.00-19.00), ven-dom (10.00-20.00)

P.zza Santa Caterina (ang. via Papa Giovanni XXIII) - cap 28060

■ Inaugurata il 7 ottobre 2004, è una cittadella con 75 negozi outlet che vendono circa 100 marchi su una superficie totale di 19.000 mq. L'architettura di Vicolungo è moderna e funzionale. Tutti i negozi hanno vetrine e ingresso lungo le due vie principali (via Papa Giovanni XXIII e via San Martino) e offrono una buona scelta di abbigliamento uomo, donna e bambino, accessori, oggetti e biancheria per la casa e complementi d'arredo. Molti i marchi di scarpe e borse, intimo e mare, profumeria e cosmetici. Ci sono proposte per tutte le età ma prevale lo sportswear e la moda giovane. Si fanno buoni affari e la merce ha un buon rapporto qualità/prezzo. Numerosi i punti ristoro: caffè, pizzeria e gelateria. La cittadella sarà completata entro il 2010 con un parco acquatico di 10.000 mq, un parco divertimenti di 24.000 mq, un'area verde di 30.000 mq, sei ristoranti e un albergo di 60 camere.

→ **Come arrivare:** A4, uscita Biandrate-Vicolungo, direzione Parco Commerciale Vicolungo.

€ **Sconti: dal 30%**

Alcuni marchi

- Argenteria Galbiati
- Baldinini
- Bbrazilian
- Beauty Outlet
- Bottega Verde
- Braccialini
- Bray Steve Alan
- Blackbox
- Calzedonia
- David Mayer
- Del Mare 1911
- Désirée
- Enrico Coveri
- Foppa Pedretti
- Francesco Biasia
- Gabel
- Golden Point
- Gusella
- Harrington Cashmere
- In Fiore
- Intimissimo
- Kasanova
- Lanificio Angelico
- L'Oréal
- Madina
- Mariella Burani
- Max Factor
- Mila Schön
- Mirtillo
- Motivi
- Nike
- Pancaldi 1888
- Parah
- Pirelli PZero
- Shenkin
- Sergio Tacchini
- Société pour le tricot
- Stefanel
- Ter e Bantine
- Unlimited
- Vedo
- Vestebene Factory Store
- Verso
- Vice Versa
- Yamamay
- Walk Safari
- Zinco
- Zucchi
- ZuikiABKost

ALBANO SANT'ALESSANDRO (BG) 51-Fa

La Galleria Outlet Center

035584611
www.lagalleriaoutletcenter.it
lun-sab (10.00-20.00); chiuso dom

Via Tonale 101 - cap 24061

In una posizione strategica, vicino a Bergamo e a metà strada tra Milano e Brescia, è nata la Galleria Outlet Center, creata dalla società inglese AWG, un colosso del settore, con i suoi 23 negozi aziendali diretti, disposti su 12.000 mq. Si tratta di un elegante centro commerciale tutto al coperto, che lo rende comodo in ogni stagione, con freddo, pioggia o grande caldo. Rimanenze di collezioni, campionari o capi leggermente difettati a buon prezzo: collezioni di abbigliamento, sportswear, accessori per uomo, donna e bambino, oltre alle tante le offerte di calze e di biancheria intima per tutte le età. Ma alla Galleria si trovano anche oggettistica, biancheria per la casa, arredamento e, da non dimenticare, un importante outlet Coin di 700 mq, dove trovare tutte le rimanenze dei prodotti venduti nel grande magazzino. Da segnalare anche due punti vendita di ottica, con un'ampia scelta di occhiali da sole e di montature da vista.

→ **Come arrivare:** A4, uscita Bergamo (da Milano) o Seriate (da Venezia), poi SS42 direzione Lovere.

Sconti: dal 30% al 70%

Alcuni marchi

- Almaplena
- Baldinini
- Boggi
- Cleopatra Parfums
- Coin
- D&G
- Fantasia
- Golden Lady
- Griffe Diffusion Revedi
- Harrington Cashmere
- Lavori in Corso
- Lovable
- Massimo Rebecchi
- Optic Zone
- Playtex
- Playtex Baby
- Savini
- Striuli Oro
- Timberland
- Vestebene
- Zanolini Donna

Lombardia

BAGNOLO SAN VITO (MN) *13-Bb*

Fashion District Mantova Outlet

037625041
FAX 0376253397
infomantova@
fashiondistrict.it
www.fashiondistrict.it

lun-ven (10.00-19.00), sab, dom (10.00-20.00); estate: lun-ven (10.00-20.00), sab, dom (10.00-21.00)

Via Marco Biagi, Loc. Basse di Mezzo - cap 46031

■ Aperto a fine 2003, è il primo dei tre outlet di Fashion District presenti in Italia, insieme a Valmontone (Roma) e Molfetta (Bari). È una città dello shopping di 34.000 mq, un piccolo borgo la cui architettura si è ispirata liberamente al Rinascimento.

Le rimanenze e fine serie dei 180 marchi presenti al Fashion District sono in vendita sia nel Fashion Store, un grande magazzino di 1.600 mq distribuiti su due piani, che nelle 54 boutique monomarca. Oltre a moda e abbigliamento per uomo, donna e bambino (anche taglie conformate da donna), si trova sportswear, jeans, intimo, ampia scelta di calze, oggetti da design, porcellane da tavola, complementi d'arredo, occhiali da sole e montature da vista a prezzi scontati. Una meta molto interessante dove passare piacevolmente una mezza giornata. Si consiglia anche una visita turistica alla vicina Mantova (prenotando in anticipo i musei se si vogliono evitare le code) e la sosta in una trattoria tipica della zona perché, ricordiamolo, questa è una delle regioni d'Italia dove si mangia meglio.

→ **Come arrivare:** A22, uscita Mantova Sud.

€ **Sconti: dal 30% al 70%**

Alcuni marchi

- Adidas
- Arfango
- Bassetti
- Calzedonia
- Caractère
- Del Mare 1911
- Elena Mirò
- Energie
- Europtica
- Exté
- GFFerrè
- Ferrè Jeans
- Fila
- Fornarina
- Golden Lady
- Intimissimi
- Just Cavalli
- Liu Jo
- Malo
- MissSixty
- Motivi
- Pompea
- Rosenthal
- Stefanel
- Viceversa
- Vestebene
- Wedgwood
- Zanolini

MEDA (MONZA E BRIANZA) 51-BCb

Full & Fifty

036274088
meda@fifty.it
www.fifty.it
lun (15.30-19.30), mart-ven, dom (10.00-12.30, 15.00-19.30), sab (9.30-12.30, 14.30-19.30)

Via Indipendenza 97 - cap 20036

■ Situato nel cuore della Brianza, questo Full & Fifty è diverso dagli altri Fifty presenti sul territorio nazionale. In un padiglione di 5 500 mq disposti su tre piani, propone sia Full, abbigliamento trendy di stagione a prezzo conveniente, che Fifty, prodotti delle stagioni precedenti con sconti importanti. Bella scelta di abbigliamento classico, sportswear di grande qualità e moda giovane.
Fifty ha anche un'ottima scelta di intimo e tanti accessori, dagli zaini agli occhiali (anche da vista).
È un negozio di abbigliamento dedicato alle famiglie e al secondo piano si trova una grande zona Play Planet, dove i più piccoli possono giocare.
Oltre a Meda in Lombardia, la Fifty ha altri punti vendita a Biella in Piemonte, due ad Aosta in Val d'Aosta e a Modena in Emilia-Romagna. È disponibile una tessera fedeltà da richiedere online (www.fifty.it) valida in tutti i Fifty d'Italia con la quale ottenere premi a partire da 100 punti (un punto per ogni 5,16 euro di spesa).

→ **Come arrivare:** SS35 Milano-Meda, uscita Meda Centro, direzione Seregno.

€ **Sconti: dal 20% al 50%**

Alcuni marchi

- Aspesi
- Barbour
- Conte of Florence
- Disney
- Dubin
- F.lli Campagnolo
- Glenfield
- Invicta
- J&S
- Koko
- Looney Tunes
- Marina Yachting
- Melby
- Modesto Bertotto
- Murphy &Nye
- North Sails
- O'Neill
- Woolrich

Lombardia

RODENGO SAIANO (BS) *13-Aa*

Franciacorta Outlet Village

0306810364
FAX 0306810424
info@franciacortaoutlet.it
www.franciacortaoutlet.it
lun-dom (10.00-20.00); 1 mag-30 set: lun-ven (10.00- 20.00), sab-dom (10.00-21.00); ferie 25, 26 dic, 1 gen, Pasqua, 15 ago

Piazza Cascina Moie 1/2 - cap 25050

■ Ispirato a un borgo lombardo dell'Ottocento, il Franciacorta Outlet propone 70 punti vendita monomarca. Una buona scelta di abbigliamento uomo, donna e bambino, calzature, accessori, articoli e abbigliamento sportivo, intimo, casalinghi, tessile per la casa, cosmetici. Ci sono prodotti per tutte le età e tutte le tasche. Le occasioni sono tante e tutte da prendere al volo.

→ **Come arrivare:** A4, uscita Ospitaletto.

€ **Sconti: dal 30% al 70%**

Alcuni marchi

- Argenteria Galbiati
- Asics
- Bassetti
- Benetton
- Bottega Verde
- Calvin Klein
- Conte of Florence
- David Mayer
- Del Mare 1911
- Docksteps
- Europtica
- Essenza
- Gina Lebole
- Foppapedretti
- Frette
- Glenfield
- Golden Lady
- Guess
- Gusella
- Hilton
- Levi's
- Lindt
- Mila Schön
- Nike
- O'Neill
- Pancaldi
- Parah
- Pinko
- Playlife
- Pompea
- Puma
- Pupa
- Richard Ginori
- Ravazzolo
- Robbe di Kappa
- Scoop
- Shibuya
- Superga
- Sergio Tacchini
- Tappeti
- Triumph
- Vestebene
- Viceversa
- Vivienne Westwood
- Vicini
- Walk Safari

CASTEL GUELFO DI BOLOGNA (BO) *19-Bb*

Castel Guelfo Outlet

0542670762
www.outletcastelguelfo.it
lun (14.00-19.30), mart-ven (10.00-19.30), sab, dom (10.00-20.30)

Via del Commercio 20/d, Loc. Poggio Piccolo - cap 40023

■ A poca distanza da Bologna, il Castel Guelfo Outlet è un villaggio di 13.500 mq costruito con un'architettura sobria e funzionale ispirata alla tradizione tipica delle campagne emiliane. Lo spazio è stato studiato per permettere alle famiglie di passare la giornata a fare shopping, inclusa la pausa pranzo in uno dei tre ristoranti. Anche per questo motivo che c'è sempre un'ampia scelta di attrazioni ed eventi, adatti a tutte le età.
Come la maggior parte di queste cittadelle, è in continua espansione. Attualmente, il Castel Guelfo Outlet propone una cinquantina di negozi con vetrina su strada che vendono vari marchi di abbigliamento uomo, donna e bambino, accessori, sportswear, articoli e oggetti per la casa, cosmetici e anche complementi d'arredo. C'è una notevole scelta di intimo e di abbigliamento per i più piccoli ed è l'unica cittadella outlet in Italia che abbia un negozio dello stilista Elio Fiorucci, con un buon assortimento di magliette a ottimo prezzo. Qui si trovano anche le calzature da barca e da moto.

→ **Come arrivare:** A14, uscita Castel San Pietro Terme.
€ **Sconti: dal 20% al 70%**

Alcuni marchi

- Alessandro dell'Acqua
- Asics
- Baldinini
- Bassetti
- Bikkembergs
- Borbonese
- Caleffi
- Calzedonia
- Docksteps
- Douglas Profumerie
- Fiorucci
- Foppapedretti
- Glenfield
- Goldmania Gioielli
- Guess
- Guy Laroche
- Lagostina
- Mandarina Duck
- Manrico cashmere
- Mila Schon
- Motivi
- Nike
- Pancaldi
- Parah
- Pompea
- Regina Schrecker
- Renato Balestra
- Rocco Barocco
- Sahzà
- Sergio Tacchini
- Stefanel
- Tognana
- Vestebene

Emilia-Romagna

FIDENZA (PR) *13-Ac*

Fidenza Village

0524335511
FAX 0524335301
infofidenza@valueretail.com
www.fidenzavillage.com
inverno: lun-ven (10.00-19.00), sab-dom (10.00-20.00); estate: lun-dom (10.00-20.00);

Via San Michele Campagna, Chiusa Ferranda - cap 43036

■ Siamo vicino a Parma e l'architettura del villaggio, fatta di piccole costruzioni basse intorno a vie e piazze, si è liberamente ispirata ai luoghi e alle opere di Giuseppe Verdi. Piccole torri, colonnati e porticati sembrano le quinte di Aida, Nabucco, Rigoletto. Prima cittadella outlet in Italia aperta da Value Retail, azienda inglese specializzata, il Fidenza Village è in fase di ampliamento con 80 negozi nel 2006. Attualmente propone una bella scelta di marchi di abbigliamento uomo, donna e bambino, di sportswear, jeans, intimo, accessori (anche scarpe sportive e valigeria), oggetti e tessile per la casa. Finalmente una cittadella outlet che ha un negozio con una linea conformata da donna, per chi veste grandi taglie. Questa è anche la prima cittadella outlet in Italia ad avere una boutique vintage (abbigliamento usato di marca), quella del noto commerciante e collezionista milanese Franco Jacassi che vende anche grandi marchi dagli anni Sessanta in poi (Chanel, Pucci, Saint Laurent, Gucci, Hermès).

→ **Come arrivare:** A1, uscita Fidenza Salsomaggiore Terme. Navetta ogni 30 minuti dalla stazione FS di Fidenza.

€ **Sconti: dal 30% al 70%**

Alcuni marchi

- Bassetti
- Bodum
- Bohemia
- Bose
- Blunauta
- Calvin Klein Underwear
- Camper
- Divescuba
- Elena Mirò
- Ethic
- Fornarina
- Franco Jacassi
- Frette
- Furla
- Gerry
- Golden Point
- Indian Rose
- Inghirami
- Ixos
- Lagostina
- Lanificio Colombo
- Larusmiani
- Levi's - Dockers
- Loft 44
- Nike
- O'Neill
- Pancaldi
- Pinko
- Phard
- Quicksilver
- Reebok
- Samsonite
- Simonetta
- Stefanel
- Sutor Mantelassi
- Triumph
- Trussardi Jeans
- Vedo by Ottica
- Versace
- Vintage Delirium
- Willy Miani
- Wolford

MODENA

13-BCc

Fifty Outlet Concept Store

☎ 059469456
@ modena@fifty.it
www.fifty.it
lun (15.00-19.30), mart-ven (9.30-12.30, 15.30-19.30), sab (9.30-12.30, 15.00-19.30); **chiuso** dom

Via Vignolese 1391, San Damaso - cap 41010

■ Rispetto agli altri Fifty esistenti, quello di Modena (aperto nell'ottobre 2004) si definisce come un Outlet Concept Store e offre varie tipologie di prodotto. Gli articoli, infatti, sono presentati in un ambiente appositamente studiato, concepito come le diverse stanze di una casa. Il Fifty di Modena è un luogo dove acquistare abbigliamento classico e sportswear per uomo, donna e bambino, ma anche accessori, oggetti per la casa, arredamento e, per la prima volta in uno spazio simile, enogastronomia. Sono tutti prodotti con un buon livello di immagine e un ottimo rapporto qualità/prezzo, grazie alla formula outlet. Varcare la soglia del Fifty Concept Store di Modena è un'esperienza dei sensi, dove profumi, luci, colori, arredi si mischiano e sorprendono. In questo nuovo concetto, la visita deve essere prima di tutto piacevole, un'esperienza da ricordare e ripetere.

→ **Come arrivare:** A1, uscita Modena Sud.

€ **Sconti: dal 20% al 50%**

Alcuni marchi

- Audace Boxe
- Bocodo
- Blus & Blus
- BBC
- Calzificio Mura
- C'era Italia
- Ceramiche Estensi
- Cerruti Jeans
- Challenger
- Disney
- Emmebonacina
- Esologue
- Giò Style
- H.J. Tempest
- Koko
- Liabel
- Luck & Luck
- Maggioni
- Mbc
- Miss Bisbigli
- Mister Optik
- Mr. Ramos

Repubblica di San Marino

SERRAVALLE (RSM) *19-CDc*

San Marino Factory Outlet

0549904014
FAX 0549901524
info@smfactoryoutlet.com
www.smfactoryoutlet.com
lun (15.30-19.30), mart-sab (10.00-19.30), dom (10.00-20.00); estate: lun-dom (10.00-20.00)

Via III Settembre 3 - cap 47899

■ Nata nel 1998, questa cittadella outlet è situata nelle immediate vicinanze della costa romagnola ed è frequentata sia dai residenti che dai turisti italiani e stranieri. Non è difficile trovare turisti russi, spesso in un viaggio dedicato esclusivamente allo shopping. Su due piani che coprono un totale di 7000 mq, il San Marino Factory Outlet propone circa 80 marchi, tutti venduti all'interno di questo grande spazio dove sono dislocati diversi corner. Un'interessante varietà di articoli di prima e seconda scelta di abbigliamento uomo, donna e bambino, sportswear, intimo, accessori, ampia scelta di scarpe, tessile per la casa. Inoltre un bell'assortimento di sportswear, scarpe, intimo e cashmere di altissima qualità. È da segnalare il corner Griffe Diffusion che vende le rimanenze delle linee del gruppo Mariella Burani.
La presenza di un'area giochi per bambini e l'apertura, oltre al bar, di un punto ristoro hanno trasformato in poco tempo questa cittadella outlet in una vera e propria meta per lo shopping ricreativo.

→ **Come arrivare:** A14, uscita Rimini Sud, SS72 direzione San Marino, poi per Serravalle.

€ **Sconti: dal 30% al 70%**

Alcuni marchi

- A. Vespucci
- Antonio Marras
- Argentovivo
- Allen Cox
- Baldinini
- Basile
- Block
- Blue Marlin
- Borgofiori
- Calvin Klein
- Custo Barcelona
- D&G
- Diesel
- Dr. Scholl's
- Elena Mirò
- Facis
- Gai Mattiolo
- Glenfield
- Henry Lloyd
- Iceberg
- Invicta
- Julipet
- Krizia
- La Perla
- Les Copains
- Mariella Burani
- Massimo Ribecchi
- Marlboro Classics
- Mila Schön
- Motivi
- North Sails
- Paul Smith
- Pinko
- Stefanel
- Stephen Fairchild
- Vespa
- Visto Ottica
- Woolrich

FOIANO DELLA CHIANA (AR) *21-Da*

Valdichiana Outlet Village

0575649926
FAX 0575642549
info@valdichianaoutlet.it
www.valdichianaoutlet.it
lun (14.00-20.00), mar-dom (10.00-20.00)

Via Enzo Ferrari 5, Loc. Farniole - cap 52045

Un vero e proprio borgo dello shopping costruito come fosse un piccolo centro storico toscano dove passeggiare e guardare vetrine. Attualmente conta 70 negozi che presto diventeranno 105 su 33.000 mq di superficie all'interno di una grande area di 200.000 mq.
Una buona scelta di abbigliamento, accessori, sportswear, intimo, occhiali, scarpe e borse, oggetti e tessile per la casa, profumeria, cosmetici e gioielli.

→ **Come arrivare:** A1, uscita Valdichiana-Foiano della Chiana oppure SP327 Siena-Perugia, uscita Bettole.

Sconti: dal 30% al 70%

Alcuni marchi

- Arfango
- Asics
- Baldassari Milano
- Basile
- Bata Factory Store
- Benetton
- Bialetti
- Bottega Verde
- Botticelli
- C'è Bassetti
- Kalvin Klein
- Capriccio
- Centro TIM
- Costume National
- Datch
- El Carro
- Fashion Italy Ori e Argenti e Gioielli
- Golden Point
- Guess
- Inverso
- Italian Factory
- Kiko
- Lagostina
- Levi's
- Lowe
- Mc Kenzy
- MdR Maria di Ripabianca
- Mila Schön
- Nike
- Officine di Ricerca
- Oltre
- Optic Zone
- Pancaldi
- Parah
- Pienza
- Pompea Shop
- Profumeria Etrusca
- Robe di Kappa
- Sartoria Rossi
- Sergio Tacchini
- Shibuya
- Swatch
- Think Pink
- Vestebene Factory Store
- Viceversa

Toscana

REGGELLO (FI) *19-Bc*

The Mall

Via Europa 8, Leccio - cap 50066

0558657775
FAX 0558657801
info@design-management.it
lun-sab (9.00-18.00), dom (15.00-19.00)
Tax Refund

Bellissimo spazio a 30 km da Firenze dove ci si può dedicare a uno shopping di lusso, con buoni sconti. In una zona industriale, alcuni padiglioni formano un paio di strade con bar, ristorante e i negozi di 23 firme. Sono in costruzione nuovi padiglioni che presto proporranno nuovi marchi. The Mall è sicuramente il top dell'outlet di lusso, con un buon assortimento di abbigliamento uomo e donna, moda e sportswear, moltissime scarpe, borse, cravatte, sciarpe. Ampia scelta di cashmere per abbigliamento e complemento d'arredo (plaid). Da novembre 2004 The Mall propone anche un negozio I Pinco Pallino di abbigliamento bimbi e junior.
Frequentatissimo dai residenti e dai turisti. Telefonando qualche giorno in anticipo si può anche prenotare un servizio navetta che porta dal centro di Firenze a The Mall e ritorno. The Mall è situato in una bella zona collinare della Toscana dove si può prevedere di passare una giornata, magari aggiungendo la visita a una cantina del Chianti o a una trattoria tipica.

→ **Come arrivare:** A1, uscita Incisa, direzione Pontassieve e poi Leccio. È disponibile, prenotando telefonicamente, un servizio di navetta dal centro di Firenze (e ritorno).

Sconti: dal 35% al 70%

Alcuni marchi

- Agnona
- Alexander McQueen
- Balenciaga
- Bottega Veneta
- Emanuel Ungaro
- Emilio Pucci
- Fendi
- Giorgio Armani
- Gucci
- Hogan
- I Pinco Pallino
- La Perla
- Loro Piana
- Marni
- Salvatore Ferragamo
- Stella McCartney
- Tod's
- Valentino
- Yohji Yamamoto/Y3
- Yves Saint Laurent
- Zegna

CASTEL SAN PIETRO ROMANO (RM) *25-Cb*

McArthurGlen Castel Romano Outlet

0650500050
infocastelromano@b-m-g.it
www.mcarthurglen.it
lun-dom (10.00-20.00)

Via Ponte di Piscina Cupa 64 - cap 00030

Situato nell'Agro Pontino, a 25 km di Roma, il secondo outlet italiano di McArthurGlen è stato inaugurato nell'ottobre 2003. Si trova in una zona destinata a un grande sviluppo, con l'apertura prevista entro breve, di un nuovo polo del cinema e degli studi di una televisione via satellite. Il McArthurGlen Castel Romano Outlet si estende attualmente su 26.000 mq. Una serie di costruzioni basse, dal disegno architettonico liberamente ispirato all'epoca imperiale romana, sono il contenitore degli attuali 113 negozi, tutti affacciati lungo la strada. Una buona scelta di abbigliamento uomo, donna e bambino, sportswear, jeans, accessori (borse e valigie), scarpe (di marca, classiche e sportive) e intimo di grandi marchi. Anche casalinghi (pentole, vassoi e posate), tessile per la casa e cosmetici. Come sempre in queste cittadelle, sarebbe meglio evitare la visita durante i weekend. Ottime occasioni e come sempre i prezzi si abbassano ulteriormente durante i saldi.

→ **Come arrivare:** SS148 a sud di Roma; oppure Grande Raccordo Anulare uscita 26 bis Pontina.

Sconti: dal 30% al 70%

Alcuni marchi

- Arena
- Asics
- Bassetti
- Bruno Magli
- Calvin Klein Jeans
- Cotton Belt
- Diesel
- Dolce & Gabbana
- Docksteps
- Etro
- Fratelli Rossetti
- Guess
- Lagostina
- La Perla
- Levi's
- Mandarina Duck
- Marina Yachting
- Massimo Rebecchi
- Nike
- O'Neill
- Onyx
- Pinko
- Puma
- Pupa
- Reebok
- Salvatore Ferragamo
- Samsonite
- Sergio Tacchini
- Stefanel
- Sutor Mantelassi
- Versace
- Zegna

Lazio

VALMONTONE (RM) *25-Cb*

Fashion District Valmontone Outlet

069599491
FAX 06959949428
info@fashiondistrict.it
www.fashiondistrict.it
lun-ven (10.00-20.00), sab-dom (10.00-21.00); estate: lun-ven (10.00-21.00), sab-dom (10.00-22.00); ferie 25 dic, 26 dic, 1 gen, Pasqua

Via della Pace, Loc. Pascolaro - cap 00038

Inaugurato nel dicembre 2003, il Fashion District di Valmontone si sviluppa attualmente su 28.000 mq, ma come la maggior parte delle cittadelle è in espansione ed entro il 2006 coprirà 45.000 mq all'interno di un polo turistico integrato di 250.000 mq. Si tratta di una joint-venture tra partner italiani. Valmontone offre 84 negozi monomarca e un department store di 3.600 mq disposti su due piani. In uno stile architettonico che spazia dal liberty al déco e allo stile mediterraneo, il Fashion District di Valmontone propone al pubblico oltre 200 marchi di abbigliamento uomo, donna e bambino, sportswear, jeans, moda giovane. Senza dimenticare una linea conformata, un'ampia proposta di intimo e calze, tanti accessori anche per lo sport, articoli di profumeria e occhiali (da sole e da vista), oggetti, porcellane e tessile per la casa. Una bella scelta per tutti i gusti, tutte le età e tutte le tasche.

→ **Come arrivare:** A1, uscita Valmontone.

€ **Sconti: dal 30% al 70%**

Alcuni marchi

- Adidas
- Ag Spalding & Bros
- Arfango
- Arimo
- Bassetti
- Bottega Verde
- Bric's
- Cacharel
- Calzedonia
- Ciao Magre
- Coccinelle
- Diadora
- Exté
- Fornarina
- Gaudi
- Gianfranco Ferrè
- Golden Lady
- Intimissimi
- Invicta
- Laura Biagiotti Roma
- Malo
- Miss Sixty
- Nara Camicie
- Optic Zone
- Pierre Cardin
- Playlife
- Pompea
- Replay
- Roccobarocco
- Rosenthal
- Sixty
- Viceversa
- Villeroy & Boch
- Wonderbra
- Yamamay

MOLFETTA (BA) *31-Dc*

Fashion District Molfetta Outlet

infomolfetta@fashiondistrict.it
www.fashiondistrict.it
P

Via della Pace, Loc. Pascolaro - cap 00038

■ Aperto nell'autunno 2005 il Fashion District di Molfetta ha per ora 63 negozi su 32.000 mq e un cinema Multiplex Cinestar di 10 sale. Una scelta, unica in Puglia, di marchi di abbigliamento uomo, donna e bambino, sportswear, jeans, intimo, moda giovane, sport e casa. Tutto a prezzo scontato.

Entro l'estate del 2006, i negozi del Fashion Distict Molfetta Outlet diventeranno 120.

→ **Come arrivare:** SS16 bis Adriatica, direzione Bari.

€ **Sconti: dal 30% al 70%**

Alcuni marchi

- Adidas
- Docksteps
- Foppapedretti
- La Perla
- Mila Schön
- Pirelli PZero
- Robe di Kappa

GLI OSCAR DELLO STILE

Gli outlet raccomandati dalla guida

Piemonte

Lombardia

Trentino - Alto Adige

Veneto

Emilia - Romagna

Toscana

Umbria

Marche

Lazio

Abruzzo

Campania

Shopping 2006

Le Cittadelle Outlet

QUART (AO)
- Factory Store Fifty 15

Abbigliamento

QUART (AO)
- Napapijri Greensport 38

SAINT-CHRISTOPHE (AO)
- Vestebene Factory Store 38

Alimentari

ARNAD (AO)
- Caseificio Evancon 37

COGNE (AO)
- Coop Produttori Latte e Fontina 37

PRÉ-SAINT-DIDIER (AO)
- Coop Produttori Latte e Fontina 37

SAINT-CHRISTOPHE (AO)
- Coop Produttori Latte e Fontina 38
- Laurent Ottoz 39

SAINT-MARCEL (AO)
- Distillerie la Valdotaine 39

VALPELLINE (AO)
- Coop Produttori Latte e Fontina 39

Bambino

QUART (AO)
- Napapijri Greensport 38

Vini e liquori

SAINT-CHRISTOPHE (AO)
- Laurent Ottoz 39

SAINT-MARCEL (AO)
- Distillerie la Valdotaine 39

ARNAD (AO) 1-Cb

ALIMENTARI

Caseificio Evancon

Spaccio aziendale/Factory outlet

0125966261
FAX 0125968818
caseificioevancon@libero.it
lun-dom (8.30-12.30, 15.30-19.30)
P

Via Nazionale, Loc. Glaire 7 - cap 11020

Vendita diretta del Caseifico Evancon. Buona scelta di formaggi locali a prezzi vantaggiosi. Grande scelta di fontine tradizionali di buona qualità, ma anche di altri formaggi, come tome e primosale.

→ **Come arrivare:** A5, uscita Verres, SS26 direzione Torino per circa 4 km.

€ **Sconti: dal 4% al 5%**

COGNE (AO) 1-Bc

ALIMENTARI

Coop Produttori Latte e Fontina

Spaccio aziendale/Factory outlet

016574466
FAX 016574466
info@fontinacoop.it
www.fontinacoop.it
lun, mer, ven-dom (9.00-12.00, 15.00-18.00), gio (9.00-12.00); chiuso mart
P

Loc. Cretaz - cap 11020

Vendita diretta di formaggi locali in un caratteristico chalet di legno. Burro e fontina doc e specialità tipiche come la fonduta. Tappa obbligatoria per gli amanti del formaggio. Prezzi interessanti.

→ **Come arrivare:** A5, uscita Aosta Ovest, SS26 direzione Val di Cogne.

€ **Sconti: dal 20% al 30%**

PRÉ-SAINT-DIDIER (AO) 1-Ab

ALIMENTARI

Coop Produttori Latte e Fontina

Spaccio aziendale/Factory outlet

016587850
FAX 016587850
info@fontinacoop.it
www.fontinacoop.it
lun, mer-dom (9.00-12.00, 15.00-18.00); chiuso mart
P

Via Superstrada 2 - cap 11010

Vendita diretta di formaggi locali in un caratteristico chalet di legno. Burro e fontina doc e specialità tipiche come la fonduta. Tappa obbligatoria per gli amanti del formaggio. Prezzi interessanti.

→ **Come arrivare:** A5, uscita Morgex, SS26 direzione Courmayeur.

€ **Sconti: dal 20% al 30%**

QUART (AO) 1-Bb

ABBIGLIAMENTO

Napapijri Greensport

Spaccio aziendale/Factory outlet

0165773576
FAX 0165776522
www.napapijri.it
lun (15.00-19.00), mart-ven (9.30-12.30, 15.00-19.00), sab (10.00-19.00); chiuso dom
P

Loc. Amerique 75 - cap 11020

■ Spaccio con tutto ciò che serve per l'alta montagna: giacche a vento, pullover, zaini, guanti. I capi in vendita sono di seconda scelta e ci sono anche rimanenze di magazzino. Si fanno buoni affari.

→ **Come arrivare:** A5, uscita Aosta, direzione Aosta centro, al primo semaforo sulla sinistra.

€ **Sconti: 30%**

SAINT-CHRISTOPHE (AO) 1-Bb

ABBIGLIAMENTO

Vestebene Factory Store

Spaccio aziendale/Factory outlet

0165261176
FAX 0165261176
spaccio99479@serv.vestebene.com
lun-ven (9.00-12.30, 15.00-19.30), sab (9.30-19.30), dom (15.00-19.30)

Loc. Grand Chemin 30 - cap 11020

■ Outlet della Vestebene che vende abbigliamento donna di buona qualità. Le marche sono Caractère, Elena Mirò, Dream, Krizia, From, Motivi, Oltre, My Time, Blue Time, Claudia Gill, Luisa Viola e tante altre.

→ **Come arrivare:** A5, uscita Aosta, direzione Saint-Christophe.

SAINT-CHRISTOPHE (AO) 1-Bb

ALIMENTARI

Coop Produttori Latte e Fontina

Spaccio aziendale/Factory outlet

016535714
FAX 0165236467
info@fontinacoop.it
www.fontinacoop.it
lun (15.00-19.00), mart-sab (9.00-12.30, 15.00-19.00); chiuso dom
P

Loc. Croix Noire 10 - cap 11020

■ Vendita diretta di formaggi locali in un caratteristico chalet di legno. Burro e fontina doc e specialità tipiche come la fonduta. Tappa obbligatoria per gli amanti del formaggio. Prezzi interessanti

→ **Come arrivare:** A5, uscita Aosta Est, direzione Saint-Christophe.

€ **Sconti: dal 20% al 30%**

SAINT-CHRISTOPHE (AO)

1-Bb

VINI E LIQUORI

Laurent Ottoz

Spaccio aziendale/Factory outlet

0165361148
FAX 0165236643
ottoz@ottoz.it
www.ottoz.it
mart-dom (9.00-20.00); chiuso lun
P

Loc. Grand Chemin 102/104 - cap 11020

■ Outlet dove comprare molte prelibatezze locali tipo salumi, prosciutti e formaggi. Però la vera specialità di Laurent Ottoz sono i liquori, molti di produzione propria, come il Genepy e gli amari.

→ **Come arrivare:** A5, uscita Aosta, direzione Saint-Christophe.

SAINT-MARCEL (AO)

1-Bb

VINI E LIQUORI

Distillerie la Valdotaine

Spaccio aziendale/Factory outlet

0165768919
FAX 0165768739
info@lavaldotaine.it
www.lavaldotaine.it
lun-ven (8.00-12.00, 14.00-18.00), sab-dom (10.00-12.00, 15.00-19.00)
P

Zona Industriale 12 - cap 11020

■ Produttore di grappa di buona qualità. L'outlet delle Distillerie la Valdotaine vende anche altri prodotti alimentari tradizionali come conserve, marmellate e prosciutti.

→ **Come arrivare:** A5, uscita Nus, direzione Aosta.

VALPELLINE (AO)

1-Bb

ALIMENTARI

Coop Produttori Latte e Fontina

Spaccio aziendale/Factory outlet

016573309
FAX 016573309
info@fontinacoop.it
www.fontinacoop.it
lun-ven (9.00-12.00, 14.30-17.30); chiuso sab, dom
P

Loc. Frissonia - cap 11010

■ Vendita diretta di formaggi locali in un caratteristico chalet di legno. Burro e fontina doc e specialità tipiche come la fonduta. Tappa obbligatoria per gli amanti del formaggio. Prezzi interessanti.

→ **Come arrivare:** A5, uscita Aosta, direzione Valpelline.

€ **Sconti: dal 20% al 30%**

Le Cittadelle Outlet

Abbigliamento

Accessori

Alimentari

Bambino

Calzature e pelletteria

Casa

Gioielli e orologi

Intimo e mare

Sport

Tessuti

Vini e liquori

ALBA (CN) *9-CDa*

ABBIGLIAMENTO

Vestebene Factory Store

Spaccio aziendale/Factory outlet

0173299311
FAX 0173299496
outlet@vestebene.com
www.vestebene.com
lun (15.30-19.30), mart-sab (9.30-19.30); **chiuso** dom (variabile)

Via Santa Margherita 23 - cap 12051

Outlet della Vestebene/Miroglio che produce abbigliamento classico per donna con i marchi: Caractère, Dream, Motivi, My time. Anche taglie forti e abiti da cerimonia.

→ **Come arrivare:** A21, uscita Asti Est, direzione Alba, indicazioni per stazione FS.

€ **Sconti: dal 20% al 50%**

ASTI *1-Dd*

ABBIGLIAMENTO

Dario di Torchio Domenico

Stocchista/Stockhouse

0141274204
lun (15.30-19.30), mart-sab (9.00-12.30, 15.30-19.30); **chiuso** dom; ferie ago (variabile)
P

Corso Casale 227 - cap 14100

Abbigliamento classico, sportivo e intimo per uomo e donna. I capi sono di prima scelta. Taglie dalla 46 alla 75 per uomo, dalla 38 alla 61 per donna. Vasto assortimento di biancheria per la casa.

→ **Come arrivare:** A21, uscita Asti Est, direzione centro città.

ASTI *1-Dd*

ABBIGLIAMENTO

Spaccio John Peter

Spaccio aziendale/Factory outlet

0141440455/0141476080
FAX 0141477018
info@jpeter.it
www.jpeter.it
lun-sab (9.00-19.30), **chiuso** dom (variabile), ferie ago (variabile)
P

Via Caboto 3/5/7 - cap 14100

Outlet dei marchi Evolution e Lucchese Pelle. Capispalla, gonne, pantaloni in pelle (cavallino, nappa, renna, montone). Fine serie, prime e seconde scelte. Dalla 38 alla 50 per donna, dalla 46 alla 60 per uomo. Ulteriori sconti durante i saldi.

→ **Come arrivare:** A21, uscita Asti Est, direzione centro città.

€ **Sconti: dal 30% al 70%**

BARBARESCO (CN)

9-Da

VINI E LIQUORI

Produttori del Barbaresco

Spaccio aziendale/Factory outlet

0173635139
FAX 0173635130
www.produttoridel barbaresco.com
lun-ven (8.00-12.00, 14.00-18.00), sab (10.00-12.00, 15.00-18.00); **chiuso** dom; ferie ago (variabile), 24 dic-6 gen

Via Torino 52 - cap 12050

Questa associazione di produttori di vini ha aperto un proprio spaccio dove vende Barbaresco e Nebbiolo. I vini sono tutti di prima scelta. È ottimo il rapporto qualità/prezzo. Conveniente per fare scorte.

→ **Come arrivare:** A21, uscita Asti Est, SS231 direzione Alba, poi indicazioni per Barbaresco.

€ **Sconti: 10%**

BASALUZZO (AL)

11-Ab

ABBIGLIAMENTO

Maglificio Newry

Spaccio aziendale/Factory outlet

0143489182
FAX 0143488889
maglificionewry@newry.it
mart-sab (9.00-12.00, 14.30-19.00); **chiuso** dom, lun; ferie ago (variabile)
P

Via Novi 49 - cap 15060

Maglieria classica in lana e cashmere. Buona fattura e vasta scelta di colori e modelli. Anche taglie forti e capi su misura. La merce in vendita è solo di prima scelta. Offerte e occasioni sulle rimanenze e fine serie. Prezzi adeguati alla qualità.

→ **Come arrivare:** A26/A7, uscita Novi Ligure, direzione Alessandria, Serravalle Scrivia, poi indicazioni per Basaluzzo.

BIELLA

1-Db

ABBIGLIAMENTO

LFC Outlets - Lanificio Fratelli Cerruti

Spaccio aziendale/Factory outlet

015351144
FAX 0153591202
lfcoutlet@lancerr.com
mart-ven (9.30-13.00, 15.00-19.00), sab (9.30-19.00); **chiuso** dom, lun
P

Via Cernaia 40 - cap 13051

Tessuti pregiati (F.lli Cerruti) e abbigliamento uomo e donna di marchi come Piazza Sempione e Bagutta Time. Bella maglieria anche in cashmere (BP Studio). Tutte le taglie e promozioni sulle fine serie. Ulteriori sconti durante i saldi

→ **Come arrivare:** A4, uscita Carisio, SS230 direzione Biella.

€ **Sconti: dal 10% al 70%**

BIELLA *1-Db*

ABBIGLIAMENTO

Mister NIC

Spaccio aziendale/Factory outlet

01520441
FAX 01529488
misternic@cashmereecashmere.it
www.cashmereecashmere.it
lun-sab (9.00-13.00, 15.00-19.30);
chiuso dom;
ferie ago (variabile)

Via Bengasi 8 - cap 13900

■ Vendita diretta di maglieria in purissimo cashmere. Infinità di modelli, classici e moda, e di colori per maglie, cardigan, pullover di ottima fattura. I prezzi sono adeguati all'alta qualità del prodotto.

→ **Come arrivare:** A4, uscita Carisio, SS230 direzione Biella.

BIELLA *1-Db*

ABBIGLIAMENTO

Un Mondo di Maglia

Spaccio aziendale/Factory outlet

0152593334
FAX 015592749
info@mariagrazia-schiapparelli.it
www.unmondodimaglia.it
lun (14.30-19.30), mart-mer, ven-sab (9.00-12.30, 14.30-19.30), gio (9.00-19.30);
chiuso dom
P

Via Pollone 40 - cap 13900

■ Abbigliamento e maglieria uomo e donna e pellicce ecologiche. Dalla 38 fino alle taglie calibrate per donna, dalla 46 alle taglie forti per uomo. Capi di prima scelta. Capi a partire da 5 euro nell'angolo delle occasioni.

→ **Come arrivare:** A4, uscita Carisio, SS230 direzione Biella.

€ **Sconti: dal 10% al 40%**

BIELLA *1-Db*

ABBIGLIAMENTO

Spaccio Angelico

Spaccio aziendale/Factory outlet

0158492664
mart-sab (9.00-12.30, 15.00-19.30);
chiuso dom, lun;
ferie ago (variabile)

Via Cottolengo 28 - cap 13900

■ Abbigliamento e maglieria uomo e donna, tutti capi di prima scelta. Le taglie vanno dalla 46 alla 62 per uomo, dalla 40 alla 54 per donna. Anche taglie conformate (dalla 41 alla 53).

→ **Come arrivare:** A4, uscita Carisio, SS230 direzione Biella.

BIELLA

1-Db

INTIMO E MARE

Liabel - Spaccio Aziendale

Spaccio aziendale/Factory outlet

0158487426
FAX 0158487465
liabelservice@liabel.it
www.liabel.it
lun (14.00-18.50), mart-sab (9.00-12.00, 14.00-18.50); **chiuso** dom; ferie ago (variabile)
P

Via Padre Greggio 8/a - cap 13900

■ Outlet della Liabel che vende intimo (giorno e notte) e abbigliamento di prima e seconda scelta per uomo, donna e bambino (da 0 a 16 anni).
È possibile trovare anche la seconda scelta di marchi come Cacharel, Eminence e Lacroix.

→ **Come arrivare:** A4, uscita Carisio, SS230 direzione Biella.

€ **Sconti: dal 10% al 30%**

BIELLA

1-Db

TESSUTI

Centro Tessuti

Spaccio aziendale/Factory outlet

01521994
FAX 015921235
tstrona@biella.alpcom.it
www.tessilstrona.it
mart-sab (9.00-12.00, 15.00-19.00); **chiuso** dom, lun; ferie ago (variabile)

Galleria Leonardo da Vinci 4 - cap 13900

■ Scampoli e tagli di tessuti per abbigliamento. Anche sciarpe, foulard, cravatte e lana in gomitoli. Rimanenze, fine serie, prove di campionario e prima scelta.

→ **Come arrivare:** A4, uscita Carisio, SS230 direzione Biella.

BORGO SAN DALMAZZO (CN)

9-Bb

ABBIGLIAMENTO

Nike Factory Store

Spaccio aziendale/Factory outlet

0171268022
FAX 0171268014
www.nike.com
lun (14.00-19.30), mart-dom (9.30-19.30)
P

Via Cuneo 72 - cap 12011

■ Abbigliamento sportivo, scarpe e accessori Nike per uomo, donna e bambino. Rimanenze, campionari e fine serie. Taglie dalla XS alla XXL. Per i possessori della "Spacci Card", ulteriore sconto del 5%.

→ **Come arrivare:** A6, uscita Mondovì, direzione Cuneo, poi indicazioni per Borgo San Dalmazzo.

€ **Sconti: dal 30% al 65%**

BORGO SAN DALMAZZO (CN) *9-Bb*

ALIMENTARI

Inaudi

Spaccio aziendale/Factory outlet

0171266189
FAX 0171262822
inaudi@inaudi.com
www.inaudi.com
lun-sab (8.30-12.30, 14.00-20.00);
chiuso dom;
ferie ago (variabile)
P

Corso Mazzini 148 - cap 12011

Vendita diretta di funghi, tartufi e altri prodotti tipici oltre a 480 etichette di vini. Promozioni particolari per gruppi. Tutti i prodotti sono di prima scelta. Accanto allo spaccio c'è un ristorante.

→ **Come arrivare:** A6, uscita Mondovì, direzione Cuneo, poi indicazioni per Borgo San Dalmazzo.

BORGOMANERO (NO) *1-Db*

ABBIGLIAMENTO

Liolà

Spaccio aziendale/Factory outlet

0322833311
FAX 0322833366
contacts@liola.it
www.liola.it
lun (14.30-19.00), mart-sab (9.00-12.30, 14.30-19.00);
chiuso dom;
ferie ago
P

Via Matteotti 86 - cap 28021

Outlet della Liolà, che vende abbigliamento classico ed elegante da donna, con taglie fino alla 58. Tutti capi di prima scelta. Buone occasioni su rimanenze, fine serie, campionari delle collezioni precedenti.

→ **Come arrivare:** A26, uscita Borgomanero.

BORGOMANERO (NO) *1-Db*

ABBIGLIAMENTO

Sicri Maglia

Spaccio aziendale/Factory outlet

0322834777
FAX 0322834849
sicrim@tin.it
mart-sab (10.30-12.30, 13.30-19.00);
chiuso lun, dom;
ferie ago (variabile)
P

Via Casale Tabuloni 2 - cap 28021

Maglieria di ottima qualità. Soprattutto in cashmere e seta-lino, per maglie e capispalla donna in tanti colori e modelli. Prima scelta e fine serie. Taglie dalla 38 alla 52. Prezzi interessanti. Ulteriori sconti durante i saldi.

→ **Come arrivare:** A26, uscita Borgomanero.

€ **Sconti: dal 20% al 50%**

BORGOMANERO (NO) 1-Db

CALZATURE E PELLETTERIA

Jolli

Spaccio aziendale/Factory outlet

032282789
FAX 032282789
lun-ven (9.00-12.30, 15.00-19.30), sab (9.00-19.30); **chiuso** dom
P

Via Novara 193 - cap 28021

Scarpe e accessori per uomo, donna e bambino. Marchi come Nike, Adidas, Lumberjack. La merce in vendita è di prima scelta e ci sono delle promozioni sui campionari.

→ **Come arrivare:** A26, uscita Borgomanero.

€ **Sconti: dal 20% al 30%**

BORGOMANERO (NO) 1-Db

CASA

Sampa La Cucina Infrangibile

Spaccio aziendale/Factory outlet

0322845696
FAX 0322836700
sampa.srl@libero.it
www.sampaitaly.com
lun-ven (9.00-12.00, 14.00-19.00); **chiuso** sab, dom; ferie ago (variabile)
P

Via Matteotti 28 - cap 28021

Oggetti per la tavola e la cucina in melamina, materiale infrangibile e resistente alle temperature (dal forno al congelatore o alla lavastoviglie). Prima e seconda scelta (sconti del 50%) e fine serie (sconti del 40%).

→ **Come arrivare:** A26, uscita Borgomanero.

€ **Sconti: dal 15% al 50%**

BORGOSESIA (VC) 1-Db

ABBIGLIAMENTO

Agnona

Spaccio aziendale/Factory outlet

0163291112
FAX 0163291160
agnona_outlet.agn@zegnaermenegildo.it
www.agnona.it
lun (15.00-19.00), mart-dom (10.00-19.00);
P

Via Casazza 7, Loc. Agnona - cap 13011

Outlet della nota casa produttrice di cashmere, alpaca, vicuna e filati di gran pregio. Abbigliamento donna, accessori, plaid e coperte Agnona. Zegna per uomo. Dalla taglia 40 alla 48 per donna, dalla 48 alla 54/56 per l'uomo.

→ **Come arrivare:** A26, uscita Romagnano Sesia-Ghemme, direzione Varallo.

€ **Sconti: dal 20% al 50%**

BRA (CN)

9-Ca

ABBIGLIAMENTO

Atelier

Spaccio aziendale/Factory outlet

0172413634
lun-ven (9.00-12.30, 15.00-19.30), sab (9.30-19.30); **chiuso** dom

Via Cavour 58 - cap 12042

■ Rimanenze, fine serie e campionari di abbigliamento donna dei marchi Vestebene e Miroglio. Capi di buona qualità e vasta scelta di taglie.

➜ **Come arrivare:** A21, uscita Asti Est, SS231 direzione Alba, poi indicazioni per Bra.

BRA (CN)

9-Ca

ABBIGLIAMENTO

Vestebene Factory Store

Spaccio aziendale/Factory outlet

0172425059
lun-sab (9.00-12.30, 15.00-19.30); **chiuso** dom

Via Ravello 10 - cap 12042

■ Outlet della Vestebene/Miroglio che produce abbigliamento classico per donna con i marchi: Caractère, Dream, Motivi, My time. Anche taglie forti, abiti da cerimonia.

➜ **Come arrivare:** A21, uscita Asti Est, SS231 direzione Alba, poi indicazioni per Bra.

€ **Sconti: dal 20% al 50%**

CALTIGNAGA (NO)

3-Bc

SPORT

Sergio Tacchini

Spaccio aziendale/Factory outlet

0321651800
FAX 0321652878
www.sergiotacchini.com
lun (15.00-19.30), mart-ven (10.00-12.30, 15.00-19.30), sab (10.00-19.30); **chiuso** dom
P

Statale 229, km 8 - cap 28010

■ Outlet della Sergio Tacchini. Abbigliamento sportivo, accessori e scarpe per qualsiasi sport. Tutte le taglie. Prima scelta della collezione attuale (a prezzo pieno), seconda scelta, rimanenze e campionari. Occasioni. Carta fedeltà.

➜ **Come arrivare:** A4, uscita Novara Ovest, direzione Lago d'Orta, poi indicazioni per Caltignaga.

€ **Sconti: dal 30% al 50%**

CANELLI (AT) *9-Da*

VINI E LIQUORI

Fratelli Gancia & C.

Spaccio aziendale/Factory outlet

01418301
FAX 0141835341
infogancia@gancia.it
www.gancia.it
lun-dom (8.00-12.30, 14.00-19.30)
P

Corso Libertà 66 - cap 14053

Vendita diretta all'interno della fabbrica F.lli Gancia. Qui si trova tutta la produzione Gancia: vini, liquori, vermouth e anche spumanti a prezzo scontato.

→ **Come arrivare:** A21, uscita Asti Est, SP456 direzione Acqui Terme-Canelli.

€ **Sconti: 25%**

CARISIO (VC) *1-Dc*

ABBIGLIAMENTO

Manifatture Abbigliamento di Carisio

Spaccio aziendale/Factory outlet

0161858211
FAX 0161858212
info@manifatonline.com
www.manifatonline.com
mart-dom (10.00-19.00); **chiuso** lun; ferie ago (variabile)
P

Via Torino 2/1 - cap 13040

Produttore di abbigliamento per marchi importanti. Anche una linea uomo/donna con etichetta creata appositamente per lo spaccio. Qualità altissima. Capispalla, gonne e pantaloni. Buoni sconti.

→ **Come arrivare:** A4, uscita Carisio, a 200 metri dal casello autostradale.

€ **Sconti: dal 20% al 70%**

CASALE CORTE CERRO (VB) *1-Db*

CASA

Calderoni Fratelli

Spaccio aziendale/Factory outlet

032360335
FAX 032360784
info@calderonifratellispa.it
lun-ven (9.00-12.00, 15.00-17.30); **chiuso** sab, dom; ferie ago (variabile)
P

Via Guglielmo Marconi 3 - cap 28881

Outlet della Calderoni, casa produttrice di posate, pentole, vasellame e attrezzatura da cucina di prima qualità. Indirizzo fondamentale quando si mette su casa.

→ **Come arrivare:** A26, uscita Gravellona Toce, SS229 direzione Omegna, poi indicazioni per Casale Corte Cerro.

€ **Sconti: 30%**

CASALE MONFERRATO (AL) *1-Dc*

ACCESSORI

Eurootica

Spaccio aziendale/Factory outlet

0142418656
FAX 0142417224
eurootica@libero.it
mart-ven (9.00-12.30, 14.30-19.00), sab (9.00-12.30, 15.00-19.00); **chiuso** dom, lun
P

Strada Valenza, Centro Polifunzionale, Lotto D/8 - cap 15033

■ Occhiali da sole e montature da vista del proprio marchio e anche di grandi marche. Visita optometrica. Anche occhiali da sole e maschere da sub con lenti graduate. Lenti a contatto. Tutti i prodotti sono di prima scelta.

➜ **Come arrivare:** A26, uscita Casale Monferrato Sud.

€ **Sconti: dal 30% al 50%**

CASALE MONFERRATO (AL) *1-Dc*

BAMBINO

Baby Shop

Stocchista/Stockhouse

0142451596
mart-sab (9.00-12.30, 16.00-19.30); **chiuso** dom, lun; ferie ago (variabile)

Via Saffi 64 - cap 15033

■ Stockhouse con rimanenze, fine serie e campionari di abbigliamento bambino da 0 a 16 anni. Vasto assortimento di capi di vari marchi. Arrivi settimanali, prodotti di qualità, prezzi interessanti.
Altre sedi: Monza, Palazzolo Milanese e Pisa.

➜ **Come arrivare:** A26, uscita Casale Monferrato Sud.

€ **Sconti: dal 30% al 50%**

CASALINO (NO) *1-Ec*

CASA

Sambonet

Spaccio aziendale/Factory outlet

0321879748
FAX 0321879820
carla.vota@sambonet.it
www.sambonet.com
mart-sab (9.30-12.30, 14.00-19.00); **chiuso** lun, dom
P

Strada Statale 11, km 84, Loc. Orfengo - cap 28060

■ Un buon indirizzo del design contemporaneo italiano. Bella scelta di posate in acciaio e alpacca argentata. Ma anche altri articoli per la casa e la cucina di ottima qualità. Liste nozze. Prima e seconda scelta, queste ultime scontate anche del 50%.

➜ **Come arrivare:** A26, uscita Vercelli Est, direzione Novara, poi indicazioni per Casalino.

€ **Sconti: dal 25% al 50%**

CASTELLETTO SOPRA TICINO (NO) — 3-Bc

INTIMO E MARE

Spaccio Irge

Spaccio aziendale/Factory outlet

0331920432
lun (15.30-19.30), mer-dom (9.30-12.30, 15.30-19.30); chiuso mart

Statale 33, km 103 - cap 28053

Rimanenze, campionari e fine serie di intimo, mare e notte per uomo, donna e bambino con il marchio Irge. Si trovano anche capi di Rocco Barocco. Buona la scelta delle taglie e ulteriori sconti nel periodo dei saldi.

Come arrivare: A8/A26, uscita Sesto Calende-Vergiate, SS33 del Sempione direzione Castelletto sopra Ticino.

Sconti: dal 30% al 50%

CASTELLETTO SOPRA TICINO (NO) — 3-Bc

SPORT

Sergio Tacchini Factory Outlet

Spaccio aziendale/Factory outlet

0331914288
FAX 0331921647
www.sergiotacchini.com
lun (15.00-19.30), mart-dom (09.30-19.30)

Statale 33 del Sempione, km 159 - cap 28053

Outlet della Sergio Tacchini. Abbigliamento sportivo, accessori e scarpe per qualsiasi sport. Tutte le taglie. Prima scelta della collezione attuale (a prezzo pieno), seconda scelta, rimanenze e campionari. Occasioni. Carta fedeltà.

Come arrivare: A8/A26, uscita Sesto Calende-Vergiate, SS33 del Sempione direzione Castelletto sopra Ticino.

Sconti: dal 30% al 50%

CERRIONE (BI) — 1-Dc

BAMBINO

River - Le Nouveau Né

Spaccio aziendale/Factory outlet

0152583653
FAX 0152583654
www.lenouveau-ne.it
lun-sab (10.00-19.00); chiuso dom

Via Papa Giovanni XXIII 96 - cap 13882

Rimanenze, fine serie e campionari di abbigliamento, maglieria e accessori per bambini da 0 a 16 anni del marchio Le Nouveau Né. Anche accessori per neonati e lettini.

Come arrivare: A4, uscita Santhià, SS143 direzione Cavaglià, poi indicazioni per Cerrione.

CERVASCA (CN) *9-Bb*

ALIMENTARI

Bramardi

Spaccio aziendale/Factory outlet

017185021
FAX 0171857470
bramardi.doc@libero.it
www.bramardicioccolato.com
lun-dom (8.00-13.00, 14.00-19.30)
P

Via Comba 9 - cap 12010

Tutte le specialità dolciarie tipiche di Cuneo: cuneesi al rhum, cioccolatini ripieni, gianduiotti, biscotti, torte di nocciole e mandorle. Tutto di ottima qualità. Nei mesi estivi anche gelato e nel periodo natalizio si vendono cesti confezionati.

→ **Come arrivare:** A6, uscita Fossano, SS231 direzione Cuneo, poi indicazioni per Caraglio.

Sconti: 50%

CHIAVERANO (TO) *1-Cbc*

VINI E LIQUORI

Distilleria Fratelli Revel Chion

Spaccio aziendale/Factory outlet

012554808
FAX 012554808
info@distilleria-revelchion.it
www.distilleria-revelchion.it
lun-sab (9.00-12.00, 15.00-19.00); chiuso dom
P

Via Casassa 4 - cap 10010

Vendita diretta della distilleria Revel Chion nota per la produzione di grappe e distillati. Anche cioccolatini alla grappa in confezioni regalo o a peso. Buoni prezzi anche per piccole quantità.

→ **Come arrivare:** A5, uscita Albiano, SS 228 direzione Ivrea, poi indicazioni per Chiaverano.

Sconti: 3%

COLLEGNO (TO) *1-Cc*

ABBIGLIAMENTO

Carrera Jeans

Spaccio aziendale/Factory outlet

0114037727
FAX 0114037610
www.carrerajeans.it
lun-sab (9.00-12.30, 15.30-19.30); chiuso dom
P

Via Torino 168 - cap 10093

L'outlet che vende i noti jeans Carrera ma anche camicie, felpe, giubbotti e accessori per uomo, donna e bambino. All'interno sono suddivisi i capi di prima scelta da quelli di seconda scelta. Si fanno ottimi affari in quest'ultimo reparto.

→ **Come arrivare:** A5, tangenziale Nord-Sud di Torino, uscita Collegno; a sud del cavalcavia della stazione FS.

COLLEGNO (TO)

1-Cc

ABBIGLIAMENTO

Diffusione Tessile - Max Mara

Spaccio aziendale/Factory outlet

0114157840
FAX 0114044429
www.diffusionetessile.it
lun (15.30-19.30), mart-sab (10.00-19.30); **chiuso** dom
P

Corso Francia 313 - cap 10093

Outlet che vende abbigliamento donna dei marchi Max Mara, Marina Rinaldi, I Blues, Sportmax, Weekend, Pianoforte e Marella. Buona scelta di taglie forti, con Marina Rinaldi. Rimanenze dalle collezioni precedenti e prima scelta.

→ **Come arrivare:** A4, tangenziale Nord-Sud di Torino, uscita Corso Francia.

Sconti: dal 50% al 70%

COSSATO (BI)

1-Db

CASA

Lanificio Tessilstrona

Spaccio aziendale/Factory outlet

015926508
FAX 015921235
info@tessilstrona.it
www.tessilstrona.it
lun, mer-sab (9.00-12.00, 15.00- 19.00), mart (15.00-19.00); **chiuso** dom; ferie ago
P

Via Amendola 9 - cap 13836

Tessuti di qualità per abbigliamento e per arredo. Si trovano stoffe e scampoli di lana e cashmere per confezionare abiti, gonne e pantaloni e anche cotoni pesanti ideali per l'arredamento. Tutto di prima scelta.

→ **Come arrivare:** A4, uscita Carisio, direzione centro città.

Sconti: 30%

COSTIGLIOLE D'ASTI (AT)

9-Da

VINI E LIQUORI

Bosca

Spaccio aziendale/Factory outlet

0141967711
FAX 0141968008
commit@bosca.it
www.bosca.it
lun-ven (8.00-12.30, 14.00-17.30); **chiuso** sab, dom; ferie ago, 20 dic-6 gen
P

Via Canelli 100, Loc. Boglietto - cap 14055

Vendita diretta dell'azienda che produce l'amaro Bosca. Vini, spumanti, liquori, vermouth e naturalmente amari del marchio Cora. Tutti i prodotti sono disponibili in confezione regalo.

→ **Come arrivare:** A21, uscita Asti Est, SS231 direzione Boglietto.

Sconti: 20%

CUNEO

9-Cb

ABBIGLIAMENTO

Vestebene Factory Store

Spaccio aziendale/Factory outlet

0171602444
FAX 0171602444
spaccio99497@serv.vestebene.com
lun (15.30-19.30), mart-sab (9.30-19.30); **chiuso** dom

Corso Nizza 106/108 - cap 12100

■ Outlet della Vestebene/Miroglio che produce abbigliamento classico per donna con i marchi: Caractère, Dream, Motivi, My time. Anche taglie forti, abiti da cerimonia.

→ **Come arrivare:** A6, uscita Carrù, direzione Cuneo.

€ **Sconti: dal 20% al 50%**

FARA NOVARESE (NO)

3-Ac

VINI E LIQUORI

Cantina Dessilani

Spaccio aziendale/Factory outlet

0321829252
FAX 0321829805
info@dessilani.it
www.dessilani.it
lun-ven (8.00-12.00, 14.00-18.00), sab (8.00-12.00); **chiuso** dom; ferie ago (variabile)

Via Cesare Battisti 21 - cap 28073

■ Vendita diretta di vini dei colli novaresi, in particolare il Fara rosso di buona qualità. Ottimo rapporto qualità/prezzo.

→ **Come arrivare:** A4, uscita Novara Ovest, SP299 direzione Romagnano Sesia, poi indicazioni per Fara Novarese.

FARA NOVARESE (NO)

3-Ac

VINI E LIQUORI

Cantine dei Colli Novaresi

Spaccio aziendale/Factory outlet

0321829234
FAX 0321829797
cantinecollinovaresi@libero.it
www.cantinecollinovaresi.com
lun-sab (8.00-11.45, 14.00-17.45); **chiuso** dom; ferie ago (variabile)
P

Via Cesare Battisti 68/70 - cap 28073

■ Vendita diretta dove degustare e acquistare molti vini locali, come il Fara Doc. Anche spumanti, moscati e grappe a prezzi convenienti. I vini sono acquistabili imbottigliati o anche sfusi.

→ **Come arrivare:** A4, uscita Novara Ovest, SP299 direzione Romagnano Sesia, poi indicazioni per Fara Novarese.

FOSSANO (CN)

9-Ca

ABBIGLIAMENTO

Levi's Factory Outlet

Spaccio aziendale/Factory outlet

0172637184
FAX 0172637184
lun (15.00-19.30), mart-ven (9.00-12.30, 15.00-19.30), sab (9.30-19.30); chiuso dom
P

Via Domenico Oreglia 21 - cap 12045

■ Outlet della Levi's e Dockers. Abbigliamento casual per uomo e donna. Rimanenze, campionari, fine serie, Prima e seconda scelta. Taglie americane dalla 25 alla 44 e dalla XS alla XXL.

➜ **Come arrivare:** A6, uscita Fossano.

€ **Sconti: dal 20% al 50%**

FUBINE (AL)

9-Da

ABBIGLIAMENTO

Maglificio Piacenza

Spaccio aziendale/Factory outlet

0131778704
FAX 0131778644
lun-sab (9.00-12.00, 15.00-19.00), dom (10.00-12.00, 15.00-19.00)

Via della Repubblica 2 - cap 15043

■ Maglieria in lana, cashmere, cotone, viscosa del noto marchio Piacenza. Per donna e uomo. Maglie, cardigan, twin-set, sciarpe, scialli, plaid, di ottima qualità e fattura. Tutti i prodotti in vendita sono di prima scelta. Taglie dalla S alla XXL.

➜ **Come arrivare:** A21, uscita Alessandria Ovest, direzione Asti, poi indicazioni per Fubine.

€ **Sconti: dal 30% al 40%**

GALLIATE (NO)

3-Bd

CASA

Spaccio Bassetti

Spaccio aziendale/Factory outlet

0321865285
lun (14.30-18.30), mart-sab (9.30-13.00, 14.00-18.30); chiuso dom
P

Via Mazzini 1/a - cap 28066

■ Uno dei 14 outlet Bassetti in Italia che vende seconde scelte a prezzi dimezzati. Ma anche rimanenze scontate dalle collezioni precedenti: spugne, lenzuola, copridivani, trapunte, accappatoi, piumoni, Granfoulard, copripiumini, coperte.

➜ **Come arrivare:** A4, uscita Novara Est, direzione Galliate.

€ **Sconti: dal 30% al 50%**

GATTICO (NO)

3-ABc

ALIMENTARI

Caseificio Tosi

Spaccio aziendale/Factory outlet

0322838425
FAX 0322887584
info@caseificiotosi.it
www.caseificiotosi.it
mart-sab (8.30-12.30, 15.30-19.00); **chiuso** dom, lun
P

Via Maggiate 6 - cap 28013

Spaccio aziendale dove trovare ottimi formaggi, come le tome piemontesi e anche un gorgonzola di qualità. Un outlet da visitare quando si fanno grandi scorte. I prezzi sono convenienti.

→ **Come arrivare:** A26, uscita Arona, direzione Borgomanero, poi indicazioni per Gattico.

Sconti: 20%

GAVI (AL)

11-Ab

VINI E LIQUORI

Cantina Produttori del Gavi

Spaccio aziendale/Factory outlet

0143642786
FAX 0143643771
cantina.prodgavi@libero.it
lun-sab (8.00-12.00, 14.00-17.30), dom (8.00-12.00)
P

Via Cavalieri di Vittorio Veneto 45 - cap 15066

Una cantina che raggruppa circa 150 produttori locali di vini di qualità. Vendita diretta al pubblico di vini, principalmente Gavi, ma anche Barbera, Dolcetto, Barolo e Brachetto. Prezzi adeguati, ottimo indirizzo per rifornire la propria cantina.

→ **Come arrivare:** A7, uscita Serravalle Scrivia, SS35 direzione Gavi-Ovada.

Sconti: 20%

GHEMME (NO)

1-Db

ABBIGLIAMENTO

Lanificio Luigi Colombo

Spaccio aziendale/Factory outlet

0163842017
FAX 0163840277
prodotto.finito@lanificiocolombo.it
www.lanificiocolombo.it
lun (15.00-19.00), mart-dom (10.00-19.00)
P

Regione Pralini 5 - cap 28074

Colombo produce tessuti e abbigliamento uomo e donna. Fibre di gran pregio come cashmere e il nuovo cashgora (cashmere/seta) a prezzi convenienti. Anche linea casa. Prima scelta, seconda scelta e fine serie. Nel periodo dei saldi ulteriori sconti.

→ **Come arrivare:** A26, uscita Romagnano Sesia-Ghemme.

Sconti: dal 30% al 50%

GHEMME (NO)

1-Db

VINI E LIQUORI

Francoli Center

Spaccio aziendale/Factory outlet

0163841320
FAX 0163841591
francolicenter@francoli.it
www.francoli.it
lun, mer-dom (9.00-12.30, 14.30-19.30); **chiuso** mart
P

Via Romagnano 69/b - cap 28074

■ L'outlet dell'azienda Francoli che produce grappe, distillati e i vini Torraccia del Pianta Vigna. Si possono acquistare a prezzi scontati bottiglie e confezioni regalo, come pure scatole di dolci, biscotti e cioccolatini. I prodotti sono di prima scelta.

→ **Come arrivare:** A26, uscita Romagnano Sesia-Ghemme.

MASSAZZA (BI)

1-Dc

ABBIGLIAMENTO

Mar Maglia Babyline

Spaccio aziendale/Factory outlet

0161878104
FAX 0161852113
babyline@libero.it
lun-ven (9.00-12.30, 14.00-18.30), sab (9.00-12.30, 15.00-19.00), **chiuso** dom (giu-ago anche sab); ferie ago (variabile)
P

Via Roma 41 - cap 13873

■ Maglieria per uomo, donna, bambino in lana, cashmere, angora e viscosa. Buona qualità, tutti capi di prima scelta. Per donna taglie dalla 38 alla 48, per uomo dalla 48 alla 54. Anche su misura. Durante i saldi ulteriori sconti.

→ **Come arrivare:** A4, uscita Carisio, direzione Biella, poi indicazioni per Massazza.

€ **Sconti: dal 20% al 50%**

MASSERANO (BI)

1-Db

ABBIGLIAMENTO

Lanificio di Lessona

Spaccio aziendale/Factory outlet

0159871620
FAX 0159871620
lessona@lessona.com
www.lessona.com
mart-sab (9.00-13.00, 15.00-19.00); **chiuso** dom, lun, (nov-gen solo lun); ferie 10-31 ago
P

Via Due Giugno 60, Loc. San Giacomo - cap 13866

■ Tessuti in lana: scampoli e tagli per cappotti, giacche e abiti in vari tipi di lana. Anche capi già confezionati per uomo/donna e accessori. Vasta scelta di colori e taglie: dalla 46 alla 60 per uomo, dalla 38 alla 50 per donna. Carta fedeltà.

→ **Come arrivare:** A4, uscita Carisio, direzione Biella, poi indicazioni per Masserano.

€ **Sconti: dal 20% al 60%**

MASSERANO (BI) *1-Db*

BAMBINO

Maman Bebé

Negozio discount

01599351
FAX 01599351
mamanbebe@libero.it
lun (15.30-19.15), mart-sab (9.30-12.15, 15.30-19.15); **chiuso** dom (variabile)

Via Repubblica, Loc. San Giacomo 26 - cap 13866

Discount di mobili, oggetti, abbigliamento, puericultura. Abbigliamento prémaman e bambino. Tutto di prima scelta. Marchi: Plasmon, Milupa, Nestlè, Pampers, Timberland, Peg Perego, Inglesina, Chicco, ecc. Nel periodo dei saldi ulteriori sconti del 50%.

→ **Come arrivare:** A4, uscita Carisio, direzione Biella, poi indicazioni per Masserano.

€ **Sconti: dal 15% al 50%**

MONGRANDO (BI) *1-Cb*

CASA

Fratelli Graziano fu Severino

Spaccio aziendale/Factory outlet

015666122
FAX 015666222
postmaster@graziano.it
www.graziano.it
lun-sab (8.00-12.00, 14.00-18.00); **chiuso** dom; ferie ago (variabile)
P

Via Martiri della Libertà 84 - cap 13888

Biancheria per la casa in lino, misto lino e in cotone. Modelli classici in lino, attuali in cotone, uniti e jacquard, anche coloratissimi. Tessuti per l'arredamento. Tutti i prodotti sono di prima scelta.

→ **Come arrivare:** A4, uscita Carisio, direzione Biella, poi indicazioni per Mongrando.

MONGRANDO (BI) *1-Cb*

CASA

Siletti - Linificio di Mongrando

Spaccio aziendale/Factory outlet

015666253
FAX 015667282
lun (15.00-18.30), mart-sab (9.00-12.00, 15.00-18.30); **chiuso** dom; ferie ago
P

Via Marconi 1 - cap 13888

Rimanenze, fine serie e campionari di biancheria per la casa in puro lino, misto lino, fiandra e cotone. Lenzuola, spugne, tovaglie, copriletti di ottima qualità e fattura. Prima e seconda scelta.

→ **Come arrivare:** A4, uscita Carisio, direzione Biella, poi indicazioni per Mongrando.

€ **Sconti: 40%**

MOTTALCIATA (BI)

1-Db

ABBIGLIAMENTO

Samarshop

Spaccio aziendale/Factory outlet

0161872625
mart-ven (10.00-12.30, 15.00-19.00), sab (9.30-12.30, 15.00-19.30); **chiuso** dom, lun; ferie ago (variabile)
P

Via Martiri della Libertà 147 - cap 13874

■ Linee fitness e casual: pantaloni, maglie, felpe, T-shirt, giubbotti. Anche intimo e pigiami. In tutte le taglie (dal neonato alla XXL). Prima e seconda scelta, collezioni precedenti e campionari. Nel periodo dei saldi ulteriori sconti.

→ **Come arrivare:** A4, uscita Carisio, direzione Biella, poi indicazioni per Mottalciata; a circa 2 km dal casello.

€ **Sconti: 50%**

NOVARA

1-Ec

ABBIGLIAMENTO

Augustus

Spaccio aziendale/Factory outlet

0321629143
FAX 0321629143
confezioniaugustus@libero.it
lun-ven (15.00-19.00), sab (9.00-12.00); **chiuso** dom; ferie ago
P

Via Nebbia 25 - cap 28100

■ Vastissima offerta di camicie maschili, completi, abbigliamento e maglieria donna. Solo prima scelta. Promozioni sulle fine serie. Taglie dalla 38 fino a quelle conformate. Ingresso anche da via Monte Rosa 12.

→ **Come arrivare:** A4, uscita Novara Ovest, direzione Novara centro.

€ **Sconti: 50%**

NOVARA

1-Ec

ABBIGLIAMENTO

Sipario Manifatture

Spaccio aziendale/Factory outlet

0321399976
FAX 0321399368
lun (15.30-19.30), mart, gio, sab (9.30-12.30, 15.30-19.30), mer, ven (9.30-19.30), **chiuso** dom

Via Solferino 10 - cap 28100

■ Vendita diretta di abbigliamento e accessori (borse, sciarpe, bijoux) per uomo e donna. Nuovi arrivi ogni settimana. La merce è di prima scelta. Nel periodo dei saldi si applicano ulteriori sconti.

→ **Come arrivare:** A4, uscita Novara Est, direzione Novara centro, zona stazione FS - piazza Cavour.

€ **Sconti: dal 20% al 70%**

NOVARA *1-Ec*

ALIMENTARI

Costa Alimentari - La Bottega delle Cose Buone

Spaccio aziendale/Factory outlet

0321450861
lun-mart, gio-sab (8.00-12.30, 16.00-19.00), mer (8.00-12.30); **chiuso** dom; ferie ago (variabile)
P

Corso Vercelli 3 - cap 28100

Spaccio aziendale che vende gorgonzola all'etto o al chilo. Tante le varietà: al naturale, dolce, piccante, con mascarpone. In vendita anche altri prodotti, soprattutto salumi e formaggi.

→ **Come arrivare:** A4, uscita Novara Ovest, direzione Novara centro.

Sconti: 25%

NOVARA *1-Ec*

ALIMENTARI

Invernizzi Riso

Spaccio aziendale/Factory outlet

0321623782
FAX 0321620187
m.invernizzi@risoinvernizzi.it
www.risoinvernizzi.it
lun-ven (8.00-12.00, 14.00-18.00); **chiuso** sab, dom; ferie ago (variabile)
P

Via Valsesia 73 - cap 28100

Un produttore di riso dove acquistare a prezzi scontati tutti i tipi di riso: carnaroli, arborio, confezioni da 1 a 5 kg per risotti o per minestre. Anche farine di riso e riso per animali. Solo prima scelta.

→ **Come arrivare:** A4, uscita Novara Ovest, direzione Novara centro.

Sconti: 50%

NOVARA *1-Ec*

ALIMENTARI

Riseria Ceriotti

Spaccio aziendale/Factory outlet

0321452760
FAX 0321466733
info@risoceriotti.com
www.risoceriotti.com
lun-ven (8.00-18.00); **chiuso** sab, dom; ferie ago (variabile)

Corso Vercelli 122/130/132 - cap 28100

Vendita diretta di riso di produzione propria. Qui sono in vendita tutti i tipi di riso: per risotti, per minestre, per cotture rapide, carnaroli, arborio. Tutti prodotti di prima scelta. Confezioni da 1 e 5 kg a prezzi scontati.

→ **Come arrivare:** A4, uscita Novara Ovest, direzione Vercelli.

Sconti: 10%

OLEGGIO (NO)

3-Bc

ABBIGLIAMENTO

Bolgheri Factory Outlet

Spaccio aziendale/Factory outlet

0321922450
FAX 0321922359
bolgheri_oleggio@zegnaermenegildo.it
lun, mer-ven (9.30-13.00, 14.30-19.00), sab (9.30-19.00); ultima dom (9.30-13.00, 14.30-19.00) **chiuso** mart, dom (variabile); ferie ago (variabile)
P

Via Novara 71 - cap 28047

■ Abbigliamento uomo e anche accessori. Buon assortimento di cravatte. Prima e seconda scelta, campionari e collezioni precedenti. Taglie dalla 44 alla 60. Nel periodo dei saldi ulteriori sconti.

→ **Come arrivare:** A4, uscita Novara Est, SS32 direzione Oleggio-Arona.

€ **Sconti: dal 30% al 50%**

OLEGGIO (NO)

3-Bc

VINI E LIQUORI

Cantine dei Colli Novaresi

Spaccio aziendale/Factory outlet

032191222
FAX 032191223
cantinecollinovaresi@libero.it
www.cantinecollinovaresi.com
lun-mart, gio-sab (9.00-12.30, 15.00-17.00), mer (9.00-12.30); **chiuso** dom; ferie ago (variabile)
P

Via Gallarate 33 - cap 28047

■ Vendita diretta dove è possibile degustare e acquistare molti vini del luogo, come il Fara Doc. Anche acquistabili spumanti, moscati e grappe a prezzi convenienti. I vini sono imbottigliati o sfusi.

→ **Come arrivare:** A4, uscita Novara Est, SS32 direzione Oleggio-Arona.

OLEGGIO CASTELLO (NO)

2-Eb

BAMBINO

Mattel

Spaccio aziendale/Factory outlet

0322231333
italy.outlet@mattel.com
mart-sab (9.30-12.30, 15.00-19.00), dom (15.00-19.00); chiuso lun; ferie ago (variabile)
P

Via Vittorio Veneto 119 - cap 28040

■ Outlet della Mattel, la nota azienda produttrice di giocattoli e articoli per l'infanzia. Qui si trovano a prezzi scontati i giochi della linea Fisher Price, le bambole, i vestiti e gli accessori della collezione Barbie, la linea Hot Wheels, i coordinati scuola e molti altri giocattoli. Ci sono prime e seconde scelte (dove spesso è rovinata soltanto la scatola). Sulle seconde scelte, si arriva anche al 60% di sconto. Ottime occasioni e buoni sconti. Un indirizzo fondamentale quando si devono fare regali a bambini.

→ **Come arrivare:** A26, uscita Arona, SS33 direzione Lago Maggiore, poi indicazioni per Oleggio Castello.

Sconti: dal 20% al 60%

OMEGNA (VB) 1-Db

CASA

Alessi

Spaccio aziendale/Factory outlet

0323868611
FAX 0323641605
info@alessi.com
www.alessi.com
lun (14.00-18.00), mart-sab (9.30-18.30); chiuso dom
P

Via Privata Alessi 6, Loc. Crusinallo - cap 28887

■ Segnalato da una gigantesca teiera scultura, è un outlet in stile con il marchio. Situato all'interno del parco di azalee e camelie della nota industria, propone una scelta di tutti gli oggetti Alessi, in metallo o in plastica: posate, vassoi, cesti, oggetti da tavola o per la casa creati dai maggiori designer del momento. Poco lo sconto sulla prima scelta di prodotto (10%), ma si fanno buoni affari con le seconde scelte sulle quali i piccoli difetti sono sempre evidenziati e spesso invisibili.

→ **Come arrivare:** A26, uscita Gravellona Toce, SR229 direzione Omegna

€ **Sconti: dal 10% al 30%**

OMEGNA (VB) 1-Db

CASA

Piazza Effepi

Spaccio aziendale/Factory outlet

0323643595
piazza@piazza.it
mart-sab (9.00-12.30, 15.00-19.00); **chiuso** dom, lun; ferie ago (variabile)
P

Via IV Novembre 242, Loc. Crusinallo - cap 28882

■ La Piazza Effepi produce tantissimi articoli in acciaio per uso quotidiano: posate, vassoi, ciotole, apribottiglie dal design moderno e di buona qualità. Prima e seconda scelta.

→ **Come arrivare:** A26, uscita Gravellona Toce, SR229 direzione Omegna

€ **Sconti: dal 30% al 50%**

PINEROLO (TO) 9-Ba

ALIMENTARI

Galup

Spaccio aziendale/Factory outlet

0121322227
FAX 012171334
galup@galup.it
www.galup.it
mart-sab (8.30-12.30, 15.30-19.30); chiuso dom-lun

Via Fenestrelle 32 - cap 10064

Outlet dove trovare tutti i prodotti Galup, dai panettoni al cioccolato. Sia prima che seconda scelta. Ideale per fare scorte di dolci tipici come pandori, colombe, gianduiotti e tante altre golosità.

→ **Come arrivare:** tangenziale Sud-Nord di Torino, diramazione Pinerolo, uscita Pinerolo, direzione Sestriere.

€ **Sconti: 10%**

POLLONE (BI) 1-Cb

ABBIGLIAMENTO

Piacenza Cashmere (Fratelli Piacenza)

Spaccio aziendale/Factory outlet

0156191230
FAX 0156191735
info@piacenza1733.it
www.piacenza1733.it
lun (14.00-19.00), mart-sab (10.00-19.00); chiuso dom (variabile)
P

Regione Cisi - cap 13814

Outlet della Piacenza, che dal 1733 produce tessuti e ora anche abbigliamento in cashmere e altre fibre pregiate: maglie, capispalla, abiti, accessori per uomo (taglie dalla 46 alla 60) e donna (taglie dalla 38 alla 48).

→ **Come arrivare:** A4, uscita Carisio, direzione Biella, poi indicazioni per Pollone.

€ **Sconti: dal 20% al 40%**

PRATO SESIA (NO) 1-Db

INTIMO E MARE

Manifattura di Valduggia

Spaccio aziendale/Factory outlet

0163853644
FAX 0163853655
servizioclienti@maglieriaragno.it
www.maglieriaragno.it
lun-sab (10.00-19.00), dom (15.00-19.00); ferie ago (variabile)
P

Via Matteotti 115 - cap 28077

Outlet del marchio Ragno, nota casa produttrice di biancheria intima (in lana e cotone), pigiama e anche maglieria esterna. Prima e seconda scelta, rimanenze e fine serie, per uomo, donna e bambino. Per donna anche taglie forti.

→ **Come arrivare:** A26, uscita Romagnano Sesia-Ghemme.

€ **Sconti: 30%**

ROBILANTE (CN) 9-BCb

ALIMENTARI

Spaccio del Cioccolato

Spaccio aziendale/Factory outlet

0171789401
FAX 0171789401
lun-mart (8.00-19.30), gio-ven (8.00-19.30), sab-dom (8.00-12.30, 14.30-19.30); chiuso mer
P

Statale 20, km 30 - cap 12017

Outlet dell'azienda che produce i famosi dolci e cioccolatini Cuba. Ottimi prodotti come i cuneesi al rhum, i cuba rhum e tanti tipi di praline, marron glacé, torroni, torte. Ci sono anche prodotti salati.

→ **Come arrivare:** A26, uscita Fossano, SS231 direzione Cuneo, poi indicazioni per Robilante.

ROMAGNANO SESIA (NO) 1-Db

ABBIGLIAMENTO

Federico Cashmere

Spaccio aziendale/Factory outlet

0163827328
FAX 0163820456
barbero.federico@libero.it
lun (15.00-19.00), mart-dom (10.00-13.00, 15.00-19.00)
P

Via Novara 347 - cap 28078

Outlet che vende maglieria uomo e donna in cashmere. Anche plaid e accessori per la casa. Prima scelta, fine serie e campionari. Ulteriori sconti per i possessori della "Cashmere Card" (10%) e durante i saldi.

→ **Come arrivare:** A26, uscita Romagnano Sesia-Ghemme, direzione Romagnano Sesia.

€ **Sconti: dal 30% al 60%**

ROMAGNANO SESIA (NO) 1-Db

ABBIGLIAMENTO

Lanificio Luigi Colombo

Spaccio aziendale/Factory outlet

0163832373
FAX 0163820507
prodotto.finito@lanificio colombo.it
www.lanificiocolombo.it
lun (15.00-19.00), mart-dom (10.00-19.00)
P

Via Novara 263 - cap 28078

Outlet di abbigliamento e maglieria che vende il marchio Colombo per donna e uomo. Ma anche accessori (sciarpe, scialli) e linea casa (plaid, coperte). Sartoria su misura maschile. Prima e seconda scelta e fine serie. Durante i saldi ulteriori sconti.

→ **Come arrivare:** A26, uscita Romagnano Sesia-Ghemme, direzione Romagnano Sesia.

€ **Sconti: dal 30% al 50%**

ROMAGNANO SESIA (NO) *1-Db*

ABBIGLIAMENTO

Loro Piana

Spaccio aziendale/Factory outlet

0163826875
FAX 0163826877
lun-dom (10.00-19.00)
P

Via Novara 484 - cap 28078

■ Un outlet che sembra una boutique, dove comprare splendidi capi in cashmere e altre fibre pregiate. Abbigliamento per uomo, donna e bambino. Bella scelta di accessori per la persona (sciarpe, pashmine, scialli), per la casa e l'arredamento (coperte, plaid e cuscini). Anche tagli di tessuto per realizzare abiti da uomo e tailleur da donna. La qualità Loro Piana è uno delle migliori al mondo ed è considerata un autentico lusso. I prezzi dell'outlet sono adeguati.

→ **Come arrivare:** A26, uscita Romagnano Sesia-Ghemme, direzione Romagnano Sesia.

ROMAGNANO SESIA (NO) *1-Db*

ABBIGLIAMENTO

Trabaldo Togna Factory Shop

Spaccio aziendale/Factory outlet

0163827064
FAX 0163825437
factoryshop@trabaldotogna.com
www.trabaldotogna.com
lun (15.00-19.00), mart-gio (10.00-19.00), ven-dom (9.30-19.30)
P

Via Novara 355 - cap. 28078

■ Abbigliamento classico uomo e donna in tessuti pregiati. Anche accessori. Il marchio è Trabaldo Togna. Buona scelta di taglie e anche possibilità di confezione su misura. Prima scelta e rimanenze delle collezioni precedenti. Carta fedeltà.

→ **Come arrivare:** A26, uscita Romagnano Sesia-Ghemme, direzione Romagnano Sesia.

€ **Sconti: dal 30% al 40%**

ROMAGNANO SESIA (NO) *1-Db*

VINI E LIQUORI

Azienda Vitivinicola Il Rubino

Spaccio aziendale/Factory outlet

0163833108
FAX 0163831200
info@ilrubino.net
www.ilrubino.net
lun-ven (8.30-12.30, 14.30-19.00), sab-dom (10.00-12.30, 15.00-19.00); ferie ago (variabile)

Via Mazzini 33/35 - cap 28078

Casa vinicola fondata nel 1894, dove degustare vini di produzione propria. Ottimi i rossi invecchiati in fusti di rovere e castagno (Spanna, Ghemme, Gattinara, Fara, Vespolina) e il bianco locale. Promozioni sui vini da tavola.

→ **Come arrivare:** A26, uscita Romagnano Sesia-Ghemme, direzione Romagnano Sesia.

€ **Sconti: dal 35% al 40%**

SALE (AL) *11-Aab*

ALIMENTARI

Pasticceria Rippa

Spaccio aziendale/Factory outlet

013184114
FAX 0131846700
info@bacididamarippa.com
www.bacididamarippa.com
lun-ven (8.30-12.30, 14.00-18.00); **chiuso** sab, dom; ferie 26 lug-20 ago

Via Dante 19/21 - cap 15045

Vendita diretta di dolci e biscotti di produzione propria. In particolare i tipici e tradizionali baci di dama e amaretti. Anche belle confezioni regalo a prezzi molto convenienti.

→ **Come arrivare:** A7, uscita Castelnuovo Scrivia, direzione Sale.

SAN DAMIANO D'ASTI (AT) *9-Da*

ABBIGLIAMENTO

Revedi

Spaccio aziendale/Factory outlet

0141975903
FAX 0141982476
lun, mer-sab (9.00-12.30, 15.00-19.30), dom (9.00-12.30); **chiuso** mart; ferie ago (variabile)
P

Via Conte Risbaldo Nuvoli di Grinzane 2 - cap 14015

Spaccio dell'azienda Revedi, che produce abbigliamento per note griffe. Qui si trovano capi, anche eleganti, per uomo e donna.

→ **Come arrivare:** A21, uscita Asti Ovest, SS10 direzione Torino.

€ **Sconti: dal 30% al 50%**

SANDIGLIANO (BI) *1-Db*

ABBIGLIAMENTO

Zegna Outlet Store

Spaccio aziendale/Factory outlet

0152496199
FAX 0152497559
zegna_outletsandigliano@zegnaermenegildo.it
www.zegna.com
lun (15.00-19.00), mart-sab (9.30-19.00); chiuso dom
P

Via Cesare Battisti 99 - cap 13876

Abbigliamento soprattutto uomo del noto marchio Zegna. Ma si trovano anche alcuni capi donna e accessori. Taglie dalla 46 alla 60 per uomo e dalla 38 alla 50 per donna. Nel periodo dei saldi ulteriori sconti.

→ **Come arrivare:** A4, uscita Carisio, direzione Biella, poi indicazioni per Sandigliano.

€ **Sconti: dal 30% al 50%**

SETTIMO TORINESE (TO) *1-Cc*

ABBIGLIAMENTO

Armani Factory Store

Spaccio aziendale/Factory outlet

0118005410
FAX 0118005530
www.giorgioarmani.com
lun-sab (10.00-19.00); chiuso dom
P

Strada Cebrosa 75 - cap 10036

Uno degli outlet di Armani. Un indirizzo da non perdere per chi è amante dello stile inconfondibile e sobrio di questo grande della moda italiana. Qui si trovano rimanenze, fine serie e campionari di abbigliamento uomo, donna dei marchi Giorgio Armani, Armani Collezioni, Emporio Armani, Armani Jeans, e la linea Armani Junior per i più piccoli. Buona la scelta di taglie. Ma il Factory Store vende anche l'arredamento, gli oggetti e il tessile per il letto, il bagno e la tavola di Armani Casa. Nel periodo dei saldi si praticano ulteriori sconti.

→ **Come arrivare:** A4, uscita Settimo Torinese.

€ **Sconti: 50%**

SETTIMO TORINESE (TO) 1-Cc

ABBIGLIAMENTO

Griffe Diffusion Revedi

Spaccio aziendale/Factory outlet

0118002296
www.revedi.it
mart-sab (9.00-12.30, 15.00-19.30);
chiuso dom, lun

Via Italia 69 - cap 10036

Outlet con rimanenze, fine serie e campionari di abbigliamento donna elegante di marchi come Mariella Burani e Gai Mattiolo.

Come arrivare: A4, uscita Settimo Torinese.

Sconti: 50%

TOLLEGNO (BI) 1-Db

ABBIGLIAMENTO

Filatura e Tessitura di Tollegno

Spaccio aziendale/Factory outlet

0152429228
FAX 0152429285
centrovendita@tollegno1900.it
www.tollegno1900.it
mart-sab (9.00-12.00, 14.00-19.00);
chiuso dom, lun;
ferie ago (variabile)
P

Via Roma 15 - cap 13818

500 mq di esposizione per una scelta infinita di tessuti e un reparto di maglieria in lana per uomo e donna. Anche intimo del marchio Ragno. Taglie dalla 42 alla 52/54 per donna, dalla M alla XXL per uomo. Prima e seconda scelta, fine serie.

Come arrivare: A4, uscita Carisio, direzione Biella, poi indicazioni per Tollegno.

Sconti: dal 20% al 60%

TORINO 1-Cc

ABBIGLIAMENTO

Eta Beta

Stocchista/Stockhouse

0114340008
FAX 0114333944
lun, mer-sab (11.00-19.30);
chiuso dom, mart;
ferie 10-30 ago
P

Via Principi d'Acaya 51 - cap 10138

Stockhouse di abbigliamento e accessori uomo e donna. Grande scelta di articoli di buona qualità, anche di marchi noti. I capi sono di prima scelta.

Come arrivare: A4, tangenziale di Torino, uscita corso Regina Margherita, centro città.

Sconti: dal 40% al 50%

TORINO *1-Cc*

ABBIGLIAMENTO

Ettore Confezioni

Spaccio aziendale/Factory outlet

0117710808
FAX 0117710808
lun (15.00-19.00), mart-sab (9.15-12.30, 15.00-19.00); **chiuso** dom; ferie ago

Via Cibrario 84/a - cap 10143

■ Outlet di abbigliamento classico uomo di ottima qualità con i marchi Loro Piana, Zegna e Pierre Cardin. Vasta scelta di taglie, disponibili dalla 44 alla 70. Si fanno ottimi affari con le fine serie che sono sempre in promozione.

→ **Come arrivare:** A4, tangenziale di Torino, uscita corso Regina Margherita, centro città.

€ **Sconti: dal 20% al 50%**

TORINO *1-Cc*

ABBIGLIAMENTO

Il Grifone

Stocchista/Stockhouse

011596127
FAX 011503280
ilgrifone@tin.it
www.ilgrifone.net
mart-sab (10.00-19.00); **chiuso** dom, lun; ferie ago (variabile)

Corso Turati 15 - cap 10128

■ Stockhouse che vende prêt-à-porter di grandi marchi, abbigliamento e accessori per uomo e donna. Taglie fino alla 46/48 per donna e 54/56 per uomo. Buona scelta di scarpe. Durante i saldi ulteriori sconti del 50%.

→ **Come arrivare:** A4, tangenziale di Torino, uscita corso Regina Margherita, centro città, stazione di Porta Nuova.

€ **Sconti: dal 30% al 70%**

TORINO *1-Cc*

ABBIGLIAMENTO

Il Guardaroba

Stocchista/Stockhouse

011501122
lun-ven (15.00-19.00), sab (9.30-12.30); **chiuso** dom; ferie ago

Via Massena 77/bis - cap 10128

■ Stockhouse che vende prêt-à-porter di grandi marchi e abbigliamento donna con taglie dalla 40 alla 50. Rimanenze, campionari e fine serie. Capi solo di prima scelta. Ulteriori sconti a gennaio e luglio durante i saldi. Difficoltà di parcheggio.

→ **Come arrivare:** A4, tangenziale di Torino, uscita corso Regina Margherita, centro città, stazione di Porta Nuova.

€ **Sconti: dal 30% al 60%**

TORINO 1-Cc

ABBIGLIAMENTO

Revedi

Spaccio aziendale/Factory outlet

Corso Emilia
Tel. 0112399839
Fax 0112399858
P.za Derna
Tel. 0112428010
Fax 0112462604
lun (15.30-19.30), mart-ven (9.30-12.30, 15.30-19.30), sab (9.00-19.30); **chiuso** dom; ferie ago (variabile)

(1) Corso Emilia 8 - cap 10152
(2) Piazza Derna 207 - cap 10155

■ Spaccio dell'azienda Revedi, che produce abbigliamento per note griffe. Qui si trovano capi, anche eleganti, per uomo e donna.

→ **Come arrivare:** A4, tangenziale di Torino, uscita corso Giulio Cesare. (1) zona Aurora; (2) zona Rebaudengo.

€ **Sconti: dal 30% al 50%**

TORINO 1-Cc

ABBIGLIAMENTO

Rikò Furs

Spaccio aziendale/Factory outlet

Tel. 0112482129
Fax 011238452
lun-ven (8.00-13.00, 14.00-19.30), sab (9.00-12.00, 15.30-17.30) **chiuso** dom; ferie ago
P

Via L. Rossi 71 - cap 10155

■ Pellicce, montoni, giacche in pelle e impermeabili. Anche modelli su misura e taglie forti. Prima scelta e capi delle collezioni precedenti. Nel periodo dei saldi ulteriori sconti.

→ **Come arrivare:** A4, tangenziale di Torino, uscita corso Giulio Cesare. Zona Barriera di Milano.

€ **Sconti: dal 40% al 70%**

TORINO 1-Cc

ABBIGLIAMENTO

Allo Spaccio

Spaccio aziendale/Factory outlet

Tel. 0112617850/01126171/800905010
Fax 0112617706
nfobox1@kappa.it
www.kappastore.com
lun (12.30-19.30), mart-ven (10.00-19.30), sab (9.30-19.30); **chiuso** dom

Via Foggia 42 - cap 10152

■ Enorme spaccio con rimanenze, fine serie, prima e seconda scelta del marchio Kappa a prezzi stracciati: maglieria, completi jogging, salopette, scarpe e piumini. Taglie dalla XS alla XXL. Nel periodo dei saldi ulteriori sconti. Carta fedeltà.

→ **Come arrivare:** A4, tangenziale di Torino, uscita corso Giulio Cesare, centro città, direzione cimitero e mercato dei fiori.

€ **Sconti: dal 50% al 70%**

TORINO 1-Cc

ABBIGLIAMENTO

Superga Outlet

Spaccio aziendale/Factory outlet

0115690954
FAX 0115690949
www.supergatorino.allospaccio.com
lun (12.30-19.30), mart-ven (10.00-19.30), sab (9.30-19.30); **chiuso** dom
P

Via San Marino 31/b - cap. 10134

Outlet Superga dove trovare, oltre alle famose calzature sportive, abbigliamento casual e accessori per uomo, donna e bambino, di Kappa, Robe di Kappa, K-Way, Jesus Jeans. Prima e seconda scelta, campionari e fine serie. Carta fedeltà.

→ **Come arrivare:** A4, tangenziale di Torino, uscita corso Unione Sovietica, direzione stadio Olimpico.

€ **Sconti: dal 30% al 80%**

TORINO 1-Cc

ALIMENTARI

Gilber

Spaccio aziendale/Factory outlet

0112621387
FAX 0112624359
panettoni@gilber.it
www.gilber.it
lun-ven (8.30-12.30, 14.15-18.30); **chiuso** sab, dom; ferie 20 lug-20 ago

Via Cavagnolo 18 - cap 10156

Spaccio aziendale della Gilber, che produce dolci da più di trent'anni. Qui si comprano panettoni, pandori, colombe, uova pasquali in stagione e amaretti, pasticcini, cioccolato tutto l'anno. Prima e seconda scelta.

→ **Come arrivare:** A4, tangenziale di Torino, uscita corso Giulio Cesare, vicino all'autostrada. Zona Ponte Vittorio Emanuele II.

€ **Sconti: dal 10% al 50%**

TORINO 1-Cc

ALIMENTARI

Ziccat Chocolaterie de Turin

Spaccio aziendale/Factory outlet

0117792352
FAX 0117792352
www.ziccat.it
lun-ven (8.15-18.15), sab (9.00-12.00); **chiuso** dom; ferie lug-ago

Via Bardonecchia 185 - cap 10141

Spaccio di cioccolato all'interno della fabbrica Ziccat. Tutti prodotti di primissima scelta. Vasta scelta e confezioni regalo. Buon rapporto qualità/prezzo.

→ **Come arrivare:** A4, tangenziale di Torino, uscita corso Regina Margherita, direzione corso Lecce e piazza Rivoli.

€ **Sconti: 40%**

TORINO 1-Cc

BAMBINO

Bimbo Stock

Stocchista/Stockhouse

0115817335
FAX 0115817335
lun (15.00-19.30), mart-sab (9.00-13.00, 15.00-19.30); **chiuso** dom; ferie ago

Via Cristoforo Colombo 41 - cap 10129

Stock di abbigliamento firmato per bambini da 0-16 anni a metà prezzo. Anche calzature delle migliori marche. Campionari, rimanenze e fine serie. Ottime occasioni.

→ **Come arrivare:** A4, tangenziale di Torino, uscita corso Giulio Cesare, direzione centro città. Zona Crocetta.

Sconti: dal 30% al 50%

TORINO 1-Cc

BAMBINO

Kid's Company

Spaccio aziendale/Factory outlet

0114377629
FAX 0114730030
kidscompany@kidscompany.it
www.kidscompany.it
lun-ven (9.30-18.00); **chiuso** sab, dom; ferie ago
P

Via Le Chiuse 52 - cap 10144

Abbigliamento per bambini da 0 a 12 anni. Capi di prima e seconda scelta, fine serie e fallati. Buone occasioni tutto l'anno e ulteriori sconti durante il periodo dei saldi.

→ **Come arrivare:** A4, tangenziale di Torino, uscita corso Regina Margherita, direzione ospedale Maria Vittoria.

Sconti: 30%

TORINO 1-Cc

BAMBINO

Prénatal Outlet

Spaccio aziendale/Factory outlet

0112427564
prenatal@prenatal.it
www.prenatal.it
inverno: lun (15.30-20.00), mart-sab (9.30-20.00), estate: lun (15.30-20.00), mart-sab (9.30-13.00, 15.30-20.00); **chiuso** dom

Piazza Derna 248 (ang. corso Giulio Cesare) - cap 10155

Rimanenze, fine serie e campionari del noto marchio Prenatal, per i piccoli da 0 a 11 anni. Abbigliamento, accessori, scarpe, biberon, seggioloni. Ma anche abbigliamento prémaman. Nel periodo dei saldi ulteriori sconti.

→ **Come arrivare:** A4, tangenziale di Torino, uscita corso Giulio Cesare. Zona Rebaudengo.

Sconti: dal 30% al 80%

TORINO *1-Cc*

CALZATURE E PELLETTERIA

F.A.M.A.L. di Tino Faciano

Stocchista/Stockhouse

011758303
FAX 011758303
lun (15.30-19.30), mart-ven (9.00-12.30, 15.30-19.30), sab (9.00-13.00, 15.00-19.30); **chiuso** dom

Via Rivara 38 - cap 10143

■ Stockhouse di scarpe di marchi prestigiosi. Calzature casual, sportive o eleganti, per uomo e per donna. Grande scelta di modelli e misure. Anche borse e piccola pelletteria.

➜ **Come arrivare:** A4, tangenziale di Torino, uscita corso Regina Margherita, direzione ospedale Maria Vittoria.

TORINO *1-Cc*

CASA

Arsal Argenterie Torino

Spaccio aziendale/Factory outlet

011679515
FAX 0116636734
arsaltorino@fastwebnet.it
www.arsalargenterie.it
lun (15.00-19.00), mart-ven (10.00-18.00), sab (10.00-13.00); **chiuso** dom; ferie ago (variabile)

Via Canova 43 - cap 10126

■ Outlet che vende il marchio Arsal: oggetti da arredamento, da tavola e posate in argento. Bella scelta di bomboniere. Possibilità di aprire una lista nozze. Tutti i prodotti in vendita sono di prima scelta.

➜ **Come arrivare:** A4, tangenziale di Torino, uscita corso Unità d'Italia. Zona Carducci-Molinette.

TORINO *1-Cc*

SPORT

Super Spaccio Sport

Spaccio aziendale/Factory outlet

0114333618
FAX 0114333618
info@superspacciosport.it
www.superspacciosport.it
mart-sab (10.00-19.30); **chiuso** lun, dom

Via Susa 2 - cap 10138

■ Rimanenze, fine serie, campionari di abbigliamento e scarpe sportive uomo e donna di alcuni dei grandi marchi del settore, come: Champion, Adidas, Reebok, Nike, Arena. Anche taglie forti. Ulteriori sconti durante il periodo dei saldi.

➜ **Come arrivare:** A4, tangenziale, uscita corso Regina Margherita, centro città, vicino al tribunale.

€ **Sconti: dal 20% al 50%**

TORTONA (AL)

11-Ab

INTIMO E MARE

B4

Spaccio aziendale/Factory outlet

0131881261
FAX 0131881244
amministrazione@bquattro.191.it
www.bquattro.191.it
lun-ven (8.30-12.00, 14.00-18.00);
chiuso sab, dom;
ferie ago (variabile)
P

Statale 10, km 93 - cap 15057

Outlet di intimo e mare donna e uomo. Rimanenze, fine serie e campionari di intimo e costumi da bagno in un piccolo spaccio pieno di merce. Marchi come Katherine Hamnett, Les Copains. Buona la scelta di taglie.

→ **Come arrivare:** A7, uscita Tortona, SS10 direzione Voghera.

Sconti: dal 30% al 50%

VALENZA (AL)

11-Aa

GIOIELLI E OROLOGI

La Fabbrica dell'Oro - Bruno Capuzzo

Spaccio aziendale/Factory outlet

0131943195
www.fabbricadelloro.it
lun-sab (9.00-12.30, 15.00-18.30);
chiuso dom

Via Circonvallazione Ovest 14 - cap 15048

Vendita diretta di gioielli e orologi prodotti dall'azienda Bruno Capuzzo. Braccialetti, collane, anelli, spille di buona fattura che si possono pagare però solo in contanti.

→ **Come arrivare:** A21, uscita Alessandria Ovest, direzione Valenza.

VALLE MOSSO (BI)

1-Db

ABBIGLIAMENTO

Lanificio Giuseppe Botto & Figli

Spaccio aziendale/Factory outlet

0157048269
FAX 0157011012
bottog@gruppobotto.com
www.gruppobotto.com
mart-ven (15.00-18.30), sab (9.30-12.30);
chiuso dom, lun
ferie ago
P

Via Sella 156 - cap 13825

Botto produce tessuti da quattro generazioni e fornisce stoffe a noti stilisti. Scampoli e tagli per abbigliamento a prezzi davvero convenienti. Capi confezionati e maglieria uomo (fino alla 56) e donna (fino alla 50). Prima scelta.

→ **Come arrivare:** A4, uscita Carisio, direzione Buronzo-Cossato, poi indicazioni per Valle Mosso.

VAUDA CANAVESE (TO)

1-Cc

ABBIGLIAMENTO

H. T. Outlet

Spaccio aziendale/Factory outlet

0119251777

lun (15.00-19.00), mart-sab (10.00-13.00, 15.00-19.00); chiuso dom

P

Via Torino, Loc. Palazzo Grosso 50 - cap 10070

Outlet che vende abbigliamento uomo, donna e bambino. Rimanenze, fine serie, campionari. Capi di prima scelta in tutte le taglie.

Come arrivare: A55, tangenziale Nord-Sud di Torino, uscita Caselle, direzione aeroporto, poi indicazioni per San Maurizio Canavese.

Sconti: 30%

VENARIA REALE (TO)

1-Cc

SPORT

Diadora - Invicta

Spaccio aziendale/Factory outlet

011730231

FAX 0114553590

venaria@invicta.it

lun (15.00-19.30), mart-sab (10.00-19.30); chiuso dom

Corso Toscana 15 - cap 10078

Vendita diretta di accessori, abbigliamento sportivo e per il tempo libero Diadora per uomo, donna, bambino. Rimanenze e fine serie, prima e seconda scelta. Molte le taglie. Ulteriori sconti durante il periodo dei saldi.

Come arrivare: A55, tangenziale Nord-Sud di Torino, uscita Venaria-Stadio, direzione Stadio delle Alpi, poi indicazioni per Venaria Reale.

Sconti: dal 30% al 50%

VERBANIA *3-Bc*

CASA

Lagostina

Spaccio aziendale/Factory outlet

0323406916
FAX 0323406924
verbania@casalagostina.it
lun (14.30-19.30), mart-sab (10.00-19.30), dom (11.00-19.30)
P

Via 42 Martiri 195, Loc. Fondotoce - cap 28924

■ L'outlet del grande marchio italiano di pentolame e articoli in acciaio per la tavola. Qui si trovano pentole di ogni tipo comprese le rinomate pentole a pressione. Buona scelta di posate dal design contemporaneo e articoli da regalo. L'outlet vende rimanenze e fine serie, prima e seconda scelta. Con queste ultime si fanno ottimi affari, hanno diffetti praticamente impercettibili e sono scontate anche del 60%. Possibilità di aprire una lista nozza. Una tappa obbligatoria quando si mette su casa.

→ **Come arrivare:** A26, uscita Gravellona Toce, SS34 direzione Verbania.

€ **Sconti: dal 25% al 60%**

VERBANIA *3-Bc*

CASA

Pretti

Spaccio aziendale/Factory outlet

0323585011
FAX 0323585021
pretti@pretti.it
www.pretti.it
lun (14.00-19.30), mart-dom (10.30-19.30)
P

Via 42 Martiri 195, Loc. Fondotoce - cap 28924

■ Tessile classico per la casa, particolarmente convenienti spugne, tovaglie e lenzuola. Prima e seconda scelta. Anche articoli da regalo, come i profumi per l'ambiente. Durante i saldi ulteriori sconti.

→ **Come arrivare:** A26, uscita Gravellona Toce, SS34 direzione Verbania.

€ **Sconti: dal 30% al 50%**

VERCELLI *1-Dc*

ABBIGLIAMENTO

Punto Maglia

Spaccio aziendale/Factory outlet

0161294870
www.manifatturesvezia.it
mart-sab (9.00-12.00, 15.00-19.30);
chiuso dom, lun;
ferie ago

Via Gran Paradiso 34 - cap 13100

■ Vendita diretta di maglieria per uomo e donna in cashmere, pura lana e cotone. Genere classico, sportivo e casual. Anche taglie forti. Servizio riparazione capi. Rimanenze, campionari, fine serie, tutto di prima scelta.

→ **Come arrivare:** A26, uscita Vercelli Ovest, direzione centro città.

VERCELLI *1-Dc*

ALIMENTARI

Mokaor

Spaccio aziendale/Factory outlet

0161393780
FAX 0161393775
info@mokaor.it
www.mokaor.it
lun-ven (8.00-12.00, 14.00-18.00);
chiuso sab, dom;
ferie ago (variabile)

Via Milano 9 - cap 13100

■ Vendita diretta di caffè. Molti i tipi e le varietà di caffè proposti. Le confezioni partono da 250 gr. Ottimo indirizzo per fare provviste.

→ **Come arrivare:** A26, uscita Vercelli Ovest, direzione centro città.

VERCELLI *1-Dc*

BAMBINO

Peteremporio

Stocchista/Stockhouse

016158694

Via Valter Manzone 123 - cap 13100

■ Stockhouse di abbigliamento per bambini e ragazzi. Grande varietà di modelli che vestono da 0 a 16 anni.

→ **Come arrivare:** A26, uscita Vercelli Ovest, direzione centro città.

VERRONE (BI) *1-Dc*

ABBIGLIAMENTO

American Gold

Spaccio aziendale/Factory outlet

0152557009
FAX 0152557970
info@biellafactoryoutlet.it
www.biellafactoryoutlet.it
lun (15.30-19.30), mart-ven (10.00-12.30, 15.30-19.30), sab (10.00-19.30); **chiuso** dom
P

Statale Trossi 10 - cap. 13871

Outlet di abbigliamento casual e jeans uomo e donna, principalmente del marchio Levi's. Prima e seconda scelta delle collezioni precedenti. In tutte le taglie. Ulteriori ribassi sulle fine serie e nel periodo dei saldi.

→ Come arrivare: A4, uscita Carisio, direzione Biella, poi indicazioni per Verrone.

€ **Sconti: dal 30% al 50%**

VERRONE (BI) *1-Dc*

ABBIGLIAMENTO

Black Out

Spaccio aziendale/Factory outlet

0152557139
lun (15.30-19.30), mart-ven (10.00-12.30, 15.30-19.30), sab (10.00-19.30); **chiuso** dom
P

Statale Trossi 10 - cap 13871

È un outlet multimarca dove si trovano rimanenze, fine serie e prima scelta di collezioni precedenti di abbigliamento uomo e donna. Buona la scelta delle taglie. Ulteriori sconti durante i saldi.

→ Come arrivare: A4, uscita Carisio, direzione Biella, poi indicazioni per Verrone.

€ **Sconti: dal 20% al 50%**

VERRONE (BI) *1-Dc*

ABBIGLIAMENTO

Calvin Klein Jeans

Spaccio aziendale/Factory outlet

0152557010
FAX 0152557970
info@biellafactorystore outlet.it
www.biellafactoryoutlet.it
lun (15.30-19.30), mart-ven (10.00-12.30, 15.30-19.30), sab (10.00-19.30); **chiuso** dom
P

Statale Trossi 10 - cap 13871

Jeans e abbigliamento per uomo, donna e bambino. Prima e seconda scelta delle collezioni precedenti. In tutte le taglie. Ulteriori ribassi sulle fine serie. Nel periodo dei saldi ulteriori sconti.

→ Come arrivare: A4, uscita Carisio, direzione Biella, poi indicazioni per Verrone.

€ **Sconti: dal 30% al 50%**

VERRONE (BI) 1-Dc

ABBIGLIAMENTO

Diesel Factory Outlet

Spaccio aziendale/Factory outlet

0152558131
lun (15.30-19.30), mart-ven (10.00-12.30, 15.30-19.30), sab (10.00-19.30); **chiuso** dom
P

Statale Trossi 10 - cap 13871

Outlet del marchio Diesel che vende abbigliamento casual e moda uomo e donna. Prima e seconda scelta, rimanenze e fine serie. Tutte le taglie. Nel periodo dei saldi ulteriori sconti.

Come arrivare: A4, uscita Carisio, direzione Biella, poi indicazioni per Verrone.

Sconti: dal 20% al 50%

VERRONE (BI) 1-Dc

ABBIGLIAMENTO

Dockers Factory Outlet

Spaccio aziendale/Factory outlet

0152558594
lun (15.30-19.30), mart-ven (10.00-12.30, 15.30-19.30), sab (10.00-19.30); **chiuso** dom
P

Statale Trossi 10 - cap 13871

Outlet del marchio Dockers, abbigliamento casual uomo e donna. Campionari, fine serie, Prima e seconda scelta delle collezioni precedenti in tutte le taglie. Nel periodo dei saldi ulteriori sconti.

Come arrivare: A4, uscita Carisio, direzione Biella, poi indicazioni per Verrone.

Sconti: dal 20% al 50%

VILLANOVA BIELLESE (BI) 1-Dc

ALIMENTARI

Riso Santa

Spaccio aziendale/Factory outlet

0161852150
lun-dom (7.00-20.00); **chiuso** ferie ago (variabile)
P

Strada Trossi 1 (Cascinotto del Palazzo) - cap 13877

Vendita diretta di riso coltivato in loco. Qui si trovano tutti i tipi di riso (carnaroli, arborio) di grande qualità e freschezza. Ideale per fare grandi scorte. Si vende anche pollame allevato tradizionalmente: polli, oche, capponi, anatre, faraone.

Come arrivare: A4, uscita Carisio, direzione Biella, poi indicazioni per Villanova Biellese.

VILLANOVA MONFERRATO (AL) *1-Dc*

ABBIGLIAMENTO

Marco Pizzi

Spaccio aziendale/Factory outlet

0142493812
FAX 0141483892
lun-gio, sab (9.00-20.30), ven (9.00-22.00); chiuso dom
P

Statale 31 - cap 15030

Per uomo, donna e bambino. Abbigliamento (Timberland, Henry Cotton's, Essenza, Guess) in taglie dalla 26 alla 58 e scarpe (Lumberjack, Timberland, Nike, Adidas), dal 34 al 50. Merce di prima scelta. Durante i saldi ulteriori sconti.

→ **Come arrivare:** A26, uscita Casale Monferrato Nord, indicazioni per Villanova Monferrato.

Sconti: dal 35% al 70%.

VILLANOVA MONFERRATO (AL) *1-Dc*

INTIMO E MARE

Linclalor

Spaccio aziendale/Factory outlet

0142338411
www.linclalor.com
lun-ven (9.30-13.30, 15.00-19.00), sab (9.00-12.00, 15.00-19.00); chiuso dom

Statale 31, km 18 - cap 15030

È l'outlet della Linclalor, che produce abbigliamento intimo e notte, principalmente per donna. Rimanenze e fine serie di buona qualità.

→ **Come arrivare:** A26, uscita Casale Monferrato Nord, indicazioni per Villanova Monferrato.

CARCARE (SV)

9-Db

CASA

Mercatino dell'Usato

Vintage/Usato selezionato

019515023
lun-sab (10.00-12.30, 15.30-19.30), dom (15.30-19.30)

Loc. Pradonne 17 - cap 17043

■ Usato selezionato di mobili, soprammobili, oggetti di arredo. Vastissima la scelta, ottimo il rapporto qualità/prezzo.

→ **Come arrivare:** A6, uscita Altare-Carcare, direzione Carcare.

CELLE LIGURE (SV)

9-Eb

SPORT

Giuseppe Olmo

Spaccio aziendale/Factory outlet

019990157/019990158
FAX 019990335
olmobikes@olmo.it
www.olmo.it
lun (15.00-19.00), mart-sab (8.30-12.30, 15.00-19.00); chiuso dom
P

Via Poggi 22 - cap 17015

■ Outlet della nota azienda che produce biciclette. Qui si trovano, in vendita diretta e a prezzi interessanti, biciclette per tutta la famiglia. Anche mountain bike.

→ **Come arrivare:** A10, uscita Celle Ligure.

CERIANA (IM)

9-Cc

ALIMENTARI

Olio Crespi

Spaccio aziendale/Factory outlet

0184551013
FAX 0184551518
info@oliocrespi.it
www.oliocrespi.it
lun-ven (8.30-12.00, 14.00-17.30); chiuso sab, dom

Corso Italia 81 - cap 18034

■ Vendita di olio extravergine d'oliva "Taggiasca DOP", olio biologico, pesto, pesto rosso, pasta di olive, sottoli e oli aromatizzati, olive taggiasche in salamoia, pomodori essiccati, tonno, salsa di noci. Ottima qualità e prezzi adeguati.

→ **Come arrivare:** A10, uscita Arma di Taggia, direzione Baiardo, poi indicazioni per Ceriana.

€ **Sconti: 10%**

GENOVA 11-Ac

ABBIGLIAMENTO

DGP Elite Vintage and Remake - G. & M. Pescetto

Vintage/Usato selezionato

0102473418
ufficio@dittapescetto.it
www.dgpvintage.com

Via Scurreria 8/r - cap 16123

Vintage, usato selezionato e rielaborazione contemporanea di capi vintage. Abbigliamento uomo e donna di grandissima qualità. Un luogo dove scovare anche i grandi marchi della moda del passato.

→ **Come arrivare:** A7/A10, uscita Genova Ovest. Zona Prè-Molo Maddalena.

GENOVA 11-Ac

ABBIGLIAMENTO

Imago Tricot

Spaccio aziendale/Factory outlet

010814486
FAX 010870660
info@imagotricot.com
www.imagotricot.it
lun-ven (9.00-12.30, 15.00-18.00); **chiuso** sab, dom; ferie ago

Via Goito 26/5 - cap 16122

Spaccio aziendale di maglieria in puro cashmere, seta o cotone per uomo e donna. Taglie dalla S alla XXL. Campionari e rimanenze. Nel periodo dei saldi ulteriori sconti.

→ **Come arrivare:** A7/A10, uscita Genova Ovest. Zona Prè-Molo Maddalena.

Sconti: 50%

GENOVA 11-Ac

ABBIGLIAMENTO

Liapull

Spaccio aziendale/Factory outlet

0108681780
FAX 0102423182
info@liapull.com
www.liapull.com
lun-ven (9.00-13.00, 15.00-18.00), sab (9.00-12.00); **chiuso** dom; ferie ago (variabile)
P

Via Fra' Vincenzo da Fiorenzuola 76 - cap 16127

Outlet di maglieria in cashmere, seta e altri filati pregiati per uomo e donna. Vasta scelta di taglie, solo prima scelta. Anche una bella collezione in cashmere per bambini a partire dai due anni. Buon rapporto qualità/prezzo.

→ **Come arrivare:** A7/A10, uscita Genova Ovest, direzione centro città, piazza Principe, salita Granarolo.

Sconti: 50%

GENOVA 11-Ac

ABBIGLIAMENTO

Magazzini del Cotone

Stocchista/Stockhouse

0105704399
FAX 0105704399
magazzinidelcotone@hotmail.com
lun (16.00-19.30), mart-mer, ven-sab (9.30-13.00, 16.00-19.30), gio (9.30-19.30); **chiuso** dom; ferie ago (variabile)

Via Morin 32/r - cap 16129

Stockhouse di abbigliamento uomo e donna. Qui la merce si rinnova spesso, si trova abbigliamento per ogni occasione; dai tailleur agli abiti da sera, ai costumi da bagno. Tutto molto conveniente.

→ **Come arrivare:** A7/A10, uscita Genova Ovest, direzione Fiera. Zona Foce.

Sconti: 50%

GENOVA 11-Ac

ABBIGLIAMENTO

Maglificio Iroide

Spaccio aziendale/Factory outlet

0106140474
FAX 0106140475
info@iroide.com
www.iroide.com
lun-ven (9.00-12.30, 14.30-18.30); **chiuso** sab, dom; ferie ago

Via Bressanone 17/2, Loc. Sestri Ponente - cap 16154

Outlet di maglieria in cotone, misto cashmere e tutto cashmere, per uomo e donna. Anche capi su misura. Prima scelta, tutte le taglie. Ulteriori sconti durante i saldi e ribassi durante il Salone Nautico (ottobre).

→ **Come arrivare:** A7/A10, uscita Genova Pegli, direzione Sestri Ponente.

Sconti: 30%

GENOVA 11-Ac

ABBIGLIAMENTO

Sempreinmoda

Vintage/Usato selezionato

010565571
lun-sab (10.00-12.30, 16.00-19.30); **chiuso** dom; ferie ago

Via Cipro 44/46/r - cap 16129

Usato selezionato di abbigliamento e accessori. Solo donna. Qui si trovano anche i grandi marchi del passato.

→ **Come arrivare:** A7/A10, uscita Genova Ovest, direzione Fiera. Zona Foce.

Sconti: 50%

GENOVA 11-Ac

ABBIGLIAMENTO

Spaccio Gina Lebole

Spaccio aziendale/Factory outlet

010412294/800280808
www.ginalebole.com
lun (15.30-19.30), mart-sab (9.00-13.00, 15.00-19.30);
chiuso dom

Via Avio 36/r - cap 16151

Abbigliamento uomo e donna classico realizzato con tessuti pregiati. Vastissima scelta di capispalla (cappotti, giacconi, giubbotti e giacche). Buon rapporto qualità/prezzo.

→ **Come arrivare:** A7/A10, uscita Genova-Porto, Sampierdarena, poi indicazioni Fiera.

€ **Sconti: dal 20% al 50%**

GENOVA 11-Ac

ABBIGLIAMENTO

Stock Time

Stocchista/Stockhouse

010582133
lun (16.00-19.30), mart-sab (9.30-12.30, 16.00-19.30);
chiuso dom;
ferie ago (variabile)

Via della Libertà 33r - cap 16129

Stockhouse di capi di abbigliamento per donna. Vasta scelta, buon rapporto qualità/prezzo.

→ **Come arrivare:** A7/A10, uscita Genova Ovest, direzione Fiera. Zona Foce.

GENOVA 11-Ac

ACCESSORI

Elios Sabbadini

Spaccio aziendale/Factory outlet

010312513
lun-ven (9.30-13.00, 15.30-20.00), sab (9.30-12.30, 15.30-19.00);
chiuso dom

Via Zara 11/r - cap 16145

Outlet dell'omonima fabbrica che produce occhiali da sole e montature da vista. Buone occasioni.

→ **Come arrivare:** A7/A10, uscita Genova Ovest. Zona Albaro.

€ **Sconti: 40%**

GENOVA *11-Ac*

CALZATURE E PELLETTERIA

Il Pallino

Stocchista/Stockhouse

010561186
www.ilpallino.com
lun (15.30-19.30), mart-ven (10.00-14.00, 15.30-19.30), sab (10.00-13.00, 15.30-19.30);
chiuso dom;
ferie feb (variabile), ago

Via San Vincenzo 129 - cap 16121

■ Stockhouse di scarpe uomo e donna e accessori di grandi firme italiane. Qui si trovano tutti i marchi moda. Solo prima scelta. Ulteriori sconti durante i saldi.

→ **Come arrivare:** A7/A10, uscita Genova Ovest, direzione stazione Brignole. Zona pedonale San Vincenzo.

Sconti: dal 10% al 50%

GENOVA *11-Ac*

CALZATURE E PELLETTERIA

Spaccio Cream

Spaccio aziendale/Factory outlet

0103739632
FAX 0103739632
lun-ven (8.00-12.00, 14.30-18.30), dic-gen anche sab (9.00-12.00, 15.00-18.00);
chiuso sab, dom (feb-nov); dom (dic-gen);
ferie ago
P

Via Isonzo 16/r - cap 16147

■ Vasta offerta di guanti in tutti i tipi di pelle. Anche lavorazioni su misura. Spaccio Cream propone anche una bella scelta di cinture, portafogli e altri oggetti di piccola pelletteria.

→ **Come arrivare:** A7/A10, uscita Genova Ovest, zona Sturla. A12, uscita Genova-Nervi.

GENOVA *11-Ac*

CASA

Ferrari Roberto

Stocchista/Stockhouse

0102474511
FAX 0102474511
lun-sab (8.30-13.00, 15.00-19.15);
chiuso dom

Vico della Casana 18/r - cap 16123

■ Stockhouse di tessuti, in vendita al metro o al chilo. Offerte su tendaggi, spugne, scampoli e teli d'arredamento. Prima scelta e anche fine serie.

→ **Come arrivare:** A7/A10, uscita Genova Ovest. Zona Prè-Molo Maddalena.

Sconti: dal 20% al 60%

GENOVA

11-Ac

CASA

Radif

Spaccio aziendale/Factory outlet

0102485565
FAX 0102467804
sanlorenzo@radif.it
www.radif.it
lun (13.30-19.30), mart-sab (9.30-12.30, 13.30-19.30);
chiuso dom;
ferie ago (variabile)

Via San Lorenzo 52/r - cap 16123

■ Vendita diretta di un vastissimo assortimento di porcellane, posate e oggetti per la casa. Prezzi ottimi e saldi molto interessanti da gennaio a marzo e da ottobre a novembre.

→ **Come arrivare:** A7/A10, uscita Genova Ovest, direzione piazza Matteotti. Zona Prè-Molo Maddalena.

€ **Sconti: dal 20% al 50%**

GENOVA

11-Ac

INTIMO E MARE

Viva Brasil

Spaccio aziendale/Factory outlet

010321250
FAX 010323423
vivabrasil@tiscalinet.it
lun-gio, sab (9.00-13.00, 15.00-19.30), ven (9.00-19.30);
chiuso dom;
ferie set (variabile)
P

Via del Commercio 27, Nervi - cap 16167

■ Outlet dei marchi Viva Brasil e Hom. Costumi da bagno per uomo, donna e bambino. Coordinati mare e capi tecnici per il fitness. Anche taglie forti e capi su misura. Prima scelta e rimanenze.

→ **Come arrivare:** A12, uscita Genova-Nervi, direzione Nervi.

€ **Sconti: dal 30% al 50%**

IMPERIA

9-Dc

ALIMENTARI

Fratelli Carli

Spaccio aziendale/Factory outlet

01837080
FAX 0183293236
info@oliocarli.it
www.oliocarli.it
lun-ven (8.30-12.30, 14.30-19.00), sab (9.00-12.30, 15.00-19.00);
chiuso dom
P

Via Garessio 11/13 - cap 18100

■ Vendita diretta della nota casa che produce olio e anche prodotti cosmetici. Prodotti di ottima qualità recapitati a domicilio, ordinabili anche on-line.

→ **Come arrivare:** A10, uscita Imperia Est, direzione centro città.

SAN REMO (IM) *9-Cc*

ABBIGLIAMENTO

La Boa

Stocchista/Stockhouse

0184544028

lun (16.00-19.30), mart-sab (9.30-12.30, 16.00-19.30); **chiuso** dom

Via Gaudio 40 - cap 18038

■ Stocchista di abbigliamento moda giovane donna. Ottime occasioni soprattutto nel periodo dei saldi.

→ **Come arrivare:** A10, uscita San Remo, direzione centro città.

SANT'OLCESE (GE) *11-ABc*

ALIMENTARI

Preti Dolciaria Alimentare

Spaccio aziendale/Factory outlet

010709852

FAX 0107092404

info@pretidolciaria.it

www.pretidolciaria.it

lun-dom (9.00-12.30, 15.30-19.00)

P

Via Salvatore Carnevale 1 - cap 16010

■ Vendita diretta di biscotti, dolci, marmellate, cioccolato con il marchio Preti e Lanterna. Prima e seconda scelta e stock.

→ **Come arrivare:** A7, uscita Genova-Bolzaneto, direzione Sant'Olcese.

€ **Sconti: 15%**

SARZANA (SP) *17-Ab*

ABBIGLIAMENTO

Jean Paul Tricot

Spaccio aziendale/Factory outlet

0187625966

FAX 0187625966

lun-sab (7.00-14.00); **chiuso** dom

P

Via Pecorina 67 - cap 19038

■ Outlet che vende maglieria classica uomo e donna. I capi in vendita, sia di prima che di seconda scelta, sono disponibili in tutte le taglie.

→ **Come arrivare:** A12, uscita Sarzana.

SARZANA (SP)

17-Ab

ABBIGLIAMENTO

Victoria - Space - Prada

Spaccio aziendale/Factory outlet

0187627190/0187627193
FAX 0187627252
victoria_sarzana@tin.it
gen-giu, set-dic: lun-dom (14.00-20.00), lug-ago: lun-dom (15.00-21.00)
P

Variante Aurelia 96 - cap 19038

■ Spaccio di abbigliamento, pret-à-porter e accessori che vende i marchi Prada, Miu Miu, Helmut Lang, Jil Sander, Churchs e Car Shoes per uomo e donna. Prezzi ottimi. Ulteriori sconti durante i saldi.

→ **Come arrivare:** A12, uscita Sarzana.

Sconti: dal 30% al 60%

SAVONA

9-DEb

ABBIGLIAMENTO

Sisto Quarto

Stocchista/Stockhouse

019801117
FAX 019801117
sistoquarto@virgilio.it
lun-gio, sab (9.30-12.30, 15.30-19.30), ven (10.00-19.00); **chiuso** dom

Via Bazzino 39/r - cap 17100

■ Abbigliamento uomo e donna, classico e moda. Taglie dalla 42 alla 52, tutti i capi sono di prima scelta. Vari marchi. Nel periodo dei saldi ulteriori sconti.

→ **Come arrivare:** A10, uscita Albissola, direzione Savona.

Sconti: dal 40% al 70%

SAVONA

9-DEb

BAMBINO

La Pecora Nera

Stocchista/Stockhouse

019822725
FAX 0198484511
lun (15.30-19.30), mart-sab (9.30-12.30, 15.30-19.30); **chiuso** dom; ferie ago (variabile)
P

Via Giovanni Servettaz 41 - cap 17100

■ Abbigliamento per bambini e ragazzi da 0 a 16 anni. Qui si trovano tutti i grandi marchi della moda per giovanissimi. Abbigliamento per adulti soprattutto in taglie campionari (42-50).

→ **Come arrivare:** A10, uscita Albissola, direzione Savona.

Sconti: 50%

SAVONA
9-DEb

CALZATURE E PELLETTERIA

Stockhouse del Cuoio
Spaccio aziendale/Factory outlet

019821127
www.viamaestra.it
lun-sab (9.30-12.30, 15.30-19.30);
chiuso dom

Via Guidobono 75/81r - cap 17100

■ Buona scelta di scarpe e accessori in pelle (borse, cinture e piccola pelletteria) per donna e uomo.

→ **Come arrivare:** A10, uscita Albissola, direzione Savona.

VARAZZE (SV)
11-Ac

ABBIGLIAMENTO

Piombo
Spaccio aziendale/Factory outlet

019930273
FAX 019932286
p-i-o-m-b-o@libero.it
mart-sab (9.00-13.00, 15.00-19.00);
chiuso lun, dom;
ferie ago (variabile)

Via Savona 38 - cap. 17019

■ Outlet di abbigliamento soprattutto maschile. Ma c'è anche una buona scelta di capi femminili. Stile classico attualizzato. Taglie dalla 44 alla 56 per uomo, dalla 38 alla 48 per donna. Solo prima scelta.

→ **Come arrivare:** A10, uscita Varazze, direzione porto.

€ **Sconti: 40%**

VENTIMIGLIA (IM)
9-Cc

ABBIGLIAMENTO

Mavil
Spaccio aziendale/Factory outlet

0184357079
lun-gio (9.15-12.00, 15.30-19.30),
ven (8.30-18.00)
chiuso sab, dom

Via Martiri Libertà 22 - cap 18039

■ Abbigliamento donna classico. Tutte le taglie, anche quelle forti.

→ **Come arrivare:** A10, uscita Ventimiglia.

VENTIMIGLIA (IM)

9-Cc

ABBIGLIAMENTO

Vestebene Factory Store

Spaccio aziendale/Factory outlet

0184351349

lun-sab (9.00-12.30, 15.00-19.30); **chiuso** dom (variabile)

Via Milite Ignoto 7a - cap 18039

■ Outlet della Vestebene/Miroglio che produce abbigliamento classico per donna con i marchi: Caractère, Dream, Motivi, My time. Anche taglie forti. Buona scelta di abiti eleganti.

→ **Come arrivare:** A10, uscita Ventimiglia.

VENTIMIGLIA (IM)

9-Cc

ACCESSORI

Diadora - Invicta

Spaccio aziendale/Factory outlet

0184238020

FAX 0184238020

ventimiglia@invicta.it

lun (9.30-19.30), mart-sab (9.00-19.30), dom (10.00-13.00, 15.30-19.30)

Corso Limone Piemonte 15 - cap 18039

■ Scarpe Diadora, zaini Invicta, ma anche abbigliamento, uomo, donna e bambino. Rimanenze, seconda scelta e campionari. Tutte le taglie. Nel periodo dei saldi ottimi sconti.

→ **Come arrivare:** A10, uscita Ventimiglia.

€ **Sconti: dal 30% al 50%**

Le Cittadelle Outlet

Abbigliamento

Accessori

Alimentari

Bambino

Bazar

Calzature e pelletteria

Cosmetici e profumi

Elettronica

Gioielli e orologi

Hobby e fai-da-te

Intimoe mare

ALBANO SANT'ALESSANDRO (BG) *51-Fa*

ABBIGLIAMENTO
Modi & Moda
Spaccio aziendale/Factory outlet

0354521355
FAX 0354521347
info@modiemoda.it
www.modiemoda.it
lun (15.30-19.30), mart-ven (9.30-12.30, 15.30-19.30), sab (9.00-19.30); chiuso dom

Via Tonale 93 - cap 24061

Outlet che vende abbigliamento Modi & Moda per uomo, donna e bambino. Linee classiche e trend (giacche, pantaloni, completi, maglioni, felpe, camicie). Prima scelta. Taglie donna dalla 40 alla 55, uomo dalla 46 alla 64, bambino da 3 a 16 anni.

→ **Come arrivare:** A4, uscita Seriate, indicazioni per Lovere.
Sconti: 30%

ALMÈ (BG) *51-Ea*

ABBIGLIAMENTO
Indipendence - The Fashion Industry
Spaccio aziendale/Factory outlet

035636025
indipendence_al@libero.it
lun (15.00-19.30), mart-ven (9.00-12.30, 15.00-19.30), sab (10.00-19.00); chiuso dom; ferie ago (variabile)

Via Locatelli 48 - cap 24011

Rimanenze, fine serie di abbigliamento casual e sportivo uomo, donna e bambino con il marchio Indipendence. Con la Carta Fedeltà, ulteriore sconto dal 10 al 20% a seconda del prodotto.

→ **Come arrivare:** A4, uscita Dalmine, SS470 Val Brembana, indicazioni per Almè.
Sconti: dal 20% al 30%

ALMÈ (BG) *51-Ea*

ABBIGLIAMENTO
Outlet Trussardi
Spaccio aziendale/Factory outlet

035634146
FAX 035544974
marco.maggi@trsevolution.bg.it
lun-sab (10.00-19.00); chiuso dom; ferie ago (variabile)

Via Milano 40 - cap 24011

L'outlet del noto marchio Trussardi che vende rimanenze e fine serie di prêt-à-porter, abbigliamento, accessori e pelletteria. Solo prima scelta. Taglie donna dalla 38 alla 48, uomo dalla 46 alla 60. Si effettuano anche riparazioni.

→ **Come arrivare:** A4, uscita Dalmine, SS470 Val Brembana, indicazioni per Almè.
Sconti: dal 40% al 70%

ARCORE (MONZA E BRIANZA) *51-Bc*

ABBIGLIAMENTO

C.I.T. / Bagutta

Spaccio aziendale/Factory outlet

03960681
FAX 0396068504
info@cit-spa.it
www.cit-spa.it
lun (16.00-19.00), mart-dom (9.00-12.00, 16.00-19.00); ferie ago (variabile)
P

Via Matteucci 19 - cap 20043

■ Outlet dove trovare l'ottima produzione di camiceria classica e casual con i marchi Bagutta e Royal Sun. Camicie da uomo, nelle taglie dalla 37 alla 47. Anche cappotti, completi e pantaloni da uomo. Ulteriori sconti nel periodo dei saldi.

→ **Come arrivare:** tangenziale Est di Milano, uscita Vimercate Sud, direzione Arcore.

€ **Sconti: dal 20% al 40%**

ARLUNO (MI) *51-Ab*

ABBIGLIAMENTO

Griffe Diffusion Revedi

Spaccio aziendale/Factory outlet

0290119004
FAX 0290269454
mart-ven (10.00-19.00), sab (09.30-19.30); **chiuso** lun, dom; ferie ago (variabile)
P

Via Guido Rossa 1 - cap 20010

■ Grandi marchi della moda, vendita diretta di collezioni delle stagioni precedenti. Anche capi della stagione in corso. Abbigliamento uomo e donna. Sconti molto importanti.

→ **Come arrivare:** A4, uscita Arluno, direzione Corbetta, alla rotonda girare a sinistra in via Castiglioni.

€ **Sconti: dal 30% al 60%**

AROSIO (CO) *51-Ca*

BAMBINO

Chicco Factory Outlet

Spaccio aziendale/Factory outlet

031758222
www.chicco.com
lun (14.30-19.00), mart-ven (9.30-13.00, 14.30-19.00), sab (9.30-19.30); **chiuso** dom

Via Marconi 7 - cap 22060

■ Outlet che vende tutte le linee Chicco: abbigliamento e cosmetica gestante, abbigliamento bambino, giocattoli, calzature, prodotti di puericultura. I marchi sono: Chicco, Mamma Donna, Infinite Dolcezze. Prima e seconda scelta, rimanenze e fine serie.

→ **Come arrivare:** A9, uscita Lomazzo, indicazioni per Arosio.

€ **Sconti: dal 20% al 50%**

ASOLA (MN)

13-Ab

INTIMO E MARE

Pompea Shop

Spaccio aziendale/Factory outlet

0376726458
FAX 0376726458
spaccioasola@virgilio.it
www.pompea.com
mart-ven (11.30-19.30), sab (10.00-19.30); **chiuso** lun, dom; ferie ago (variabile)
P

Via Cadimarco - cap 46041

Outlet della Pompea che produce calze per uomo, donna, bambino. Vasta scelta di colori e modelli per calze, calzettoni, collant e articoli di biancheria intima. Qui si vende la nota linea Roberta e costumi per uomo, donna e bambino.

→ **Come arrivare:** A4, uscita Desenzano, SS567 direzione Mantova, indicazioni per Carpenedolo-Asola.

BAGNOLO SAN VITO (MN)

13-Bb

BAMBINO

Bimbus

Spaccio aziendale/Factory outlet

0376414989
FAX 0331988339
marketing@precabrummel.com
www.bimbus.it
lun-ven (10.00-19.00), sab-dom (10.00-20.00)

Loc. Basse di Mezzo - cap 46031

Outlet della Bimbus che vende abbigliamento e accessori per bambini e ragazzi da 0 a 14 anni.

→ **Come arrivare:** A22, uscita Mantova Sud, direzione Bagnolo San Vito.

€ **Sconti: 30%**

BARASSO (VA)

3-Bc

CALZATURE E PELLETTERIA

Apex

Spaccio aziendale/Factory outlet

0332744020
FAX 0332735413
info@apexsrl.com
www.apexsrl.com
lun (15.00-19.10), mart-sab (10.00-12.30, 15.00-19.00); **chiuso** dom; ferie ago (variabile)
P

Via Russi 43 - cap 21020

Outlet di pelletteria di alta qualità. Eleganza e grande cura dei dettagli caratterizzano tutti gli articoli, che vanno dalla classica valigeria alle cinture, ai portafogli e ai circa 100 modelli di borse. Solo prima scelta.

→ **Come arrivare:** A8, uscita Azzate-Buguggiate, direzione lago di Varese, indicazioni per la stazione FS di Barasso.

€ **Sconti: 10%**

BELGIOIOSO (PV)

51-Ca

ALIMENTARI

Riso Principe

Spaccio aziendale/Factory outlet

0382970518/800232010
FAX 0382970149
risoprin@tin.it
www.risoprincipe.it
lun-ven (8.30-12.00, 14.00-17.00), sab (8.30-12.00); **chiuso** dom
ferie ago (variabile)
P

Via Molino 77 - cap 27011

Outlet dell'azienda Principe, dove acquistare a prezzi scontati tutti i tipi di riso, in confezioni da 1-5 kg: carnaroli e arborio, per risotti e per minestre. Anche biscotti e snack di riso e riso spezzato per uso zootecnico.

→ **Come arrivare:** A1, uscita Casalpusterlengo-Ospedaletto Lodigiano, SS234 direzione Pavia, indicazioni per Belgioioso.

€ **Sconti: 20%**

BEREGUARDO (PV)

51-ABd

ABBIGLIAMENTO

Ravizza Country Store

Spaccio aziendale/Factory outlet

0382818341
FAX 0382818341
info@ravizza1871.com
www.ravizza1871.com
mart (15.30-18.30), mer-dom (10.00-19.00); **chiuso** lun;
ferie ago (variabile)
P

Cascina il Boscaccio, Loc. Zerbolò 38 - cap 27021

In una cascina ristrutturata vendita diretta di moda country per uomo e donna, giacche di velluto, giacconi di lana cotta, maglioni scozzesi, blazer in cover coat o tweed. I marchi sono Brooksfield, Alberto Aspesi, Isabella G, Moncler, tutti prodotti di prima scelta. Anche accessori, scarpe, stivali, abbigliamento per lo sport e abiti da uomo, interi e spezzati. Per donna taglie fino alla 50, per uomo fino alla 58-60. Particolarmente conveniente la linea Beretta, per uomo e donna, a metà prezzo.

→ **Come arrivare:** A7, uscita Bereguardo-Pavia Nord, indicazioni per Bereguardo.

€ **Sconti: dal 10% al 50%**

BERGAMO *51-Fa*

ABBIGLIAMENTO

Art House di Maffeis Fiorella

Vintage/Usato selezionato

035233338
FAX 035233338
mart-dom (10.30-19.30); **chiuso** lun

Via San Tomaso 57/a - cap 24100

■ Abbigliamento e accessori vintage, soprattutto anni '40-'80, per uomo e donna. Tra i marchi: Chanel, Versace, Valentino, Etro. Anche borse d'epoca in bachelite o coccodrillo, una linea di corsetteria propria e bijoux.

➜ **Come arrivare:** A4, uscita Bergamo, direzione centro città.

BERGAMO *51-Fa*

ABBIGLIAMENTO

Maglificio R. Scaglione

Spaccio aziendale/Factory outlet e vintage

0354373338
FAX 0354373306
info@scaglione.it
lun-sab (9.30-12.30, 14.30-19.00); **chiuso** dom; ferie ago (variabile)
P

Via Lochis 12 - cap 24129

■ Vendita diretta di capi, con il marchio Scaglione, in cashmere o lana merinos della collezione attuale, di fine serie o rimanenze delle collezioni precedenti. Inoltre abiti vintage anni '60, pantaloni militari, cappotti in lana e cashmere, pashmine.

➜ **Come arrivare:** A4, uscita Bergamo, SS342 direzione Lecco, indicazioni per Longuelo.

€ **Sconti: 20%**

BERNATE TICINO (MI) *51-Ac*

INTIMO E MARE

Intimo Fashion

Spaccio aziendale/Factory outlet

0297255931
FAX 0297255674
intimofashion@tiscalinet.it
lun, mart (15.00-18.30), mer-sab (9.30-12.30, 15.00-18.30); **chiuso** dom
P

Via del Lavoro 23 - cap 20010

■ Outlet di 300 mq di spazio. Più di 10.000 articoli tra biancheria, intimo, pigiami, costumi e abbigliamento mare per donna, uomo e bambino dei marchi: Gendi, Gattamatta, Rubacuori. Angolo delle occasioni. Taglie conformate.

➜ **Come arrivare:** A4, uscita Boffalora, indicazioni per Bernate Ticino.

€ **Sconti: dal 20% al 30%**

BESANA IN BRIANZA (MONZA E BRIANZA) 51-Ca

CASA

Manifattura Tessuti Spugna Besana

Spaccio aziendale/Factory outlet

0362914223/03629141
www.besanaspugna.com
lun (14.30-18.30), mart-ven (9.15-12.30, 14.30-18.30), sab (9.00-12.30); chiuso dom
P

Via Puccini 26/40 - cap 20045

Outlet che vende spugne per la casa e la persona con i marchi Carrara e Besana Donna. Prodotti di prima e seconda scelta, fine serie (molto convenienti). Fiera del bianco, conveniente, a gennaio e luglio.

→ **Come arrivare:** tangenziale Nord di Milano, uscita SS36 Lecco-Monza-Villa Reale, direzione Carate Brianza, indicazioni per Besana in Brianza.

€ **Sconti: dal 30% al 40%**

BESOZZO (VA) 3-Bc

BAMBINO

Shop in Stock

Stocchista/Stockhouse

0332770905
shopinstock@tin.it
www.shopinstock.it
lun (15.00-19.00), mart-ven (9.30-13.00, 15.00-19.00), sab (10.00-19.00); chiuso dom; ferie ago (variabile)

Via XXV Aprile 67 - cap 21023

Vasto assortimento di abbigliamento per bambini e ragazzi da 0 a 16 anni. Tutte le griffe. I prodotti sono rimanenze delle boutique. Con la Carta Fedeltà si ottengono ulteriori sconti e si accede a promozioni speciali.

→ **Come arrivare:** A8, uscita Sesto Calende-Vergiate, SS629 indicazioni per Besozzo.

€ **Sconti: dal 60% al 80%**

BIASSONO (MONZA E BRIANZA) 51-Cb

ACCESSORI

Lo Spaccio degli Occhiali

Spaccio aziendale/Factory outlet

039491329
FAX 039490624
lun-ven (9.30-19.00), sab (9.00-13.30); chiuso dom; ferie ago
P

Via Locatelli 105 - cap 20046

Outlet che vende occhiali da sole, da vista e lenti anche progressive a prezzi di fabbrica. Promozioni sulle collezioni passate. Tutti i prodotti sono di prima scelta.

→ **Come arrivare:** tangenziale Nord di Milano, uscita Cinisello Balsamo-Robecco, direzione Monza, indicazioni per Biassono, poi zona industriale ovest.

€ **Sconti: dal 25% al 70%**

BINASCO (MI) 51-Bc

ALIMENTARI

Riseria Cusaro

Spaccio aziendale/Factory outlet

029055245
FAX 0290091242
info@riseriacusaro.it
www.riseriacusaro.it
lun-ven (8.00-12.00, 13.00-17.30);
chiuso sab, dom;
ferie ago (variabile)
P

Via Molino Nuovo 12 - cap 20082

■ Vendita diretta dell'azienda Cusaro; si possono acquistare tutti i tipi di riso. Confezioni da 1 kg di carnaroli e arborio, per risotti e per minestre. Anche riso spezzato per uso zootecnico. Prezzi convenienti.

→ **Come arrivare:** A7, uscita Binasco, direzione centro città.

BODIO LOMNAGO (VA) 3-Bc

CALZATURE E PELLETTERIA

Marcorossi Emporio Grandi Firme

Spaccio aziendale/Factory outlet

0332948087
FAX 0332949052
salesoffice@rossi.it
www.rossi.it
lun-ven (14.30-18.30), sab (9.30-18.30);
chiuso dom;
ferie ago (variabile)
P

Via Verdi 5 - cap 21020

■ Outlet della Marcorossi che produce dal 1922 pelletteria di alta qualità per i marchi più importanti della moda. Si trovano campionari, rimanenze e fine serie di borse, valigie e pellame vario. Anche vendite on-line.

→ **Come arrivare:** A8, uscita Azzate-Buguggiate, indicazioni per Bodio Lomnago.

€ **Sconti: dal 30% al 50%**

BORMIO (SO) 5-Ab

VINI E LIQUORI

Braulio

Spaccio aziendale/Factory outlet

0342902726/0342904785
FAX 0342904720
info@braulio.it
www.amarobraulio.com
lun-mart, gio-dom (10.00-12.00, 16.00-24.00);
chiuso mer

Via Roma 27 - cap 23032

■ Vendita diretta della casa produttrice del famoso amaro. Prezzo di fabbrica, nessuno sconto, ma la qualità è buona e in più si possono fare degustazioni e visite guidate alle cantine.

→ **Come arrivare:** A4, uscita Bergamo, SS342 direzione Lecco, indicazioni per Sondrio, poi per Bormio.

BOTTANUCO (BG)
51-DEb

ABBIGLIAMENTO

Trappers Jeans

Spaccio aziendale/Factory outlet

035907107
FAX 035906465
tienne@trappers.it
www.trappers.it
lun (15.00-17.30), mart-sab (9.00-12.30, 15.00-17.30); **chiuso** dom; ferie ago (variabile)
P

Via Industria 13 - cap 24040

Outlet che vende jeans e abbigliamento casual per uomo e donna. Prezzi eccezionali e grande assortimento di jeans, giacche e minigonne "prendi 3 e paghi 2". Prezzi veramente incredibili per la seconda scelta e il campionario. Taglie dalla 40 alla 56.

→ **Come arrivare:** A4, uscita Capriate, indicazioni per Bottanuco.

€ **Sconti: dal 20% al 40%**

BOVISIO MASCIAGO (MONZA E BRIANZA)
51-Bb

BAMBINO

Baby Market - Prénatal

Spaccio aziendale/Factory outlet

0362559090
FAX 0362559090
www.prenatal.it
lun (15.00-19.30), mart-sab (9.00-12.30, 15.00-19.30); **chiuso** dom; ferie ago (variabile)
P

Corso Milano 134 - cap 20030

Outlet Prénatal che vende tutto per i bambini: dall'abbigliamento da 0 a 11 anni agli accessori (tute, cappellini, scarpe), carrozzine e passeggini. Non manca l'abbigliamento prémaman. Offerte speciali, a partire da 1 euro, durante i saldi.

→ **Come arrivare:** tangenziale Nord di Milano, uscita SP44 Milano-Como, indicazioni per Bovisio Masciago.

€ **Sconti: dal 40% al 80%**

BREBBIA (VA)
3-Bc

INTIMO E MARE

Spaccio Zanotex

Spaccio aziendale/Factory outlet

0332982805
spacciozanotex@libero.it
mart (15.00-18.30), mer-sab (10.00-12.30, 15.00-18.30); ferie ago (variabile)
P

Via per Cadrezzate 12 - cap 21020

Intimo, corsetteria, lingerie e mare uomo e donna. Rimanenze, fine serie, campionari dei marchi del gruppo La Perla, GrigioPerla, Joelle, Occhiverdi, Malizia. Prima scelta delle collezioni precedenti. Taglie: coppe dalla A alla D, fino alla settima e alla 52.

→ **Come arrivare:** A8, uscita Sesto Calende-Vergiate, direzione Laveno, indicazioni per Brebbia.

€ **Sconti: dal 40% al 50%**

BRESCIA 13-Aa

ABBIGLIAMENTO

Lanificio Luigi Colombo

Spaccio aziendale/Factory outlet

0303367866
FAX 0303362774
prodotto.finito@lanificiocolombo.it
www.lanificiocolombo.it
lun (15.00-19.00), mart-sab (10.00-19.00); **chiuso** dom

Viale della Bornata, Loc. Borgowuhrer - cap 25100

■ Outlet del lanificio Luigi Colombo, noto per l'alta qualità dei suoi tessuti. Qui, oltre agli scampoli, si trovano anche fine serie e rimanenze di abbigliamento per uomo e donna (e su misura per l'uomo), idee regalo, accessori e linea casa.

➜ **Come arrivare:** A4, uscita Brescia Est, direzione Rezzato, indicazioni per Brescia.

Sconti: 30%

BRESCIA 13-Aa

CALZATURE E PELLETTERIA

Fiordaliso

Spaccio aziendale/Factory outlet

0309951259
FAX 0309951275
fiordaliso@fiordaliso.org
www.fiordaliso.org
lun-ven (9.00-12.00, 15.00-19.00); **chiuso** sab, dom; ferie ago
P

Via Brescia, Loc. Gottolengo 13 - cap 25023

■ Piccolo outlet di calzature da donna dove trovare scarpe a poco prezzo. Grande scelta di modelli: stivaletti in cuoio, sandali con zeppa, mocassini, in molte misure.

➜ **Come arrivare:** A21, uscita Manerbio, indicazioni per Gottolengo.

Sconti: 30%

BUCCINASCO (MI) 51-Bc

CASA

Sigre Factory Outlet

Spaccio aziendale/Factory outlet

024882377
FAX 024880716
sigre.srl@iol.it
www.sigre.it
lun-ven (8.15-18.00); **chiuso** sab, dom; ferie ago
P

Via Gobetti 17 - cap 20090

■ Outlet che vende articoli per giardino, vasi, arredamento, illuminazione interna ed esterna dei marchi Sigre e Slide. Prodotti di prima e seconda scelta, rimanenze e fine serie.

➜ **Come arrivare:** A7, uscita Assago, indicazioni per Buccinasco.

Sconti: dal 25% al 50%

BUGLIO IN MONTE (SO) 3-Db

CASA

Gabel Industria Tessile

Spaccio aziendale/Factory outlet

0342620173
www.gabelgroup.com
lun-ven (9.00-12.30, 14.30-19.00), sab (9.00-19.00); **chiuso** dom

Loc. Villapinta - cap 23010

Outlet del noto marchio del tessile per la casa Gabel dove trovare principalmente tovaglie, parure e completi da letto, spugne, trapunte e piumoni. Buona qualità a ottimi prezzi, soprattutto sui prodotti di seconda scelta.

Come arrivare: A4, uscita Bergamo, SS342 direzione Lecco, indicazioni per Sondrio, poi Morbegno e Buglio in Monte.

Sconti: dal 15% al 50%

BULGAROGRASSO (CO) 51-ABa

INTIMO E MARE

Unionseta

Spaccio aziendale/Factory outlet

0319720211
FAX 031890624
info@union.it
lun-sab (10.00-19.00); **chiuso** dom; ferie ago
P

Via Pirandello 5 - cap 22070

Outlet che vende intimo e mare per uomo e donna di marchi come Les Copains. Anche teli mare. Prima e seconda scelta (la seconda è nei cesti). Taglie donna disponibili dalla 40 alla 48.

Come arrivare: A9, uscita Fino Mornasco, indicazioni per Cassina Rizzardi.

Sconti: dal 30% al 50%

BUSCATE (MI) 3-Bc

ABBIGLIAMENTO

Benetton Factory Outlet

Spaccio aziendale/Factory outlet

0331803048
FAX 0331803048
lun (15.30-19.30), mart-ven (9.30-12.30, 15.30-19.30), sab (10.00-19.30); **chiuso** dom; ferie ago (variabile)
P

Viale Europa 9/15 - cap 20010

Abbigliamento per uomo, donna e bambino. Anche calzature, borse e altri accessori. Articoli di prima scelta, di campionario e delle precedenti collezioni e una produzione speciale per l'outlet. Promozioni tutto l'anno. Ulteriori sconti durante i saldi.

Come arrivare: A4, uscita Arluno, direzione Legnano, indicazioni per Buscate.

Sconti: dal 30% al 50%

BUSSERO (MI)

51-Db

ABBIGLIAMENTO

Outlet Sposa

Stocchista/Stockhouse

3386118640

sab (10.00-18.00), dom (10.00-13.00); **chiuso** lun-ven

Via Pertini 49 - cap 20060

Stockhouse di vestiti da sposa e abiti da cerimonia da donna. Campionari e fine serie, taglie anche superiori alla 42. Prezzi da 300 a 900 euro.

→ **Come arrivare:** tangenziale Est di Milano, uscita Carugate, indicazioni per Bussero.

Sconti: dal 30% al 50%

BUSTO ARSIZIO (VA)

51-Ab

ALIMENTARI

Fjord

Spaccio aziendale/Factory outlet

0331681155/800332155

FAX 0331686353

salmoncompany@salmoncompany.com

www.salmoncompany.com

gen-giu: ven-sab (9.00-12.30, 15.00-19.30), set-dic: lun-dom 9.00-12.30, 15.00-19.30); **chiuso** lun-gio, dom (variabile); ferie lug-ago

P

Via per Cassano Magnago 120 - cap 21052

Spaccio dove comprare prodotti ittici a prezzi vantaggiosi. Salmoni freschi, affumicati, surgelati, cotti o crudi, in baffe o a peso, ma anche pesce spada, storione, caviale, paté di tonno, zuppe di pesce misto. Prezzi convenienti.

→ **Come arrivare:** A8, uscita Busto Arsizio, indicazioni per Cassano Magnago.

Sconti: 35%

BUSTO ARSIZIO (VA)

51-Ab

BAMBINO

Pappa e Ciccia

Spaccio aziendale/Factory outlet

0331341800

www.pappaeciccia.it

lun-sab (8.30-12.30, 14.30-18.30); **chiuso** dom; ferie ago

Via Francesco Ferrer 13 - cap 21052

Outlet di abbigliamento e accessori per bambini da 0 a 10 anni: felpe, jeans, tute, salopette, abiti per maschi e femmine del marchio Pappa & Ciccia. Prima scelta, rimanenze. Interessanti i cesti delle occasioni con articoli scontati anche del 75%.

→ **Come arrivare:** A8, uscita Castellanza, direzione Busto Arsizio, indicazioni per zona Sacconago.

Sconti: dal 50% al 75%

BUSTO GAROLFO (MI) 51-Ac

ALIMENTARI

Industria Alimentare Rondanini

Spaccio aziendale/Factory outlet

0331569657
FAX 0331566371
rondanini_iar@yahoo.it
mart-sab (8.00-12.00, 14.00-19.00);
chiuso lun, dom;
ferie ago (variabile)
P

Via Curiel 35 - cap 20020

Outlet dell' Industria Alimentare Rondanini che produce salumi di buona qualità. Specialità come salame Felino, salamelle di suino, salsicce vendute in confezioni. Molte le promozioni durante l'anno.

→ **Come arrivare:** A8, uscita Legnano, direzione Busto Garolfo.

€ **Sconti: 15%**

CADORAGO (CO) 51-Ba

ACCESSORI

Ratti

Spaccio aziendale/Factory outlet

0318866280
FAX 0318866188
carnet@carnet.it
www.ratti.it, www.carnet.it
lun (15.00-18.45), mart-sab (9.30-18.45);
chiuso dom;
ferie ago (variabile)
P

Via Vivaldi 6 - cap 22071

600 mq di accessori e abbigliamento per uomo e donna: cravatte, foulard, sciarpe, scialli, stole e tessuti. Anche tessuti per la casa e accessori di arredamento in fibre naturali. Grandi marchi della moda. Angolo delle occasioni.

→ **Come arrivare:** A9, uscita Lomazzo, indicazioni per Cadorago e Spaccio Ratti.

€ **Sconti: dal 20% al 50%**

CAMBIAGO (MI) 51-Db

BAZAR

Di Mano In Mano

Vintage/Usato selezionato

0295349193
FAX 0295308605
www.dimanoinmano.it
mart, gio (15.00-19.00), sab (9.00-13.00, 15.00-19.00);
chiuso lun, mer, ven, dom

Via Castellazzo 8 - cap 20040

Mercato dell'usato dove trovare tantissimi prodotti diversi, dall'abbigliamento ai libri, passando dall'arredamento. Un luogo dove frugare. Fiere a tema durante l'anno. Ottimo il settore dei mobili restaurati. Prezzi molto convenienti.

→ **Come arrivare:** A4, uscita Cavenago-Cambiago.

CANDIA LOMELLINA (PV) *11-Aa*

ALIMENTARI

Contiriso - Riseria Conti Francesco

Spaccio aziendale/Factory outlet

038474009
FAX 038474874
contiriso@tin.it
lun-ven (8.00-12.00, 14.00-18.00), sab (8.00-12.00);
chiuso dom;
ferie 1-20 ago
P

Via De Scottis 12/26 - cap 27031

Vendita diretta del noto riso Conti, dove acquistare anche al minuto tutti i tipi di riso prodotti: carnaroli, arborio, integrale, per risotti e minestre. Confezioni da 1 a 5 kg a prezzi scontati. Dal produttore al consumatore.

→ **Come arrivare:** A26, uscita Casale Monferrato Nord, SP31 direzione Pavia-Lomellina, indicazioni per Candia.

€ **Sconti: 30%**

CAPRIATE SAN GERVASIO (BG) *51-DEb*

ABBIGLIAMENTO

Indipendence - The Fashion Industry

Spaccio aziendale/Factory outlet

C.so Manzoni
0290962522
FAX 0290961640
Via Crespi
029090228
indipendence_cr@libero.it
lun (14.30-18.30), mart-ven (9.30-12.30, 13.30-18.30), sab-dom (10.00-18.00);
chiuso lun (Via Crespi);
ferie ago (variabile)
P

Corso Manzoni 1, Crespi d'Adda - cap 24042
Via Crespi 23/a - cap 24042

Rimanenze, fine serie di abbigliamento casual e sportivo uomo, donna e bambino con il marchio Indipendence. Con la Carta Fedeltà, ulteriore sconto dal 10 al 20%.

→ **Come arrivare:** A4, uscita Capriate, indicazioni per Crespi d'Adda.

€ **Sconti: dal 20% al 30%**

CAPRIATE SAN GERVASIO (BG) *51-DEb*

INTIMO E MARE

Liabel Factory Store

Spaccio aziendale/Factory outlet

029091057
FAX 029091057
liabelservice@liabel.it
www.liabel.it
mart-sab (10.00-12.30, 13.30-18.30);
chiuso lun, dom
P

Via Crespi 23/a - cap 24042

Outlet che vende abbigliamento e intimo (giorno e notte) di prima e seconda scelta, per uomo, donna, bambino e neonato. Seconda scelta dei marchi Cacharel, Eminence, Lacroix. Ulteriori sconti durante i saldi.

→ **Come arrivare:** A4, uscita Capriate, indicazioni per Crespi d'Adda.

€ **Sconti: dal 10% al 30%**

CARBONARA AL TICINO (PV)

51-Bd

ALIMENTARI

Caseificio Giani Leone

Spaccio aziendale/Factory outlet

0382400655
FAX 0382400755
gianileone@mclink.it
lun (9.00-12.30), mart-sab (9.00-12.30, 15.00-19.30); chiuso dom
P

Statale 596 dei Cairoli 16 - cap 27020

■ Outlet dell'azienda Giani Leone che vende formaggi e prodotti caseari di ottima qualità. In vendita formaggi freschi e stagionati, grana, burro e altre specialità alimentari, come i formaggi francesi. Promozioni tutte le settimane.

→ **Come arrivare:** A7, uscita Gropello Cairoli-Pavia Sud, SS596 direzione Pavia, indicazioni per Carbonara al Ticino.

CARUGO (CO)

51-Ca

CASA

Cappellini Cap Design

Spaccio aziendale/Factory outlet

031759216
FAX 031759205
outlet@cappellini.it
www.cappellini.it
mart-ven (9.00-12.30, 14.00-18.30), sab (10.00-18.00); chiuso lun, dom; ferie ago (variabile)

Via Cavour 7 - cap 22060

■ Outlet della nota azienda di design Capellini che vende principalmente mobili. Uno dei grandi marchi del design italiano contemporaneo, noto per la collaborazione con grandi architetti. Qui si trovano: letti, divani, sedie, poltrone, complementi e oggetti per l'arredo. Tutta la merce in vendita rientra da fiere, set fotografici, allestimenti e spesso non sembra nemmeno usata. Ulteriori sconti del 20% durante il periodo dei saldi. Un ottimo indirizzo per arredare casa o trovare il regalo giusto.

→ **Come arrivare:** tangenziale Nord di Milano, uscita SS36 Lecco-Monza-Villa Reale, direzione Carate Brianza, indicazioni per Carugo.

€ **Sconti: dal 40% al 50%**

CASALMORO (MN) 13-Ab

INTIMO E MARE

Calze Filodoro

Spaccio aziendale/Factory outlet

03767281
9.00-12.30, 14.00-19.00; chiuso lun

Via Brescia 6 - cap 46040

Outlet dell'azienda che produce e vende calze e collant con i marchi Filodoro, Philippe Matignon, Figura, Filoverde e tanti marchi di biancheria intima: Playtex, Wonderbra, Cacharel. Prezzi convenienti.

→ **Come arrivare:** A4, uscita Desenzano, SS567 direzione Castiglione, indicazioni per Asolo e poi per Casalmoro.

Sconti: 35%

CASORATE PRIMO (PV) 51-Ad

BAMBINO

Chicco Factory Outlet

Spaccio aziendale/Factory outlet

0290097895
www.chicco.com
lun (15.00-19.30), mart-ven (9.30-12.30, 15.00-19.30), sab (9.30-19.30); chiuso dom

Via Capo di Vico 47 - cap 27022

Outlet che vende tutte le linee Chicco: abbigliamento e cosmetica gestante, abbigliamento bambino, giocattoli, calzature, prodotti di puericultura. I marchi sono: Chicco, Mamma Donna, Infinite Dolcezze. Prima e seconda scelta, rimanenze e fine serie.

→ **Come arrivare:** A7, uscita Binasco, direzione Pavia, indicazioni per Casorate Primo.

Sconti: dal 20% al 50%

CASOREZZO (MI) 51-Ab

CASA

Spaccio Zucchi

Spaccio aziendale/Factory outlet

0290255503
FAX 0290255503
lun (14.00-18.30), mart-ven (9.30-18.30), sab (9.30-12.30, 14.00-18.30); chiuso dom

Via per Ossona 22 - cap 20010

Uno dei 14 outlet della Zucchi che vende spugne, lenzuola, copridivani, accappatoi, piumoni, coperte, Grandfoulard, copripiumoni a prezzi dimezzati. Si tratta di campionari, rimanenze, fine serie e anche seconda scelta.

→ **Come arrivare:** A4, uscita Arluno, direzione Legnano, indicazioni per Casorezzo Ossona.

Sconti: 40%

CASSANO MAGNAGO (VA) *51-Aab*

ALIMENTARI

Lindt & Sprungli

Spaccio aziendale/Factory outlet

0331285442/0332209111
FAX 0331285440
negoziolindt@lindt.com
www.lindt.com
mart-ven (9.30-12.30, 14.30-19.00), sab (9.30-19.00); anche Pasqua e Natale; **chiuso** lun, dom; ferie lug-ago

Via Tintoretto 15 - cap 21012

Vendita diretta di tutte le specialità Lindt: cioccolatini sfusi, tavolette, uova di Pasqua, scatole, confezioni regalo. È presente anche il marchio Horwath: caramelle, biscotti, pasticcini, marmellate. Possibilità di confezionare cesti da regalo. Prezzi convenienti.

→ **Come arrivare:** A8, uscita Gallarate, direzione Cassano Magnago, indicazioni per la Lindt & Sprungli.

CASTEGGIO (PV) *11-Ba*

CALZATURE E PELLETTERIA

Tanino Crisci Outlet

Spaccio aziendale/Factory outlet

038382254
taninocrisci@taninocrisci.com
www.taninocrisci.com
mart, gio-ven (15.30-19.30), mer (9.30-12.30, 15.30-19.30), sab (10.00-12.30, 15.30-19.30), dom (9.00-12.30); **chiuso** lun; ferie ago
P

Via Garibaldi 9 - cap 27045

Campionari e fine serie della casa produttrice di calzature dallo stile classico e dalla qualità elevata. Scarpe in pelle, per uomo e donna, realizzate in modo artigianale e finite a mano. Anche vendite on-line. Promozioni tutto l'anno.

→ **Come arrivare:** A7, uscita Binasco, SS35 direzione Pavia, indicazioni per Casteggio centro città.

€ **Sconti: 60%**

CASTEGGIO (PV) *11-Ba*

VINI E LIQUORI

Bellomi Giovanni e C. Distilleria

Spaccio aziendale/Factory outlet

038382353
FAX 038383657
lun-ven (8.00-12.00, 14.00-19.00), sab (9.00-12.00, 15.00-19.00), dom (9.00-12.00); ferie ago (variabile)
P

Via Torino 101/103 - cap 27045

Vendita diretta di grappe e liquori di produzione propria. La grappa è la specialità della casa, ma qui si trovano anche amari, limoncino, nocino, sambuca, distillati alle erbe. Tutto a prezzo interessante.

→ **Come arrivare:** A7, uscita Binasco, SS35 direzione Pavia, indicazioni per Casteggio.

CASTEGGIO (PV) *11-Ba*

VINI E LIQUORI

Cantina di Casteggio

Spaccio aziendale/Factory outlet

0383806311
FAX 0383890192
info@cantinacasteggio.it
www.cantinacasteggio.it
lun, gio (15.00-18.30), mart-mer, ven-sab (8.30-13.00, 15.00-18.30), dom (8.30-13.00)
P

Via Torino 96 - cap 27045

■ Vendita diretta di vini di produzione propria. Specialità locali come Pinot Grigio, Oltrepò Pavese, Chardonnay, Riesling Italico DOC a prezzi vantaggiosi. È possibile ordinare da catalogo e ricevere i prodotti direttamente a casa.

→ **Come arrivare:** A7, uscita Binasco, SS35 direzione Pavia, indicazioni per Casteggio centro città.

Sconti: 25%

CASTELLANZA (VA) *51-Ab*

ABBIGLIAMENTO

Alberto Aspesi

Spaccio aziendale/Factory outlet

0331526411
mart-ven (9.30-12.30, 14.00-18.00), sab (9.30-17.30) chiuso dom, lun

Via Quasimodo 36 - cap 21053

■ Outlet della nota azienda di moda Alberto Aspesi, per uomo, donna e bambino. Vende i marchi Aspesi, Aspesi Blu e Aspesi Basic. Ottimo indirizzo dove trovare le giacche in piumino di moda e di grande qualità e anche le leggerissime camicie-piumino che hanno dato fama all'azienda. Anche abbigliamento classico e sportswear: camicie, pantaloni, giacche, pantaloni, gonne, abiti.
Angolo delle occasioni, dove trovare campionari o capi leggermente difettati a prezzi stracciati.

→ **Come arrivare:** A8, uscita Castellanza, indicazioni per via Jucker.

Sconti: dal 20% al 50%

CASTELLEONE (CR)

51-Fd

ALIMENTARI

Dolce Mercato Sorini

Spaccio aziendale/Factory outlet

0374350150
FAX 0374350450
info@sorini.it
www.sorini.it
lun (15.00-19.00), mart-sab (9.00-12.30, 15.00-19.00); **chiuso** dom (variabile)
P

Statale 415 Paullese, km 45+600 - cap 26012

■ Outlet che vende dolci, biscotti, merende, cioccolato e tutti gli altri prodotti Sorini. Servizio di consegna a domicilio per grandi quantità. Vale la pena per fare scorte. Prezzi vantaggiosi. Promozioni su fine serie a Natale e Pasqua.

→ **Come arrivare:** A21 uscita Cremona, SS415 direzione Crema, indicazioni per Castelleone.

€ **Sconti: 35%**

CERESARA (MN)

13-Bb

INTIMO E MARE

CSP International - Oroblu

Spaccio aziendale/Factory outlet

037687456
negozio@cspinternational.it
www.cspinternational.it
mart-sab (9.00-12.30, 15.00-19.30); **chiuso** dom, lun; ferie ago (variabile)
P

Via Roma 70/a - cap 46040

■ Outlet della Oroblu, azienda produttrice di calze e collant. Prodotti a prezzi scontati con grande scelta di modelli e colori. Anche Lepel e San Pellegrino, maglieria, borse in pelle e costumi da bagno con il marchio Oroblu.

→ **Come arrivare:** A4, uscita Desenzano, direzione Mantova, indicazioni per Guidizzolo e per Ceresara.

€ **Sconti: 20%**

CERNOBBIO (CO)

51-Ba

ELETTRONICA

Roadstar Point

Spaccio aziendale/Factory outlet

031343620
FAX 0313346291
shop@roadstar.com
www.roadstar.com
mart-sab (11.00-12.00, 15.00-19.00); **chiuso** dom, lun
P

Viale Matteotti 39 - cap 22012

■ Outlet che vende stock, rimanenze, fine serie di autoradio, hi-fi, TV con il marchio Roadstar. Anche prodotti di seconda scelta, con imballo danneggiato. Molto convenienti le TV. Promozioni tutto l'anno.

→ **Come arrivare:** A9, uscita Como Nord, indicazioni per Cernobbio.

€ **Sconti: dal 10% al 60%**

CHIURO (SO)

5-Ab

VINI E LIQUORI

Spaccio Casa Vinicola Nino Negri

Spaccio aziendale/Factory outlet

0342485211
FAX 0342482235
negri@giv.it
www.giv.it
lun-ven (8.00-12.00, 14.00-18.00); **chiuso** sab, dom
P

Via Ghibellini 3 - cap 23030

■ Vendita diretta di vini tipici locali, come i rossi Sassella, Inferno e Valtellina Superiore, Grumello, Valgella, Fracia, Sfurzat. Prezzi, dal produttore al consumatore, adeguati a un prodotto di alta qualità. Possibilità di degustazione.

→ **Come arrivare:** A4, uscita Bergamo, SS342 direzione Lecco, poi Sondrio, indicazioni per Tirano.

CINISELLO BALSAMO (MI)

51-Cb

CASA

Luciano Marcato

Spaccio aziendale/Factory outlet

02660714
FAX 026120876
info@lucianomarcato.com
www.lucianomarcato.com
lun-gio (14.00-18.30), ven (14.00-16.30); **chiuso** sab, dom; ferie ago
P

Via Bizet 36/d - cap 20092

■ Negozio outlet, in un piccolo spazio fuori dallo stabilimento, che vende tessuti di arredamento, di fine serie o fuori listino. Cotoni uniti o stampati, damascati e lampassi, a prezzi di fabbrica scontatissimi.

→ **Come arrivare:** tangenziale Nord di Milano, uscita Cinisello Balsamo-Robecco.

€ **Sconti: dal 50% al 80%**

COCCAGLIO (BS)

3-DEc

CASA

Bialetti Industrie

Spaccio aziendale/Factory outlet

0307703600
FAX 0307703600
info@bialettiindustrie.it
www.bialetti.it
lun (15.00-19.00), mart-sab (9.00-12.30, 14.30-19.00); **chiuso** dom; ferie ago (variabile)
P

Via Fogliano 1 - cap 25030

■ Outlet che vende tutti i modelli di caffettiere e pentole prodotti col marchio Bialetti, Rondine e Guido Bernia. Ci sono le collezioni attuali, le rimanenze, le fine serie e anche i prodotti speciali realizzati per il mercato estero. Prezzi di fabbrica.

→ **Come arrivare:** A4, uscita Rovato, direzione Chiari, indicazioni per Coccaglio.

COCQUIO-TREVISAGO (VA)

3-Bc

ACCESSORI

Apex

Spaccio aziendale/Factory outlet

0332700585
info@apexsrl.com
www.apexsrl.com
lun (15.00-19.10), mart-sab (10.00-12.30, 15.00-19.00); **chiuso** dom; ferie ago (variabile)

Via Verdi 56 - cap 21034

Vendita diretta dell'azienda produttrice di pelletteria di alta qualità. Eleganza e grande cura dei dettagli caratterizzano tutti gli articoli: valigeria, cinture, portafogli e circa 100 modelli di borse.

→ **Come arrivare:** A8, uscita Azzate-Buguggiate, direzione Laveno, indicazioni per Cocquio-Trevisago.

Sconti: 10%

COLOGNO MONZESE (MI)

51-Cb

ABBIGLIAMENTO

Il Paracadute

Stocchista/Stockhouse

022541216
FAX 0225118042
ilparacadute@libero.it
lun (16.00-19.30), mart-sab (10.00-12.30, 16.00-19.30); **chiuso** dom; ferie lug, ago, 23dic-11gen

Viale Piemonte 5 - cap 20093

Stockhouse di abbigliamento uomo e donna, accessori, pelletteria e profumeria. Esiste da 20 anni. Prodotti di prima scelta, da boutique, anche grandi marchi della moda attuale. Tutte le taglie tranne il conformato. Promozione durante l'anno.

→ **Come arrivare:** tangenziale Est di Milano, uscita Cologno Monzese, vicino a viale Europa, Cinelandia.

Sconti: dal 50% al 70%

COMO

51-Ba

ABBIGLIAMENTO

Compl8 Concept Store

Vintage/Usato selezionato

031301547
FAX 0313108147
compl8_culturestore@yahoo.it
www.compl8.it
lun (15.00-19.00), mart-sab (15.00-19.00); **chiuso** dom; ferie ago

Via Giovio 34 - cap 22100

Capi unici rielaborati (vintage rielaborato con applicazioni, cuciture) per uomo e donna, oggetti e tessile per l'arredamento. Anche CD musicali e arredamento anni '60-'70. Un indirizzo trendy.

→ **Come arrivare:** A9, uscita Como Nord, direzione centro città, vicino a Porta Torre.

COMO

51-Ba

ACCESSORI

Made in Como

Spaccio aziendale/Factory outlet

031341911
FAX 031341911
madeincomo@madeincomo.it
www.madeincomo.it
lun-ven (9.00-12.30, 14.30-19.00), sab (10.00-12.30, 14.30-19.00); **chiuso** dom; ferie ago
P

Via Asiago 8, Loc. Tavernola - cap 22100

Outlet dove acquistare tutta la produzione "Made in Como": cravatte in seta con una gamma infinita di colori e fantasie, foulard ed elegantissimi scialli in seta, camicie in cotone. Prezzi adeguati e buone offerte sulla seconda scelta.

→ **Come arrivare:** A9, uscita Como Nord, direzione centro città.

COMO

51-Ba

ACCESSORI

Spaccio Larioseta

Spaccio aziendale/Factory outlet

031512014/031570823
FAX 031570480
info@larioseta.com
www.larioseta.com
lun-sab (9.45-12.45, 14.00-18.45); **chiuso** dom; ferie ago (variabile)
P

Via Asiago 35, Loc. Tavernola - cap 22100

Outlet della Larioseta che vende bellissimi prodotti in seta pura: dalle cravatte ai foulard agli scialli e agli altri accessori, anche di grandi marchi della moda italiana. Solo prima scelta. Ulteriori sconti durante i saldi.

→ **Come arrivare:** A9, uscita Como Nord, indicazioni per Tavernola.

€ **Sconti: dal 25% al 40%**

CONCESIO (BS)

13-Aa

ABBIGLIAMENTO

Modi & Moda

Spaccio aziendale/Factory outlet

0302007088
FAX 0302002380
info@modiemoda.it
www.modiemoda.it
lun (15.00-19.30), mart-sab (9.30-13.00, 15.00-19.30); **chiuso** dom
P

Via Europa 11 - cap 25062

Outlet che vende abbigliamento Modi&Moda per uomo, donna e bambino. Linee classiche e trendy (giacche, pantaloni, completi, maglioni, felpe, camicie). Prima scelta. Taglie donna dalla 40 alla 55, uomo dalla 46 alla 64, bambino da 3 a 16 anni.

→ **Come arrivare:** A4, uscita Brescia Ovest, direzione Val Trompia, indicazioni per Concesio.

€ **Sconti: 30%**

CONCOREZZO (MONZA E BRIANZA) 51-Cb

CASA

Spaccio Frette

Spaccio aziendale/Factory outlet

0396046308
www.frette.it
lun (14.30-18.30), mart-sab (10.00-13.30, 14.30-18.30); **chiuso** dom; ferie ago (variabile)
P

Via Vittorio Veneto 45 - cap 20049

■ Outlet della Frette, vende tessile per la casa di ottima qualità a prezzi convenienti. Biancheria raffinata e elegante per la cucina, il bagno, il letto e la tavola. Anche abbigliamento notte per uomo e donna. Prezzi adeguati.

➜ **Come arrivare:** tangenziale Est di Milano, uscita Agrate Brianza, direzione Concorezzo.

€ **Sconti: dal 30% al 40%**

CORSICO (MI) 51-Bc

ABBIGLIAMENTO

Antonio Fusco Factory Store

Spaccio aziendale/Factory outlet

024471966
FAX 024406650
factory.store@antoniofusco.it
www.antoniofusco.it
mart-sab (10.00-19.00), dom (10.00-13.00, 14.00-19.00); **chiuso** lun; ferie ago (variabile)
P

Via Ex Cascina Lavagna 5 - cap 20094

■ Outlet di Antonio Fusco dove trovare capi di fine serie, campionari e rimanenze delle eleganti linee della griffe, per uomo e donna. Buoni affari, buoni sconti, anche su calzature e accessori. Servizio di sartoria.

➜ **Come arrivare:** tangenziale Ovest di Milano, uscita Nuova VIgevanese, direzione Lorenteggio. Metro linea 1, fermata Bisceglie; bus 78 capolinea.

€ **Sconti: dal 30% al 50%**

CORSICO (MI) 51-Bc

ABBIGLIAMENTO

Cerruti Factory Outlet

Spaccio aziendale/Factory outlet

0248856214
FAX 024401544
trend.corsico@cerruti.com
www.cerruti.net
lun-sab (10.00-13.30, 14.30-19.00); **chiuso** dom

Via G. Di Vittorio 8 - cap 20094

■ Outlet che vende abbigliamento uomo e donna moda e classico del marchio Cerruti. Prodotti di prima scelta, taglie uomo 46-64, taglie donna 42-50. Anche pelletteria. Ulteriori sconti durante i saldi.

➜ **Come arrivare:** tangenziale Ovest di Milano, uscita Nuova VIgevanese, direzione Lorenteggio. Metro linea 1, fermata Bisceglie; bus 78 capolinea.

€ **Sconti: dal 30% al 60%**

CORSICO (MI)

51-Bc

CALZATURE E PELLETTERIA

Samsonite Factory Store

Spaccio aziendale/Factory outlet

0245864429
www.samsonite.it
lun (14.00-19.30), mart-sab (10.00-19.30); chiuso dom; ferie ago (variabile)

Via dell'Industria 5 - cap 20094

■ Outlet della Samsonite che produce articoli da viaggio: valigie, borse e borsoni, morbidi o rigidi. Campionari, fine serie, prima e seconda scelta. Ampia scelta di modelli da questo specialista del viaggio, qui si trova ogni tipo di valigia o borsa in tantissimi materiali e colori. Un indirizzo fondamentale per chi viaggia o deve fare regali. Buona scelta di scarpe sportive, belle, comode e anche da città e di abbigliamento rilassato e raffinato. Prezzi adeguati, ottime occasioni con la seconda scelta.

→ **Come arrivare:** tangenziale Ovest di Milano, uscita Nuova VIgevanese, direzione Lorenteggio. Metro linea 1, fermata Bisceglie; bus 78 capolinea.

Sconti: dal 30% al 60%

COSIO VALTELLINO (SO) 3-CDb

ALIMENTARI

Galbusera Dolciaria

Spaccio aziendale/Factory outlet

0342609111
FAX 0342635069
info@galbusera.it
www.galbusera.it
lun-mart, gio-dom (8.30-12.30, 14.00-19.00); chiuso mer
P

Viale Orobie 9 - cap 23013

■ Outlet della Galbusera. Prezzi molto convenienti per tutti i prodotti: torte, semifreddi, cracker, biscotti, cioccolato e caramelle. Offerte speciali sulle confezioni danneggiate. Solo cartoni con più confezioni all'interno.

➜ **Come arrivare:** A4, uscita Bergamo, SS342 direzione Lecco, poi Sondrio, indicazioni per Cosio Valtellino.

COSIO VALTELLINO (SO) 3-CDb

INTIMO E MARE

Liabel - Spaccio Aziendale

Spaccio aziendale/Factory outlet

0342637280
liabelservice@liabel.it
www.liabel.it
lun-sab (9.00-12.30, 14.00-19.00); chiuso dom
P

Viale Orobie 3 - cap 23013

■ Outlet che vende abbigliamento e intimo (giorno e notte) di prima e seconda scelta, per uomo, donna, bambino e neonato. Seconda scelta dei marchi Cacharel, Eminence, Lacroix. Ulteriori sconti durante i saldi.

➜ **Come arrivare:** A4, uscita Bergamo, SS342 direzione Lecco, poi Sondrio, indicazioni per Cosio Valtellino.

€ **Sconti: dal 10% al 30%**

COZZO (PV) 11-Aa

ALIMENTARI

Il Molino Filios

Spaccio aziendale/Factory outlet

038474112
FAX 038474364
ilmolinofilios@libero.it
www.molinofilios.it
lun-dom (8.00-19.00); ferie ago (variabile)
P

Via Molino 3 - cap 27030

■ Vendita diretta di riso a prezzo conveniente: carnaroli, arborio, integrale, baldo, sant'andrea, roma e anche risotti pronti. Confezioni da 1 a 5 kg ideali per grandi scorte. Promozioni tutto l'anno.

➜ **Come arrivare:** A26, uscita Casale Monferrato Nord, direzione Mortara-Vigevano, indicazioni per Cozzo.

€ **Sconti: 30%**

CUVEGLIO (VA)
3-Bc

CASA

Spaccio Bassetti
Spaccio aziendale/Factory outlet

0332624154
FAX 0332624154
lun (14.30-18.30), mart-sab (9.30-13.00, 14.00-18.30); chiuso dom

Via Provinciale 5 - cap 21030

Uno dei 14 spacci in Italia della nota azienda Bassetti dove trovare biancheria per la casa: lenzuola, tovaglie, trapunte, piumoni, coperte, copridivani, coordinati per bagno e cucina. Ottimi prezzi, grandi affari con le fine serie.

→ **Come arrivare:** A8, uscita Sesto Calende, direzione Laveno, indicazioni per Gemonio e poi Cuveglio.

Sconti: 40%

DESENZANO DEL GARDA (BS)
13-Bb

ABBIGLIAMENTO

RJ Store
Negozio discount

0309108084
www.rjstore.it
lun (15.00-19.30), mart-ven (10.00-13.00, 15.00-19.30), sab-dom (10.00-19.30);
P

Via dei Colli Storici 181 - cap 25015

Vendita diretta di abbigliamento e accessori uomo, donna e bambino con molte griffe. Prima scelta, collezioni attuali, anche riparazioni sartoriali. Ulteriori sconti durante il periodo dei saldi.

→ **Come arrivare:** A4, uscita Sirmione, direzione Desenzano del Garda.

DESENZANO DEL GARDA (BS)
13-Bb

ACCESSORI

Gallo
Spaccio aziendale/Factory outlet

0309110465/
0309901696
lun-ven (9.00-12.00, 13.00-19.00), sab (9.00-12.00, 15.00-19.00); chiuso dom
P

Viale Motta 129 - cap 25025

Vendita diretta di calze, calzini e maglieria Gallo per uomo, donna e bambino. Grande assortimento di calze in misto seta e cashmere. Pantofole friulane, twin set in cashmere, maglioni, plaid scozzesi, intimo. Anche cravatte.

→ **Come arrivare:** A4, uscita Sirmione, direzione Desenzano del Garda.

Sconti: 30%

ITALIAN LUXURY FASHION OUTLETs
perchè pagare di più?
Vestistock
dal 1981
Le Miniere
mini OUTLET
abbigliamento scarpe accessori
ARMANI VERSACE VALENTINO TRUSSARDI D&G CUSTO ICEBERG BELSTAFF STONE ISLAND DKNY BURBERRY GSTAR PRADA CAVALLI CANALI MOSCHINO MIUMIU FERRE' CALVIN KLEIN YSL AQUASCUTUM
(UOMO - DONNA - bambino?)
Vestistock
Via Ramazzini 11 (Milano) 02-29514497
Le Miniere
Via Acicastello 85a Ficarazzi (Catania) 095-7521068
ed anche nel Polo Commerciale Modica (RG) 0932-454977
mini OUTLET
Via Gambino 44 (CT) 095-315319

FAGNANO OLONA (VA)

51-Aa

CASA

Bellora

Spaccio aziendale/Factory outlet

0331619641
bellora@bellora.it
www.bellora.it
lun-sab (8.30-12.30, 15.00-19.00);
chiuso dom;
ferie ago (variabile)
P

Via Cesare Cantù - cap 21054

■ Outlet della Bellora che produce tessuti in lino e cotone dal 1933. In due ampi spazi (il primo d'epoca, con mobili in legno patinato) si possono acquistare tovaglie e set da tavola, biancheria da letto, spugne, asciugamani in nido d'ape colorato e coperte in lana di grandissima qualità. Bel reparto bebè, per regali di nascita. Anche pigiami, tessuto al metraggio, camicie e maglioni con il marchio J&S. Promozioni tutto l'anno. Prodotti di prima e seconda scelta, fine serie, scampoli, anche tessuto al peso. Prezzi adeguati alla qualità.

→ **Come arrivare:** A8, uscita Busto Arsizio, direzione Solbiate Olona, indicazioni per Fagnano Olona.

Sconti: dal 20% al 50%

FENEGRÒ (CO)

51-Ba

ABBIGLIAMENTO

Fenegrò

Spaccio aziendale/Factory outlet

0313520070
FAX 0313520801
info@fenegro.com
www.fenegro.it
lun-sab (9.30-12.30, 14.00-19.00);
chiuso dom;
ferie ago (variabile)
P

Via XXV Aprile 3 - cap 22070

■ Maglieria uomo, donna e bambino con il marchio Fenegrò. Solo filati pregiati: cashmere, lana merino, viscosa, seta, cotone. Anche plaid e coperte. Prodotti di prima scelta. Promozioni tutto l'anno. Altro punto vendita a Milano in via Spartaco 2.

→ **Come arrivare:** A9, uscita Lomazzo, direzione Appiano Gentile, indicazioni per Fenegrò.

Sconti: dal 30% al 40%

FERNO (VA)

3-Bc

CASA

C&C

Spaccio aziendale/Factory outlet

0331726140
FAX 0331241911
office@cec-milano.com
www.cec-milano.com
lun-sab (9.00-13.00, 14.30-18.30); **chiuso** dom; ferie ago (variabile)
P

Via Giovanni Falcone 12 - cap 21010

Outlet di prodotti tessili per la casa con il marchio C&C. Prima e seconda scelta, fine serie, particolarmente vantaggiosi gli scampoli e i tessuti al metro. Altro punto vendita in via Zenale in centro a Milano.

→ **Come arrivare:** A8, uscita Busto Arsizio, direzione Malpensa, indicazioni per Ferno.

€ **Sconti: dal 10% al 50%**

FINO MORNASCO (CO)

51-Ba

TESSUTI

Frey - Emporio della Seta

Spaccio aziendale/Factory outlet

031927538
FAX 031929362
www.frey.it
lun-sab (9.00-12.30, 14.30-19.00); **chiuso** dom; ferie ago (variabile)
P

Viale Risorgimento 49/51 - cap 22073

Outlet dell'azienda Frey che dal 1899 produce tessuti in seta. Oltre alle stoffe, qui si trovano cravatte, foulard, ascot, camicie, giacche, sciarpe, tutto in pura seta e di ottima fattura. Prima e seconda scelta in tutte le taglie.

→ **Come arrivare:** A9, uscita Fino Mornasco.

€ **Sconti: dal 30% al 50%**

FOMBIO (LO)

11-Ca

CASA

Ricci Casa

Spaccio aziendale/Factory outlet

0377431515
www.riccicasa.it
mart-dom (9.30-12.30, 15.00-20.00) **chiuso** lun

Via Emilia a Mulino Nuovo - cap 26861

Vendita diretta di mobili, anche etnici di importazione diretta. Altre sedi a Bologna e a Reggio Emilia.

→ **Come arrivare:** A1, uscita Piacenza Nord, SS9 indicazioni per Fombio.

GALLARATE (VA)

3-Bc

CASA

Cyrus Company Factory Outlet

Spaccio aziendale/Factory outlet

0331701623
FAX 0331247238
info@cyruscompany.it
www.cyruscompany.it
lun-ven (10.00-12.00, 15.00-18.30), sab (10.00-12.00 su appuntamento); **chiuso** dom; ferie ago (variabile)
P

Via Riva 6 - cap 21013

■ Outlet del marchio Cyrus Company. Esposizione su 750 mq: divani, letti, armadi, mobili, tavoli, oggetti, corredi tessili, linea bambino. Esclusivamente nelle tonalità del bianco: ottico, latte, crema. Prodotti raffinati, prezzi adeguati.

→ **Come arrivare:** A8, uscita Gallarate, a 500 m dall'uscita.

€ **Sconti: dal 30% al 50%**

GALLARATE (VA)

3-Bc

ELETTRONICA

Argo Clima

Spaccio aziendale/Factory outlet

0331755111
FAX 0331776240
italia@argoclima.com
www.argoclima.it
lun-ven (12.00-13.30, 17.00-19.00); **chiuso** sab, dom; ferie ago (variabile)
P

Via Varese 90 - cap 21013

■ Outlet che vende rimanenze, fine serie e seconda scelta di climatizzatori, impianti di aria condizionata e di deumidificazione, portatili e da parete con il marchio Argo Clima. Promozioni occasionali. Prezzi interessanti.

→ **Come arrivare:** A8, uscita Gallarate, direzione centro città.

€ **Sconti: dal 40% al 50%**

GALLARATE (VA)

3-Bc

INTIMO E MARE

Il Guardaroba Parah

Spaccio aziendale/Factory outlet

0331785219
lun (15.00-19.30), mart-sab (9.00-12.30, 15.00-19.30); **chiuso** dom; ferie 11-30 ago
P

Via P. da Gallarate 7 - cap 21013

■ Outlet che vende biancheria intima e costumi da bagno Parah. Prezzi accessibili per raffinati modelli della linea intimo in pizzo o seta, le fine serie e rimanenze dei costumi da bagno.

→ **Come arrivare:** A8, uscita Gallarate, direzione centro città.

GALLARATE (VA)

3-Bc

SPORT

Sergio Tacchini Megastore

Spaccio aziendale/Factory outlet

0331790347
FAX 0331774514
www.sergiotacchini.com
lun (15.00-20.00), mart-sab (9.30-20.00); chiuso dom
P

Via Milano 169 (Statale del Sempione) - cap 21013

Megastore-outlet del noto marchio produttore di abbigliamento sportivo. Prodotti di prima e seconda scelta e campionari della Sergio Tacchini: tute, pantaloni, felpe, accessori e scarpe per qualsiasi sport. Promozioni regolari.

→ **Come arrivare:** A8, uscita Gallarate, direzione centro città.

€ **Sconti: dal 30% al 50%**

GALLIATE LOMBARDO (VA)

3-Bc

INTIMO E MARE

Malerba

Spaccio aziendale/Factory outlet

0332943980
FAX 0332943911
info@malerba.it
www.malerba.it
lun (15.00-19.00), mart-sab (9.00-13.00, 15.00-19.00); chiuso dom

Via Belvedere 8 - cap 21020

Outlet che vende prodotti di prima e seconda scelta, campionari dei marchi Malerba, Brigatti, Imec, Triumph, Sloggi, Playtex, Ragno. Offerte speciali ogni mese. Ulteriori sconti durante il periodo dei saldi.

→ **Come arrivare:** A8, uscita Azzate-Buguggiate, indicazioni per Bodio e Galliate Lombardo.

€ **Sconti: 20%**

GAMBOLÒ (PV)

51-Ad

ALIMENTARI

Salumificio Costa

Spaccio aziendale/Factory outlet

0381640269
FAX 0381640269
salumificiocosta@libero.it
lun-gio (8.00-12.30), ven-sab (8.00-12.30, 14.30-19.15); chiuso dom; ferie ago (variabile)
P

Via Mortara 89, Remondò - cap 27025

Vendita diretta di suini e bovini macellati sul posto, ma anche di salumi e di formaggi genuini e di ottima qualità.

→ **Come arrivare:** A7, uscita Gropello Cairoli-Pavia Sud, direzione Mortara, indicazioni per Gambolò.

GARBAGNATE MILANESE (MI) 51-Bb

CASA

Spaccio Zucchi

Spaccio aziendale/Factory outlet

0299068036
FAX 0299068036
lun (14.30-18.30), mart-sab (9.30-13.30, 14.30-18.30); **chiuso** dom

Via per Cesate 120 - cap 20024

Uno dei 14 outlet italiani dalla Zucchi che vende spugne, lenzuola, copridivani, trapunte, accappatoi, piumoni, coperte, Grandfoulard e copripiumoni a prezzi dimezzati. Si tratta di campionari, rimanenze, fine serie e anche seconda scelta.

→ **Come arrivare:** A9, uscita Arese, direzione Garbagnate Milanese.

Sconti: 40%

GARLASCO (PV) 51-Ad

ALIMENTARI

Molino e Riseria di San Biagio

Spaccio aziendale/Factory outlet

0382818588
FAX 0382818588
molinoeriseria@libero.it
lun-sab (8.00-20.00); **chiuso** dom
P

Via Ticino 119, San Biagio - cap 27026

Vendita diretta di riso dove si possono fare grandi scorte scegliendo tra carnaroli, parboiled, integrale, arborio. Diverse confezioni da 1a 5 kg e prezzi bassi. Anche riso per cani, mangimi, prodotti per uso zootecnico.

→ **Come arrivare:** A7, uscita Gropello Cairoli-Pavia Sud, direzione Garlasco, indicazioni per San Biagio e poi Bereguardo.

Sconti: dal 10% al 15%

GAVIRATE (VA) 3-Bc

ABBIGLIAMENTO

Stefanel Factory Outlet

Spaccio aziendale/Factory outlet

0332756770
FAX 0332756770
lun (14.00-21.00), mart-sab (9.00-21.00), mag-set anche dom; **chiuso** dom (variabile)

Viale Ticino 82 - cap 20126

Outlet della Stefanel che si trova all'interno del centro commerciale Campo dei Fiori, con un ampio parcheggio. Buona scelta di taglie: donna dalla 36 alla 48, uomo dalla 42 alla 56. Solo prodotti di prima scelta.

→ **Come arrivare:** A8, uscita Azzate-Buguggiate, direzione Laveno, indicazioni per Gavirate.

Sconti: dal 30% al 80%

GIUSSANO (MONZA E BRIANZA) *51-Ca*

CASA
Tisettanta
Spaccio aziendale/Factory outlet

0362311026
FAX 0362311035
www.tisettanta.com
lun-sab (9.00-19.30), dom (9.30-12.30, 14.30-19.30); ferie ago (variabile)
P

Via Furlanelli 96 - cap 20034

■ Outlet che vende mobili e oggetti d'arredamento con i marchi Tisettanta e Halifax. Rimanenze, fine serie e rientri da fiere e servizi fotografici. Gli sconti aumentano ulteriormente durante il periodo dei saldi.

→ **Come arrivare:** tangenziale Nord di Milano, uscita SS36 Lecco-Monza-Villa Reale, direzione Giussano.

€ **Sconti: dal 20% al 40%**

GIUSSANO (MONZA E BRIANZA) *51-Ca*

SPORT
Mascheroni 2 Sport & Sport
Negozio discount

0362850179
FAX 0362850179
lun (15.00-19.30), mart-sab (9.30-12.30, 15.00-19.30); **chiuso** dom; ferie ago (variabile)
P

Via Prealpi 28 - cap 20034

■ Discount molto ampio con articoli sportivi per sci, tennis, equitazione, nuoto, ciclismo. Marchi come Adidas, Nike, Fila, Champion. Grande scelta, tutte le taglie e prezzi interessanti.

→ **Come arrivare:** tangenziale Nord di Milano, uscita SS36 Lecco-Monza-Villa Reale, direzione Giussano.

€ **Sconti: 10%**

GOITO (MN) *13-Bb*

CASA
Manifattura del Mincio
Spaccio aziendale/Factory outlet

0376607266
FAX 0376607456
minciospugne@libero.it
www.minciospugne.it
lun (15.00-19.00), mart-ven (9.00-12.00, 15.00-19.00), sab (9.00-12.00), lug, dic anche sab (15.00-19.00); **chiuso** dom; ferie ago
P

Statale Goitese 448, Cerlongo - cap 46044

■ Outlet che vende spugna di cotone con il marchio Mincio: asciugamani, teli, accappatoi. Rimanenze, fine serie, prima e seconda scelta (quest'ultima estremamente conveniente).

→ **Come arrivare:** A4, uscita Brescia Est, SS 236 indicazioni per Goito.

€ **Sconti: dal 40% al 50%**

GORLA MINORE (VA)

51-Ab

CASA

Vallesusa

Spaccio aziendale/Factory outlet

0331607526
www.gabelgroup.com
lun-sab (9.00-12.30, 14.30-19.00); chiuso dom

Via Garibaldi 125 - cap 21055

Outlet di tessile per la casa dove trovare principalmente tovaglie, parure e completi da letto, spugne, trapunte e piumoni. Buona qualità a ottimi prezzi, soprattutto sui prodotti di seconda scelta.

→ **Come arrivare:** A8, uscita Castellanza, indicazioni per Gorla Minore.

Sconti: dal 15% al 50%

GRANDATE (CO)

51-Ba

ACCESSORI

Guarisco Store

Spaccio aziendale/Factory outlet

031399111
FAX 031452225
guarisco@guarisco.it
www.guarisco.it
lun-ven (8.30-12.00, 14.00-18.00), sab (8.30-12.00); chiuso dom; ferie ago
P

Statale dei Giovi 66 - cap 22070

Outlet che vende i prodotti in seta Guarisco, in particolare cravatte, foulard e qualche capo di abbigliamento. Tanti colori e modelli. Prezzi adeguati e buone offerte sulla seconda scelta.

→ **Come arrivare:** A9, uscita Como Sud, indicazioni per Grandate.

Sconti: 40%

GRANDATE (CO)

51-Ba

BAMBINO

Chicco Chiccolandia

Spaccio aziendale/Factory outlet

037382390
www.chicco.com
lun (15.30-19.30), mart-ven (10.00-19.30), sab (9.30-19.30); chiuso dom

Via Tornese 10 - cap 22070

Outlet che vende tutte le linee Chicco: abbigliamento e cosmetica gestante, abbigliamento bambino, giocattoli, calzature, prodotti di puericultura. I marchi sono: Chicco, Mamma Donna, Infinite Dolcezze. Prima e seconda scelta, rimanenze e fine serie.

→ **Come arrivare:** A9, uscita Como Sud, indicazioni per Grandate.

Sconti: dal 20% al 50%

GRASSOBBIO (BG)

51-Fa

INTIMO E MARE

Lovable Planet

Spaccio aziendale/Factory outlet

035678334

lun, mer, ven (10.00-13.00, 15.00-19.00), mart, gio, sab (10.00-19.00); **chiuso** dom; ferie 10-31 ago, 23 dic-7gen

P

Via Boschetti 53/55 - cap 24050

Outlet che vende intimo e notte per uomo, donna e bambino. Rimanenze, fine serie, seconda scelta di Lovable, anche Dim, Fila, BabyWear by Playtex e Playtex. Intimo, calze, underwear, pigiami e homewear.

➜ **Come arrivare:** A4, uscita Bergamo, direzione Orio al Serio, indicazioni per Grassobbio.

Sconti: dal 30% al 50%

INVERIGO (CO)

51-Ca

ABBIGLIAMENTO

Lo Stockhouse

Stocchista/Stockhouse

0313590019

FAX 0313590619

d.sette@libero.it

lun-dom (9.00-13.30, 14.30-19.30)

Via General Cantore 12 - cap 22044

Stockhouse che vende abbigliamento e accessori, anche pelletteria, per uomo, donna e bambino. Solo prima scelta, molti i marchi. Saldi e promozioni regolari.

➜ **Come arrivare:** tangenziale Nord di Milano, uscita SS36 Lecco-Monza-Villa Reale, direzione Giussano, indicazioni per Inverigo.

Sconti: 50%

LAINATE (MI)

51-Bb

ALIMENTARI

Antica Pasteria (Spaccio Lazzaroni)

Spaccio aziendale/Factory outlet

029375391

FAX 0293571506

www.lazzaronisaronno.com

mart-sab (9.30-19.00); **chiuso** dom, lun; ferie ago

P

Corso Europa 9 - cap 20020

Outlet della Lazzaroni che vende i famosi amaretti. Qui si possono acquistare tutti i prodotti della casa: biscotti, pasticceria da tè, plumcake, torte e naturalmente amaretti. Buoni affari soprattutto con le confezioni danneggiate.

➜ **Come arrivare:** A8, uscita Lainate, direzione Origgio e Saronno.

LECCO

3-Cc

ALIMENTARI

ICAM

Spaccio aziendale/Factory outlet

03412901
FAX 0341360176
info@icamcioccolato.it
www.icamcioccolato.it
lun-ven (8.30-12.00, 14.00-17.00);
chiuso sab, dom;
ferie ago (variabile)

Via Pescatori 53 - cap 23900

■ Outlet che vende cioccolato e caramelle. Molto conveniente per grosse quantità, cioccolatini e caramelle al chilo o a cartoni. Vale la pena per fare scorte, anche perché la qualità è elevata.

→ **Come arrivare:** tangenziale Nord di Milano, uscita SS36 Lecco-Monza-Villa Reale, direzione Lecco.

€ **Sconti: 10%**

LEGNANO (MI)

51-Ab

ABBIGLIAMENTO

Dolce & Gabbana Industria

Spaccio aziendale/Factory outlet

0331545888
www.dolcegabbana.it
lun, ven-sab (10.00-19.30),
mart-gio (10.00-13.30, 14.30-19.30;
chiuso dom;
ferie ago (variabile)

Via Rossini 72 - cap 20025

■ Grande outlet open space dove trovare la prima scelta di rimanenze, fine serie e campionari delle collezioni Dolce e Gabbana e D&G. Per uomo, donna e bambino. Prêt-à-porter, abbigliamento, intimo, mare, accessori e calzature del noto marchio di moda si comprano con un buon risparmio. Un indirizzo essenziale per chi ama la moda divertente e sexy della nota casa che veste molte star della canzone e del cinema.

→ **Come arrivare:** A8, uscita Legnano.

€ **Sconti: dal 30% al 60%**

LISSONE (MONZA E BRIANZA) *51-Cb*

ABBIGLIAMENTO

Lanificio Luigi Colombo

Negozio discount

039464705
FAX 039482787
prodotto.finito@lanificiocolombo.it
www.lanificiocolombo.it
lun (15.00-19.00), mart-sab (10.00-19.00); chiuso dom

Via Mahatma Gandhi 14 - cap 20035

Outlet del lanificio Luigi Colombo, noto per l'alta qualità dei suoi tessuti. Oltre agli scampoli, si trovano anche fine serie, rimanenze di abbigliamento per uomo e donna (e su misura per l'uomo), idee regalo, accessori e linea casa.

→ **Come arrivare:** tangenziale Nord di Milano, uscita SS36 Lecco-Monza-Villa Reale, indicazioni per Lissone.

Sconti: 30%

LISSONE (MONZA E BRIANZA) *51-Cb*

ABBIGLIAMENTO

RJ Store

Negozio discount

0392454396
FAX 0392454397
www.rjstore.it
lun (15.00-19.30), mart-sab (10.00-19.30); chiuso dom
P

Via Madre Teresa di Calcutta 4 - cap 20035

Vendita diretta di abbigliamento e accessori uomo, donna e bambino con molte griffe. Prima scelta, collezioni attuali, anche riparazioni sartoriali. Ulteriori sconti durante il periodo dei saldi.

→ **Come arrivare:** tangenziale Nord di Milano, uscita SS36 Lecco-Monza-Villa Reale, indicazioni per Lissone.

LUISAGO (CO) *51-Ba*

ABBIGLIAMENTO

Seride Outlet

Spaccio aziendale/Factory outlet

0318820142
FAX 031920657
info@seride.it
www.seride.it
mart-sab (9.30-19.00); chiuso dom, lun; ferie ago (variabile)
P

Via Gorizia 14 - cap 22070

Outlet che vende abbigliamento, intimo e mare uomo,donna e bambino. Anche tessuti per l'arredamento di prima e seconda scelta con il marchio Advantage, e tessuti per l'abbigliamento sportivo: pile unito e stampato. Non mancano foulard e sciarpe.

→ **Come arrivare:** A9, uscita Fino Mornasco, indicazioni per Luisago.

Sconti: 10%

MALONNO (BS) *5-Ab*

INTIMO E MARE

Factory Outlet Cotonella

Spaccio aziendale/Factory outlet

0364657500
FAX 036465534
shop@cotonella.com, laura@cotonella.com
www.cotonella.com
mart-sab (8.30-12.30, 15.00-19.00), lun, dom (15.00-19.00);
P

Via Nazionale 135 - cap 25040

Outlet che vende intimo per uomo, donna e bambino con i marchi Cotonella, Chiaro di Luna, Lilli e Playtex; pigiami della Intimo Fashion, calze da uomo Calzificio Rossi. Angolo delle offerte con pezzi leggermente difettati a 10 euro.

→ **Come arrivare:** A4, uscita Bergamo, SS342 direzione Lecco, indicazioni per Sondrio e poi Malonno.

€ **Sconti: dal 20% al 30%**

MANTOVA *13-Bb*

ABBIGLIAMENTO

Corneliani

Spaccio aziendale/Factory outlet

0376304410
cvdcorneliani@corneliani.it
www.corneliani.com
lun (pomeriggio), mart-sab (9.00-13.00, 15.30-19.30); chiuso dom
P

Via Ostiglia 25 - cap 46100

Outlet di abbigliamento maschile del marchio Corneliani, noto per eleganza e qualità. Rimanenze e prima scelta della collezione a prezzi scontati. Abiti, accessori e camicie, taglie dalla 46 alla 62.

→ **Come arrivare:** A22, uscita Mantova Nord, indicazioni per centro città.

€ **Sconti: dal 25% al 30%**

MANTOVA *13-Bb*

ABBIGLIAMENTO

Lubiam Shopping

Spaccio aziendale/Factory outlet

0376309321
FAX 0376324421
lubiam.shopping@lubiam.it
www.lubiam.it
lun (15.00-19.30), mart-sab (9.00-12.30, 15.00-19.30); chiuso dom; ferie ago (variabile)
P

Viale Fiume 55 - cap 46100

Outlet che vende i marchi Lubiam, Benci, Osvaldo Testa: sartoria maschile classica e elegante, di qualità, che spesso usa tessuti Zegna e Cerruti. Anche servizio su misura. Prima e seconda scelta e angolo delle occasioni.

→ **Come arrivare:** A22, uscita Mantova Nord, indicazioni per centro città.

€ **Sconti: dal 20% al 30%**

MAZZANO (BS)

13-Aa

ALIMENTARI

Industria Agricola Casearia Medeghini

Spaccio aziendale/Factory outlet

03025991
FAX 0302599200
info@medeghini.com
www.medeghini.com
mer (14.00-19.00), gio (8.00-12.00, 14.00-19.00), lug-ago solo gio; **chiuso** ven-mart
P

Via Cortine 2 - cap 25080

Vendita diretta di formaggi e latticini di produzione propria. Buonissimo il grana della casa, burro, taleggio e altri formaggi tipici di ottima qualità. Prezzi convenienti anche per piccole quantità.

→ **Come arrivare:** A4, uscita Brescia Est, direzione per Rezzato e poi per Mazzano.

MEDE (PV)

11-Aa

ALIMENTARI

Mulino e Riseria Masinari

Spaccio aziendale/Factory outlet

0384820445
FAX 0384823313
masinarisnc@libero.it
lun-ven (8.00-12.00, 14.00-18.00); **chiuso** sab, dom; ferie ago (variabile)

Via Mulino 4 - cap 27035

Vendita diretta di riso, grano e mais all'interno di un mulino. Tutte le varie qualità di riso (carnaroli, parboiled, integrale, arborio) sono in vendita in confezioni da 1, 5 e 25 kg (ottime per la dispensa). Prezzi decisamente convenienti.

→ **Come arrivare:** A7, uscita Gropello Cairoli-Pavia Sud, direzione Garlasco, indicazioni per Mede.

MERATE (LC)

51-Da

ABBIGLIAMENTO

Lorenzini

Spaccio aziendale/Factory outlet

0399906315
FAX 0399906827
info@lorenzini.it
www.lorenzini.it
mart-ven (14.00-18.00), sab (9.00-12.30); **chiuso** dom, lun
P

Via Como 39 - cap 23807

Due locali propongono camicie da uomo e da donna, realizzate in modo tradizionale dalla Lorenzini. La camiceria offre anche un servizio di camicie su misura. Offerte promozionali regolari.

→ **Come arrivare:** tangenziale Nord di Milano, uscita SS36 Lecco-Monza-Villa Reale, Cernusco Lombardone, indicazioni per Merate.

€ **Sconti: 50%**

MERATE (LC)

51-Da

SPORT

Diana

Spaccio aziendale/Factory outlet

0399908551
FAX 0399903761
info.diana@dianasport.it
www.dianasport.it
mart-ven (15.30-19.00), sab (10.00-12.30, 15.30-19.00); **chiuso** dom-lun; ferie ago (variabile)
P

Via Statale 20 - cap 23897

Vendita diretta di articoli per lo sport e il tempo libero: costumi da bagno e accessori per la piscina (accappatoi, tute, borse, occhialini, cuffie), coordinati mare da maggio a settembre. Tutto l'anno articoli in promozione. Prezzi adeguati.

→ **Come arrivare:** tangenziale Nord di Milano, uscita SS36 Lecco-Monza-Villa Reale, Cernusco Lombardone, indicazioni per Merate.

€ **Sconti: 40%**

MILANO

51-Bb

ABBIGLIAMENTO

Affari - Martino Midali

Spaccio aziendale/Factory outlet

027610941
www.marmid.it
lun (15.00-19.30), mer, gio, sab (10.00-19.30), mart, ven (10.00-13.00, 15.00-19.30); **chiuso** dom; ferie ago (variabile)

Via Marcona 34 - cap 20129

Outlet della Martino Midali. I prodotti in vendita sono da donna, tutti di prima scelta e soprattutto capi in jersey. C'è sempre un angolo delle offerte. Si accettano assegni. Ulteriori sconti durante il periodo dei saldi.

→ **Come arrivare:** metro linea 1 e 3, fermata Duomo, poi tram 27, 12 o bus 73. Zona corso XXII Marzo.

€ **Sconti: dal 40% al 75%**

MILANO

51-Bb

ABBIGLIAMENTO

Alviero Martini

Spaccio aziendale/Factory outlet

0259990206/ 0259990300
factory_store@alvieromartini.it
www.alvieromartini.it
lun (15.00-19.00), mart-sab (10.00-19.00); **chiuso** dom; ferie ago (variabile)

Via Muratori 13/a - cap 20135

Outlet che vende abbigliamento per uomo e donna, borse, piccola pelletteria, occhiali, lenzuola e coperte con il marchio Alviero Martini. Prima e seconda scelta, prototipi, campionari. Angoli con offertissime e prodotti a 15-20 euro.

→ **Come arrivare:** metro linea 3, fermata Porta Romana.

€ **Sconti: dal 30% al 50%**

MILANO 51-Cc

ABBIGLIAMENTO

Amaranto Fashion

Spaccio aziendale/Factory outlet

0248704201
FAX 0299983845
amarantofashion@libero.it
lun (15.30-19.30), mart-sab (9.30-12.30, 15.30-19.30); **chiuso** dom; ferie ago (variabile)

Via Pietro Rubens 24 - cap 20148

Outlet di maglieria per uomo e donna, anche gonne e pantaloni. Solo fibre naturali: cashmere, lino, lana, cotone. I prodotti sono di prima scelta, c'è sempre un angolo delle occasioni. Le taglie donna vanno dalla 40 alla 50, uomo fino alla 58.

➜ **Come arrivare:** metro linea 1, fermata De Angeli.

€ **Sconti: dal 10% al 40%**

MILANO 51-Cc

ABBIGLIAMENTO

Bettina

Stocchista/Stockhouse

Via S. d'Orsenigo
0254116292;
FAX 0254116292;
Via Ausonio
0254116292
FAX 0289423665
lun (15.30-19.30), mart-sab (10.30-19.30), dom (11.00-19.00); ferie ago (variabile)

(1) Via Simone d'Orsenigo 3 - cap 20135
(2) Via Ausonio 18 - cap 20123

Stockhouse che vende abbigliamento donna, classico e moda. Solo prima scelta, taglie principalmente dalla 40 alla 44. Collezioni attuali, rimanenze e fine serie di collezioni precedenti.

➜ **Come arrivare:** (1) metro linea 3, fermata Porta Romana; bus 84; (2) metro linea 2, fermata Sant'Agostino.

€ **Sconti: dal 30% al 70%**

MILANO 51-Cc

ABBIGLIAMENTO

Canadian Outlet

Spaccio aziendale/Factory outlet

0233600886
dicdn@tiscali.it
www.canadian.it
lun (15.00-19.15), mart-sab (9.30-12.30, 15.00-19.15); **chiuso** dom

Via Canonica 28 - cap 20154

Outlet Canadian, Patagonia, Berghouse e Mammut di abbigliamento per lo sport e il tempo libero per uomo, donna e bambino. T-shirt, maglie, giacche in felpa e pile, bermuda, pantaloni, giacconi, scarpe da montagna, costumi da bagno.

➜ **Come arrivare:** metro linea 1 e 2, fermata Cadorna, poi bus 57. Zona Arena.

€ **Sconti: dal 20% al 50%**

MILANO *51-Cc*

ABBIGLIAMENTO

Cavalli e Nastri

Vintage/Usato selezionato

Via Brera
0272000449
FAX 0289409452
Via de Amicis
0289409452
www.italianvintage.com
lun (15.00-19.30), mar-sab (10.30-19.30); **chiuso** dom; ferie ago (variabile)

(1) Via Brera 2 - cap 20121
(2) Via de Amicis 1 (ang. Via Arena) - cap 20123

■ Negozio vintage di abbigliamento donna, borse, bigiotteria degli anni '50 americani. Molti marchi famosi: Gucci, Chanel, Saint Laurent, Sorelle Fontana. Anche abiti nuovi in tessuti vintage. Occasioni tutto l'anno.

→ **Come arrivare:** (1) metro linea 3, fermata Montenapoleone, o metro linea 1, fermata Duomo, zona Brera; (2) metro linea 2, fermata Sant'Ambrogio.

MILANO *51-Cc*

ABBIGLIAMENTO

Comei

Spaccio aziendale/Factory outlet

0242414837
FAX 0248958335
info@adddown.it
sab (10.00-18.00); **chiuso** lun-ven, dom

Via Pogliaghi 5 - cap 20146

■ Outlet che vende collezioni passate e campionari per uomo e donna di Add Down (capispalla invernali imbottiti) e di Add System (capi estivi uomo e donna). Abbigliamento sportivo, prima e seconda scelta e fine serie. Prezzi di fabbrica.

→ **Come arrivare:** metro linea 1 e 3, fermata Duomo, poi tram 14. Zona Giambellino.

MILANO *51-Cc*

ABBIGLIAMENTO

D Magazine

Stocchista/Stockhouse

Via Montenapoleone
0276006027
FAX 1782201548
Via Forcella
0289400052
d.antonioli@tiscali.it
www.d.magazine.it
lun-dom (9.30-19.45)

(1) Via Montenapoleone 26 - cap 20121
(2) Via Forcella 27 - cap 20144

■ Nella via della moda a Milano, stockhouse che vende prêt-à-porter e accessori dei più grandi marchi italiani e stranieri, per uomo e donna. Rimanenze delle collezioni passate. Prezzi adeguati.

→ **Come arrivare:** (1) metro linea 3, fermata Montenapoleone. (2) metro linea 2, fermata Porta Genova, tram 29, 30.

€ **Sconti: 50%**

MILANO *51-Cc*

ABBIGLIAMENTO

Diffusione Tessile - Max Mara

Spaccio aziendale/Factory outlet

0276000829
FAX 0276407594
www.diffusionetessile.it
lun (15.30-19.30), mart-sab (10.00-19.30); chiuso dom

Galleria San Carlo 6 - cap 20122

Outlet della Max Mara che vende rimanenze e fine serie delle collezioni da donna dell'anno precedente. I marchi sono: Max Mara, Max and Co., SportMax, Blues Club, Pianoforte, Marina Rinaldi, Weekend. Anche taglie conformate.

→ **Come arrivare:** metro linea 1, fermata San Babila.

€ **Sconti: 30%**

MILANO *51-Cc*

ABBIGLIAMENTO

Elizabeth The First

Vintage/Usato selezionato

0283241357
info@elizabethefirst.com
www.elizabethefirst.com

Viale Col di Lana 8 - cap 20136

Una collezione molto ricercata di abbigliamento, tessuti e accessori. Molti i prodotti tessili dell'Asia Centrale, Cina e Giappone. Anche pezzi importanti, da collezione.

→ **Come arrivare:** tram 15, 29, 30. Zona Porta Ticinese.

MILANO (MI) *51-Cc*

ABBIGLIAMENTO

Emporio Isola

Stocchista/Stockhouse

Foro Buonaparte
028054666
lun (15.00-19.30),
mart-sab (10.00-19.30);
chiuso dom; ferie ago
(variabile)

Via Prina
023491040
FAX 023315178
lun (15.00-19.30),
mart-sab (10.00-19.30);
chiuso dom; ferie ago
(variabile)
P

Via Washington
0243319656
lun (15.00-20.00),
mart-sab (11.00-20.00);
chiuso dom; ferie ago
(variabile)

(1) Foro Buonaparte 70 - cap 20123
(2) Via Prina 11 - cap 20154
(3) Via Washington 56 - cap 20146

■ Stockhouse che vende rimanenze, fine serie e campionari di noti marchi di prêt-à-porter e abbigliamento italiano e estero. Per uomo e donna. Anche accessori. Buona scelta di merce che viene rinnovata spesso. Ottimi prezzi.

→ **Come arrivare:** (1) metro linea 1, fermata Cairoli; bus 61, zona Castello.
(2) tram 29, 30, 33; bus 43, zona Sempione.
(3) metro linea 1, fermata Wagner; bus 61.

€ **Sconti: dal 50% al 60%**

MILANO *51-Cc*

ABBIGLIAMENTO

Etro Outlet

Spaccio aziendale/Factory outlet

0255020218
FAX 0255020330
www.etro.it
lun (15.00-19.00),
mart-sab (10.00-14.00,
15.00-19.00);
chiuso dom;
ferie ago (variabile)

Via Spartaco 3 - cap 20135

■ Outlet Etro dove comprare rimanenze e fine serie di tessuti per l'arredamento, abbigliamento raffinato per donna e uomo, scarpe e accessori come borse, sciarpe, foulard. Anche profumi e candele. Taglie donna 38-48, uomo 46-56.

→ **Come arrivare:** tram 29, 9; bus 84. Zona Porta Romana.

€ **Sconti: 50%**

MILANO 51-Cc

ABBIGLIAMENTO

Fenegrò Factory Store

Spaccio aziendale/Factory outlet

025456883
FAX 0313520801
www.fenegro.com
lun (15.00-19.00), mart-sab (10.00-13.00, 14.30-19.00); **chiuso** dom; ferie ago (variabile)

Via Spartaco 2 - cap 20135

Maglieria uomo, donna e bambino con il marchio Fenegrò. Solo filati pregiati: cashmere, lana merinos, viscosa, seta, cotone. Anche plaid e coperte. Prodotti di prima scelta. Promozioni tutto l'anno.

→ **Come arrivare:** tram 29, 9; bus 84. Zona Porta Romana.

€ **Sconti: dal 30% al 40%**

MILANO 51-Cc

ABBIGLIAMENTO

Il Fiocco di Cashmere

Spaccio aziendale/Factory outlet

0286463422
FAX 0286463422
ilfiocco@fdc.fastwebnet.it
lun (15.00-18.30), mart-gio (10.30-18.30), ven (10.30-13.00); **chiuso** sab, dom; ferie lug-set (variabile)

Via dell'Orso 12 - cap 20121

Laboratorio/outlet che vende cashmere, anche su ordinazione. Il marchio è FDC (Fiocco di Cashmere). Abbigliamento donna e solo maglieria uomo, in tutte le taglie. Prima scelta e fine serie.

→ **Come arrivare:** metro linea 1, fermata Duomo. Zona Brera.

€ **Sconti: dal 50% al 80%**

MILANO 51-Cc

ABBIGLIAMENTO

Fissore e Bosisio

Spaccio aziendale/Factory outlet

0283241799
FAX 0185730080
fissore@fissore.it
www.fissore.it
mart-sab (11.00-19.00); **chiuso** dom, lun; ferie ago

Via Alessandria 5 - cap 20144

Outlet che vende la maglieria in cashmere e seta, per uomo e donna, del marchio Cristiano Fissore. Solo prima scelta, prezzi interessanti, ma non ci sono saldi.

→ **Come arrivare:** metro linea 2, fermata Porta Genova.

€ **Sconti: 50%**

MILANO 51-Cc

ABBIGLIAMENTO

Franco Jacassi - Vintage Delirium

Vintage/Usato selezionato

0286462076
FAX 02877380
www.vintagedelirium.com
lun-ven (10.00-13.00, 14.00-19.00 su appuntamento); **chiuso** sab, dom; ferie ago

Via Sacchi 3 - cap 20121

Moda e accessori vintage da donna. Abbigliamento d'epoca (da fine '800 agli anni '80) d'alta moda e alta sartoria usato e non, in ottimo stato. Anche borse, scarpe, cinture e tessuti d'epoca (da fine '800 agli anni '70). Tutti pezzi unici. Prezzi adeguati.

→ **Come arrivare:** metro linea 1, fermata Cairoli. Zona Castello.

MILANO 51-Cc

ABBIGLIAMENTO

Gastone Stockhouse

Stocchista/Stockhouse

02716469
FAX 0276110276
gastonestockhouse@tiscali.it
www.gastonestock.com
lun (15.00-19.00), mart-ven (9.30-12.30, 15.00-19.00), sab (9.30-19.00) **chiuso** dom

Via Privata Vanzetti 20 - cap 20133

Stockhouse di abbigliamento uomo e donna. Molte taglie, anche conformate (fino alla 52 per donna e fino alla 62 per uomo). Qui si trovano le rimanenze delle collezioni passate dei grandi marchi della moda.

→ **Come arrivare:** bus 61. Zona Città Studi.

€ **Sconti: dal 50% al 60%**

MILANO 51-Cc

ABBIGLIAMENTO

Gina Lebole

Spaccio aziendale/Factory outlet

0248910773/ 800280808
www.ginalebole.com
lun (15.00-19.00), mart-ven (10.00-13.00, 15.00-19.00), sab (10.00-13.00); **chiuso** dom

Via Castrovillari 25 - cap 20152

Outlet che vende abbigliamento classico per uomo e donna, realizzati con tessuti di pregio e di qualità. Abiti e pantaloni uomo, tailleur, cappotti, pantaloni e gonne donna.

→ **Come arrivare:** bus 58. Zona Baggio.

MILANO *51-Cc*

ABBIGLIAMENTO

Gruppo Italia Grandi Firme

Negozio discount/Stocchista/Stockhouse

0289513951
FAX 0289511939
www.gruppoitalia-grandifirme.com
lun (15.30-19.30), mart-ven (10.00-13.00, 15.30-19.30), sab (10.30-19.30); chiuso dom; ferie ago (variabile)
P

Via Montegani 7/a - cap 20141

■ 700 mq di esposizione di abbigliamento uomo e donna firmato a prezzi scontati. Prima scelta, collezioni attuali ma anche rimanenze, fine serie e campionari di buona qualità. Durante i saldi gli sconti aumentano.

→ **Come arrivare:** metro linea 2, fermata Famagosta; tram 3; bus 95. Zona Quartiere Torretta.

€ **Sconti: dal 10% al 50%**

MILANO *51-Cc*

ABBIGLIAMENTO

Guest Store Factory Outlet

Stocchista/Stockhouse

0248913643
FAX 0248913643
mart-ven (9.30-12.30, 15.30-19.00), sab (9.30-19.00); chiuso dom, lun; ferie ago

Via Gianella 26 (ang. Via Mosca) - cap 20152

■ Stockhouse che propone campionari di buoni marchi sportswear di qualità, dai jeans alle camicie ai piumini. Per uomo e donna (soprattutto taglie medie). Anche campionari di calzature. Ulteriori sconti durante il periodo dei saldi.

→ **Come arrivare:** bus 58. Zona Baggio.

€ **Sconti: dal 40% al 50%**

MILANO *51-Cc*

ABBIGLIAMENTO

Hangar

Stocchista/Stockhouse

0233496299
FAX 0233494455
hangar-milano@libero.it
mart-sab (10.00-19.00); chiuso dom, lun; ferie ago (variabile)

Via Gadames 107 - cap 20151

■ Stockhouse che vende rimanenze, campionari e fine serie di abbigliamento, moda e sportswear, per uomo e donna. Angolo delle occasioni. Ulteriori sconti durante il periodo dei saldi.

→ **Come arrivare:** tram 14. Zona Cimitero Maggiore.

€ **Sconti: dal 40% al 60%**

MILANO *51-Cc*

ABBIGLIAMENTO

Josephine's

Vintage/Usato selezionato

025466660
FAX 0254103609
lun (15.30-19.30), mart-sab (10.00-12.30, 14.30-19.30); **chiuso** dom; ferie ago

Via Bergamo 11 - cap 20141

Usato selezionato e vintage anche di grandi marchi della moda. Abbigliamento e accessori. Promozioni da 5 a 20 euro. Anche oggetti di piccolo antiquariato. Ulteriori sconti durante il periodo dei saldi.

→ **Come arrivare:** tram 29, 16; bus 84. Zona Porta Romana.
€ **Sconti: dal 30% al 40%**

MILANO *51-Cc*

ABBIGLIAMENTO

Larusmiani

Spaccio aziendale/Factory outlet

0233002600
FAX 0233007027
info@larusmiani.it
www.larusmiani.it
lun (15.00-19.00), mart-ven (12.00-14.00, 15.00-19.00), sab (10.00-14.00, 15.00-19.00); **chiuso** dom; ferie ago (variabile)

Via Ollearo 8 - cap 20155

Outlet di abbigliamento, maglieria e accessori classici per uomo. Altissima qualità e prestigio con il marchio Willy Miani. Rimanenze, fine serie, campionari, spesso realizzati in fibre pregiate. Anche taglie conformate. Ulteriori sconti durante i saldi.

→ **Come arrivare:** tram 12. Zona Ghisolfa.
€ **Sconti: dal 35% al 70%**

MILANO *51-Cc*

ABBIGLIAMENTO

Marni

Spaccio aziendale/Factory outlet

0271040332
lun-sab (11.30-16.00); **chiuso** dom

Via Tajani 1 - cap 20133

Outlet di Marni, uno dei marchi più raffinati e originali del prêt-à-porter italiano, dove trovare rimanenze, fine serie, campionari delle collezioni passate. Ampia scelta di modelli, colori e taglie.

→ **Come arrivare:** tram 5. Zona Città Studi.
€ **Sconti: dal 30% al 50%**

MILANO 51-Cc

ABBIGLIAMENTO

Mercato Largo Quinto Alpini

Mercato rionale

ven (8.00-14.00)

Largo Quinto Alpini 2 - cap 20145

Un mercato rionale dove comprare abbigliamento, accessori e pelletteria a ottimi prezzi su varie bancarelle. Buona la scelta di cashmere e di scarpe. Un indirizzo da frequentare spesso e la mattina presto, quando si fanno i migliori affari.

→ **Come arrivare:** tram 29, 30, 1; bus 61. Zona Pagano.

Sconti: 50%

MILANO 51-Cc

ABBIGLIAMENTO

Mercato Via Pietro Calvi

Mercato rionale

gio (8.00-13.30)

Via Pietro Calvi - cap 20129

Un mercato rionale dove comprare abbigliamento, accessori e pelletteria a ottimi prezzi su varie bancarelle. Buona la scelta di cashmere e di scarpe. Un indirizzo da frequentare spesso e presto la mattina, quando si fanno i migliori affari.

→ **Come arrivare:** bus 54, 61; tram 29 e 30. Zona Monforte.

Sconti: 50%

MILANO 51-Cc

ABBIGLIAMENTO

Mercato Via San Marco

Mercato rionale

gio (8.00-13.30)

Via San Marco - cap 20121

Un mercato rionale dove comprare abbigliamento, accessori e pelletteria a ottimi prezzi su varie bancarelle. Buona la scelta di cashmere e di scarpe. Un indirizzo da frequentare spesso e presto la mattina, quando si fanno i migliori affari.

→ **Come arrivare:** bus 61, 94. Zona Brera.

Sconti: 50%

MILANO 51-Cc

ABBIGLIAMENTO

Mercato Viale Papiniano

Mercato rionale

sab (8.00-13.30)

Viale Papiniano - cap 20144

Un mercato rionale dove comprare abbigliamento, accessori e pelletteria a ottimi prezzi su varie bancarelle. Buona la scelta di cashmere e di scarpe. Un indirizzo da frequentare spesso e presto la mattina, quando si fanno i migliori affari.

→ **Come arrivare:** metro linea 2, fermata Sant'Agostino. Zona San Vittore.

Sconti: 50%

MILANO 51-Cc

ABBIGLIAMENTO

Milano Stitch

Spaccio aziendale/Factory outlet

0229008265
retail@milanostich.com
www.milanostitch.com
mart-sab (10.00-13.00, 14.00-19.00);
chiuso dom, lun;
ferie ago (variabile)

Via Varese 4 - cap 20121

Negozio outlet che vende maglieria in cashmere e altre fibre pregiate. Prodotti di altissima qualità. Prima scelta e rimanenze con il marchio Milano Stitch. Tutte le taglie. Ulteriori sconti durante il periodo dei saldi.

→ **Come arrivare:** metro linea 2, fermata Moscova. Zona Garibaldi.

Sconti: dal 20% al 30%

MILANO 51-Cc

ABBIGLIAMENTO

Mistercat

Stocchista/Stockhouse

0276015902
FAX 0276006229
mistercat@mistercat.fastwebnet.it
mar-apr, ott-nov;
chiuso gen-feb, mag-set, dic

Piazza Duse - cap 20122

Stockhouse che vende prêt-à-porter e prime linee di marchi importanti della moda italiana. Per uomo e donna. Aperto solo quattro mesi all'anno (marzo, aprile, ottobre e novembre). Solo prima scelta.

→ **Come arrivare:** metro linea 1, fermata Palestro; tram: 29, 30, 23; bus: 54, 61. Zona Palestro.

Sconti: dal 50% al 60%

MILANO 51-Cc

ABBIGLIAMENTO

Mulino Docks Dora

Stocchista/Stockhouse

0255213641
FAX 0256812946
mart-sab (10.30-19.30), dom, lun (14.30-19.30); ferie ago (variabile)
P

Via Toffetti 9 - cap 20139

Stockhouse di prodotti di prima scelta o fallati del marchio Docks Dora e di altri marchi come Levi's, G Star, Rare, Meltin' Pot, Nolita. Scarpe Puma e Adidas. Taglie donna 38-46, uomo 44-52.

→ **Come arrivare:** metro linea 3, fermata Rogoredo.
€ **Sconti: dal 30% al 50%**

MILANO 51-Cc

ABBIGLIAMENTO

Il Nuovo Guardaroba

Vintage/Usato selezionato

0248001678
lun (15.00-18.00), mart-ven (10.00-13.30, 15.00-18.00), sab (10.00-18.00); **chiuso** dom; ferie lug, ago (variabile)

Via Asti 5 - cap 20149

Negozio vintage: abbigliamento soprattutto donna di seconda mano, di abiti firmati e non solo. I prezzi degli articoli in vendita vanno da 6 a 150 euro. Durante i saldi si applica il 30% di sconto.

→ **Come arrivare:** metro linea 1, fermata Wagner.

MILANO 51-Cc

ABBIGLIAMENTO

L'Officina delle Fate

Stocchista/Stockhouse

0229060969
FAX 0262910252
mart-ven (12.00-19.00), sab, dom (su appuntamento); **chiuso** lun; ferie ago (variabile)

Piazza Sant'Erasmo 5 - cap 20121

Stockhouse di abiti e accessori da sposa. Campionari e fine serie in taglia 42 e 44. Anche abiti vintage.

→ **Come arrivare:** metro linea 3, fermata Montenapoleone.
€ **Sconti: dal 70% al 75%**

MILANO 51-Cc

ABBIGLIAMENTO

Outlet 10 Corso Como

Stocchista/Stockhouse

0229015130

mer-ven (13.00-19.00), sab, dom (11.00-19.00); **chiuso** lun, mart; ferie ago (variabile)

Via Tazzoli 3 - cap 20154

Stockhouse del famoso negozio Corso Como 10, dove trovare tutte le rimanenze, fine serie delle collezioni di prêt-à-porter del momento: Gucci, Prada, Gaultier, Yohji Yamamoto. Le scarpe di Blahnik, tante borse. Taglie dalla 38 alla 46. Anche un reparto uomo.

Come arrivare: tram 3, 29, 30. Zona Garibaldi.

Sconti: dal 50% al 60%

MILANO 51-Cc

ABBIGLIAMENTO

Outlet Kookai

Stocchista/Stockhouse

0258016368

FAX 0258081218

lun-sab (10.30-19.00); **chiuso** dom; ferie ago

Via Quintiliano 33 - cap 20138

Stockhouse che vende le rimanenze, fine serie e campionari dei negozi KooKai in Italia. Inoltre anche capi di Cimarron, Altra Moda, Compagnia Italiana, Sinequanone. Angolo delle occasioni. Ottimi sconti che aumentano durante i saldi.

Come arrivare: tangenziale Est, uscita Mecenate. Zona Forlanini-Mecenate.

Sconti: 50%

MILANO 51-Cc

ABBIGLIAMENTO

Petite Therèse

Laboratorio artigianale

0289421572

lun-ven (10.00-13.00, 15.00-19.00), sab (su appuntamento); **chiuso** dom

Piazza Sant'Eustorgio 6 - cap 20122

Atelier che confeziona abiti e accessori da donna, specializzato in capi ricamati e dipinti a mano. Capi unici con il marchio Petite Therèse. Tutte le taglie, anche conformate.

Come arrivare: tram 3, 15, 29, 30. Zona Ticinese.

MILANO *51-Cc*

ABBIGLIAMENTO

Renna Sport Off

Stocchista/Stockhouse

0272094638
FAX 0272004732
www.rennasportdiaz.com
lun-sab (10.00-19.30), dom (14.30-19.30); ferie ago (variabile)

Via Paolo da Cannobio 8 - cap 20122

■ Stockhouse che vende capi di abbigliamento e accessori da donna e uomo anche dei grandi marchi della moda. Prodotti di prima e seconda scelta.

→ **Come arrivare:** metro linea 3, fermata Missori. Zona Duomo.

€ **Sconti: dal 30% al 60%**

MILANO *51-Cc*

ABBIGLIAMENTO

RJ Store

Negozio discount

0289159068
FAX 0289157675
www.rjstore.it
lun (14.00-19.30), mart-sab (10.00-19.30); chiuso dom

Via Zumbini 37 - cap 20143

■ Vendita diretta di abbigliamento e accessori uomo, donna e bambino, con molte griffe. Prima scelta, collezioni attuali, anche riparazioni sartoriali. Ulteriori sconti durante il periodo dei saldi.

→ **Come arrivare:** metro linea 2, fermata Famagosta.

MILANO *51-Cc*

ABBIGLIAMENTO

Il Salvagente

Stocchista/Stockhouse

0276110328
FAX 02710101
ilsalvagente@tin.it
www.salvagentemilano.it
lun (15.00-19.00), mart, gio-ven (10.00-12.30, 15.00-19.00), mer, sab (10.00-19.00); chiuso dom; ferie ago

Via Fratelli Bronzetti 16 - cap 20129

■ Stockhouse storica di abbigliamento per uomo e donna. Rimanenze, fine serie e campionari di diverse griffe, dal prêt-à-porter ai jeans. Anche taglie conformate. Buoni prezzi, ulteriori sconti durante i saldi. Contanti e bamcomat, Visa solo per gli stranieri.

→ **Come arrivare:** bus 60, 61, 54, 62; tram 12. Zona corso Indipendenza.

€ **Sconti: 50%**

MILANO 51-Cc

ABBIGLIAMENTO
Shabby Chic
Vintage/Usato selezionato

0276018149
info@shabby.it
www.shabby.it
lun-sab (10.30-19.30); chiuso dom; ferie ago (variabile)

Via Cellini 21 - cap 20129

Piccolo negozio con capi e accessori vintage di buona qualità e grandi marchi classici, come gli impermeabili Burberry's e le polo Lacoste. Vecchie camicie da notte in cotone, lino e seta tinte a mano in decine di colori. Tutte le taglie.

→ **Come arrivare:** tram 27, 12. Zona XXII Marzo.
€ **Sconti: dal 50% al 80%**

MILANO 51-Cc

ABBIGLIAMENTO
Trilli
Sartoria

0229537166
FAX 0229537166
lun-ven (10.30-18.30); chiuso sab, dom; ferie Natale, Pasqua, 15 lug-15 set

Via Giovanni Omboni 7 - cap 20129

Sartoria laboratorio per donna che confeziona maglie, cappotti, abiti da sera, ecc. Non proprio su misura ma le taglie sono adattate alle esigenze. Grande convenienza. Prima scelta, collezioni precedenti e campioni scontati.

→ **Come arrivare:** metro linea 1, fermata Porta Venezia.
€ **Sconti: 30%**

MILANO 51-Cc

ABBIGLIAMENTO
Vestistock
Stocchista/Stockhouse

0229514497
info@leminiere.it
www.vestitock.it
lun (15.00-19.00), mart-sab (10.00-19.00); chiuso dom; ferie ago (variabile)

Via Ramazzini 11 - cap 20129

Stockhouse che vende abbigliamento e accessori donna e uomo. Anche grandi marchi della moda italiana e buona scelta di taglie conformate. Ulteriori sconti durante il periodo dei saldi.

→ **Come arrivare:** metro linea 1, fermata Porta Venezia; tram 5.
€ **Sconti: 50%**

MILANO 51-Cc

ABBIGLIAMENTO

Vintage Via Malaga

Vintage/Usato selezionato

0236512277
FAX 0236512277
francesca.semeria@fastwebnet.it
su appuntamento

Via Malaga 6 - cap 20143

Vendita di abiti donna e uomo anni '60-'70-'80. Inoltre una linea di vintage rielaborato con il marchio XYZ e una serie di T-shirt riciclate.

→ **Come arrivare:** metro linea 2, fermata Romolo o Porta Genova. Zona Conchetta.

Sconti: 30%

MILANO 51-Cc

ABBIGLIAMENTO

Le Vintage

Stocchista/Stockhouse

0269311885
FAX 0260736021
lun (15.00-20.00), mart-ven (11.00-14.00, 15.00-20.00), sab (11.00-13.00, 14.00-18.00), dom (13.00-19.00); ferie ago

Via Garigliano 4 - cap 20159

Stockhouse di abbigliamento donna e calzature. Fine serie e rimanenze anche di grandi marchi della moda. Ulteriori sconti durante il periodo dei saldi.

→ **Come arrivare:** metro linea 3, fermata Zara; metro linea 2, fermata Garibaldi. Zona Isola.

Sconti: 50%

MILANO 51-Cc

ABBIGLIAMENTO

Vintagespirit Multistore

Vintage/Usato selezionato

028373814
vintagespirit@interfree.it
www.vintagespirit.interfree.it
lun (15.30-19.30), mart-sab (10.30-19.30); **chiuso** dom; ferie ago (variabile)

Piazza Generale Cantore 3 - cap 20123

Immenso multistore vintage, unico nel suo genere. Corner specializzati, soprattutto in abbigliamento donna e uomo: A.N.G.E.L.O, Elizabeth the First, DGP, sartoria italiana (Pirovano, Antonelli). Inoltre accessori, borse, bijoux. Molto conveniente.

→ **Come arrivare:** metro linea 2, fermata Sant'Agostino o Porta Genova; tram 2, 9, 14, 29, 30; bus 47, 74, 94. Zona Porta Genova.

MILANO 51-Cc

ACCESSORI
Alpo
Spaccio aziendale/Factory outlet

024814088
FAX 0248008252
info@alpoguanti.it
www.alpoguanti.it
lun-ven (9.00-13.00, 14.00-18.00), sab (variabile); **chiuso** dom; ferie ago

Via Matteo Bandello 4/1 - cap 20123

Outlet che vende i guanti del marchio Alpo, per uomo e donna. In pelle, lana, cashmere, tessuto. Solo articoli di prima scelta o campionari. Alta qualità. Un ottimo indirizzo per fare regali.

→ **Come arrivare:** metro linea 1, fermata Conciliazione. Zona Magenta.

€ **Sconti: 20%**

MILANO 51-Cc

ACCESSORI
Elios
Spaccio aziendale/Factory outlet

0258105899
FAX 0258105899
lun-ven (10.00-12.30, 15.30-18.30), sab (10.00-12.30); **chiuso** dom; ferie ago (variabile)

Viale Col di Lana 12 - cap 20136

Occhiali da sole e montature da vista a prezzi di fabbrica del marchio Elios. Diverse promozioni durante l'anno e ulteriori sconti durante il periodo dei saldi.

→ **Come arrivare:** tram 29, 30. Zona Porta Ticinese.

€ **Sconti: 50%**

MILANO 51-Cc

ACCESSORI
Jaipur Dream
Grossista/Importatore diretto

02462489
FAX 02462489
param@paramartgallery.com
lun-sab (15.00-19.00 su appuntamento); **chiuso** dom

Via Guido d'Arezzo 11 - cap 20145

Importatore diretto di pashmine, scialli e abiti dipinti a mano o ricamati in seta, lana, velluto e cashmere. Il marchio è Jaipur Dream. Sono prodotti artigianali e unici, venduti a prezzo di fabbrica.

→ **Come arrivare:** metro linea 1, fermata Conciliazione. Zona Pagano.

MILANO 51-Cc

ACCESSORI

Mister Optik

Negozio discount

02730010
www.misteroptik.it
inverno: lun (15.30-19.30), mart-sab (9.30-12.30, 15.30-19.30); estate: lun (16.00-20.00), mart-sab (9.30-12.30, 16.15-20.00); chiuso dom

Piazza Risorgimento 7 - cap 20129

Discount della nota catena Mister Optik che vende occhiali da sole e montature da vista dei migliori marchi. Esame optometrico e realizzazione lenti. Lenti a contatto e liquidi molto convenienti. Promozioni tutto l'anno.

Come arrivare: metro linea 1, fermata San Babila; bus 54, 61. Zona Monforte.

Sconti: dal 10% al 50%

MILANO 51-Cc

ACCESSORI

Valeria Vomeri

Laboratorio artigianale

0258102984
valeriavomeri@tiscali.it
lun-sab (10.30-13.00, 15.30-19.30); chiuso dom; ferie ago

Via de Amicis 53 - cap 20123

Laboratorio artigianale di bijoux: orecchini, collane, anelli, con coralli, turchesi, pietre dure, murrine, resina, in stile eclettico neo barocco. Vendita diretta dal produttore al consumatore.

Come arrivare: metro linea 2, fermata Sant'Ambrogio.

MILANO 51-Cc

ALIMENTARI

Isumar

Grossista/Importatore diretto

0227080792
FAX 0225785861
info@isumar.com
www.isumar.com
lun-ven (7.30-12.00, 14.00-18.00), sab (7.30-12.00); chiuso dom
P

Via Frigia 25 - cap 20126

Outlet che vende prodotti ittici a prezzi convenienti. Importatori di pesce fresco: crostacei vari, astici, granchi, gamberi, salmoni e delicatessen di mare. Anche prodotti surgelati e una piccola enoteca. Viene spesso proposto il 3x2.

Come arrivare: metro linea 1, fermata Sesto Marelli; bus 81.

Sconti: 10%

MILANO *51-Cc*

ALIMENTARI

Pasticceria Bindi

Spaccio aziendale/Factory outlet

info@bindidessert.it
www.bindidessert.it
Via G. da Procida
0234931723
Via Borsieri
0266823100
Via Salasco
0258322040
P.zza Tito Imperatore
025455277
lun (15.00-20.00), mart-sab (10.00-13.00, 15.00-20.00), dom (10.00-13.00); ferie ago
Viale Monza
022619121
lun-sab (10.00-13.00, 15.00-19.30), dom (10.00-13.00)
Via Rembrandt
0248713801
10.00-13.00, 15.00-20.00

(1) Via Giovanni da Procida 29 - cap 20149
(2) Via Borsieri 22 - cap 20159
(3) Viale Monza 59 - cap 20127
(4) Via Salasco 40 - cap 20136
(5) Via Rembrandt 2 - cap 20148
(6) Piazza Tito Imperatore 8 - cap 20137

■ Outlet della Bindi dove trovare, a prezzi scontatissimi, le specialità di pasticceria della casa: torte gelate e semifredde, biscotti, cioccolata, grappe, vini, caramelle. Pasticceria fresca e congelata. Prezzi convenienti.

➜ **Come arrivare:**
(1) tram 29, 30, 1, 19. Zona Portello-Fiera.
(2) metro linea 3, fermata Zara, vicino a piazzale Lagosta. Zona Isola.
(3) metro linea 1, fermata Pasteur, direzione Sesto San Giovanni 200 m. Zona Pasteur.
(4) metro linea 3, fermata Porta Romana, lungo viale Sabotino per 500 m. Zona Porta Romana.
(5) metro linea 1, fermata Gambara, direzione via Velasquez 100 m. Zona Forze Armate.
(6) bus 90, 91, all'incrocio tra viale Umbria con via Filippino degli Organi. Zona Porta Vittoria.

MILANO *51-Cc*

ALIMENTARI

Spaccio Le Tre Marie

Spaccio aziendale/Factory outlet

0221591173
FAX 0221591173
www.tremarie.it
1 ott-30 apr: lun-ven (9.15-14.00, 15.30-19.00), sab (9.30-13.30, 15.00-18.30); 1 mag-30 set: lun (15.30-19.00), mart-ven (10.00-13.30, 15.30-19.30), sab (9.30-13.30); chiuso dom

Via San Faustino 46 - cap 20134

■ Outlet della nota industria dolciaria. In questo punto vendita, all'interno dello stabilimento, si trovano, a prezzi veramente convenienti: brioche, biscotti, torte gelate, colombe, panettoni e cioccolata. Anche vini e distillati.

➜ **Come arrivare:** bus 54. Zona Ortica.
€ **Sconti: 50%**

MILANO 51-Cc

ALIMENTARI

Spaccio Zàini

Spaccio aziendale/Factory outlet

026949141
FAX 026071827
umbertobordoni@zainispa.it
www.zainispa.it
lun-ven (16.30-18.00); Natale e Pasqua: lun-ven (9.00-18.00), sab (9.00-12.30); **chiuso** dom; ferie 20 lug-31 ago

Via Carlo Imbonati 59 - cap 20159

Outlet della casa Zaini, produttrice di cioccolato e caramelle. Particolarmente convenienti le confezioni regalo e le uova di Pasqua dopo le feste. I prodotti sono di prima e seconda scelta e sono scontati anche del 50%.

→ **Come arrivare:** metro linea 3, fermata Maciacchini, bus 52, 70, 41.

€ **Sconti: dal 30% al 40%**

MILANO 51-Cc

BAMBINO

Babystock

Stocchista/Stockhouse

0255190499
lun (15.00-19.00), mart-sab (9.30-12.30, 15.00-19.00); **chiuso** dom

Via Maestri Campionesi 17 - cap 20135

Stockhouse che vende abbigliamento per bambini di vari marchi.

→ **Come arrivare:** tram 16, 29, 30. Zona Porta Vittoria.

MILANO 51-Cc

BAMBINO

La Bottega Delle Fiabe e Trilly

Spaccio aziendale/Factory outlet

0289010599
lun (15.00-19.00), mart-sab (10.30-14.00, 15.00-19.00); **chiuso** dom

Corso Garibaldi 55 - cap 20121

Outlet che vende abbigliamento bambino e da cerimonia. Il marchio in vendita è Clayeux, che veste bambini da 0 a 10 anni. Rimanenze e fine serie delle collezioni passate. Solo prima scelta.

→ **Come arrivare:** metro linea 2, fermata Moscova. Zona Garibaldi.

€ **Sconti: dal 30% al 60%**

MILANO *51-Cc*

BAMBINO

Calligaro

Negozio discount

022870325

FAX 022870325

lun (15.00-19.30), mart-sab (9.00-12.30, 15.00-19.30); chiuso dom

Via Casoretto 33 - cap 20131

Giochi e giocattoli prima infanzia dei marchi: Mattel, Cam, Giordani, Auguri Mondadori, Mac2, Lego, Berchet. I prodotti sono di prima scelta, durante i saldi gli sconti aumentano.

Come arrivare: metro linea 2, fermata Udine. Zona Lambrate.

Sconti: dal 20% al 30%

MILANO *51-Cc*

BAMBINO

De Ponti

Negozio discount

02315718

FAX 02313567

lun-sab (9.30-12.30, 13.30-19.00); chiuso dom

Via Castelvetro 33 - cap 20154

Giochi e giocattoli per tutte le età, anche videocassette e DVD a prezzi concorrenziali. Decorazioni e costumi di carnevale. I marchi sono: Mattel, Giochi Preziosi, Gig, Lego, Chicco. Promozioni regolari. Solo prima scelta a prezzi interessanti.

Come arrivare: tram 14, 19, 1, 30. Zona Bullona.

Sconti: 30%

MILANO *51-Cc*

BAMBINO

Fortura

Grossista/Importatore diretto

02861670

FAX 0257300356

fortura@iol.it

www.fortura.it

lun (13.00-19.00), mart-sab (10.00-19.00); dic: dom (10.00-19.00); chiuso dom; ferie ago

Via Olmetto 10 - cap 20123

Grossista che vende giochi e giocattoli di marca per tutte le età. Tutte le marche italiane ed estere, giocattoli educativi e alternativi, grande assortimento giochi legno e peluche.

Come arrivare: metro linea 1 e 3, fermata Duomo.

MILANO *51-Cc*

BAMBINO

Il Guardarobino

Vintage/Usato selezionato

☎ 0248015802
mart-sab (10.00-13.00, 15.00-19.00);
chiuso dom, lun;
ferie 10 lug-1 set

Via Washington 5 - cap 20146

■ Vendita di abbigliamento di seconda mano per bambini da 0 a 10 anni: abiti eleganti e giacche a partire da 30 euro, scarpe e borse a partire da 15 euro, accessori, oggetti e anche giochi. Ulteriori sconti durante il periodo dei saldi.

→ **Come arrivare:** metro linea 1, fermata Wagner, bus 61. Zona piazza Piemonte.

MILANO *51-Cc*

BAMBINO

Gusella Discount

Spaccio aziendale/Factory outlet

☎ 02325456
lun (15.30-19.00), mart-ven (9.30-12.30, 15.30-19.30), sab (9.30-12.30, 15.00-19.00);
chiuso dom;
ferie ago (variabile)

Via Serra 69 (ang. viale Certosa) - cap 20140

■ Rimanenze di abbigliamento e calzature dei noti negozi milanesi Gusella di moda per bambini da 0 a 14 anni. Con sconti del 20-50% si acquistano scarpe e vestiti di qualità e abiti prémaman anche con il 70%.

→ **Come arrivare:** bus 90, 91. Zona Sempione.

€ **Sconti: dal 20% al 70%**

MILANO *51-Cc*

BAMBINO

Magnolia

Spaccio aziendale/Factory outlet

☎ 024980612
mart-sab (9.30-18.30);
chiuso dom, lun

Via Marghera 24 - cap 20149

■ Outlet che vende intimo di buona qualità per bambini da 0 a 14 anni. Rimanenze, fine serie, campionari, prima e seconda scelta. Ottimi prezzi.

→ **Come arrivare:** metro linea 1, fermata Wagner o De Angeli.

MILANO 51-Cc

BAMBINO

Il Salvagente Bimbi

Stocchista/Stockhouse

0226680764

lun (15.00-19.00),
mart, gio, ven (10.00-13.00, 15.00-19.00),
mer, sab (10.00-19.00);
chiuso dom;
ferie ago (variabile)

Via Balzaretti 28 - cap 20133

■ Stockhouse di abbigliamento, scarpe e accessori per bambini da 0 a 14 anni. Qui si trovano, rimanenze, fine serie e campionari di abbigliamento di buona qualità e contenuto moda (anche di marchi notissimi). Solo prima scelta.

→ **Come arrivare:** metro linea 2, fermata Piola, poi tram 11; bus 94. Zona Città Studi.

Sconti: dal 30% al 60%

MILANO 51-Cc

BAMBINO

Shop in Stock

Stocchista/Stockhouse

0226306312
FAX 0225902497
shopinstock@tin.it
www.shopinstock.it

lun (15.00-19.00),
mart-ven (9.30-13.00, 15.00-19.00),
sab (10.00-19.00);
chiuso dom;
ferie ago (variabile)

Via Padova 173 - cap 20127

■ Vasto assortimento di abbigliamento da bambini e ragazzi da 0 a 16 anni. Tutte le griffe. I prodotti sono rimanenze delle boutique. Con la Carta Fedeltà si ottengono ulteriori sconti e si accede a promozioni speciali.

→ **Come arrivare:** metro linea 2, fermata Cimiano. Zona Turro-Gorla.

Sconti: dal 60% al 80%

MILANO 51-Cc

BAZAR

Di Mano In Mano

Vintage/Usato selezionato

0233400800
FAX 0233400800
www.dimanoinmano.it

mart, gio (15.00-19.00),
sab (9.00-13.00, 15.00-19.00);
chiuso lun, mer, ven, dom

Viale Espinasse 99 - cap 20156

■ Mercato dell'usato con tantissimi prodotti diversi, dall'abbigliamento ai libri all'arredamento. Un luogo dove frugare. Fiere a tema durante l'anno. Ottimo il settore dei mobili restaurati. Prezzi molto convenienti.

→ **Come arrivare:** tram 19, 33. Zona Certosa.

MILANO 51-Cc

CALZATURE E PELLETTERIA

Centoborse

Vintage/Usato selezionato

0248005725

lun, mer, ven (10.30-18.30), sab (10.30-13.00); **chiuso** mart, gio, dom; ferie lug-ago

Via Paris Bordone 11 - cap 20149

Occhiali, scarpe, borse, portafogli, cinture di grandi marchi: Hermes, Gucci, Vuitton, Fratelli Rossetti, Pollini. Prodotti usati poco, quasi nuovi oppure di seconda scelta. Solo assegni e contanti.

→ **Come arrivare:** metro linea 1, fermata Amendola Fiera. Zona Monte Rosa.

Sconti: dal 30% al 50%

MILANO 51-Cc

CALZATURE E PELLETTERIA

Fabiano Calzature

Stocchista/Stockhouse

026887418

FAX 026887418

lun-ven (9.00-12.30, 15.00-19.30), sab (9.00-19.30); **chiuso** dom; ferie ago (variabile)

Piazza Fidia 3 - cap 20159

Stockhouse che vende scarpe per uomo e donna di prima scelta ma anche rimanenze e fine serie dei grandi marchi di moda. Offerte nell'angolo delle occasioni e ulteriori sconti durante il periodo dei saldi.

→ **Come arrivare:** metro linea 3, fermata Zara; bus 11, 7. Zona Isola.

Sconti: dal 20% al 50%

MILANO 51-Cc

CALZATURE E PELLETTERIA

Giò Cellini

Spaccio aziendale/Factory outlet

Via Borgogna

0267100688

P.zza Argentina

0267100688

lun (15.00-19.00), mart-sab (10.00-13.00, 15.00-19.00); **chiuso** dom

(1) Via Borgogna 3 - cap 20122

(2) Piazza Argentina 3 - cap 20124

La produzione del marchio Giò Cellini a prezzi scontatissimi. Ampia scelta di scarpe, soprattutto da donna, e anche qualche borsa e accessorio.

→ **Come arrivare:** (1) metro linea 1, fermata San Babila; (2) metro linea 1, fermata Lima o Loreto, zona corso Buenos Aires.

MILANO *51-Cc*

CALZATURE E PELLETTERIA

Kickers Store

Spaccio aziendale/Factory outlet

025063233
FAX 025063233
www.kickers.it
mart-sab (10.00-19.00); **chiuso** lun, dom; ferie ago
P

Via Mecenate 76 - cap 20138

Scarpe per bambini e adulti dei marchi Kickers, Sultanino, Zanotti. I prodotti sono di prima scelta delle stagioni passate (per il 90%), fine serie e campionari delle collezioni attuali (per il 10%). Promozioni durante l'anno.

→ **Come arrivare:** tangenziale Est, uscita Mecenate. Zona Forlanini-Mecenate.

€ **Sconti: 40%**

MILANO *51-Cc*

CALZATURE E PELLETTERIA

Nacrè Outlet

Spaccio aziendale/Factory outlet

0226113769
FAX 0226113769
lun (15.00-19.30), mart-sab (10.00-13.30, 15.00-19.30); **chiuso** dom

Viale Monza 131 - cap 20126

Outlet che vende scarpe donna moda giovane, a partire da 49 euro, fine serie anche da 19 euro. Il marchio è Nacrè, i prodotti sono di seconda scelta, durante i saldi gli sconti aumentano.

→ **Come arrivare:** metro linea 2, fermata Turro.

€ **Sconti: dal 20% al 50%**

MILANO *51-Cc*

CALZATURE E PELLETTERIA

Outlet Shoes

Stocchista/Stockhouse

Via Martinetti
02406903
FAX 02406903
Via Rembrandt
024039311
FAX 024039311
mart-sab (9.00-12.30, 15.00-19.30); **chiuso** dom, lun; ferie ago

(1) Via Martinetti 6 - cap 20147
(2) Via Rembrandt 49 - cap 20147

Scarpe uomo e donna. Anche eleganti e da sera. Rimanenze, fine serie, campionari, prima e seconda scelta di molti marchi, anche noti. Prezzi interessanti.

→ **Come arrivare:** (1) metro linea 1, fermata Gambara; bus 80. (2) metro linea 1, fermata De Angeli; bus 63. Zona Forze Armate.

€ **Sconti: 70%**

MILANO 51-Cc

CALZATURE E PELLETTERIA

Puma Factory Outlet

Spaccio aziendale/Factory outlet

0259902227
FAX 0254139512
lun-sab (10.00-13.00, 14.00-19.00); **chiuso** dom

Viale Montenero 22 - cap 20135

Outlet della Puma che vende le note scarpe sportive in tutte le misure, per uomo, donna e bambino. Anche capi di abbigliamento (giacche, giubbotti, felpe e T-shirt) e accessori (zaini e borse). Prima scelta e rimanenze.

→ **Come arrivare:** metro linea 3, fermata Porta Romana.

Sconti: 30%

MILANO 51-Cc

CALZATURE E PELLETTERIA

Redwall Group Factory Outlet

Spaccio aziendale/Factory outlet

0297379870
mart-sab (10.00-19.00); **chiuso** dom, lun; ferie ago

Via Nino Bixio 7 - cap 20129

Outlet che vende rimanenze, fine serie, campionari di accessori e pelletteria con i marchi Borbonese, Redwall, Alessandro Dell'Acqua. Borse, valigie, trolley, piccola pelletteria, cinture e anche costumi, teli mare, abbigliamento donna della Redwall.

→ **Come arrivare:** metro linea 1, fermata Porta Venezia.

Sconti: dal 50% al 70%

MILANO 51-Cc

CALZATURE E PELLETTERIA

Le Sac Outlet

Spaccio aziendale/Factory outlet

023760399
FAX 023760026
info@le-sac.it
www.le-sac.it
lun (15.30-19.30), mart-ven (9.30-14.00, 15.30-19.30), sab (9.30-13.00, 14.30-19.30); **chiuso** dom (tranne a dic)

(1) Via Carnevali 13 - cap 20158
(2) Via Brofferio 1 - cap 20158

Valigeria e pelletteria delle migliori marche: Brics, Kipling, Roncato, Ghepard, Diesel, Eastpak, Le Sac a prezzi di fabbrica. Grande assortimento, assistenza postvendita e riparazioni. Tutto per viaggi, scuola e regali.

→ **Come arrivare:** (1) metro linea 3, fermata Maciacchini, poi bus 82; zona Dergano. (2) tram 3; zona Bovisa.

Sconti: (1) dal 20% al 70%, (2) dal 10% al 50%

MILANO *51-Cc*

CALZATURE E PELLETTERIA

Valextra Factory Store

Spaccio aziendale/Factory outlet

0276003459
FAX 0276004158
cerva@valextra.it
www.valextra.com
mart-sab (10.00-19.00); **chiuso** dom, lun; ferie ago

Via Cerva 11 - cap 20122

Piccolissimo outlet nel centro di Milano che vende rimanenze, fine serie, prima e seconda scelta di Valextra, uno dei marchi più importanti della pelletteria italiana di lusso. Borse, 24 e 48 ore, porta computer, bagagli a mano, borsoni, valigie ma anche cravatte, cinture e calzature. Un prodotto di qualità superiore, praticamente indistruttibile e interamente lavorato a mano.
Tanti splendidi colori.
Prezzi adeguati, si tratta dell'outlet di un prodotto di lusso. Su alcuni prodotti, ulteriori sconti nel periodo dei saldi.

→ **Come arrivare:** metro linea 3, fermata San Babila.
€ **Sconti: dal 40% al 70%**

MILANO *51-Cc*

CASA

Argenteria Galbiati

Spaccio aziendale/Factory outlet

028358041
FAX 028321114
email@argenteriagalbiati.com
www.argenteriagalbiati.com
lun-sab (10.00-18.00); dic anche dom; **chiuso** dom; ferie 25 dic-6 gen, ago (variabile)
P

Viale Tibaldi 28/30 - cap 20136

Posate e servizi da tavola, vasi, orologi, portachiavi, oggetti per la scrivania e da battesimo, bomboniere con il marchio Argenteria Galbiati. I prodotti sono di prima scelta o fine serie. Solo argento o metallo argentato. Promozioni durante l'anno.

→ **Come arrivare:** bus 90, 91. Zona Vigentina.
€ **Sconti: 20%**

MILANO 51-Cc

CASA

Bellomo

Spaccio aziendale/Factory outlet

0266981419
FAX 0266987768
info@bellomo.it
www.bellomo.it
lun-ven (9.00-13.00, 14.00-18.00), sab (9.00-13.00); **chiuso** dom; ferie ago (variabile)
P

Viale Andrea Doria 7 - cap 20124

Outlet specializzato in tovaglie del marchio Bellomo. Oltre a modelli già pronti in cotone, fiandra, damasco e pizzo, si possono ordinare articoli su misura e personalizzati con cifre, stemmi e motivi. Prima scelta. Anche biancheria per alberghi.

→ **Come arrivare:** metro linea 2, fermata Caiazzo; bus 90, 91. Zona Stazione Centrale.

Sconti: 20%

MILANO 51-Cc

CASA

Blitz

Rigattiere

023760990
mart-sab (10.00-18.00); **chiuso** lun, dom

Via Cosenza 44 - cap 20157

Grande spazio di esposizione. 2 600 mq di mobili nuovi e usati, anche pezzi di design a prezzi ottimi. Possibilità di conto vendita. Un luogo dove frugare senza sosta.

→ **Come arrivare:** tram 16. Zona piazzale Cuoco.

MILANO 51-Cc

CASA

Cargo

Negozio discount

0227221301
FAX 0227221350
www.cargomilano.it
mart-dom (10.30-19.30); **chiuso** lun; ferie ago (variabile)

Via Meucci 39 - cap 20128

Arredamento e oggettistica importata direttamente dalla Cina e dall'Indonesia, ma non solo. Stesso gruppo dell'emporio High Tech di piazza XXV Aprile, ma qui i prodotti costano meno.

→ **Come arrivare:** metro linea 2, fermata Cimiano e bus 53. Zona Crescenzago.

Sconti: dal 10% al 20%

MILANO 51-Cc

CASA

Emporio 31 Design Outlet

Spaccio aziendale/Factory outlet

024222577
FAX 024231744
info@emporio31.com
www.emporio31.com
mart-ven (10.00-13.00, 14.00-19.30), sab-dom (10.00-19.00); **chiuso** lun
P

Via Tortona 31 (int.10) - cap 20144

Multispaccio di 1600 mq dedicato al design. Arredamento, accessori e oggetti per la casa. Tutti gli stili, dal classico all'etnico, per divani, letti, librerie, armadi, lampade, sedie, articoli da cucina in svariati materiali e colori. Più di 120 marchi.

→ **Come arrivare:** metro linea 2, fermata Porta Genova. Zona Solari.

€ **Sconti: dal 30% al 60%**

MILANO 51-Cc

CASA

Felice Rossi

Spaccio aziendale/Factory outlet

0289012920
FAX 0272098678
info@felicerossi.it
www.felicerossi.it
mart-sab (10.00-13.00, 14.00-19.00); **chiuso** lun, dom; ferie ago

Piazza Mentana 3 - cap 20123

Outlet che vende divani, poltrone, librerie e complementi d'arredo a prezzi di fabbrica.

→ **Come arrivare:** tram 2, 3, 14; bus 94. Zona Carrobbio.

MILANO 51-Cc

CASA

Foppapedretti

Spaccio aziendale/Factory outlet

023574497
lun-sab (10.00-13.00, 14.00-19.00) **chiuso** dom

Via Mambretti 9 - cap 20157

Piccolo spazio dove trovare rimanenze e fine serie di mobili e complementi di arredo in legno della nota azienda Foppapedretti.

→ **Come arrivare:** tram 19. Zona Quarto Oggiaro.

MILANO 51-Cc

CASA

Furlani

Negozio discount

0229006175
FAX 0229006763
info@furlani.it
www.furlani.it
lun (15.00-19.00), mart-sab (9.30-13.00, 15.00-19.00); **chiuso** dom; ferie ago

Via Volta 10 - cap 20121

Negozio che vende tavoli, sedie e poltrone, anche di grandi designer. Prodotti esclusivamente di prima scelta, i marchi in vendita sono: Calligaris, Bonaldo, Magis.

→ **Come arrivare:** metro linea 2, fermata Moscova; bus 43. Zona Porta Volta.

€ **Sconti: dal 10% al 15%**

MILANO 51-Cc

CASA

Golran

Spaccio aziendale/Factory outlet

0289405725/ 0258112930
FAX 0258104114
info@golran.com
www.golran.com
lun-ven (9.30-18.30); **chiuso** sab, dom; ferie ago

P

Viale Gabriele d'Annunzio 29 - cap 20123

In oltre 2 000 mq di magazzino, un'ampia offerta di tappeti orientali, antichi e moderni e di arazzi. Rimanenze, fine serie, solo prima scelta, tutto con il marchio Golran. Prezzi convenienti.

→ **Come arrivare:** tram 29, 30, 14. Zona Porta Genova-Porta Ticinese

€ **Sconti: 30%**

MILANO 51-Cc

CASA

Haas

Spaccio aziendale/Factory outlet

023760505
FAX 0239312214
haas1811@haas.it
www.haas.it
mart-sab (10.00-19.00); **chiuso** dom, lun; ferie ago (variabile)

Via Scalvini 14 - cap 20158

Outlet che vende i bellissimi tessuti di arredamento Haas a prezzi vantaggiosissimi. Rimanenze, fine serie, anche seconda scelta e regolari offerte periodiche scontate su stampati e damascati. Piccola scelta di mobili, divani, poltrone.

→ **Come arrivare:** metro linea 3, fermata Zara; bus 92. Zona Ghisolfa.

€ **Sconti: dal 50% al 70%**

MILANO *51-Cc*

CASA
I Mercanti
Negozio discount

026696638
FAX 026696638
lun (14.30-19.00), mart-sab (9.30-12.30, 14.30-19.00); **chiuso** dom; ferie ago

Via Mauro Macchi 32 (interno) - cap 20124

■ Negozio discount che vende pentole, piatti, bicchieri, posate, utensili per la cucina anche di marca: Sambonet, Lagostina, Alessi. Molto convenienti le batterie di pentole (89-200 euro), piatti a partire da 1 euro. Prima e seconda scelta. Liste nozze.

➜ **Come arrivare:** metro linea 2 e 3, fermata Centrale; bus 60; tram 5, 33. Zona Stazione Centrale.

€ **Sconti: 30%**

MILANO *51-Cc*

CASA
Mercato dell'Usato
Rigattiere

0248707219
lun-sab (9.00-12.30, 14.30-19.30), dom (14.30-18.30)

Via Capecelatro 9 (interno) - cap 20148

■ Mobili, soprammobili, oggetti per la casa usati e selezionati, anche moderni, provenienti da aste, fallimenti e fine serie di mobilifici. Un buon indirizzo dove andare a frugare.

➜ **Come arrivare:** metro linea 1, fermata De Angeli; bus 63. Zona Forze Armate.

MILANO *51-Cc*

CASA
Mil Arg
Negozio discount

0226827363
FAX 0226827363
lun-ven (9.00-12.30, 15.00-18.30), sab (10.00-12.30, 15.30-18.00); **chiuso** dom; ferie ago (variabile)

Via Nicola d'Apulia 16 - cap 20125

■ Negozio discount di argenteria. Cornici, cristallo, monili, posate, oggetti, tutto molto conveniente. Anche articoli da regalo. Durante l'anno promozioni con ulteriori sconti. Solo prima scelta.

➜ **Come arrivare:** metro linea 1, fermata Pasteur; tram 1. Zona Greco.

€ **Sconti: 50%**

MILANO 51-Cc

CASA

Spaccio Bassetti

Spaccio aziendale/Factory outlet

Via C. Botta
0255183139
FAX 0255183139
Via Procaccini
023450125/800820129
FAX 0233103280
www.bassetti.it
lun (14.30-18.30), mart-sab (9.30-18.30); **chiuso** dom; ferie ago (variabile)

(1) Via Carlo Botta 7/a - cap 20135
(2) Via Procaccini 32 - cap 20154

Uno dei 14 spacci in Italia della nota azienda dove trovare biancheria per la casa: lenzuola, tovaglie, trapunte, piumoni, coperte, copridivani, coordinati da bagno e cucina. Ottimi prezzi e grandi affari con le fine serie.

→ **Come arrivare:** (1) metro linea 3, fermata Porta Romana. (2) tram 29, 30, 33; zona Sempione.

Sconti: dal 40% al 60%

MILANO 51-Cc

CASA

Lo Spaccio Casa

Stocchista/Stockhouse

0248712162
lun-ven (9.30-13.30, 15.00-19.00), sab (9.30-12.30); **chiuso** dom

Via Newton 14 - cap 20148

Stockhouse di articoli per la tavola di grandi marchi, come Limoges, Boemia, J Sadler. Prodotti di qualità.

→ **Come arrivare:** metro linea 1, fermata Lotto; bus 95. Zona San Siro.

MILANO 51-Cc

CASA

Spaccio Evoluzione

Spaccio aziendale/Factory outlet

0255212425
FAX 0257409280
evoluzione@homegate.it
www.evoluzionesrl.com
lun-ven (9.30-12.30, 14.00-18.00), sab (su appuntamento); **chiuso** dom; ferie ago
P

Via Lacaita 2 - cap 20139

Outlet specializzato in accessori per la cabina armadio e per l'arredo del bagno: mensole, scatole, cassettiere, contenitori del marchio Evoluzione. Prima scelta e fine serie. Durante i saldi ulteriore sconto 3x2.

→ **Come arrivare:** metro linea 3, fermata Rogoredo; bus 96, 84. Zona Rogoredo.

Sconti: dal 50% al 70%

MILANO *51-Cc*

CASA

Spaccio T&J Vestor

Spaccio aziendale/Factory outlet

0233107484
FAX 023319489
vestorelvezia22@tiscali.it
lun (14.30-19.00), mart-sab (9.30-13.00, 14.30-19.00);
chiuso dom;
ferie ago

Viale Elvezia 22 - cap 20154

■ Outlet della T&J Vestor che vende biancheria per la casa di buona qualità: spugne, tappetini, lenzuola, coperte, accappatoi ma anche pigiami, vestaglie e intimo. Prima e seconda scelta e fine serie. Ottime occasioni.

➜ **Come arrivare:** metro linea 2, fermata Moscova; tram 1, 3, 4, 12, 14; bus 57. Zona Sempione.

€ **Sconti: 30%**

MILANO *51-Cc*

CASA

Spaccio Tableware Maino

Grossista/Importatore diretto

0266803897
FAX 026070170
mainocarlo@iol.it
lun-sab (10.00-19.00);
chiuso dom;
ferie ago (variabile)

Via Piazzi 1 (ang. via Valtellina) - cap 20159

■ Importatore diretto che vende porcellane Deshoulieres, posate Barenthal, cristalli Haute Bretagne e vetri Atelier Duvine. Durante il periodo dei saldi gli sconti aumentano. Solo prodotti di prima scelta.

➜ **Come arrivare:** metro linea 3, fermata Maciacchini.

€ **Sconti: dal 20% al 70%**

MILANO *51-Cc*

CASA

Spaccio Zucchi

Spaccio aziendale/Factory outlet

Viale Sarca
026439273
FAX 026439273
Via Lorenzetti
0248705057
FAX 0240012470
Viale Sarca mart-sab (9.30-18.30); Via Lorenzetti mart-sab (9.30-13.00, 15.00-19.00);
chiuso lun, dom

(1) Viale Sarca 86 - cap 20125
(2) Via Lorenzetti 4 - cap 20146

■ Spugne, lenzuola, copridivani, trapunte, accappatoi, piumoni, coperte, Grandfoulard e copripiumoni Zucchi a prezzi dimezzati. Si tratta di campionari, rimanenze, fine serie e seconda scelta.

➜ **Come arrivare:** (1) tram 7. Zona Bicocca. (2) metro linea 1, fermata Gambara.

€ **Sconti: 40%**

MILANO 51-Cc

CASA

Vetrina Bella

Negozio discount

028052503
FAX 028052467
mart-sab (9.00-13.00, 15.00-19.00);
chiuso dom, lun;
ferie ago (variabile)

Via San Sisto 5 - cap 20123

Vendita di arredamento per vetrine, negozi, uffici e interni cabine armadio, armadietti, librerie. Promozioni durante tutto l'anno. 30 euro per un ripiano. Trasporto, montaggio, progetti speciali su preventivo.

Come arrivare: tram 2, 3, 14. Zona Carrobbio.

Sconti: dal 10% al 20%

MILANO 51-Cc

COSMETICI E PROFUMI

Limoni Outlet

Stocchista/Stockhouse

0243319411/
0243319348
limoni@limoni.it
www.limoni.it
lun-sab (9.30-19.30)
chiuso dom

Viale Cassiodoro 12 - cap 20145

Un nuovo negozio dove trovare tutti gli stock, rimanenze, fine serie dei notissimi marchi di profumeria, cosmesi e igiene in vendita nella catena delle profumerie Limoni. Ottime occasioni.

Come arrivare: tram 1, 19; bus 61. Zona Fiera.

Sconti: dal 20% al 50%

MILANO 51-Cc

GIOIELLI E OROLOGI

Atelier VM

Laboratorio artigianale

0289409970
FAX 0289418419
martaefrida@yahoo.it
mart-sab (10.30-13.30, 15.30-19.00);
chiuso lun, dom;
ferie ago (variabile)

Via Santa Croce 21 - cap 20122

Laboratorio che realizza e vende direttamente gioielli in oro, argento e non solo. Gioielli e bijoux con fasce di prezzo dai 14 ai 1 000 euro, a volte abbinati a borse o pantaloni. Anche bigiotteria in carta plastificata. Non ci sono saldi.

Come arrivare: tram 3; bus 94. Zona Porta Ticinese.

MILANO *51-Cc*

GIOIELLI E OROLOGI

Casa della Perla

Grossista/Importatore diretto

0229510467
FAX 0229510458
info@casadellaperla.com
www.casadellaperla.com
lun (15.30-19.30), mart-sab (10.00-13.00, 15.30-19.30); festivi (su appuntamento); **chiuso** dom; ferie ago

Viale Piave 38/a - cap 20129

Importatore di perle Akoya (Giappone), di acqua dolce (Cina), nere (Tahiti) e dall'Australia. Anche coralli e pietre. Servizi di infilatura e modifica collane, lucidatura, riparazioni e realizzazione di gioielli su disegno.

→ **Come arrivare:** metro linea 1, fermata Porta Venezia; tram 9, 23, 29. Zona Porta Venezia.

€ **Sconti: 20%**

MILANO *51-Cc*

INTIMO E MARE

Cagi Maglierie

Spaccio aziendale/Factory outlet

0258101283
FAX 0258101283
info@cagimaglierie.it
www.cagimaglierie.it
mart-sab (9.20-12.20, 14.30-18.45); **chiuso** dom, lun; ferie ago

Viale Cassala 46/48 - cap 20143

Outlet della Cagi che vende abbigliamento intimo (giorno e notte) per uomo e donna. Anche abbigliamento mare e un po' di maglieria. Rimanenze, fine serie, prima e seconda scelta. Prezzi convenienti.

→ **Come arrivare:** tangenziale Ovest, uscita Viale Liguria; metro linea 2, fermata Romolo; bus 91. Zona Romolo.

€ **Sconti: dal 30% al 60%**

MILANO *51-Cc*

INTIMO E MARE

Intimo Più Mare

Stocchista/Stockhouse

0270103801
FAX 0270103801
mart-ven (9.30-13.00, 15.30-19.30), sab (10.00-19.00); **chiuso** lun, dom; ferie ago

Via Giovanni da Milano 4 - cap 20133

Stockhouse che vende costumi da bagno, intimo e abbigliamento mare in taglie che vanno dalla 40 alla 54, anche con coppe calibrate fino alla E. Collezioni precedenti e prima scelta. Offerte tutto l'anno e ulteriori sconti durante i saldi.

→ **Come arrivare:** bus 61. Zona Argonne-Città Studi.

€ **Sconti: 50%**

MILANO *51-Cc*

INTIMO E MARE

Intimopoli

Stocchista/Stockhouse

0258011887
FAX 0258011887
mart-ven (11.30-19.30), sab (10.00-18.00); **chiuso** lun, dom

Via Mecenate 12 - cap 20138

■ 160 mq con merce delle migliori marche di intimo e mare per donna. Tutte le taglie sino alla coppa F. Prima scelta e rimanenze, ulteriori sconti durante i saldi. Costumi da bagno tutto l'anno.

→ **Come arrivare:** tangenziale Est, uscita Mecenate. Zona Forlanini-Mecenate.

€ **Sconti: dal 10% al 40%**

MILANO *51-Cc*

INTIMO E MARE

Lenobis

Spaccio aziendale/Factory outlet

0239314421
FAX 031510994
spacciomi@lenobis.it
www.lenobis.com
mart-sab (9.30-18.30); **chiuso** lun, dom; ferie ago

Via G. Candiani 71 - cap 20158

■ Outlet che vende calze uomo e donna, intimo uomo, donna e bambino, maglieria, corsetteria e anche foulard. Il marchio è Lenobis. Prima e seconda scelta, fine serie in tutte le taglie. Promozioni tutto l'anno. Tessera sconto.

→ **Come arrivare:** bus 82. Zona Bovisa.

€ **Sconti: 30%**

MILANO *51-Cc*

INTIMO E MARE

New Intimo Stock

Stocchista/Stockhouse

0229405306
FAX 0229405306
lun (15.30-19.30), mart-sab (09.30-13.30, 15.30-19.30); **chiuso** dom; ferie ago

Via Giovanni Battista Morgagni 39 - cap 20129

■ Stockhouse che vende intimo per uomo e donna. Anche costumi (da donna fino alla coppa D), pigiami, vestaglie. Tutte le taglie, anche conformate. Ulteriori sconti durante il periodo dei saldi.

→ **Come arrivare:** metro linea 1, fermata Lima. Zona Porta Venezia.

€ **Sconti: dal 10% al 30%**

MILANO *51-Cc*

INTIMO E MARE

Lo Spaccio - La Perla

Spaccio aziendale/Factory outlet

024046445
FAX 0248708325
lun-ven (9.30-12.30, 15.00-19.00), sab (9.30-12.30); **chiuso** dom; ferie ago (variabile)
P

Via Newton 10/12 - cap 20148

È l'outlet del gruppo La Perla dove comprare anche le linee Grigio Perla, Verde Veronica e i marchi prodotti dall'azienda: Mare Puma, Mare Versace, Blumarine Mare. Angolo delle occasioni con sconti fino al 70%.

Come arrivare: tram 16; bus 95. Zona San Siro.

Sconti: dal 30% al 70%

MILANO *51-Cc*

INTIMO E MARE

Villa Delmitia

Spaccio aziendale/Factory outlet

0247711085
FAX 0247711099
villadelmitia@lombardiacom.it
lun-ven (9.00-19.30), sab (10.00-13.00); **chiuso** dom; ferie ago (variabile)
P

Via Tortona 31 - cap 20144

Intimo e abbigliamento notte per uomo e donna. Camicie da notte, pigiami, vestaglie in un'ampia scelta di taglie, anche conformate. Prezzi di fabbrica.

Come arrivare: metro linea 2, fermata Porta Genova. Zona Solari.

MILANO *51-Cc*

SPORT

Lanterna Sport

Spaccio aziendale/Factory outlet

026555439
lun (15.30-19.30), mart-sab (9.00-12.30, 15.30-19.30); **chiuso** dom; ferie ago

Via Cernaia 1/a - cap 20121

Outlet che vende abbigliamento, accessori e articoli per tutti gli sport a prezzi convenienti.

Come arrivare: metro linea 3, fermata Turati; bus 61. Zona Brera.

MILANO *51-Cc*

SPORT

Martin Walter Ciclomotori Doniselli

Spaccio aziendale/Factory outlet

0234533031
FAX 0234533032
info@martinwalter.it
www.martinwalter.it
lun (14.00-19.00), mart-sab (9.00-12.00, 14.00-19.00); **chiuso** dom; ferie ago (variabile)
P

Via Procaccini 11 (interno) - cap 20154

City bike, mountain bike, biciclette da corsa con il marchio Doniselli. Bici per bambini, scooter, bici elettriche e bici per disabili. Ogni tipo e colore di bici su ordinazione. Prima scelta, officina riparazioni e manutenzione.

→ **Come arrivare:** tram 29, 30, 33. Zona Sempione-Monumentale.

€ **Sconti: 10%**

MILANO *51-Cc*

SPORT

Willy Sport

Stocchista/Stockhouse

025513935
willysport@virgilio.it
lun (12.00-19.00), mart-sab (9.00-19.00); **chiuso** dom; ferie ago (variabile)

Via Lamarmora 21 - cap 20122

Stockhouse di abbigliamento e articoli sportivi di noti marchi per uomo e donna. Prima scelta, rimanenze e campionari. Scelta limitata di taglie, soprattutto L per uomo e M per donna. Angolo delle promozioni.

→ **Come arrivare:** metro linea 3, fermata Crocetta. Zona Porta Romana.

€ **Sconti: dal 40% al 50%**

MILANO *51-Cc*

TESSUTI

Horserie

Spaccio aziendale/Factory outlet

02863427
FAX 02863427
horserie.mi@bluehome.com
www.horserie.it
mart-sab (10.00-14.00, 15.00-19.00); **chiuso** lun, dom; ferie ago

Corso di Porta Romana 6 - cap 20122

Outlet che vende tessuti di arredamento e complementi d'arredo, soprattutto stampati, del marchio Blue Home. Prima scelta, fine serie, rimanenze e campionari. Molte le promozioni nel corso dell'anno.

→ **Come arrivare:** metro linea 1, fermata Duomo; metro linea 3, fermata Missori; tram 19. Zona Missori.

€ **Sconti: 50%**

MILANO *51-Cc*

TESSUTI
Lo Scampolo
Stocchista/Stockhouse

028356214
lun (15.30-19.30), mart-sab (9.30-12.30, 15.30-19.30); **chiuso** dom; ferie ago

Via Gorizia 8 - cap 20136

■ Stockhouse che vende tessuti e telerie. Prodotti di prima scelta e rimanenze di stoffe alta moda. Ulteriori sconti e promozioni speciali.

→ **Come arrivare:** metro linea 2, fermata Porta Genova; tram 9, 29, 30. Zona Porta Genova.

€ **Sconti: dal 10% al 20%**

MILANO *51-Cc*

TESSUTI
Tissuteam
Spaccio aziendale/Factory outlet

0229517883
FAX 0229517883
tissuteam@tiscalinet.it
www.rubelli.it
lun-ven (9.00-12.30, 15.00-19.00); **chiuso** sab, dom; ferie ago

Via Lambro 12/a - cap 20129

■ Outlet che vende tessuti classici in fibre pregiate (lino, seta, cotone) per arredamento. Prima scelta e fine serie dei marchi Rubelli, Lisio e Bises. Ottimi prezzi e qualità superiore. Indirizzo utile quando occorre ricoprire i divani.

→ **Come arrivare:** metro linea 1, fermata Porta Venezia.

€ **Sconti: dal 40% al 70%**

MISINTO (MONZA E BRIANZA) *51-Bb*

CASA
Mirabello
Spaccio aziendale/Factory outlet

0296328991/ 800325820
FAX 0296328618
info.mirabello@mirabellomilano.it
www.mirabellomilano.it
mart-ven (10.00-18.00), sab (9.30-13.30); **chiuso** dom, lun; ferie ago (variabile)
P

Via Fornace 6 - cap 20020

■ Outlet di raffinata biancheria da letto in lino, cotone, lino/cotone di grande qualità e spugne in cotone per il bagno. Rimanenze, fine serie, prima e seconda scelta, queste ultime con prezzi particolarmente convenienti.

→ **Come arrivare:** A9, uscita Turate, indicazioni per Rovello Porro; SS Milano-Meda, uscita Lentate sul Seveso, indicazioni per Birago.

€ **Sconti: dal 20% al 40%**

MOGLIA (MN) *13-Bc*

ABBIGLIAMENTO

Emporio Carla Carini

Spaccio aziendale/Factory outlet

0376556100/
800296209
FAX 0376557510
info@carlacarini.it
www.carlacarini.it
lun-ven (15.00-19.30), sab (9.00-12.30, 15.00-19.30); **chiuso** dom; ferie ago
P

Via IV Novembre 32 - cap 46024

Outlet dell'azienda che produce abbigliamento femminile con le linee Carla Carini, Carinissima, Abitissima e la linea Trimell (conformata). Stagioni precedenti, rimanenze e capi di seconda scelta a prezzi dimezzati.

→ **Come arrivare:** A22, uscita Reggiolo-Rolo, direzione Moglia.

€ **Sconti: dal 20% al 50%**

MONTORFANO (CO) *51-Ba*

ABBIGLIAMENTO

Stefanel Factory Outlet

Spaccio aziendale/Factory outlet

031553188
lun (15.00-19.30), mart-ven (10.00-14.00, 15.00-19.30), sab (10.00-19.30); **chiuso** dom
P

Strada Statale Briantea 14 - cap 22030

Outlet della Stefanel che si trova all'interno di un centro commerciale con ampio parcheggio. Buona scelta di taglie: dalla 36 alla 48 per donna e dalla 42 alla 56 per uomo. Solo prodotti di prima scelta.

→ **Come arrivare:** A9, uscita Como Sud, indicazioni per Montorfano.

€ **Sconti: 40%**

MONZA *51-Cb*

ABBIGLIAMENTO

Elkay Fashions

Spaccio aziendale/Factory outlet

039388322
FAX 039367023
elkayfashions@libero.it
lun-sab (9.00-19.00); **chiuso** dom

Via Sgambati 26 - cap 20052

Outlet per uomo, donna e bambino che vende abbigliamento e maglieria in filati pregiati e 100% cashmere a partire da 49 euro. Abiti sartoriali e camicie uomo su misura. Promozioni tutto l'anno.

→ **Come arrivare:** tangenziale Nord di Milano, uscita Cinisello Balsamo-Robecco, direzione Monza, indicazioni per ospedale San Gerardo.

€ **Sconti: 50%**

MONZA *51-Cb*

ABBIGLIAMENTO

Federico Cashmere

Spaccio aziendale/Factory outlet

0393900059
FAX 0396815064
lun (15.30-19.30), mart-sab (9.30-12.30, 15.30-19.30); **chiuso** dom; ferie ago

Via Manzoni 17 - cap 20052

Maglieria in cashmere del marchio Federico Cashmere per uomo e donna, anche in taglie forti. Accessori per la casa. Prodotti di prima scelta e rimanenze. Promozioni tutto l'anno. Prezzi adeguati.

→ **Come arrivare:** tangenziale Nord di Milano, uscita Cinisello Balsamo-Robecco, direzione Monza.

Sconti: dal 35% al 50%

MONZA *51-Cb*

BAMBINO

Giochi Preziosi

Spaccio aziendale/Factory outlet

02964751
www.giochipreziosi.it
mer-ven (16.00-19.00); **chiuso** dom, lun, mar

Via delle Primule 5, Loc. Cogliate - cap 20052

Outlet che vende giochi e giocattoli dei noti marchi Giochi Preziosi, Gig, Dolci Preziosi. Sono disponibili anche calzature junior dei marchi Easy Shoes e Betty Flowers.

→ **Come arrivare:** A9, uscita Turate, direzione Seveso-Seregno, indicazioni per Cogliate.

MONZA *51-Cb*

CASA

Bianco e Dintorni

Negozio discount

0392148273
FAX 0392000670
bematex@cottontexitalia.com
www.biancoedintorni.it
lun (14.00-19.00), mart-sab (10.00-19.00); **chiuso** dom; ferie ago

Via Val d'Ossola 13 - cap 20052

Prezzi scontati per biancheria da tavola, strofinacci, asciugamani in spugna e nido d'ape, articoli neonato, tessuti a metro e a peso, completi letto in lino, raso, cotone, piumoni e copripiumoni. Anche grandi marchi, come Bellora. Ottime occasioni.

→ **Come arrivare:** tangenziale Nord di Milano, uscita Monza, direzione centro città.

Sconti: dal 30% al 40%

MORBEGNO (SO)

3-Db

ALIMENTARI

Coam Industrie Alimentari

Spaccio aziendale/Factory outlet

0342604425
FAX 0342614066
coam@coamspa.it
www.coamspa.it
lun-sab (8.30-12.30, 14.30-19.00);
chiuso dom
P

Via Nazionale dello Stelvio 286 - cap 23017

Outlet dove trovare prodotti alimentari e delicatessen della Coam. Verdure grigliate, funghi (anche porcini), carciofi sottolio, antipasti sottaceto, in agrodolce, pesci affumicati e altre specialità ittiche, come il salmone selvaggio del Pacifico.

→ **Come arrivare:** SS36 dello Stelvio, direzione Lecco-Colico, indicazioni per Morbegno.

MORNAGO (VA)

3-Bc

CASA

Somma

Spaccio aziendale/Factory outlet

0331900384
www.gabelgroup.it, www.somma.it
lun (14.30-19.00), mart-ven (9.00-12.30, 14.30-19.00), sab (9.00-19.00);
chiuso dom
P

Via Stazione 123 - cap 21020

Outlet del gruppo Gabel/Somma dove trovare prodotti tessili per la casa: trapunte, piumoni e copriletti con i marchi Gabel, Somma, Val di Susa. Fine serie, seconda scelta e rimanenze. Ulteriori sconti durante i saldi.

→ **Come arrivare:** A8, uscita Sesto Calende-Vergiate, indicazioni per Varese e per Mornago.

€ **Sconti: dal 15% al 50%**

MOZZO (BG)

51-Ea

ACCESSORI

Mazzoleni

Laboratorio artigianale

0356121491
FAX 0356121491
lun-ven (8.00-12.00, 14.00-18.00);
chiuso sab, dom;
ferie ago (variabile)
P

Via Lecco 18/a - cap 24030

Azienda artigianale che produce e vende guanti per uomo e donna con il marchio Mazzoleni. Pelli pregiate e cashmere. È possibile confezionare articoli su misura. Prezzi contenuti, non ci sono ulteriori saldi.

→ **Come arrivare:** A4, uscita Dalmine, indicazioni per Mozzo.

€ **Sconti: 50%**

NERVIANO (MI) *51-Ab*

ABBIGLIAMENTO

Levi's & Dockers Factory Outlet

Spaccio aziendale/Factory outlet

0331419999
FAX 0331415316
info@factoryoutlet-mi.it
www.factoryoutlet-milano.it
lun (15.00-19.30), mart-sab (9.30-19.30); **chiuso** dom; ferie ago (variabile)
P

Via Giovanni XXIII 2 - cap 20014

■ Outlet che vende i marchi Levi's e Dockers. Rimanenze, fine serie, prima e seconda scelta in tutte le taglie. Ottimi prezzi soprattutto nella seconda scelta.

→ **Come arrivare:** A8, uscita Lainate, direzione Nerviano.

€ **Sconti: dal 40% al 60%**

NERVIANO (MI) *51-Ab*

CALZATURE E PELLETTERIA

Luciano Padovan

Spaccio aziendale/Factory outlet

0331584405
stile@nemo.it
www.lucianopadovan.it, www.lucianopadovan.com
lun (14.30-19.30), mart-ven (10.00-12.30, 14.30-19.30), sab (10.00-19.30); **chiuso** dom; ferie ago

Via Bergamina 10/12 - cap 20014

■ Outlet di scarpe classiche e moda per uomo e donna. Anche borse e accessori in pelle del marchio Luciano Padovan e Clark. Numeri donna dal 35 al 41e uomo dal 39 al 45. Campionari e fine serie convenienti.

→ **Come arrivare:** A8, uscita Lainate, direzione Nerviano.

€ **Sconti: dal 30% al 40%**

NOVA MILANESE (MONZA E BRIANZA) *51-Cb*

CASA

Gabel Industria Tessile

Spaccio aziendale/Factory outlet

036242232
www.gabelgroup.com
lun (9.00-12.30, 14.30-19.00), mart-sab (9.00-19.00); **chiuso** dom

Via per Cinisello 4 - cap 20054

■ Outlet del noto marchio del tessile per la casa Gabel dove trovare principalmente tovaglie, parure e completi da letto, spugne, trapunte e piumoni. Buona qualità a ottimi prezzi, soprattutto per i prodotti di seconda scelta.

→ **Come arrivare:** tangenziale Nord di Milano, uscita Nova Milanese.

€ **Sconti: dal 15% al 50%**

NOVIGLIO (MI)

51-Bc

CASA

Kartell

Spaccio aziendale/Factory outlet

02900121
FAX 0290091212
kartell@kartell.it
www.kartell.it
mart-sab (10.00-13.00, 14.00-18.00); chiuso lun, dom
P

Via delle Industrie 1/3 - cap 20082

■ Il top del design contemporaneo a prezzi un po' più abbordabili. Outlet di 400 mq dove è possibile acquistare sedie, poltroncine, tavoli, tavolini, librerie, oggetti e complementi d'arredo della produzione Kartell. Coloratissimi mobili in materiale plastico trasparente, progettati da famosi designer come Magistretti, Citterio e Philippe Stark. I prodotti sono scarti di produzione, fuori serie, rientri da fiere e servizi fotografici. Il luogo ideale per comprare gli arredi di casa. Telefonare prima per verificare i giorni e gli orari di apertura, che possono cambiare.

→ **Come arrivare:** A7, uscita Binasco, indicazioni per Noviglio.

€ **Sconti: dal 30% al 40%**

OLGIATE COMASCO (CO)

51-Aa

COSMETICI E PROFUMI

Avon Beauty Club

Spaccio aziendale/Factory outlet

031998396
FAX 031998574
www.avon.it
lun (13.00-18.45), mart-sab (9.00-19.00); chiuso dom
P

Via XXV Aprile 15 - cap 22077

■ Outlet della grande azienda cosmetica Avon. In questo spaccio è possibile trovare prodotti per il viso, il corpo e il fitness. C'è anche una cabina estetica; le addette alla vendita sono estetiste. Promozioni tutto l'anno e saldi.

→ **Come arrivare:** A9, uscita Como Sud, poi SS342 direzione Varese, indicazioni per lo spaccio.

€ **Sconti: dal 30% al 70%**

OLGIATE OLONA (VA)

51-Ac

ABBIGLIAMENTO

RJ Store

Negozio discount

0331670063
www.rjstore.it
lun-ven (10.00-12.30, 14.30-19.30), sab-dom (10.00-12.30, 15.00-19.30)
P

Via per Fagnano 52 - cap 21057

Vendita diretta di abbigliamento e accessori per uomo, donna e bambino. Molte griffe. Prima scelta, collezioni attuali, anche riparazioni sartoriali. Ulteriori sconti durante il periodo dei saldi.

→ **Come arrivare:** A8, uscita Castellanza, direzione Olgiate Olona.

ORIGGIO (VA)

51-Bb

ABBIGLIAMENTO

Spaccio Preca Outlet

Spaccio aziendale/Factory outlet

0296730704
FAX 0331988339
happening@precabrummel.com
www.happening-moda.it
lun (15.00-19.00), mart, gio-ven (9.30-12.30, 15.00-19.00), mer, sab (9.30-19.00); chiuso dom
P

Via della Tecnica 3 - cap 21040

Abbigliamento uomo, donna e bambino da 0 a 16 anni. Prima e seconda scelta e occasioni. Stock e angolo delle occasioni molto convenienti. Occasionali aperture domenicali.

→ **Come arrivare:** A9, uscita Origgio.

€ **Sconti: dal 30% al 50%**

ORIO AL SERIO (BG)

51-Fa

ABBIGLIAMENTO

RJ Store

Negozio discount

0354522316
FAX 0354522457
info.nrd@radici.it
www.rjostore.it
lun (14.00-19.30), mart-sab (10.00-19.30); chiuso, dom; ferie ago (variabile)
P

Via Galilei 2 - cap 24050

Vendita diretta di abbigliamento e accessori uomo, donna e bambino. Molte griffe. Prima scelta, collezioni attuali, anche riparazioni sartoriali. Ulteriori sconti durante il periodo dei saldi.

→ **Come arrivare:** A4, uscita Bergamo, direzione aeroporto Orio al Serio.

PADERNO D'ADDA (LC) *51-Da*

INTIMO E MARE

Spaccio Imec

Spaccio aziendale/Factory outlet

0399515121
www.imec.it
lun (15.30-19.00),
mart, mer, ven
(9.00-12.30, 15.30-19.00),
gio (9.00-12.30),
sab (9.30-18.30);
chiuso dom;
ferie ago (variabile)
P

Piazza Colnaghi 1 - cap 23877

■ Outlet che vende intimo, corsetteria, costumi da bagno, lingerie dei marchi Imec e Peach Tree. Tutte le taglie, anche conformate per alcune linee. Prodotti di prima e seconda seconda scelta. Prezzi ottimi.

→ **Come arrivare:** tangenziale Est di Milano, uscita SP342 direzione Lecco, indicazioni per Cernusco Lombardone e per Paderno d'Adda.

Sconti: dal 20% al 75%

PANTIGLIATE (MI) *51-Dc*

SPORT

Sergio Tacchini Factory Outlets

Spaccio aziendale/Factory outlet

0290687382
FAX 029068309
www.sergiotacchini.com
lun (15.30-19.30),
mart-ven (9.30-19.30),
sab (9.30-20.00);
chiuso dom

Vecchia Paullese 723 -.cap 20090

■ Megastore-outlet del noto marchio di abbigliamento sportivo Sergio Tacchini. Prodotti di prima e seconda scelta, campionari: tute, pantaloni, felpe, accessori e scarpe per qualsiasi sport. Promozioni regolari.

→ **Come arrivare:** tangenziale Est di Milano, uscita Paullo, direzione Peschiera Borromeo, indicazioni per Pantigliate.

PARABIAGO (MI) *51-Ab*

CALZATURE E PELLETTERIA

Calzaturificio Riccardo Banfi

Spaccio aziendale/Factory outlet

0331551335
FAX 0331556765
riccardobanfi@tin.it
www.riccardobanfi.it
lun-ven (9.00-12.00,
14.30-19.00),
sab (9.00-19.00);
chiuso dom;
ferie ago (variabile)

Via Monsignore Pogliani 2 - cap 20015

■ Outlet dell'azienda calzaturiera Banfi che produce per i migliori marchi italiani e stranieri. Articoli di altissima qualità a prezzi molto convenienti: scarpe e pelletteria per uomo e donna. Vasta scelta.

→ **Come arrivare:** A8, A9, uscita Lainate, direzione Nerviano indicazioni per Parabiago; A4, uscita Arluno, direzione Parabiago.

Sconti: dal 40% al 70%

PARABIAGO (MI) 51-Ab

CALZATURE E PELLETTERIA

Calzaturificio Zanetti

Spaccio aziendale/Factory outlet

0331557491
lun-sab (9.30-12.30, 14.30-19.30)
chiuso dom

Via Bertacchi 8 - cap 20015

Outlet che vende scarpe per uomo e donna. Prodotto di qualità.

Come arrivare: A8, A9, uscita Lainate, direzione Nerviano indicazioni per Parabiago; A4, uscita Arluno, direzione Parabiago.

PARABIAGO (MI) 51-Ab

CALZATURE E PELLETTERIA

Fashion Point

Spaccio aziendale/Factory outlet

0331551526
FAX 0331749859
fashionpoint@libero.it
lun (15.30-18.30), mart-ven (9.30-12.30, 15.30-18.30), sab (9.30-13.00, 14.00-18.30);
chiuso dom;
ferie ago (variabile)
P

Via Edmondo de Amicis 24 - cap 20015

Outlet che vende prodotti di prima scelta, marchio Tosca Blu per le borse, Colette e Cafè Noir per le calzature, Lili la Tigresse per l'abbigliamento. Nuovi arrivi regolari. Promozioni tutto l'anno, durante i saldi ulteriori sconti.

Come arrivare: A8, A9, uscita Lainate, direzione Nerviano indicazioni per Parabiago; A4, uscita Arluno, direzione Parabiago.

Sconti: dal 30% al 50%

PARABIAGO (MI) 51-Ab

CALZATURE E PELLETTERIA

Luciano Padovan Megastore

Spaccio aziendale/Factory outlet

0331556640
stile@nemo.it
www.lucianopadovan.it, www.lucianopadovan.com
lun (14.30-19.30), mart-ven (10.00-12.30, 14.30-19.30), sab (10.00-19.30);
chiuso dom

Piazza dello Sport 10 - cap 20015

Outlet di scarpe uomo e donna. Ampia scelta di modelli classici e moda.Numeri dal 35 al 41 per donna e dal 39 al 45 per uomo. Campionari e fine serie convenienti. Anche borse e accessori in pelle del marchio Luciano Padovan e Clark.

Come arrivare: A8, A9, uscita Lainate, direzione Nerviano indicazioni per Parabiago; A4, uscita Arluno, direzione Parabiago.

Sconti: dal 30% al 40%

PARABIAGO (MI) — *51-Ab*

CALZATURE E PELLETTERIA

Spaccio Fratelli Rossetti

Spaccio aziendale/Factory outlet

0331495217/
0331552226
FAX 0331555914
spaccio@rossetti.it
www.rossetti.it
lun (14.00-19.00),
mart-sab (9.30-19.00);
chiuso dom;
ferie ago (variabile)
P

Via Cantù 24 - cap 20015

■ Outlet della Fratelli Rossetti. Altissima qualità e vasta scelta di scarpe, stivali e accessori di pelletteria per uomo e donna. Prezzi interessanti per tutti i prodotti, ottimi per campionari e rimanenze. Numeri donna dal 35 al 41, uomo dal 38 al 46.

→ **Come arrivare:** A8, A9, uscita Lainate, direzione Nerviano indicazioni per Parabiago; A4, uscita Arluno, direzione Parabiago.

€ **Sconti: dal 30% al 50%**

PARABIAGO (MI) — *51-Ab*

CALZATURE E PELLETTERIA

Spaccio Ugorossetti

Spaccio aziendale/Factory outlet

0331494522
FAX 0331494522
lun (15.00-19.00),
mart-ven (9.30-12.00,
15.00-19.00),
sab (9.30-19.00);
chiuso dom;
ferie ago (variabile)

Viale Marconi 57 - cap 20015

■ Scarpe da uomo e da donna, classiche e moda del marchio Ugorossetti. Numeri dal 39 al 46 per uomo e dal 34 al 41 per donna. Prima scelta, fine serie e occasioni delle passate stagioni. Anche qualche borsa.

→ **Come arrivare:** A8, A9, uscita Lainate, direzione Nerviano indicazioni per Parabiago; A4, uscita Arluno, direzione Parabiago.

€ **Sconti: dal 30% al 40%**

PASSIRANO (BS) — *13-Aa*

CASA

Abert e Broggi 1818

Spaccio aziendale/Factory outlet

0306853669
FAX 0306577194
info@abert.it
www.abert.it
lun (14.00-18.30),
mart-ven (9.30-13.00,
14.00-18.30),
sab (9.00-12.30);
chiuso dom;
ferie ago (variabile)
P

Via Don Primo Mazzolari 17 - cap 25050

■ 150 mq di vendita diretta di articoli per la tavola: servizi di posate a prezzi convenienti, vasi, pentole, porcellane, cornici dei marchi Abert e Broggi 1818, specializzato in oggetti d'argento e argentati. Prima scelta a prezzi di fabbrica. Liste nozze.

→ **Come arrivare:** A4, uscita Ospitaletto, indicazioni per Passirano.

€ **Sconti: 20%**

PASTURO (LC)

3-Cc

ALIMENTARI

Invernizzi & Rota

Spaccio aziendale/Factory outlet

0341955218
FAX 0341956514
lun-mart (7.30-12.00, 15.30-19.30), gio-dom (7.30-12.00, 15.30-19.30); **chiuso** mer

Via Trieste 63 - cap 23818

Vendita diretta di formaggi di produzione propria. Dal produttore al consumatore. Ottimo l'autentico quartirolo locale, la robiola e altri prodotti tipici freschi e stagionati. Alta qualità e prezzi convenienti.

→ **Come arrivare:** da Lecco SP 62 della Vasassina, indicazioni per Pasturo.

PAVIA

51-Cd

ABBIGLIAMENTO

Belcanto

Vintage/Usato selezionato

0382301421/ 3356829479
FAX 0382301421
amnegri@libero.it
mart-sab (su appuntamento); **chiuso** dom, lun

Via Rezia 24 - cap 27100

Abbigliamento vintage per uomo e donna e arredo dal Medio ed Estremo Oriente. Anche piccolo antiquariato. Prezzi molto convenienti. Ulteriori sconti durante il periodo dei saldi.

→ **Come arrivare:** A7, uscita Bereguardo-Pavia Nord, direzione centro città.

PAVIA

51-Cd

ACCESSORI

Eurottica

Spaccio aziendale/Factory outlet

0382576741
FAX 0382568137
mart-sab (9.00-12.30, 15.00-19.00); **chiuso** dom, lun

Via San Paolo 14/18 - cap 27100

Occhiali da sole, montature da vista, lenti graduate (anche da sole e per maschere sub), lenti a contatto. Molte le grandi marche: Nike, Dolce & Gabbana, Ferragamo oltre al proprio marchio. Visita optometrica in loco. Assemblaggio lenti.

→ **Come arrivare:** A7, uscita Bereguardo-Pavia Nord, direzione centro città.

€ **Sconti: dal 30% al 50%**

PERO (MI)

51-Bb

ABBIGLIAMENTO

Timberland Factory Outlet

Spaccio aziendale/Factory outlet

023536687
www.timberland.com
lun-sab (10.00-19.30); chiuso dom

Via Piave 24/26 - cap 20016

Outlet che vende i prodotti del noto marchio Timberland: scarpe sportive, accessori e abbigliamento casual per uomo, donna e bambino. L'indirizzo ideale per vestirsi nel tempo libero.

→ **Come arrivare:** A4, uscita Pero.

€ **Sconti: dal 20% al 40%**

PISOGNE (BS)

3-Ec

ABBIGLIAMENTO

Modi & Moda

Spaccio aziendale/Factory outlet

0364880796
FAX 0364889658
info@modiemoda.it
www.modiemoda.it
lun (14.00-20.00), mart-gio, sab (9.30-20.00), ven (9.30-22.00), dom (10.00-19.30);

Centro commerciale Italmarket - cap 25055

Outlet che vende abbigliamento Modi&Moda per uomo, donna e bambino. Linee classiche e trendy (giacche, pantaloni, completi, maglioni, felpe, camicie). Prima scelta. Taglie donna dalla 40 alla 55, uomo dalla 46 alla 64, bambino da 3 a 16 anni.

→ **Come arrivare:** A4, uscita Ospitaletto, direzione Lago d'Iseo, indicazioni per Pisogne.

€ **Sconti: 30%**

POGGIO RUSCO (MN)

13-BCc

BAMBINO

Chicco Factory Outlet

Spaccio aziendale/Factory outlet

0368733479
www.chicco.com
mart-ven (15.30-19.30), sab (8.30-12.30, 15.30-19.30); chiuso dom

Via Pinzone 4 - cap 46025

Outlet che vende tutte le linee Chicco: abbigliamento e cosmetica gestante, abbigliamento bambino, giocattoli, calzature e prodotti di puericultura. I marchi sono: Chicco, Mamma Donna, Infinite Dolcezze. Prima e seconda scelta, rimanenze e fine serie.

→ **Come arrivare:** A22, uscita Pecognaga, direzione Poggio Rusco.

€ **Sconti: dal 20% al 50%**

PONTE NOSSA (BG)

3-Dc

CASA

Supermercato del Tessile

Negozio discount

035701361
FAX 035701361
lun-sab (9.00-12.00, 15.00-19.00), mer (9.00-12.00); **chiuso** dom

Via Europa 47/49 - cap 24028

■ Outlet di biancheria per la casa. Trapunte, cuscini, set da tavola, tende e interessanti scampoli di stoffa. Anche materassi e reti. Marchio Supermercato del Tessile, altri marchi: Gabel, Zucchi, Bassetti. Prezzi convenienti.

→ **Come arrivare:** A4, uscita Bergamo, SS671 direzione Val Seriana, indicazioni per Ponte Nossa.

€ **Sconti: 20%**

PONTE SAN PIETRO (BG)

51-DEa

ABBIGLIAMENTO

Indipendence - The Fashion Industry

Spaccio aziendale/Factory outlet

035609129
FAX 035609130
indipendence_ps@libero.it
mart-ven (9.30-12.30, 13.30-18.30), sab (10.00-18.00); **chiuso** lun, dom; ferie ago (variabile)

Via San Clemente 53 - cap 24036

■ Rimanenze, fine serie di abbigliamento casual e sportivo uomo, donna e bambino con il marchio Indipendence. Con la Carta Fedeltà, ulteriore sconto dal 10 al 20% a seconda del prodotto.

→ **Come arrivare:** A4, uscita Dalmine, direzione Ponte San Pietro.

€ **Sconti: dal 20% al 30%**

RESCALDINA (MI)

51-Ab

CASA

Spaccio Bassetti

Spaccio aziendale/Factory outlet

0331448512
FAX 0331448500
lun (14.30-18.30), mart-ven (9.30-12.30, 14.30-18.30), sab (9.00-12.30, 14.30-19.00); **chiuso** dom

Via Legnano 24 - cap 20027

■ Uno dei 14 spacci in Italia della nota azienda Bassetti dove trovare biancheria per la casa: lenzuola, tovaglie, trapunte, piumoni, coperte, copridivani, coordinati da bagno e cucina. Ottimi prezzi, grandi affari con le fine serie.

→ **Come arrivare:** A8, uscita Castellanza, direzione Saronno, indicazioni per Rescaldina.

€ **Sconti: 40%**

RHO (MI)

51-Bb

CASA

Punto Vendita Nuncas

Spaccio aziendale/Factory outlet

02931796288
www.nuncas.it
lun (14.00-18.00), mart-ven (9.00-13.30, 14.30-18.00), sab (9.30-12.30); **chiuso** dom; ferie ago (variabile)
P

Via Curiel, Fraz. Mazzo, zona Industriale 40 - cap 20017

Outlet che vende prodotti di igiene per la casa del marchio Nuncas: saponi da bucato, prodotti per cucina, bagni per argenti, pelle e legno. Inoltre articoli per il giardinaggio e diffusori di profumi. Promozioni.

→ **Come arrivare:** tangenziale Ovest di Milano, uscita SS33 del Sempione, direzione Rho-Pero, indicazioni per zona Industriale.

€ **Sconti: dal 10% al 20%**

RIVANAZZANO (PV)

11-Bb

CASA

Gabel Industria Tessile

Spaccio aziendale/Factory outlet

0383944658
www.gabelgroup.com
lun-ven (9.00-12.30, 14.30-19.00), sab (9.00-19.00); **chiuso** dom
P

Via Tortona 29 - cap 27055

Outlet del noto marchio del tessile per la casa Gabel dove trovare principalmente tovaglie, parure, completi da letto, trapunte, piumoni e spugne. Buona qualità a ottimi prezzi, soprattutto sui prodotti di seconda scelta.

→ **Come arrivare:** A7, uscita Casei Gerla,direzione Salice Terme, indicazioni per Rivanazzano.

€ **Sconti: dal 15% al 50%**

RONAGO (CO)

3-Bc

ALIMENTARI

G.B. Ambrosoli

Spaccio aziendale/Factory outlet

0313507211
FAX 031980409
info.ambrosoli@ambrosoli.it
www.ambrosoli.it
lun-ven (8.30-12.00, 14.00-18.00); **chiuso** sab, dom; ferie ago
P

Via Ambrosoli 12 - cap 22027

Spaccio aziendale dove trovare tutti i prodotti del noto marchio Ambrosoli a prezzi vantaggiosi. Miele e caramelle al miele in confezioni di vari pesi e misure.

→ **Come arrivare:** A9, uscita Como Sud, indicazioni San Fermo della Battaglia, Uggiate e Ronago.

ROVELLASCA (CO) 51-Bab

CASA

Gabel Industria Tessile

Spaccio aziendale/Factory outlet

0296740323
www.gabelgroup.com
lun (14.30-19.00), mart-ven (9.00-12.30, 14.30-19.00), sab (9.00-19.00); chiuso dom

Via Como 40 - cap 22069

Outlet del noto marchio del tessile per la casa Gabel dove trovare principalmente tovaglie, parure e completi da letto, spugne, trapunte e piumoni. Buona qualità a ottimi prezzi, soprattutto sui prodotti di seconda scelta.

Come arrivare: A9, uscita Turate, indicazioni per Rovellasca.

Sconti: dal 15% al 50%

SAN GIULIANO MILANESE (MI) 51-Cc

ALIMENTARI

Pasticceria Bindi

Spaccio aziendale/Factory outlet

0298294214
info@bindidessert.it
www.bindidessert.it
lun-sab (9.00-19.30), dom (9.00-13.00)

Via della Liberazione 1 - cap 20098

Outlet della Bindi dove trovare, a prezzi scontatissimi, le specialità di pasticceria: torte gelate, semifredde, biscotti, cioccolata, grappe, vini, caramelle. Pasticceria fresca e congelata. Prezzi convenienti.

Come arrivare: tangenziale Est di Milano, uscita SS9 Emilia, direzione San Giuliano Milanese.

SAN MARTINO SICCOMARIO (PV) 51-Bd

BAMBINO

Chicco Factory Outlet

Spaccio aziendale/Factory outlet

0382498787
www.chicco.com
lun (15.00-19.30), mart-ven (9.30-13.00, 15.00-19.00), sab (9.30-19.30); chiuso dom

SS 35 dei Giovi (centro commerciale I Giovi)- cap 27028

Outlet che vende tutte le linee Chicco: abbigliamento e cosmetica gestante, abbigliamento bambino, giocattoli, calzature, prodotti di puericultura. I marchi sono: Chicco, Mamma Donna, Infinite Dolcezze. Prima e seconda scelta, rimanenze e fine serie.

Come arrivare: A7, uscita Bereguardo-Pavia Nord, indicazioni per San Martino Siccomario.

Sconti: dal 20% al 50%

SANT'ANGELO LODIGIANO (LO) 51-Dd

ABBIGLIAMENTO

Store House

Stocchista/Stockhouse

0371211071
FAX 0371217538
info@store-house.it
www.store-house.it
lun (14.30-20.00), mart-sab (9.00-20.00), dom (9.00-12.30)
P

Viale Trieste (centro commerciale Il Castello) - cap 26866

Punto vendita specializzato in sportswear di marca: Barbour, North Sails, Invicta, Belstaff, Henry Lloyd, Calvin Klein. Vi si trovano articoli di prima scelta della collezione dell'anno precedente ma anche campionario e stock.

Come arrivare: A1, uscita Melegnano, direzione Locate, indicazioni per Sant'Angelo Lodigiano.

Sconti: dal 20% al 5%

SEGRATE (MI) 51-Cb

CALZATURE E PELLETTERIA

Spaccio Superga

Spaccio aziendale/Factory outlet

022133378
FAX 022133669
thommy70@yahoo.it
www.superga.it
lun (14.30-19.00), mart-sab (10.00-19.00); chiuso dom; ferie ago

Via Olgia 18 - cap 20090

Outlet che vende scarpe e abbigliamento sportivo Superga. Tantissimi modelli di scarpe: invernali in cashmere, nabuk, pelle stampata, camoscio ed estive in tela, lino, seta. Varietà di colori e taglie per polo, T-shirt, felpe, abbigliamento.

Come arrivare: tangenziale Est di Milano, uscita Lambrate, direzione via Cassanese, indicazioni per frazione Lavanderie.

Sconti: 35%

SENAGO (MI) 51-Bb

ALIMENTARI

Spaccio Zàini

Spaccio aziendale/Factory outlet

026949141
FAX 026071827
umbertobordoni@zainispa.it
www.zainispa.it
lun-ven (16.30-17.30), Pasqua/Natale lun-ven (9.00-17.30), sab (8.30-12.30); chiuso dom; ferie 20 lug-31 ago

Viale Europa 2 - cap 20030

Outlet della casa Zaini, produttrice di cioccolato e caramelle. Particolarmente convenienti le confezioni regalo e le uova di Pasqua dopo le feste. I prodotti sono di prima e seconda scelta e fine serie scontati anche del 50%.

Come arrivare: SS Milano-Meda, uscita Senago.

Sconti: dal 30% al 50%

SERIATE (BG)

51-Fa

ABBIGLIAMENTO

Coin Outlet

Spaccio aziendale/Factory outlet

035583281
FAX 0354239976
estate lun-sab (10.00-21.00), inverno lun-sab (10.00-20.00); **chiuso** dom

Via Tonale 101 - cap 24068

Rimanenze, fine serie e campionari dei prodotti per la casa, oggetti da regalo, abbigliamento e accessori per uomo, donna e bambino dei grandi magazzini Coin.

→ **Come arrivare:** A4, uscita Seriate, indicazioni per Lovere.

€ **Sconti: dal 30% al 70%**

SESTO SAN GIOVANNI (MI)

51-Cb

ABBIGLIAMENTO

Gina Lebole

Spaccio aziendale/Factory outlet

022620703/ 800280808
www.ginalebole.com
lun (15.00-19.30), mart-ven (9.00-12.30, 15.00-19.30), sab (9.00-19.30); **chiuso** dom

Via Giuseppe Di Vittorio 338 - cap 20099

Outlet che vende abbigliamento classico per uomo e donna, realizzato con tessuti di pregio e di qualità. Abiti e pantaloni uomo, tailleur, cappotti, pantaloni e gonne donna.

→ **Come arrivare:** tangenziale Nord di Milano, uscita Sesto San Giovanni; metro linea 1, fermata Sesto Marelli.

SESTO SAN GIOVANNI (MI)

51-Cb

ABBIGLIAMENTO

Spazio Moda

Spaccio aziendale/Factory outlet

022426889
FAX 022426889
lun (15.30-19.30), mart-sab (9.30-12.30, 15.30-19.30); **chiuso** dom; ferie ago (variabile)

Via Monfalcone 6/12 - cap 20099

Vendita diretta di prima scelta di scarpe e abbigliamento da ballo (liscio, latino-americano, tango argentino). Anche abiti da cerimonia, da sera e da cocktail. Si realizzano abiti su misura. Taglie conformate. Ulteriori sconti durante i saldi.

→ **Come arrivare:** tangenziale Nord di Milano, uscita Sesto San Giovanni; metro linea 1, fermata Sesto Marelli.

€ **Sconti: dal 30% al 40%**

SESTO SAN GIOVANNI (MI) 51-Cb

ALIMENTARI

Pasticceria Bindi

Spaccio aziendale/Factory outlet

0226260141
info@bindidessert.it
www.bindidessert.it
lun (15.00-19.30), mart-sab (10.00-13.00, 15.00-19.30), dom (10.00-13.00)

Viale Italia 217 - cap 20052

Outlet della Bindi dove trovare, a prezzi scontatissimi, le specialità di pasticceria della casa: torte gelate, semifreddi, biscotti, cioccolata, grappe, vini, caramelle. Pasticceria fresca e congelata. Prezzi convenienti.

→ **Come arrivare:** tangenziale Nord di Milano, uscita Sesto San Giovanni; metro linea 1, fermata Sesto Marelli.

SESTO SAN GIOVANNI (MI) 51-Cb

CASA

Settimocielo - Rosenthal

Spaccio aziendale/Factory outlet

0226229931
FAX 0226263014
info@setcielo.it
www.setcielo.it
lun (15.00-19.00), mart-sab (9.30-13.00, 15.00-19.00); **chiuso** dom; ferie ago (variabile)

Via Cesare da Sesto 1 - cap 20099

Outlet dove confluiscono le fine serie e rimanenze delle collezioni di porcellane e cristalli della rinomata casa tedesca Rosenthal. Solo prodotti di qualità e di prima scelta. Ottimo per i regali, si fanno buoni affari.

→ **Come arrivare:** tangenziale Nord di Milano, uscita Sesto San Giovanni; metro linea 1, fermata Sesto Marelli.

Sconti: dal 35% al 80%

SESTO ULTERIANO (MI) 51-Cc

ABBIGLIAMENTO

Krizia Outlet

Spaccio aziendale/Factory outlet

0298831760
lun (15.00-19.00), mart-sab (11.00-19.00); **chiuso** dom
P

Via Iseo 2 - cap 20098

Aperto in maggio 2005, è l'outlet del noto marchio di moda femminile che vende tutte le linee della casa. Buona scelta di taglie, qui si trovano anche le conformate di Krizia Poi. Solo prodotti di prima scelta.

→ **Come arrivare:** A1, uscita San Giuliano Milanese, direzione Sesto Ulteriano.

SORESINA (CR)

51-Gd

ALIMENTARI

Latteria Soresina

Spaccio aziendale/Factory outlet

0374341849
FAX 0374341849
info@latteriasoresina.it
www.latteriasoresina.it
set-giu: lun (8.30-12.30), mart-sab (8.30-12.30, 15.00-19.30), lug-ago: lun-sab (8.30-12.30); chiuso dom
P

Via IV Novembre 19/21 - cap 26015

■ Outlet dove trovare la produzione Soresina: latte, burro e formaggi, in particolare grana padano e provolone. Anche salumi e vini di altri marchi. Prezzi leggermente più bassi dei negozi.

➜ **Come arrivare:** tangenziale Est di Milano, uscita Paullo, indicazioni per Casalmorano e per Soresina.

TALAMONA (SO)

3-Db

CASA

Okay Manifattura Carta

Spaccio aziendale/Factory outlet

0342604211
FAX 0342604212
okaypap@tin.it
www.okaypaper.com
lun-ven (8.00-12.00, 13.30-18.00), sab (8.30-12.00); chiuso dom; ferie ago (variabile)
P

Via Lombardia 21 - cap 23018

■ Outlet della Okay che produce tovaglioli, asciugamani, piatti e bicchieri in carta o plastica, anche coordinati. Articoli monouso, di ogni tipo, colore e fantasia, anche carta igienica e da cucina. Ottimo indirizzo per fare provviste stagionali.

➜ **Come arrivare:** SS38 Morbegno-Sondrio, indicazioni per Talamona - zona industriale.

€ **Sconti: 50%**

TRESCORE BALNEARIO (BG)

51-Ga

INTIMO E MARE

Triumph Outlet Store

Spaccio aziendale/Factory outlet

035948345
FAX 035943171
www.triumph-international.com
lun, mer, ven (10.00-13.00, 15.00-19.00), mart, gio, sab (10.00-19.00); chiuso dom; ferie ago (variabile)
P

Via Don Moioli 1 - cap 24069

■ Rimanenze, fine serie, campionari uomo, donna e bambino del noto marchio Triumph, ma anche Sloggi, Valisère e Homme. Anche mare, maglieria e pigiami. Angolo delle occasioni, anche taglie conformate.

➜ **Come arrivare:** A4, uscita Seriate, direzione Trescore Balneario.

€ **Sconti: dal 5% al 30%**

TREVIGLIO (BG) 51-Eb

SPORT

Cycleurope

Spaccio aziendale/Factory outlet

0363303670
negozio@bianchi.com
www.cycleurope.it,
www.bianchi.com
mart-sab
(10.00-19.00);
chiuso dom, lun;
ferie ago (variabile)

Via delle Battaglie 5 - cap 24047

■ Rimanenze, fine serie e vecchie collezioni di biciclette dei marchi Bianchi e Legnano. Anche caschi, portapacchi, abbigliamento e accessori per il ciclismo. Prima scelta, alcune promozioni durante l'anno.

→ **Come arrivare:** A4, uscita Capriate, direzione Treviglio.

Sconti: 30%

TREZZANO SUL NAVIGLIO (MI) 51-ABc

ACCESSORI

Umberto Pogna Laboratorio Occhiali

Laboratorio artigianale

0248400640
FAX 0248400624
mart-sab
(10.00-19.00);
chiuso dom, lun;
ferie ago (variabile)

Via Goldoni (interno) 27 - cap 20090

■ Laboratorio artigianale che vende occhiali e montature di collezioni passate, fine serie e campionari. Prima scelta e anche prodotti su commissione. Dal produttore al consumatore.

→ **Come arrivare:** tangenziale Ovest di Milano, uscita Nuova Vigevanese, direzione Trezzano sul Naviglio.

Sconti: 50%

TREZZANO SUL NAVIGLIO (MI) 51-ABc

ALIMENTARI

Pasticceria Bindi

Spaccio aziendale/Factory outlet

024453365
info@bindidessert.it
www.bindidessert.it
lun (15.00-20.00),
mart-sab (10.00-13.00,
15.00-20.00),
dom (10.00-13.00)

Via Goldoni 1 - cap 20090

■ Outlet della Bindi dove trovare, a prezzi scontatissimi, le specialità di pasticceria: torte gelate, semifreddi, biscotti, cioccolata, grappe, vini, caramelle. Pasticceria fresca e congelata. Prezzi convenienti.

→ **Come arrivare:** tangenziale Ovest di Milano, uscita Nuova Vigevanese, direzione Trezzano sul Naviglio.

TURATE (CO)

51-ABb

CASA

La Murrina

Spaccio aziendale/Factory outlet

0296975295/
800307101
lun (15.00-19.00),
mart-sab (9.30-12.30,
15.00-19.00);
chiuso dom

Via Isonzo 15 - cap 22078

■ Outlet del noto marchio di lampade e lampadari in vetro. Anche vasi.

→ **Come arrivare:** A9, uscita Turate.

URAGO D'OGLIO (BS)

51-Gc

CASA

Spaccio Zucchi

Spaccio aziendale/Factory outlet

0307070395
FAX 0307070395
info@bassetti.it
www.bassetti.com
lun (14.00-19.00),
mart-sab (9.30-12.30,
14.00-19.00);
chiuso dom;
ferie ago (variabile)
P

Statale 11, km 204 - cap 25030

■ Uno dei 14 outlet italiani dalla Zucchi che vende spugne, lenzuola, copridivani, trapunte, accappatoi, piumoni, coperte, Grandfoulard e copripiumoni a prezzi dimezzati. Si tratta di campionari, rimanenze, fine serie e seconda scelta.

→ **Come arrivare:** A4, uscita Grumello-Telgate, SS11 Milano - Brescia, all'incrocio con SS469.

€ **Sconti: 40%**

VARESE

51-Aa

BAMBINO

Monellina

Spaccio aziendale/Factory outlet

0332813111
FAX 0332817105
info@monellina.it
www.monellina.it
lun-ven (14.30-18.30),
sab (9.30-12.30);
chiuso dom

Via Cesare Correnti 2 - cap 21100

■ Outlet che vende scarpe per bambini e adolescenti in pelli pregiate. Specialisti dei primi passi (dal numero 17 al 21) fino alla misura 41. Ottime promozioni sulle fine serie. A volte apre anche il sabato pomeriggio.

→ **Come arrivare:** A8, uscita Varese, direzione centro città.

€ **Sconti: 50%**

VARESE

51-Aa

INTIMO E MARE

Malerba

Spaccio aziendale/Factory outlet

0332287526/
0332943911
FAX 0332287526
info@malerba.it
www.malerba.it
lun (15.00-19.00), mart-sab (9.00-13.00, 15.00-19.00); **chiuso** dom
P

Via Leopoldo Gasparotto 77 - cap 21100

■ Outlet che vende prodotti di prima e seconda scelta e campionari dei marchi: Malerba, Brigatti, Imec, Triumph, Sloggi, Playtex, Ragno. Offerte speciali ogni mese. Ulteriori sconti durante il periodo dei saldi.

→ **Come arrivare:** A8, uscita Varese, direzione centro città.

€ **Sconti: 20%**

VARZI (PV)

11-Bb

ALIMENTARI

Vecchio Varzi

Spaccio aziendale/Factory outlet

038352283
FAX 038352668
info@vecchiovarzi.it
www.vecchiovarzi.it
lun-ven (8.00-12.00, 13.00-17.30); **chiuso** sab, dom; ferie ago (variabile)
P

Via Castelletto 11 - cap 27057

■ Vendita diretta di salumi di produzione propria: salame di Varzi, salamelle, salame cotto e crudo, pancetta, lardo, coppa e lombata (bresaola di maiale). Vendita su fattura e solo dietro presentazione di codice fiscale da parte dell'acquirente.

→ **Come arrivare:** A7, uscita Casei Gerola, direzione Voghera, indicazioni per Varzi.

VEDANO AL LAMBRO (MONZA E BRIANZA)

51-Cb

INTIMO E MARE

Spaccio Infiore

Spaccio aziendale/Factory outlet

0392495715
info@infiorestore.com
lun (15.00-19.00), mart-sab (9.30-19.00); **chiuso** dom; ferie ago

Viale Cesare Battisti 127 - cap 20057

■ Rimanenze, seconda scelta e fine serie di intimo soprattutto da donna dei marchi Infiore e Chiaro di Luna. Durante i saldi, sconti sulle collezioni di stagione e su quelle precedenti. Prima e seconda scelta. Molte taglie.

→ **Come arrivare:** tangenziale Est di Milano, uscita Cinisello Balsamo, direzione Monza, indicazioni per Vedano al Lambro.

€ **Sconti: dal 20% al 50%**

VERTEMATE CON MINOPRIO (CO)

51-Ba

ABBIGLIAMENTO

Armani Factory Store

Spaccio aziendale/Factory outlet

031887373
FAX 031887377
www.giorgioarmani.com
lun-sab (9.30-19.00),
20 lug-1 set (10.00-14.00,
15.00-19.00);
dic: dom (10.00-14.00,
15.00-19.00);
chiuso dom (tranne a dic)

Provinciale per Bregnano 13 - cap 22070

Outlet di Armani in cui trovare tutte le linee del famoso stilista: dall'abbigliamento (collezioni passate e fine serie), all'intimo, agli accessori. I marchi vanno dal prêt-à-porter di lusso (Giorgio Armani) a tutte le altre linee: Armani Le Collezioni, Emporio Armani, Armani Jeans. Per uomo, donna e bambino, a prezzi convenienti, con un risparmio ottimo.
Sono anche disponibili alcuni articoli della linea Armani Casa.
Un fantastico indirizzo dove comprare la grande moda italiana a minor prezzo.

→ **Come arrivare:** A9, uscita Fino Mornasco, SS35 direzione Milano, indicazioni per Vertemate con Minoprio.

€ **Sconti: dal 50% al 80%**

VERTEMATE CON MINOPRIO (CO)

51-Ba

ABBIGLIAMENTO

Diesel Outlet Store

Spaccio aziendale/Factory outlet

031901573
FAX 031901573
outletcomo@diesel.com
www.diesel.com
lun (14.30-19.30),
mart-ven (10.00-12.30,
14.30-19.00),
sab (10.00-19.00);
chiuso dom;
ferie ago (variabile)
P

Via Odescalchi 2 - cap 22070

Rimanenze, prima scelta, fine serie, campionari uomo e donna: jeans, pantaloni, giacche, T-shirt, scarpe e accessori del marchio Diesel. Giovane e trendy. Taglie donna dalla 38 alla 46 e uomo dalla 48 alla 54. Ulteriori sconti durante i saldi.

→ **Come arrivare:** A9, uscita Fino Mornasco, SS35 direzione Milano, indicazioni per Vertemate con Minoprio.

€ **Sconti: 40%**

VIGEVANO (PV)

51-Ad

CALZATURE E PELLETTERIA

Moreschi

Spaccio aziendale/Factory outlet

03816988291
FAX 03816988303
retail@moreschi.it
www.moreschi.it
lun-dom (10.00-13.30, 14.30-19.00); ferie ago

Via Cararola 73 - cap 27029

Grande negozio con vasta esposizione di rimanenze e stock dei marchi Moreschi e Stemar: scarpe, abbigliamento e accessori in pelle, per uomo e donna. Nell'angolo delle occasioni, ultime paia scontatissime.

→ **Come arrivare:** A7, uscita Gropello Cairoli-Pavia Sud, direzione Vigevano-Novara.

€ **Sconti: dal 20% al 70%**

VIGGIÙ (VA)

3-Bc

ACCESSORI

Samsonite Factory Store

Spaccio aziendale/Factory outlet

0332440200
FAX 0332440314
www.samsonite.it
lun-sab (10.30-19.15); chiuso dom
P

Via Clivio 43 - cap 21050

Outlet della Samsonite che produce articoli da viaggio: valigie, borse e borsoni, morbidi o rigidi. Ma anche calzature e abbigliamento. Grande scelta di modelli, taglie e colori. Rimanenze, fine serie, campionari, prima e seconda scelta.

→ **Come arrivare:** A8, uscita Azzate-Buguggiate, direzione Gazzada, indicazioni per Gaggiolo, poi per Viggiù.

€ **Sconti: dal 30% al 50%**

VIGGIÙ (VA)

3-Bc

CASA

Spaccio Zucchi

Spaccio aziendale/Factory outlet

0332486262
FAX 0332486262
lun (14.30-18.30), mart-sab (9.00-12.30, 14.30-18.30); chiuso dom

Viale Varese, Loc. Baraggia 113 - cap 21059

Uno dei 14 outlet italiani dalla Zucchi che vende spugne, lenzuola, copridivani, trapunte, piumoni, coperte, Grandfoulard, copripiumoni, a prezzi dimezzati. Si tratta di campionari, rimanenze, fine serie e seconda scelta.

→ **Come arrivare:** A8, uscita Azzate-Buguggiate, direzione Gazzada, indicazioni per Gaggiolo, poi per Viggiù.

€ **Sconti: 40%**

VIMERCATE (MONZA E BRIANZA) 51-Db

ABBIGLIAMENTO

Marzotto Factory Store

Spaccio aziendale/Factory outlet

0396084675
FAX 0396612414
www.marzotto.it
lun (15.30-19.00), mart-sab (10.00-19.00); chiuso dom
P

Via Bolzano 3 - cap 20059

Outlet dove acquistare tutti i marchi Marzotto: Valentino, Marlboro, Borgofiori, Lebole, Principe, Trendy, Peter Regan, Stéphane Janson, Guabello. Campionari, fine serie, rimanenze, solo prima scelta. Ulteriori sconti durante il periodo dei saldi.

→ **Come arrivare:** tangenziale Est di Milano, uscita SP41 Casina Morosina, direzione Burago di Molgora.

€ **Sconti: dal 30% al 60%**

VIMERCATE (MONZA E BRIANZA) 51-Db

CASA

Spaccio Bassetti

Spaccio aziendale/Factory outlet

039668634
FAX 039668634
lun (14.30-18.30), mart-sab (9.30-18.30); chiuso dom

Via Bolzano 3 - cap 20059

Uno dei 14 spacci in Italia della nota azienda Bassetti dove trovare biancheria per la casa: lenzuola, tovaglie, trapunte, piumoni, coperte, copridivani, coordinati da bagno e cucina. Ottimi prezzi, grandi affari con le fine serie.

→ **Come arrivare:** tangenziale Est di Milano, uscita SP41 Casina Morosina, direzione Burago di Molgora.

€ **Sconti: 40%**

VIRGILIO (MN) 13-Bb

ABBIGLIAMENTO

Michelli 5

Spaccio aziendale/Factory outlet

0376448175
lun (15.30-19.30), mart-sab (9.00-12.30, 15.30-19.30); chiuso dom
P

Via Spolverina 10/12, Fraz. Cerese - cap 46030

Vendita diretta di camicie, completi, capispalla e abiti da uomo, classico e sportivo. Anche abbigliamento bambino da 0-6 anni. Capi di prima scelta, tutte le taglie anche conformate. Prezzi di fabbrica.

→ **Come arrivare:** A4, uscita Mantova Nord, indicazioni per Virgilio.

AVIO (TN)

13-Ba

CALZATURE E PELLETTERIA

Calzaturificio Trentino

Spaccio aziendale/Factory outlet

0464683063
FAX 0464683151
www.calzaturificiotrentino.it
lun-ven (8.30-12.00, 14.30-19.00); **chiuso** sab, dom; ferie ago (variabile)
P

Via del Lavoro 24 - cap 38063

Outlet del marchio Sanagens. Rimanenze, fine serie e campionari di scarpe uomo e donna. Si trovano anche altri marchi. Prima e seconda scelta. I numeri vanno dal 34 al 46.

→ **Come arrivare:** A22, uscita Ala-Avio, direzione zona industriale di Avio.

Sconti: 30%

BOLZANO/BOZEN

5-Cab

ABBIGLIAMENTO

Moessmer - Negozio Diretto

Spaccio aziendale/Factory outlet

0471973246
FAX 0471977943
www.moessmer.it
lun-ven (9.00-12.00, 15.00-19.00), sab (9.00-12.00); **chiuso** dom

Via della Mostra 16 - cap 39100

Outlet della Moessmer, specializzato in loden, tweed e lana cotta. Tanti modelli, colori e taglie. Prezzi convenienti. Anche accessori, servizio sartoria e spedizioni. Prima scelta. Per uomo taglie dalla 44 alla 64, per donna anche taglie forti.

→ **Come arrivare:** A22, uscita Bolzano Nord, direzione centro città.

Sconti: dal 20% al 50%

BOLZANO/BOZEN

5-Cab

ALIMENTARI

Mila Shop - Milkon

Spaccio aziendale/Factory outlet

0471451111
FAX 0471451333
info@milkon.it
lun-ven (8.30-12.30, 14.30-18.30), sab (8.30-12.00); **chiuso** dom
P

Kampillerstrasse 13/a - cap 39100

Outlet che vende latte, yogurt e formaggi con i marchi Mila e Milkon, dolci e alcuni prodotti biologici. Tutti i prodotti venduti sono di prima scelta.

→ **Come arrivare:** A22, uscita Bolzano Nord, direzione centro città.

BOLZANO/BOZEN

5-Cab

CASA

Thun

Spaccio aziendale/Factory outlet

0471245272
FAX 0471245242
info@thununiversum.it
www.thuniversum.it
gen-ott: lun-sab (9.00-18.30), **chiuso** dom; nov-dic: lun-sab (9.00-18.30), dom (9.00-19.00)
P

Via Galvani 29 - cap 39100

■ Outlet dove trovare tutta la gamma degli articoli Thun, dalle tipiche ceramiche locali alle stufe in maiolica. Ma anche articoli da regalo e liste nozze. Prima e seconda scelta e fine serie. Ulteriori sconti durante i saldi. Thun card.

→ **Come arrivare:** A22, uscita Bolzano Sud.

€ **Sconti: dal 35% al 70%**

BRUNICO/BRUNECK (BZ)

7-Ab

ABBIGLIAMENTO

Lanificio Moessmer

Spaccio aziendale/Factory outlet

0474411267
FAX 0474533177
www.moessmer.it
gen-lug, set-dic: lun-sab (9.00-12.30, 14.30-18.30), ago: lun-sab (9.00-19.00); **chiuso** dom
P

Via Walther von der Volgelweide 6 - cap 39031

■ Outlet della Moessmer, specializzato in loden, tweed e lana cotta. Tanti modelli, colori e taglie. Anche accessori, servizio sartoria e spedizioni. Prima scelta. Per uomo taglie dalla 44 alla 64, per donna anche taglie forti. Prezzi convenienti.

→ **Come arrivare:** A22, uscita Bressanone, SS49 direzione Brunico.

€ **Sconti: dal 20% al 50%**

BRUNICO/BRUNECK (BZ)

7-Ab

CASA

Ulbrich Tessiture

Spaccio aziendale/Factory outlet

0474555900
FAX 0474555910
info@ulbrich.it
www.ulbrich.it
lun-ven (9.00-12.00, 15.00-19.00), sab (9.00-12.00); **chiuso** dom
P

Passeggiata Tielt 17/a - cap 39031

■ Rimanenze, fine serie di tovaglie, tovaglioli, tende, tessuti per l'arredamento del marchio Ulbrich. Prima e seconda scelta. Anche scampoli scontatissimi. Si accettano assegni.

→ **Come arrivare:** A22, uscita Bressanone, SS49 direzione Brunico.

€ **Sconti: dal 30% al 70%**

CALAVINO (TN) *5-BCb*

ABBIGLIAMENTO

Store House

Spaccio aziendale/Factory outlet

0461565020
FAX 0461565020
www.store-house.it
gen-mar, nov-dic: mart-sab (9.30-12.00, 15.00-19.00), **chiuso** dom, lun; apr-ott: lun (15.00-19.00), mart-sab (9.30-12.00, 15.00-19.00), dom (9.30-12.00)
P

Via Garda 1, Loc. Sarche - cap 38072

Punto vendita specializzato in sportswear di marca: Barbour, North Sails, Invicta, Belstaff, Henry Lloyd, Vespa, Woolrich, Calvin Klein, Murphy & Nye, Vans, Capalbio, Terrae. Collezioni attuali e rimanenze delle precedenti. Buona scelta di taglie.

→ **Come arrivare:** A22, uscita Trento, indicazioni per Calavino.

€ **Sconti: dal 20% al 40%**

CASTELNUOVO (TN) *5-Db*

ACCESSORI

Malerba

Spaccio aziendale/Factory outlet

0461752635
www.malerba.it
lun (15.00-19.00), mart-sab (8.30-12.30, 15.00-19.00); **chiuso** dom

Via Broletto 12 - cap 38050

Calze, calzini, calzettoni, collant e anche intimo di vari marchi. Per uomo, donna e bambino. A prezzo scontato.

→ **Come arrivare:** A22, uscita Trento, SS47 indicazioni per Castelnuovo.

€ **Sconti: 40%**

CORTACCIA SULLA STRADA DEL VINO/KURTATSCH AN DER WEINSTRASSE (BZ) *5-Cb*

VINI E LIQUORI

Cantina Produttori Cortaccia

Spaccio aziendale/Factory outlet

0471880115
FAX 0471880099
info@kellerei-kurtatsch.it
www.kellerei-kurtatsch.it
lun-ven (8.00-12.00, 14.00-18.00), sab (10.00-12.00), set-ott: sab anche 14.00-18.00; **chiuso** dom
P

Strada del Vino 23 - cap 39040

Vendita diretta di vini di produzione propria. Tutte le specialità locali come Traminer aromatico, Müller Thurgau, Chardonnay, Pinot grigio e Cabernet. Solo prodotti di prima scelta. Prezzi adeguati.

→ **Come arrivare:** A22, uscita Egna-Ora, indicazioni per Cortaccia sulla Strada del Vino .

€ **Sconti: 5%**

GRIGNO (TN)

5-Db

ALIMENTARI

Casearia Monti Trentini

Spaccio aziendale/Factory outlet

0461765339
FAX 0461765458
casearia@montitrentini.com
www.montitrentini.com
lun, mer (8.00-12.30), mart, gio-sab (8.00-12.30, 15.30-19.00); chiuso dom
P

Via zona industriale 1 - cap 38055

Outlet che vende latte, formaggi doc e prodotti tipici del Trentino, ma non solo. Mozzarelle, formaggi freschi, yogurt, panna, burro e latte di qualità e genuini. Prezzi vantaggiosi su grosse quantità. Prima e seconda scelta.

→ **Come arrivare:** A22, uscita Trento, SS47 direzione Padova, poi indicazioni per Grigno.

€ **Sconti: 15%**

LAGUNDO/ALGUND (BZ)

5-Ca

ALIMENTARI

Naegele K & A

Spaccio aziendale/Factory outlet

0473447877
FAX 0473447826
admin@naegele.it
www.naegele.it
lun-ven (8.00-12.00, 14.00-19.00), sab (8.00-12.00); chiuso dom
P

Via Weingarter 14 - cap 39022

Vendita diretta di succhi di frutta e altre bevande analcoliche di produzione propria. Tantissimi i gusti dei succhi (prugna, carota, frutti di bosco, mela), tutti eccellenti. Prezzi interessanti.

→ **Come arrivare:** A22, uscita Merano, direzione Lagundo.

PIEVE TESINO (TN)

5-Db

ABBIGLIAMENTO

Silvy - Bailo

Spaccio aziendale/Factory outlet

0461591241
FAX 0461591292
spaccio@bailo.com
www.discoveryenterprise.it
gen-lug, set-dic: mart-dom (9.00-12.00, 15.00-19.00), chiuso lun; ago: lun-dom (9.00-12.00, 15.00-19.00)
P

Loc. Coldané - cap 38050

Outlet che vende i marchi Bailo, Silvy e National Geographic per uomo e donna. Prima e seconda scelta nelle taglie dalla 40 alla 56, dalla XS alla XXXL. Durante i saldi ulteriori sconti.

→ **Come arrivare:** A22, uscita Trento, SS47, direzione Tesino.

€ **Sconti: dal 30% al 70%**

RENON/RITTEN (BZ) 5-Ca

ALIMENTARI

Loacker

Spaccio aziendale/Factory outlet

0471344000/
0471296111
FAX 0471344050
info@loacker.com
www.loacker.it
dom-ven (9.00-12.00, 13.00-17.00);
chiuso sab
P

Via Gasterer 3, Loc. Auna di Sotto/Unterinn - cap 39054

Outlet dell'azienda Loacker, produttrice dei famosi wafer. Qui si può acquistare tutta la gamma dei prodotti dolciari, dalle tortine ai biscotti alla cioccolata. Sconti su piccole e grandi confezioni.

→ **Come arrivare:** A22, uscita Bolzano Nord, SS241 direzione Renon.

€ **Sconti: 30%**

SAN GENESIO ATESINO/JENESIEN (BZ) 5-Ca

ABBIGLIAMENTO

Kaufmann

Spaccio aziendale/Factory outlet

0471354595
FAX 0471354622
info@kaufmannwalker.it
www.kaufmannwalker.it
lun-ven (9.00-12.00, 14.00-17.00);
chiuso sab, dom
P

Via Paese 3 - cap 39050

Giacche, gilet, maglie in lana cotta tipica della regione. Per uomo, donna e bambino. Prima e seconda scelta e rimanenze delle collezioni precedenti. Buon assortimento di taglie.

→ **Come arrivare:** A22, uscita Bolzano Nord, indicazioni per San Genesio Atesino.

€ **Sconti: 10%**

SAN LORENZO DI SEBATO/SANKT LORENZEN (BZ) 5-Da

ABBIGLIAMENTO

Ankershoffen

Spaccio aziendale/Factory outlet

0474474599
FAX 0474474550
ankershoffen@dnet.it
lun-ven (9.00-12.00, 14.30-18.30),
sab (9.00-12.00),
nov-feb: anche sab 14.30-18.30;
chiuso dom;
ferie lug (variabile)
P

Via Brunico 19 - cap 39030

Outlet che vende pellicce di qualità, dal montone al visone. Solo prima scelta. Servizio di sartoria su misura, di riparazioni, di rimessa a modello e di custodia estiva. Prezzi concorrenziali. Ulteriori sconti in estate e nel periodo dei saldi.

→ **Come arrivare:** A22, uscita Bressanone, SS49 direzione Brunico.

€ **Sconti: dal 10% al 50%**

SCURELLE (TN) *5-CDb*

TESSUTI

Metex

Spaccio aziendale/Factory outlet

0461762331
FAX 0461762331
metex@dada.it
lun-ven (8.00-11.30, 14.00-18.30), sab (8.30-11.00); **chiuso** dom; ferie ago (variabile)
P

Loc. Lagarine 5 - cap 38050

■ Outlet della Metex che vende scampoli di tessuti di abbigliamento, anche prodotti per stilisti famosi. Tagli di vari colori, sempre di buona qualità, in lana, seta, cotone. Prezzi molto convenienti, sconti ottimi nel periodo dei saldi.

➜ **Come arrivare:** A22, uscita Trento, SS47 direzione Strigno.

€ **Sconti: dal 20% al 50%**

TAIO (TN) *5-Cb*

ALIMENTARI

Trentingrana

Spaccio aziendale/Factory outlet

0463469440
inverno: lun-mer, ven- sab (8.00-12.00, 15.00-19.00), gio (8.00-12.00); estate: lun-sab (8.00-12.00, 15.30-19.30; **chiuso** dom
P

Via Nazionale 10, Segno - cap 38010

■ Spaccio dove trovare tutta la produzione casearia Trentingrana a prezzi vantaggiosi soprattutto sulle grosse quantità. Formaggi di alta qualità prodotti con latte genuino. Vale la pena per fare scorte.

➜ **Come arrivare:** A22, uscita San Michele-Mezzocorona, SS43 della Val di Non per circa 12-13 km.

€ **Sconti: dal 20% al 50%**

TERMENO SULLA STRADA DEL VINO/TRAMIN AN DER WEINSTRASSE (BZ) *5-Cb*

ALIMENTARI

Mendel Speck

Spaccio aziendale/Factory outlet

0471812834
FAX 0471812341
mendelspeck@mendelspeck.com
www.mendelspeck.com
lun-ven (8.30-12.00, 15.00-18.30), sab (8.00-12.00); **chiuso** dom; ferie nov, feb (variabile)
P

Via Stazione 19 - cap 39040

■ Outlet della Mendel Speck, l'azienda produttrice di speck dove trovare anche altri salumi, come la pancetta o il prosciutto, a prezzi convenienti. Tutti i prodotti di prima scelta.

➜ **Come arrivare:** A22, uscita Egna-Ora, direzione Termeno.

€ **Sconti: 50%**

TERMENO SULLA STRADA DEL VINO/TRAMIN AN DER WEINSTRASSE (BZ) *5-Cb*

VINI E LIQUORI

Cantina Sociale Termeno

Spaccio aziendale/Factory outlet

0471860126
FAX 0471860828
info@tramin-wine.it
www.tramin-wine.it
inverno: lun-ven (9.00-12.00, 14.00-18.00), sab (9.00-12.00); estate: lun-sab (8.00-12.00, 14.00-19.00); chiuso dom
P

Strada del Vino 144 - cap 39040

■ Vendita diretta di vini tipici, bianchi e rossi. Solo prodotti di prima scelta. Anche degustazione. Grande qualità, prezzi convenienti e servizio spedizioni. Dal produttore al consumatore.

→ **Come arrivare:** A22, uscita Egna-Ora, direzione Termeno.

TESERO (TN) *5-CDc*

ABBIGLIAMENTO

Dolomiten Sportswear

Spaccio aziendale/Factory outlet

0462813106
FAX 0462814422
info@dolomiten-sp.it
www.dolomiten-sp.it
lun-sab (8.00-12.00, 15.00-19.00), lug-ago, dic-gen anche dom (9.00-12.00, 16.00-19.00); chiuso dom (variabile)
P

Via Piera 2 - cap 38038

■ Per chi ama l'abbigliamento tipico e tradizionale dell'Alto Adige, questo è l'outlet della Dolomiten, azienda specializzata nella confezione in loden e lana cotta per uomo, donna e bambino. Ma la Dolomiten produce anche giacche a vento, giacche imbottite e maglieria sportiva. Tantissimi modelli, ampia gamma di colori e prezzi convenienti. Buona disponibilità di taglie. Prima scelta e rimanenze delle collezioni precedenti. Un indirizzo fondamentale per comprare abbigliamento invernale e da montagna.

→ **Come arrivare:** A22, uscita Egna-Ora, SS48 indicazioni per Tesero.

€ **Sconti: dal 20% al 30%**

TRENTO 5-Cb

ABBIGLIAMENTO

Vestimenta

Spaccio aziendale/Factory outlet

0461943224
mart-sab (9.30-18.30); **chiuso** dom, lun; ferie ago (variabile)
P

Via Catoni 147, Mattarello - cap 38060

Outlet che vende Hilton, Best Made, Calvin Klein e Trussardi. È possibile trovare prima e seconda scelta e collezioni precedenti. Su quest'ultime ci sono promozioni particolari. Taglie dalla 46 alla 62 per uomo e dalla 38 alla 48 per donna.

→ **Come arrivare:** A22, uscita Trento, SS12 direzione Verona, uscita Mattarello.

€ **Sconti: dal 30% al 60%**

TRENTO 5-Cb

ALIMENTARI

Bauer

Spaccio aziendale/Factory outlet

0461944350
FAX 0461944363
info@bauerspa.it
www.bauerspa.it
lun-ven (8.00-12.00, 13.00-17.00); **chiuso** sab-dom; ferie ago (variabile)
P

Loc. Le Basse 33, Mattarello - cap 38060

Produzione e vendita di prodotti alimentari e di specialità gastronomiche, soprattutto di preparati per brodo. Solo prodotti di prima scelta.

→ **Come arrivare:** A22, uscita Trento, SS12 direzione Verona, uscita Mattarello, poi indicazioni per loc. Le Basse.

€ **Sconti: dal 10% al 15%**

TRENTO 5-Cb

CASA

Cereria Ronca

Laboratorio artigianale

0461946030
FAX 0461946029
info@cereriaronca.it
www.cereriaronca.it
lun-ven (8.00-12.00, 14.00-18.00), ott-dic anche sab 8.00-12.00; **chiuso** dom, sab (variabile); ferie ago (variabile)
P

Via della Cooperazione 13, Mattarello - cap 38060

Laboratorio artigianale di candele e ceri per tutti gli usi: da funzioni sacre, decorative, mangiafumo, deodoranti o zanzarifughe. Prezzi al pezzo, vasto assortimento. Prima scelta e occasioni.

→ **Come arrivare:** A22, uscita Trento, SS12 direzione Verona, uscita Mattarello.

€ **Sconti: dal 20% al 40%**

TRENTO *5-Cb*

CASA

Trapuntificio C.A.T.

Spaccio aziendale/Factory outlet

0461945386
FAX 0461945386
lun-ven (8.30-12.30, 15.00-19.00); **chiuso** dom, sab
P

Loc. Le Basse 5, Mattarello - cap 38060

■ Vendita diretta di materassi, piumini, coperte e imbottiti di produzione artigianale. Ottima qualità e prezzi adeguati.

→ **Come arrivare:** A22, uscita Trento, SS12 direzione Verona, uscita Mattarello, poi indicazioni per loc. Le Basse.

TRENTO *5-Cb*

CASA

Trapuntificio C.A.T. c/o Top Center

Spaccio aziendale/Factory outlet

0461828533
FAX 0461828533
mart-sab (8.30-12.30, 15.00-19.00), lun (15.00-19.00); **chiuso** dom

Via Brennero 320 - cap 38060

■ All'interno del centro commerciale Top Center vendita diretta di materassi, piumini, divani, tendaggi, coperte e imbottiti di produzione artigianale. Ottima qualità e prezzi adeguati.

→ **Come arrivare:** A22, uscita Trento Nord, indicazioni per centro commerciale Top Center.

TRENTO *5-Cb*

CASA

Trapuntificio Patiflex

Spaccio aziendale/Factory outlet

0461945726
FAX 0461945809
info@patiflex.it
www.patiflex.it
lun-sab (9.00-12.00, 15.00-19.00); **chiuso** dom; ferie ago (variabile)
P

Via della Stazione 15, Mattarello - cap 38060

■ Outlet che vende materassi, piumini, trapunte, coperte in lana merinos, imbottiti e guanciali di produzione artigianale. Sia prima che seconda scelta. Ottima qualità e prezzi convenienti.

→ **Come arrivare:** A22, uscita Trento, SS12 direzione Verona, uscita Mattarello.

€ **Sconti: dal 20% al 30%**

TRENTO

5-Cb

VINI E LIQUORI

Cavit

Spaccio aziendale/Factory outlet

0461381711/
800491289
FAX 0461912700
cavit@cavit.it
www.cavit.it
lun-ven (9.00-12.30, 14.00-18.30);
chiuso sab-dom;
ferie ago (variabile)
P

Via del Ponte di Ravina 33 - cap 38040

Enoteca-outlet dove trovare tutta la produzione Cavit, cantine associate a livello nazionale. Tantissime bottiglie di buona e ottima qualità. Grappe e spumanti da regalo e da collezione. Prezzi adeguati.

→ **Come arrivare:** A22, uscita Trento, SS12 direzione Verona uscita Ravina.

Sconti: dal 20% al 25%

VAL DI VIZZE/PFITSCH (BZ)

5-Da

ABBIGLIAMENTO

Timberland Factory Outlet

Spaccio aziendale/Factory outlet

0472767670
FAX 0472767670
www.timberland.com
lun-mer, ven (9.00-12.00, 14.30-18.45),
gio (9.00-12.00),
sab (9.00-13.00, 14.30-18.30);
chiuso dom

c/o City Center Via Brennero 19 - cap 39049

All'interno del centro commerciale City Center, outlet Timberland con un buon assortimento di rimanenze e fine serie a prezzi ottimi: abbigliamento e accessori per uomo, donna e bambino. Disponibilità di taglie. Ai clienti un buono per 30 minuti di parcheggio.

→ **Come arrivare:** A22, uscita Vipiteno-Sterzing, indicazioni per centro commerciale City Center.

Sconti: dal 20% al 60%

VIPITENO/STERZING (BZ)

5-Ca

ALIMENTARI

Latteria Sociale Vipiteno

Spaccio aziendale/Factory outlet

0472764155
FAX 0472766770
info@latteria-vipiteno.it
www.latteria-vipiteno.it
lun-ven (8.00-12.00, 14.00-18.00),
sab (8.00-12.00);
chiuso dom
P

Via Passo Giovo 108 - cap 39049

Outlet della Vipiteno, la nota azienda produttrice di yogurt di qualità, dove comprare un'infinità di gusti, in grosse quantità e a prezzi vantaggiosi. In vendita anche un ottimo burro. Solo prima scelta.

→ **Come arrivare:** A22, uscita Vipiteno, indicazioni per Passo Giovo.

Sconti: dal 4% al 10%

Abbigliamento

Accessori

Alimentari

Bambino

Calzature e pelletteria

Casa

Cosmetici e profumi

Gioielli e orologi

Hobby e fai-da-te

ABANO TERME (PD)
13-Db

ABBIGLIAMENTO
Emporio N & W
Spaccio aziendale/Factory outlet

0498602693
FAX 0498602693
lun-dom (9.30-12.30, 15.30-19.30); ferie ago (variabile)
P

Via Caboto 20 (ang. Via Calle Pace) - cap 35031

■ Elegante spaccio di abbigliamento uomo e donna. Total look (abiti, scarpe, cinture) del marchio Norton & Wilson in prima scelta o campionario. Taglie dal 38 alla 54 per donna e dal 46 alla 64 per uomo. Carta fedeltà.

→ **Come arrivare:** A4, uscita Padova Ovest, SS47 indicazioni per Abano Terme; A13, uscita Terme Euganee, SS16 Adriatica.

€ **Sconti: dal 20% al 30%**

ABANO TERME (PD)
13-Db

CASA
Dino Scapin
Stocchista/Stockhouse - Rigattiere

049710586
lun-sab (9.00-12.30, 15.00-19.30); chiuso dom

Via Ponte della Fabbrica 40 - cap 35031

■ Stocchista di mobili nuovi, usati e antichi di tutti i tipi. Sconti di circa il 50% rispetto al listino, offerte di mobili e cucine provenienti da fiere e mostre.

→ **Come arrivare:** A4, uscita Padova Ovest, SS47 indicazioni per Abano Terme; A13, uscita Terme Euganee, SS16 Adriatica.

€ **Sconti: 50%**

ALTIVOLE (TV)
15-Ba

INTIMO E MARE
Liberti
Spaccio aziendale/Factory outlet

0423564441
info@liberti.it
www.liberti.it
lun (15.30-19.30), mart-sab (9.30-12.30, 15.30-19.30); chiuso dom (variabile)
P

Via Rosina 1, San Vito - cap 31030

■ Outlet biancheria intima per uomo e donna con il marchio Liberti. Slip e reggiseni, pigiami in raso e cotone, canottiere e camicie da notte. Vasto assortimento di taglie (anche conformate), tessuti e colori. Prima e seconda scelta.

→ **Come arrivare:** A4, uscita Vicenza Est, direzione Treviso, indicazioni per Asolo.

€ **Sconti: dal 10% al 50%**

ARCUGNANO (VI)

13-Db

CALZATURE E PELLETTERIA

Calzaturificio Itersan

Spaccio aziendale/Factory outlet

0444288673
FAX 0444288769
itersan@itersan.com
www.itersan.com
lun-ven (9.00-12.30, 15.00-17.30), sab (9.30-13.00); **chiuso** dom; ferie 1-25 ago
P

Via Meucci 62, zona industriale Sant'Agostino - cap 36057

■ Spaccio aziendale di scarpe uomo e donna, soprattutto modelli classici. Prima scelta e campionari. Numeri dal 33 al 47.

→ **Come arrivare:** A4, uscita Vicenza Ovest, indicazioni per Arcugnano - zona industriale.

€ **Sconti: dal 20% al 60%**

ASIAGO (VI)

5-Dc

ALIMENTARI

Consorzio Caseifici Altopiano di Asiago

Spaccio aziendale/Factory outlet

042464844
FAX 0424462639
caseifici.asiago@keycomm.it
lun-mart (8.30-12.30, 15.30-19.00), mer (8.30-12.30), gio-dom (8.30-12.30, 15.30-19.00);
P

Via Francesco Baracca 14 - cap 36012

■ Vendita diretta di formaggi tipici, primo fra tutti l'asiago disponibile in varie stagionature. Inoltre caciotte, ricottine e specialità locali come la tosella. Ideale per riempire la dispensa risparmiando.

→ **Come arrivare:** A31, uscita Piovene-Rocchette, indicazioni per Asiago.

AURONZO DI CADORE (BL)

7-Bb

ACCESSORI

Centri Ottici Fratelli G. e C. Lozza

Spaccio aziendale/Factory outlet

043599418
FAX 043599418
lun-sab (9.00-12.30, 15.30-19.00); **chiuso** dom

Via Ospitale 3 - cap 32041

■ Outlet della Lozza, che vende anche le linee Safilo e Luxottica. Occhiali da sole e montature da vista in svariati modelli e colori a prezzi ottimi.

→ **Come arrivare:** A4 e A27, uscita Pian di Vedoia, SS51 bis, indicazioni per Auronzo di Cadore.

€ **Sconti: dal 30% al 50%**

BRENDOLA (VI)

13-Cb

ABBIGLIAMENTO

Marzotto Factory Store

Spaccio aziendale/Factory outlet

0444492422
FAX 0444492249
marzottod_bre01@tin.it
lun (15.00-19.00), mart-dom (9.30-12.30, 15.00-19.00); ferie ago (variabile)

Via Einaudi 9 - cap 36040

Outlet di abbigliamento e accessori di vari marchi. Per uomo: Lebole, Trendy, Principe, Valentino, Marlboro Classics. Per donna: Missoni, Valentino, Borgofiori, Marlboro Classics. Nel periodo dei saldi si applicano ulteriori sconti.

→ **Come arrivare:** A4, uscita Montecchio, indicazioni per Brendola.

€ **Sconti: dal 30% al 70%**

BUSSOLENGO (VR)

13-Bb

ABBIGLIAMENTO

Zen Outlet Levi's

Spaccio aziendale/Factory outlet

0456704236
lun-ven (9.30-12.30, 15.30-19.30), sab (9.00-13.00, 15.00-19.30); chiuso dom

Via Marconi 20 - cap 37012

Rimanenze, fine serie, prima e seconda scelta di jeans, abbigliamento e accessori per uomo e donna con i marchi Levi's e Dockers.

→ **Come arrivare:** A4, uscita Sommacampagna, SP26 direzione Bussolengo.

€ **Sconti: 40%**

CAMPODARSEGO (PD)

13-Db

ACCESSORI

Spacciocchiali

Negozio discount

0499201646
FAX 0499201646
info@spacciocchiali.it
www.spacciocchiali.it
lun-sab (9.00-12.30, 15.30-19.30); chiuso dom
P

Via Antoniana 103 - cap 35011

Discount di ottica che vende montature firmate e non, da sole e da vista. Servizio di controllo computerizzato, reparto lenti a contatto. Bimbo Card (mette al riparo da rotture anche accidentali per l'intero anno scolastico, sostituzione gratuita).

→ **Come arrivare:** A4, uscita Padova Est, direzione Castelfranco, indicazioni per Campodarsego.

€ **Sconti: 50%**

CASALE SUL SILE (TV) — *15-Ba*

ALIMENTARI

Caseificio Artigiano Zanchetta

Spaccio aziendale/Factory outlet

0422788226
FAX 0422788226
info@caseificioartigianozanchetta.it
www.caseificioartigianozanchetta.it
lun, mart, gio-sab
mer (8.00-12.30);
chiuso dom
P

Viale Trento e Trieste 17 - cap 31032

Outlet che vende formaggi e latticini: yogurt, ricotta, stracchino, crema di formaggio a prezzi molto convenienti. Il posto ideale per fare scorte.

→ **Come arrivare:** A4, uscita Quarto d'Altino, indicazioni per Casale sul Sile.

€ **Sconti: dal 15% al 20%**

CASALE SUL SILE (TV) — *15-Ba*

ALIMENTARI

Dolcerie Veneziane

Spaccio aziendale/Factory outlet

0422822737
FAX 0422821506
info@dolcerieveneziane.it
www.dolcerieveneziane.it
mart-sab (8.30-12.30, 15.00-19.30);
chiuso lun, dom;
ferie mag-ago
P

Via San Michele 71 - cap 31032

Outlet che vende specialità dolciarie di produzione propria: panettoni, focacce tipiche, pandolci, cioccolato, biscotti, uova pasquali, prodotti da ricorrenze. Ottima qualità e prezzi molto convenienti.

→ **Come arrivare:** A4, uscita Quarto d'Altino, indicazioni per Casale sul Sile.

€ **Sconti: dal 10% al 30%**

CASIER (TV) — *15-Ba*

CASA

Tognana Porcellane

Spaccio aziendale/Factory outlet

0422672273
FAX 0422670144
info@tognanaporcellane.it
www.tognanaporcellane.it
lun (15.00-19.00),
mart-sab (9.30-12.30, 15.00-19.00);
chiuso dom;
ferie ago (variabile)
P

Via Barbaro - cap 31030

Outlet che vende tutto per la tavola: dai piatti alle tazze alle pirofile, ma anche bicchieri, posate, tovaglie e accessori per la cucina, di prima, seconda, terza scelta. I marchi in vendita sono Tognana e Andrea Fontebasso. Carta fedeltà.

→ **Come arrivare:** A27, uscita Treviso Sud, indicazioni per Ospedale Generale.

€ **Sconti: dal 20% al 30%**

CASTELFRANCO VENETO (TV)

13-Da

ABBIGLIAMENTO

GSP Abbigliamento

Spaccio aziendale/Factory outlet

0423744866
FAX 0423744864
lun-sab (9.00-12.00, 15.00-19.00);
chiuso dom;
ferie ago (variabile)
P

Via Rossi 5 - cap 31033

■ Outlet che vende maglieria in cashmere per uomo e donna. I capi in vendita sono di prima scelta. Taglie dalla 40 alla 52 per donna, dalla 44 alla 60 per uomo. Nel periodo dei saldi si applicano ulteriori sconti.

➔ **Come arrivare:** A4, uscita Vicenza Nord, SS53 direzione Castelfranco Veneto - zona industriale.

€ **Sconti: dal 20% al 50%**

CASTELFRANCO VENETO (TV)

13-Da

INTIMO E MARE

Liberti

Spaccio aziendale/Factory outlet

042342496
info@liberti.it
www.liberti.it
lun (14.00-20.00), mart-sab (9.30-20.00);
chiuso dom
P

Via Circonvallazione Est 48/50 - cap 31033

■ Outlet di biancheria intima per uomo e donna del marchio Liberti. Slip, reggiseni, pigiami in raso e cotone, canottiere e camicie da notte. Vasta scelta di taglie (anche conformate), tessuti e colori. Prima e seconda scelta.

➔ **Come arrivare:** A4, uscita Vicenza Nord, SS53 direzione Castelfranco Veneto - zona industriale.

€ **Sconti: 10%**

CEREA (VR)

13-Cb

TESSUTI

Giesse Scampoli

Stocchista/Stockhouse

044282211
www.giessescampoli.com
lun, mer-sab (9.00-12.30, 15.00-19.00);
chiuso dom, mart

Via Calcara 85 - cap 37053

■ Principalmente stock di tessuti di abbigliamento a partire da 1 euro al metro. Ma anche accessori, nastri, filati, bottoni e fai da te. I marchi venduti sono Amann, Burda, Husqvarna Viking. Offerte promozionali tutto l'anno.

➔ **Come arrivare:** A4, uscita Verona Sud, indicazioni per Cerea.

€ **Sconti: 70%**

CERVARESE SANTA CROCE (PD) *13-Db*

ABBIGLIAMENTO

Cooperativa Pellicciai Riuniti

Spaccio aziendale/Factory outlet

0499915398/ 0499915008
FAX 0499915008
pellicciai.riuniti@virgilio.it
lun-ven (8.00-12.00, 13.30-17.30), sab (8.00-12.00); **chiuso** dom; ferie ago (variabile)
P

Piazza della Memoria 7 - cap 35030

Azienda che produce pellicce di qualità a prezzi competitivi. Visoni, persiani, montoni, castoro in tanti modelli e colori. Solo prima scelta; capi su misura. Tutte le taglie. Riparazioni e servizio custodia. Nel periodo dei saldi ulteriori sconti.

→ **Come arrivare:** A4, uscita Grisignano di Zocco, indicazioni per Cervarese Santa Croce.

€ **Sconti: dal 10% al 30%**

CERVARESE SANTA CROCE (PD) *13-Db*

GIOIELLI E OROLOGI

Lineafur

Grossista/Importatore diretto

0499915521
FAX 0499915615
lineafur@tlibero.it
mart-mer, ven-sab (9.00-12.30, 15.00-19.00); **chiuso** dom, lun, gio; ferie ago (variabile)
P

Via Roma 148/150, Fossona - cap 35030

Importazione di perle, di ogni varietà. Grande scelta di perle nere dalla Polinesia, la specialità di Lineafur. Anche pietre preziose e semi preziose. Laboratorio gemmologico interno.

→ **Come arrivare:** A4, uscita Grisignano di Zocco, indicazioni per Cervarese Santa Croce.

€ **Sconti: 30%**

COLOGNA VENETA (VR) *13-Cb*

ALIMENTARI

Gli Speziali

Spaccio aziendale/Factory outlet

0442411380
FAX 0442419105
info@spezialicologna.com
www.spezialicologna.com
lun-sab (8.30-13.00, 14.30-19.30), set-dic anche dom 08.30-13.00, 14.30-19.30; **chiuso** dom (variabile)
P

Viale del Lavoro 31 - cap 37044

Specialità dolciarie tipiche veronesi di produzione propria: mandorlato classico, dolci di mandorle e nocciole, pasticcini al miele. E anche caramelle, cioccolatini, uova pasquali. Tutto di prima scelta, molto conveniente e di ottima qualità.

→ **Come arrivare:** A4, uscita Soave, direzione Legnago, indicazioni per Cologna Veneta.

€ **Sconti: 30%**

COLOGNOLA AI COLLI (VR) 13-Cb

ALIMENTARI

Dal Colle

Spaccio aziendale/Factory outlet

0456134511
FAX 0457650959
info@dalcolle.com
www.dalcolle.com
lun-mart, gio-sab (8.30-12.30, 15.00-19.00), mer (8.30-12.30, 15.00-18.30); **chiuso** dom; ferie ago
P

Via Strà 13 - cap 37030

Outlet che vende le specialità dolciarie della famosa casa Dal Colle. Panettoni, pandoro, colombe di produzione propria. Inoltre pasticcini tipici, pandolci, cioccolato, biscotti, merendine. Prezzi molto bassi sulle confezioni lievemente difettate.

→ **Come arrivare:** A4, uscita Soave, SS11 direzione Vicenza, indicazioni per Colognola ai Colli.

COLOGNOLA AI COLLI (VR) 13-Cb

ALIMENTARI

Minet srl Spaccio Sanson Ind. Dolciaria

Spaccio aziendale/Factory outlet

0457652988
FAX 0457652988
info@minet-vr.it
mart-sab (9.00-13.00, 14.30-18.30); **chiuso** lun, dom; ferie gen
P

Statale 11 Padana Superiore 160 - cap 37030

Outlet self-service dove acquistare tutta la produzione Sanson, noto marchio della gelateria italiana. Vaschette di ogni tipo, grandi e piccole, varietà di gusti e offerte speciali. Risparmio ottimo su alcuni prodotti.

→ **Come arrivare:** A4, uscita Soave, SS11 direzione Vicenza, indicazioni per Colognola ai Colli.

€ **Sconti: dal 10% al 50%**

CONEGLIANO (TV) 7-Bd

BAMBINO

Doggy

Spaccio aziendale/Factory outlet

0438451413
www.doggy.it
lun (15.00-19.00), mart-sab (9.00-12.30, 15.00-19.00); **chiuso** dom
P

Viale Venezia 93 - cap 31015

Abbigliamento e accessori bambino, da 0 a 6 anni. Molti marchi come Foppapedretti, Artsana, Bébé Comfort, Inglesina, Chicco. Articoli della collezione attuale a prezzi di fabbrica. Durante i saldi ulteriori sconti.

→ **Come arrivare:** A27, uscita Conegliano.

€ **Sconti: 30%**

CORNUDA (TV)

7-Bd

ABBIGLIAMENTO

Lotto

Spaccio aziendale/Factory outlet

0423821400
lss.cornuda@tin.it
lun (15.00-19.30), mart-sab (9.30-13.00, 15.00-19.30); chiuso dom

Via Padova 23 - cap 31041

Abbigliamento e articoli sportivi per uomo, donna e bambino (sopra 6 anni).

Come arrivare: A27, uscita Treviso Nord, indicazioni per Cornuda.

CORNUDA (TV)

7-Bd

SPORT

The North Face

Spaccio aziendale/Factory outlet

0423839133
lun (14.30-19.30), mart-ven (10.00-13.00, 14.30-19.30), sab (9.00-13.00, 14.30-19.00); chiuso dom
P

Via Padova 21 - cap 31041

Outlet del marchio The North Face dove trovare abbigliamento, calzature e accessori per lo sport (sci, trekking ecc.) e il tempo libero. Sono in vendita sia la prima che la seconda scelta. Taglie dalla XS alla XXL, per uomo e donna.

Come arrivare: A27, uscita Treviso Nord, indicazioni per Cornuda.

Sconti: 33%

CORTINA D'AMPEZZO (BL)

7-Bb

ABBIGLIAMENTO

Morotto

Spaccio aziendale/Factory outlet

04364419
FAX 0436867077
info@morotto.com
www.morotto.com
lun (15.00-19.00), mart-sab (8.30-12.00, 15.00-19.00), gen-mar, lug-ago anche lun 8.30-12.00; chiuso dom
P

Loc. Fiames 5 - cap 32043

Outlet che vende abbigliamento, calzature e accessori per lo sport con i marchi Patagonia, Invicta e Colmar, per uomo, donna e bambino. Rimanenze delle collezioni precedenti e prima scelta di quelle attuali in un'ampia scelta di taglie.

Come arrivare: A27, uscita Pian di Vedoia, indicazioni per Cortina d'Ampezzo.

Sconti: dal 10% al 30%

COSTABISSARA (VI)
13-Da

ALIMENTARI

Dolciaria A. Loison
Spaccio aziendale/Factory outlet

0444557844
FAX 0444557869
loison@loison.com
www.loison.com
lun-ven (8.30-12.30, 14.00-18.00), dic anche sab (8.30-12.30);
chiuso dom
P

Statale Pasubio 6 - cap 36030

■ Panettoni, colombe, pandori, focacce, biscotti, dolci artigianali in vendita diretta. Prima e seconda scelta. Promozioni speciali dopo Natale e dopo Pasqua.

→ **Come arrivare:** A4, uscita Vicenza Ovest, SS46 direzione Schio, poi indicazioni per Costabissara.

€ **Sconti: 30%**

COSTABISSARA (VI)
13-Da

COSMETICI E PROFUMI

Centro Erboristico Veneto
Spaccio aziendale/Factory outlet

0444557733
lun-sab (8.00-19.30);
chiuso dom

Via Leonardo da Vinci 6, Motta - cap 36030

■ Produzione e vendita diretta di fitocosmetici, integratori alimentari, erboristeria tradizionale con oltre 400 tipi di erbe officinali, oli essenziali, estratti vegetali e cosmetici. Spaccio di 120 mq e prezzi scontati.

→ **Come arrivare:** A4, uscita Vicenza Ovest, SS46 direzione Schio, poi indicazioni per Costabissara - zona industriale.

€ **Sconti: dal 30% al 50%**

DOLO (VE)
15-Bb

ABBIGLIAMENTO

Coin Factory Outlet
Spaccio aziendale/Factory outlet

041412110
FAX 0415128294
mart-sab (9.00-12.30, 15.30-19.30);
chiuso lun, dom

Via Mazzini 102 - cap 30031

■ Outlet che vende fine serie e rimanenze di fine stagione di oggetti, biancheria per la casa, abbigliamento e accessori dei famosi grandi magazzini.

→ **Come arrivare:** A4, uscita Dolo.

€ **Sconti: dal 30% al 60%**

ESTE (PD) *13-Db*

CASA

Antica Ceramica d'Este

Spaccio aziendale/Factory outlet

04293493
FAX 0429651476
arnaldo@anticaceramicaeste.it
www.anticaceramicaeste.com
lun-ven (8.00-12.00, 14.00-19.00), sab (9.00-12.00); **chiuso** dom; ferie ago (variabile)
P

Via Rovigo 39 - cap 35042

■ Outlet di ceramiche tradizionali vendute con il marchio Antica Ceramica d'Este: oggetti, servizi di piatti anche personalizzati, teiere e biscottiere classici. Tante cose raffinate per la casa e la tavola elegante, anche da regalare. Prezzi convenienti.

➜ **Come arrivare:** A4, uscita Padova Ovest, SS16 direzione Monselice, indicazioni per Este.

€ **Sconti: 50%**

ESTE (PD) *13-Db*

CASA

Ceramica Euganea

Laboratorio artigianale

042950352
FAX 0429651245
cdmcpo@libero.it
www.ceramicaeuganea.it
lun-sab (8.00-12.00, 14.30-19.00; **chiuso** dom
P

Viale Industria 13 - cap 35042

■ Laboratorio artigianale che vende articoli da regalo, di prima scelta, in ceramica. Piccole giare per erbe, vasi da farmacia, piatti decorativi, basi da lampada, servizi da tavola (anche personalizzati), bomboniere. Si lavora anche su ordinazione.

➜ **Come arrivare:** A4, uscita Padova Ovest, SS16 direzione Monselice, indicazioni per Este.

€ **Sconti: dal 40% al 60%**

ESTE (PD) *13-Db*

CASA

Ceramiche Estensi

Spaccio aziendale/Factory outlet

04294848
FAX 0429601424
info@ceramichestensi.it
www.ceramichestensi.it
lun (14.30-18.30), mart-ven (9.00-12.30, 14.30-18.30), sab (9.00-12.30); **chiuso** dom; ferie ago (variabile)
P

Via Alessandro Volta 26 - cap 35042

■ Outlet che vende ceramiche con il marchio Ceramiche Estensi. Rimanenze, prima e seconda scelta e fine serie di servizi di piatti, centrotavola, sottopiatti. Tanti articoli a poco prezzo. Risparmio che aumenta ulteriormente durante i saldi.

➜ **Come arrivare:** A4, uscita Padova Ovest, SS16 direzione Monselice, indicazioni per Este.

€ **Sconti: dal 30% al 50%**

ESTE (PD)

13-Db

CASA

Este Ceramiche

Spaccio aziendale/Factory outlet

04292270
FAX 0429601636
info@esteceramiche.it
www.esteceramiche.it
lun-ven (8.00-18.00); **chiuso** sab, dom; ferie ago
P

Via Sabina 31 - cap 35042

■ Outlet che vende servizi da tavola, oggetti per la casa e articoli da regalo in ceramica. Design contemporaneo o ispirato a modelli tradizionali. Prima e seconda scelta.

→ **Come arrivare:** A4, uscita Padova Ovest, SS16 direzione Monselice, indicazioni per Este.

€ **Sconti: dal 30% al 40%**

FARA VICENTINO (VI)

13-Da

CALZATURE E PELLETTERIA

Angela Eupani - Sculture da Indossare

Vintage/Usato selezionato

0445851323
FAX 0445851323
aeupani@libero.it
lun-ven (su appuntamento); **chiuso** sab-dom

Via Poletti 3 - cap 36030

■ Borse e bijoux vintage esclusivi e pezzi unici dal 1880 al 1980 provenienti da tutto il mondo. Borse e scarpe rare, tutte d'epoca. Accessori di abbigliamento ideali per lo street style attuale.

→ **Come arrivare:** A31, uscita Dueville, SP69 indicazioni per Fara Vicentino.

€ **Sconti: 50%**

FONZASO (BL)

5-Db

ABBIGLIAMENTO

Tempo di Sport Diadora

Spaccio aziendale/Factory outlet

043956553
FAX 043956553
estate: lun (15.30-19.30), mart-sab (9.00-12.30, 15.30-19.30), inverno: lun (15.00-19.00), mart-sab (9.00-12.30, 15.00-19.00); **chiuso** dom
P

Via Monte Vallorca 7 - cap 32030

■ Rimanenze, fine serie, campionari, prima e seconda scelta di abbigliamento e accessori sportivi uomo e donna dei marchi Diadora e Invicta. Anche bambino. Buona scelta di taglie anche conformate. Durante i saldi ulteriori sconti.

→ **Come arrivare:** A31, uscita Dueville, direzione Trento, indicazioni per Belluno fino a Fonzaso.

€ **Sconti: dal 20% al 60%**

FONZASO (BL)

5-Db

SPORT

Sportful

Spaccio aziendale/Factory outlet

0439571217
FAX 043956436
sportful@sportful.com
www.sportful.com
lun (15.00-19.00), mart-sab (8.30-12.30, 15.00-19.00); **chiuso** dom
P

Via Guglielmo Marconi 81/83 - cap 32030

Outlet di abbigliamento sportivo e non solo, dove trovare articoli e accessori per lo sport e il tempo libero: tute, giacconi, intimo tecnico, occhiali. Ma anche biciclette, rollerblade, sci.

→ **Come arrivare:** A31, uscita Dueville, direzione Trento, indicazioni per Belluno fino a Fonzaso.

€ **Sconti: dal 40% al 60%**

GREZZANA (VR)

13-Ca

ABBIGLIAMENTO

Carrera

Spaccio aziendale/Factory outlet

045907095
FAX 045908850
www.carrerajeans.it
lun (15.30-19.30), mart-sab (9.00-12.30, 15.30-19.30); **chiuso** dom
P

Via Prealpi 26, Stallavena - cap 37023

Outlet della Carrera: jeans, camicie, felpe, giubbotti e accessori per uomo, donna, bambino. Prima e seconda scelta. Dalla 38 alla 52 per donna, dalla 44 alla 60 per uomo. Gli sconti aumentano nel periodo dei saldi.

→ **Come arrivare:** A4, uscita Verona Est, indicazioni per Grezzana.

€ **Sconti: dal 20% al 70%**

GRUMOLO DELLE ABBADESSE (VI)

13-Dab

ABBIGLIAMENTO

Giuliana Teso

Spaccio aziendale/Factory outlet

0444381022
www.giulianateso.it
lun-sab (9.00-12.30, 14.30-18.30); **chiuso** dom

Via Longare 1, Loc. Vancimuglio - cap 36040

Outlet che vende pellicce, abbigliamento in pelle, capi in tessuto e in maglia. Solo per donna. Ottima la qualità, buone occasioni, prezzi adeguati.

→ **Come arrivare:** A4, uscita Vicenza Est, SS11 indicazioni Grumolo delle Abbadesse.

LEGNAGO (VR)

13-Cb

ABBIGLIAMENTO

Diffusione Tessile - Max Mara

Spaccio aziendale/Factory outlet

0442602811
FAX 0442602811
www.diffusionetessile.it
lun (15.00-19.30), mart-ven (9.30-13.00, 15.00-19.30), sab (9.30-19.30); chiuso dom
P

Via Padana Inferiore Ovest 15, San Pietro - cap 37045

■ Rimanenze, fine serie e campionari delle linee del gruppo Max Mara: I Blues, Marina Rinaldi, Max and Co, Marella. Abbigliamento, borse, calzature, intimo. Buona scelta di taglie anche conformate. Nel periodo dei saldi aumentano gli sconti.

➜ **Come arrivare:** A4, uscita Verona Sud, indicazioni per Legnago.

€ **Sconti: dal 30% al 50%**

LIMANA (BL)

7-Bc

ABBIGLIAMENTO

Maglificio A.M.D.

Spaccio aziendale/Factory outlet

0437967582
FAX 0437960280
info@amdmoda.com
www.amdmoda.com
lun (15.00-19.00), mart-sab (9.00-12.00, 15.00-19.00); chiuso dom
P

Via Bracalenti 46 - cap 32020

■ Outlet di maglieria in cashmere dell'azienda che produce per tanti marchi famosi. Cardigan, twin-set, sottogiacca, in tanti modelli e colori. Grande qualità e prezzi molto convenienti. Taglie dalla 38 alla 52 per donna, dalla 46 alla 58 per uomo.

➜ **Come arrivare:** A27, uscita Cádola, indicazioni per Limana.

€ **Sconti: dal 40% al 70%**

MAROSTICA (VI)

13-Da

ABBIGLIAMENTO

Mondo Outlet

Spaccio aziendale/Factory outlet

042475058
FAX 042477549
lun (15.00-19.30), mart-sab (9.00-12.30, 15.00-19.30), dic-gen anche dom 9.00-12.30, 15.00-19.30; chiuso dom (variabile)
P

Corso della Ceramica 76 - cap 36063

■ Outlet multimarca di abbigliamento maschile e femminile. Anche accessori. Prima e seocnda scelta delle collezioni precedenti. Ampia scelta di taglie. Ulteriori sconti durante il periodo dei saldi.

➜ **Come arrivare:** A31, uscita Dueville, SS248 direzione Sandrigo-Marostica.

€ **Sconti: dal 30% al 40%**

MAROSTICA (VI)

13-Da

ABBIGLIAMENTO

Stefanel Factory Outlet

Spaccio aziendale/Factory outlet

042473299
FAX 0424473133
buenavidasrl@virgilio.it
lun (15.00-19.30), mart-sab (9.00-12.30, 15.00-19.30); chiuso dom
P

Corso della Ceramica 76 - cap 36063

Abbigliamento uomo e donna dei marchi Stefanel e Stef in Time. Prima e seconda scelta e campionari delle collezioni precedenti. Taglie dalla 36 alla 48 per donna, dalla 44 alla 56 per uomo. Ulteriori sconti nel periodo dei saldi.

→ **Come arrivare:** A31, uscita Dueville, SS248 direzione Sandrigo-Marostica.

€ **Sconti: dal 30% al 70%**

MASER (TV)

5-Dc

ABBIGLIAMENTO

Sport 1

Spaccio aziendale/Factory outlet

0423950887/ 04236581
FAX 0423950887
sport1@diadora.it
mart-sab (10.00-13.00, 15.30-19.30), lun (15.30-19.30); chiuso dom
P

Via Enrico Fermi 1 - cap 31010

Outlet che vende articoli sportivi e per il tempo libero: abbigliamento, calzature e accessori delle marche Diadora e Invicta. Rimanenze, campionari e anche collezioni attuali. Buona scelta di misure e taglie. Accettano assegni.

→ **Come arrivare:** A31, uscita Vicenza Nord, direzione Castelfranco Veneto, poi indicazioni per Montebelluna e Bassano del Grappa.

€ **Sconti: dal 40% al 60%**

MESTRINO (PD)

13-Db

ACCESSORI

Spacciocchiali

Negozio discount

0499003629
FAX 0499003629
info@spacciocchiali.it
www.spacciocchiali.it
lun (15.30-19.30), mart-sab (9.00-12.30, 15.30-19.30); chiuso dom
P

Via Ugo Foscolo 2/a - cap 35035

Discount di ottica: montature firmate e non, da sole e da vista. Servizio di controllo computerizzato, reparto lenti a contatto. Con la Bimbo Card sostituzione gratuita durante l'intero anno scolastico.

→ **Come arrivare:** A4, uscita Padova Ovest, SS11 indicazioni per Mestrino.

€ **Sconti: 50%**

MESTRINO (PD)

13-Db

TESSUTI

Giesse Scampoli

Stocchista/Stockhouse

0499003459
FAX 0499007048
www.giessescampoli.com
lun (15.00-19.30), mart-sab (9.00-12.30, 15.00-19.30); chiuso dom
P

Via Galileo Galilei 40 - cap 35035

■ Principalmente stock di tessuti per abbigliamento a partire da 1 euro al metro. Inoltre accessori, nastri, filati, bottoni e fai da te dei marchi Amann, Burda, Husqvarna Viking. Offerte promozionali tutto l'anno.

→ **Come arrivare:** A4, uscita Padova Ovest, SS11 indicazioni per Mestrino.

€ **Sconti: 70%**

MIRA (VE)

15-Bb

ACCESSORI

Spacciocchiali

Negozio discount

0415639923
FAX 0415639210
info@spacciocchiali.it
www.spacciocchiali.it
lun (15.30-19.30), mart-sab (9.00-12.30, 15.30-19.30); chiuso dom
P

Via Ghebba 67, Oriago - cap 30034

■ Discount di ottica: montature firmate e non, da sole e da vista. Servizio di controllo computerizzato, reparto lenti a contatto. Con la Bimbo Card sostituzione gratuita durante l'intero anno scolastico.

→ **Come arrivare:** A4, uscita Venezia-Mestre, SS11 direzione Mira-Stra.

€ **Sconti: 50%**

MOGLIANO VENETO (TV)

15-Ba

ABBIGLIAMENTO

Coin Outlet

Spaccio aziendale/Factory outlet

0415971241
mart-sab (10.00-12.30, 15.30-19.30); chiuso dom

Via Giotto 1, Zerman - cap 31021

■ Outlet che vende fine serie e rimanenze di fine stagione di oggetti, biancheria per la casa, abbigliamento e accessori dei famosi grandi magazzini.

→ **Come arrivare:** A27, uscita Mogliano Veneto.

€ **Sconti: dal 30% al 60%**

MOLVENA (VI) *13-Da*

ABBIGLIAMENTO
Dainese
Spaccio aziendale/Factory outlet

0424411624
www.dainesetopten.com
lun (15.30-19.30), mart-sab (9.30-12.30, 15.30-19.30); **chiuso** dom

Via Roma 63 - cap 36060

Rimanenze, fine serie e campionari di abbigliamento da moto, bicicletta e sci con marchio Dainese. Per uomo e donna.

→ **Come arrivare:** A31, uscita Dueville, indicazioni per Mason Vicentino.

Sconti: 50%

MOLVENA (VI) *13-Da*

ABBIGLIAMENTO
Surplus Diesel
Spaccio aziendale/Factory outlet

0424411811
lun-sab 9.00-12.30, 15.30- 19.30; **chiuso** dom

Via Ponticello 34 - cap 36060

Outlet del gruppo Diesel: rimanenze, fine collezioni, seconde scelte della produzione per uomo e donna. Capi giovani e moda: T-shirt, felpe, jeans, scarpe. Prezzi veramente scontati.

→ **Come arrivare:** A31, uscita Dueville, indicazioni per Mason Vicentino.

Sconti: dal 20% al 60%

MONSELICE (PD) *13-Db*

ABBIGLIAMENTO
Store House
Spaccio aziendale/Factory outlet

0429781109
info@store-house.it
www.store-house.it
lun, mer-sab (9.00-12.30, 15.30-19.30), mart (15.30-19.30); **chiuso** dom
P

Via Rovigana 13/b - cap 35043

Outlet che vende sportswear di marche come Barbour, North Sails, Invicta, Belstaff, Henry Lloyd, Outrage, Woolrich, B.D.Baggies. Prima e seconda scelta. Taglie donna dalla 40 alla 48, uomo dalla 44 alla 56. Servizio di sartoria.

→ **Come arrivare:** A13, uscita Monselice, indicazioni per l'ospedale.

Sconti: dal 20% al 50%

MONTEBELLUNA (TV)

15-Ba

SPORT

Sport Outlet

Spaccio aziendale/Factory outlet

0423303667
FAX 0423303668
sportoutlet@libero.it
lun (15.30-19.30), mart-sab (9.00-12.30, 15.30-19.30); **chiuso** dom,
P

Via Feltrina Sud 160 - cap 31044

Abbigliamento sportivo, casual e attrezzature sportive dei marchi Playlife, Killer Loop, Machu Pichu, Roller Blade, Tecnic, Nordica, Atomic, Sergio Tacchini, Kappa. Prima e seconda scelta, collezioni precedenti.

→ **Come arrivare:** A31, uscita Vicenza Nord, indicazioni per Montebelluna.

€ **Sconti: dal 20% al 70%**

MONTECCHIO MAGGIORE (VI)

13-Cab

ABBIGLIAMENTO

Stockhouse Sorelle Ramonda

Stocchista/Stockhouse

0444491575
www.sorelleramonda.com
lun (15.00-19.30), mart-sab (9.00-12.30, 15.00-19.30); **chiuso** dom
P

Viale Trieste 22 - cap 36075

Rimanenze, fine serie, campionari di abbigliamento e accessori uomo, donna e bambino (dai 3 anni). In vendita anche i grandi nomi della moda italiana. Soprattutto taglie campionario (42 per donna, 50 per uomo). Ultriori sconti durante i saldi.

→ **Come arrivare:** A4, uscita Montecchio.

€ **Sconti: dal 30% al 50%**

MONTECCHIO MAGGIORE (VI)

13-Cab

ABBIGLIAMENTO

Used Selected Clothing

Spaccio aziendale/Factory outlet

0444699273
lun-sab (9.00-12.30, 15.30-19.30; **chiuso** dom

Viale Europa 49 - cap 36075

Capispalla e accessori per donna realizzati con materiali pregiati (capretto, pellami morbidi) e lavorati con cura: giacche e giubbotti, borse e accessori. Un prodotto attuale con un buon risparmio.

→ **Come arrivare:** A4, uscita Montecchio.

€ **Sconti: 20%**

MONTICELLO CONTE OTTO (VI)

13-Da

CASA

Argenterie Rossi & Arcandi

Spaccio aziendale/Factory outlet

0444946676/ 0444595111
FAX 0444946680
info@rossiarcandi.it
www.rossiarcandi.it
lun-ven (8.00-12.00, 14.00-18.00), sab (8.30-12.00); **chiuso** sab, dom; ferie ago (variabile)
P

Via Astico 2/e-f - cap 36010

Outlet che vende argenteria con il marchio Rossi & Arcandi, dalle bomboniere ai pezzi firmati (Buccellati, Carlo Scarpa), cornici, oggetti decorativi e vetro di Murano. Solo prima scelta. Prezzi adeguati.

→ **Come arrivare:** A31, uscita Vicenza Nord, SS53, direzione Monticello Conte Otto.

MUSSOLENTE (VI)

13-Da

BAMBINO

Lanza Bimbo

Spaccio aziendale/Factory outlet

0424577840
FAX 0424577860
lanzatrading@libero.it
mart-sab (9.30-12.00, 15.00-19.00); **chiuso** dom, lun; ferie ago (variabile)
P

Via Volta 3 - cap 36065

Rimanenze, fine serie e campionari bambino (da 0 a 14 anni) di intimo, scarpe e anche abbigliamento dei marchi Magnolia, Hadley, Mirtillo. Gli sconti aumentano durante il periodo dei saldi.

→ **Come arrivare:** A31, uscita Dueville, indicazioni Mussolente - zona industriale.

€ **Sconti: dal 30% al 50%**

NOVE (VI)

13-Da

CASA

Ceramiche Barettoni Già Antonibon

Spaccio aziendale/Factory outlet

0424590013
FAX 0424590181
barettoni@keycomm.it
www.barettoni.com
lun-ven (8.00-12.00, 14.00-18.30), sab (10.00-12.00); **chiuso** dom; ferie 26 lug-31 ago
P

Via Molini 3 - cap 36055

Outlet della più vecchia fabbrica di ceramiche venete della zona di Nove che riproduce oggetti del 1700-1800. Molto divertente frugare fra piatti e vasi di fine serie. Rimanenze a prezzi di stock.

→ **Come arrivare:** A31, uscita Dueville, indicazioni per Marostica-Nove

€ **Sconti: dal 20% al 40%**

NOVENTA PADOVANA (PD) *13-Db*

CALZATURE E PELLETTERIA

Calzaturificio Lady Raffi

Spaccio aziendale/Factory outlet

049628322
FAX 049628322
ladyraffi@excite.it
lun-sab (8.30-12.30, 14.30-19.30); chiuso dom
P

Via Noventana 25 - cap 35027

Outlet di scarpe classiche per uomo e donna con il marchio Lady Raffi. Per donna misure dalla 34 alla 41, per uomo dalla 39 alla 46. Articoli di prima scelta ma anche rimanenze. Durante i saldi, gli sconti aumentano.

→ **Come arrivare:** A4, uscita Padova Est, indicazioni per Noventa Padovana.

Sconti: dal 20% al 30%

OCCHIOBELLO (RO) *13-Dc*

ABBIGLIAMENTO

Levi's Factory Outlet

Spaccio aziendale/Factory outlet

0425756992
FAX 0425756992
leviocchio@libero.it
lun (15.30-19.30), mart-sab (9.30-12.30, 15.30-19.30); chiuso dom,
P

Via Eridania 113 - cap 45030

Rimanenze, fine serie, prima scelta di jeans, abbigliamento e accessori uomo e donna dei marchi Levi's e Dockers.Taglie dalla 38 alla 54. Nel periodo dei saldi si applicano ulteriori sconti.

→ **Come arrivare:** A13, uscita Occhiobello, direzione Ferrara.

Sconti: dal 30% al 70%

OCCHIOBELLO (RO) *13-Dc*

TESSUTI

Giesse Scampoli

Stocchista/Stockhouse

0425762133
FAX 0425759277
www.giessescampoli.com
lun (15.00-19.30), mart-sab (9.00-12.30, 15.00-19.30); chiuso dom
P

Via Eridania 113 - cap 45030

Stock di tessuti di abbigliamento a partire da 1 euro al metro. Inoltre accessori, nastri, filati, bottoni e fai da te. I marchi venduti sono Amann, Burda, Husqvarna Viking. Offerte promozionali tutto l'anno.

→ **Come arrivare:** A13, uscita Occhiobello, direzione Ferrara.

Sconti: 70%

OPPEANO (VR) *13-Cb*

INTIMO E MARE

Calzedonia Intimissimi

Spaccio aziendale/Factory outlet

0456984338
FAX 0457133088
www.calzedonia.it
lun-sab (9.00-20.00); chiuso dom
P

Via Spinetti 1, Loc. Vallese - cap 37050

■ Rimanenze, fine serie, campionari, seconde scelte di calze, intimo e mare dei marchi Calzedonia e Intimissimi. Per uomo e donna. Non sempre sono disponibili tutte le taglie.

→ **Come arrivare:** A4, uscita Verona Sud, tangenziale Sud Verona-Rovigo-Legnago, uscita San Giovanni Lupatoto.

€ **Sconti: dal 50% al 80%**

PADOVA *13-Db*

ABBIGLIAMENTO

Donatello

Stocchista/Stockhouse

0498753836
FAX 0498753836
lun (15.30-19.30), mart-sab (9.30-12.30, 15.30-19.30); chiuso dom; ferie ago (variabile)

Via Martiri della Libertà 15 - cap 35137

■ Stockhouse che vende abbigliamento e calzature per uomo e donna delle migliori griffe della moda. Rimanenze e fine serie, grande scelta di taglie e misure. Ulteriori sconti durante il periodo dei saldi.

→ **Come arrivare:** A4, uscita Padova Est, indicazioni centro città.

€ **Sconti: 50%**

PADOVA *13-Db*

ABBIGLIAMENTO

Gina Lebole

Spaccio aziendale/Factory outlet

0498071339
www.ginalebole.com
lun-ven (9.00-12.30, 15.00-19.30), sab (9.00-19.30); chiuso dom

Via della Croce Rossa 5/a - cap 35129

■ Abbigliamento donna, uomo e bambino con il marchio Gina Lebole. Molti capi classici in ottimi tessuti di grande qualità. Inoltre capi casual e sportivi. Buona scelta di taglie, anche conformate.

→ **Come arrivare:** A4, uscita Padova Est, indicazioni centro città.

PADOVA 13-Db

ABBIGLIAMENTO

Magicoral

Spaccio aziendale/Factory outlet

049655922
FAX 0498751852
info@maliparmi.it
www.maliparmi.it
lun (14.30-18.30), mart-sab (10.00-13.00, 14.30-18.30);
chiuso dom,

Via Saccardo 4 - cap 35123

Outlet che vende capi di prima scelta, fine serie e rimanenze del marchio Maliparmi. Abbigliamento (taglie dalla 40 alla 48), accessori, pelletteria e calzature da donna.

→ **Come arrivare:** A4, uscita Padova Ovest, indicazioni centro città, vicino alla Basilica di Sant'Antonio.

€ **Sconti: 50%**

PADOVA 13-Db

ABBIGLIAMENTO

RJ Store

Negozio discount

049619481
FAX 0498645948
www.rjstore.it
lun (15.00-19.30), mart-ven (10.00-13.00, 15.00-19.30);
chiuso dom
P

Via Po 58 - cap 35135

Negozio che vende a prezzi scontati i grandi marchi della moda italiana ma anche il proprio marchio RJ Store. Prima scelta, collezioni attuali. Carta fedeltà.

→ **Come arrivare:** A4, uscita Padova Ovest, direzione Padova, seguire le indicazioni dell'outlet.

€ **Sconti: dal 30% al 70%**

PADOVA 13-Db

BAMBINO

La Giomaita

Stocchista/Stockhouse

0498752232
FAX 0498752232
lun (15.45-19.30), mart-sab (9.15-12.30, 15.45-19.30);
chiuso dom;
ferie ago (variabile)

Via Zabarella 66 - cap 35121

Campionari, fine serie, rimanenze di abbigliamento grandi firme per bambini, da 0 a 12 anni. Ulteriori sconti durante il periodo dei saldi.

→ **Come arrivare:** A4, uscita Padova Ovest, indicazioni centro città.

€ **Sconti: 50%**

PADOVA

13-Db

TESSUTI

Manfrotto

Stocchista/Stockhouse

049655435

lun (15.30-19.00), mart-sab (9.00-12.30, 15.30-19.00); **chiuso** dom
ferie ago (variabile)

Via Gritti 36 - cap 35122

Stocchista di tessuti per abbigliamento e arredamento, nel centro di Padova, dove trovare sia prima che seconda scelta. Varie promozioni nel corso dell'anno.

→ **Come arrivare:** A4, uscita Padova Ovest, indicazioni centro città. Zona Ghetto.

Sconti: 50%

PAESE (TV)

15-Ba

ABBIGLIAMENTO

Indipendence - The Fashion Industry

Spaccio aziendale/Factory outlet

0422454274
FAX 0422454275
indipendence_pe@libero.it

lun (14.00-20.00), mart-sab (9.00-20.00); **chiuso** dom

P

Viale Biasuzzi Sante 28 - cap 31038

Rimanenze, fine serie di abbigliamento casuale sportivo uomo, donna e bambino con il marchio Indipendence. La carta fedeltà dà diritto a uno sconto dal 10 al 20%, a seconda del prodotto.

→ **Come arrivare:** A27, uscita Treviso Sud, presso il centro commerciale La Castellana.

Sconti: dal 20% al 30%

PEDEROBBA (TV)

7-Ad

ABBIGLIAMENTO

Think Pink

Spaccio aziendale/Factory outlet

0423860590
www.thinkpink.it

lun (15.00-19.00), mart-sab (9.00-12.30, 15.00-19.00); **chiuso** dom;
ferie ago (variabile)

P

Via Guizza 55, Loc. Covolo - cap 31040

Spaccio del noto gruppo Think Pink che produce abbigliamento sportivo e casual per uomo e donna. Prime, seconde scelte, rimanenze e fine serie.

→ **Come arrivare:** A27, uscita Treviso Nord, direzione Montebelluna, poi indicazioni per Crocetta del Montello.

PESCHIERA DEL GARDA (VR) 13-Bb

TESSUTI

Giesse Scampoli

Stocchista/Stockhouse

0457550855
FAX 0457553744
www.giessescampoli.com
lun, mer-sab (8.30-12.30, 15.00-19.00), mart (8.30-12.30); **chiuso**, dom
P

Via Carega 4 - cap 37019

Principalmente stock di tessuti per abbigliamento a partire da 1 euro al metro. Inoltre accessori, nastri, filati, bottoni e fai da te dei marchi Amann, Burda, Husqvarna Viking. Offerte promozionali tutto l'anno.

→ **Come arrivare:** A4, uscita Peschiera, indicazioni per Gardaland.

€ **Sconti: 70%**

PIAZZOLA SUL BRENTA (PD) 13-Da

ABBIGLIAMENTO

Belvest

Spaccio aziendale/Factory outlet

0499699111
FAX 0495598759
belvest@belvest.com
www.belvest.com
sab (8.30-12.30), ultima dom del mese (8.30-12.30); **chiuso** lun-ven; ferie ago
P

Via Corsica 55 - cap 35016

Prima scelta, rimanenze, fine serie e campionari di abbigliamento classico uomo e donna con il marchio Belvest. Parcheggio. Durante i saldi ulteriori sconti.

→ **Come arrivare:** A4, uscita Grisignano, indicazioni per Piazzola sul Brenta.

€ **Sconti: dal 10% al 40%**

PONTE DI PIAVE (TV) 15-Ba

ACCESSORI

Spacciocchiali

Negozio discount

0422202150
FAX 0422202150
info@spacciocchiali.it
www.spacciocchiali.it
lun (15.30-19.30), mart-sab (9.00-12.30, 15.30-19.30); **chiuso** dom
P

Via Dalla Torre 9 - cap 31047

Discount di ottica che vende montature firmate e non, da sole e da vista. Servizio di controllo computerizzato, reparto lenti a contatto. Con la Bimbo Card sostituzione gratuita per l'intero anno scolastico.

→ **Come arrivare:** A4, uscita San Donà/Noventa, indicazioni per Ponte di Piave.

€ **Sconti: 50%**

PONTE SAN NICOLÒ (PD)

13-Db

ABBIGLIAMENTO

Indipendence - The Fashion Industry

Spaccio aziendale/Factory outlet

0498960849
FAX 0498960902
indipendence_pd@libero.it
lun (15.30-19.30), mart-sab (9.30-12.30, 15.30-19.30); **chiuso** dom; ferie ago (variabile)
P

Via Monte Sabotino 6 - cap 35020

Rimanenze, fine serie di abbigliamento casual e sportivo uomo, donna e bambino del marchio Indipendence. La carta fedeltà dà diritto a uno sconto del 10 o 20% a seconda del prodotto.

→ **Come arrivare:** A4, uscita Padova Est, direzione Chioggia, indicazioni per Piove di Sacco e Roncaglia.

€ **Sconti: dal 20% al 30%**

PORTO VIRO (RO)

15-Bb

ABBIGLIAMENTO

Stefanel Factory Outlet

Spaccio aziendale/Factory outlet

0426322855
lun (15.30-19.30), mart-sab (9.30-12.30, 15.30-19.30); **chiuso** dom
P

Statale 309 Romea, km 67+1, Loc. Donada - cap 45014

Abbigliamento uomo e donna dei marchi Stefanel e Stef in Time. Prima e seconda scelta e campionari delle collezioni precedenti. Taglie dalla 36 alla 48 per donna, dalla 44 alla 56 per uomo. Ulteriori sconti nel periodo dei saldi.

→ **Come arrivare:** A13, uscita Rovigo, indicazioni per Adria.

€ **Sconti: 50%**

POVE DEL GRAPPA (VI)

13-Da

GIOIELLI E OROLOGI

Ars Oro

Spaccio aziendale/Factory outlet

042480571
arsmall@tin.it
ven (15.30-19.30), sab (9.00-12.30, 15.30-19.30); **chiuso** lun-gio

Viale Europa 20 - cap 36020

Buona scelta di oreficeria, argenteria, gioielli in oro e con pietre preziose. Prezzi adeguati. Solo contanti.

→ **Come arrivare:** A31, uscita Dueville, indicazioni per Pove del Grappa.

€ **Sconti: 50%**

PREGANZIOL (TV)

15-Ba

ACCESSORI

Spacciocchiali

Negozio discount

0422331827
FAX 0422331827
info@spacciocchiali.it
www.spacciocchiali.it
lun (15.30-19.30), mart-sab (9.00-12.30); chiuso dom
P

Vicolo Tintoretto 12 - cap 31022

Discount di ottica che vende montature firmate e non, da sole e da vista. Servizio di controllo computerizzato, reparto lenti a contatto. Con la Bimbo Card sostituzione gratuita per l'intero anno scolastico.

→ **Come arrivare:** A4, uscita Mestre Est-Favorita, indicazioni per Preganziol.

€ **Sconti: 50%**

RIESE PIO X (TV)

13-Da

ABBIGLIAMENTO

Replay

Spaccio aziendale/Factory outlet

0423749418
mart-sab (9.30-12.30, 15.30-19.30), dom, lun (15.30-19.30)

Via Castellana 71 - cap 31039

Jeans e abbigliamento per uomo e donna. Uno dei marchi moda più noti tra i giovani.

→ **Come arrivare:** A31, uscita Vicenza Nord, SS53 direzione Castelfranco Veneto.

€ **Sconti: dal 40% al 50%**

RIVOLI VERONESE (VR)

13-Ba

CASA

Thun

Spaccio aziendale/Factory outlet

0456205631
FAX 0457280335
www.thuniversum.it
lun (15.00-19.00), mart-sab (9.00-13.00, 15.00-19.00); chiuso dom,
P

Loc. Cà Campagna - cap 37010

Outlet del marchio Thun di articoli da regalo, bomboniere, porcellane e ceramiche da tavola. Gli sconti sono sulla seconda scelta e la fine produzione, mentre la prima scelta è a prezzo pieno. Offerte settimanali.

→ **Come arrivare:** A22, uscita Affi-Lago di Garda Sud, direzione Rivoli Veronese.

€ **Sconti: dal 25% al 35%**

ROSÀ (VI)

13-Da

TESSUTI

Giesse Scampoli

Stocchista/Stockhouse

0424581471
FAX 0424581573
www.giessescampoli.com
lun (15.00-19.00), mart-sab (9.00-12.30, 15.00-19.00); **chiuso** dom

P

Via Alessio 162 - cap 36027

■ Stock di tessuti di abbigliamento a partire da 1 euro al metro. Inoltre accessori, nastri, filati, bottoni e fai da te. I marchi venduti sono Amann, Burda, Husqvarna Viking. Offerte promozionali tutto l'anno.

➜ **Come arrivare:** A31, uscita Vicenza Nord, indicazioni per Rosà. Da Padova: SS47, direzione Bassano del Grappa.

€ **Sconti: 70%**

SAN BONIFACIO (VR)

13-Cb

ABBIGLIAMENTO

Modi & Moda

Spaccio aziendale/Factory outlet

0457610927
FAX 0457611159
info@modiemoda.it
www.modiemoda.it
lun (9.30-12.30), mart-ven (9.30-12.30, 15.00-19.30), sab (9.00-12.30, 15.00-19.30); **chiuso** dom

P

Statale 11, km 23, Villabella - cap 37047

■ Outlet di abbigliamento per uomo, donna e bambino (giacche, pantaloni, completi, maglioni, felpe,camicie, T-shirt, cinture, ecc.) del marchio Modi& Moda. Tutto di prima scelta. Ulteriori sconti durante i saldi. Carta fedeltà.

➜ **Come arrivare:** A4, uscita Soave-San Bonifacio, SS11 direzione Verona.

€ **Sconti: dal 30% al 50%**

SAN BONIFACIO (VR)

13-Cb

TESSUTI

Giesse Scampoli

Stocchista/Stockhouse

0457611769
FAX 0457611769
www.giessescampoli.com
mart-sab (9.00-12.30, 15.00-19.00); **chiuso** dom, lun; ferie ago (variabile)

P

Loc. Ritonda 80/r - cap 37047

■ Principalmente stock di tessuti di abbigliamento a partire da 1 Euro al metro. Ma anche accessori, nastri, filati, bottoni e fai da te. I marchi venduti sono Amann, Burda, Husqvarna Viking. Offerte promozionali tutto l'anno.

➜ **Come arrivare:** A4, uscita Soave-San Bonifacio, SS11 direzione Verona.

€ **Sconti: 70%**

SAN FIOR (TV)

15-Ba

TESSUTI

Giesse Scampoli

Stocchista/Stockhouse

0438409040
FAX 0438409030
www.giessescampoli.com
lun (15.00-19.30), mart-sab (9.00-12.30, 15.00-19.30); chiuso dom
P

Via Bradolini 14 - cap 31020

■ Principalmente stock di tessuti di abbigliamento a partire da 1 Euro al metro. Ma anche accessori, nastri, filati, bottoni e fai da te. I marchi venduti sono Amann, Burda, Husqvarna Viking. Offerte promozionali tutto l'anno.

→ **Come arrivare:** A27, uscita Conegliano, SS13. A 3 km dal casello autostradale.

€ **Sconti: 70%**

SAN GIORGIO DELLE PERTICHE (PD)

13-Da

CALZATURE E PELLETTERIA

Calzaturificio Laudino Caccin

Spaccio aziendale/Factory outlet

0495747930
FAX 0499370090
www.laudinocaccin.com
lun-ven (8.00-11.30, 14.00-18.00), sab (9.00-11.30, 15.00-18.30); chiuso dom; ferie ago
P

Via Roma 2 - cap 35010

■ Outlet che vende scarpe uomo e donna di ottima qualità, dai mocassini ai sandali, dagli stivali con tacchi vertiginosi alle più classiche calzature stringate. Modelli, taglie e colori in quantità. Solo prima scelta e prezzi di fabbrica.

→ **Come arrivare:** A4, uscita Padova Est, SS307, indicazioni per San Giorgio delle Pertiche.

€ **Sconti: 30%**

SAN GIOVANNI LUPATOTO (VR)

13-Cb

ALIMENTARI

Melegatti

Spaccio aziendale/Factory outlet

0458951444
FAX 0458951445
melegatti@melegatti.it
www.melegatti.it
lun-ven (8.00-12.00, 13.00-17.00); chiuso sab, dom; ferie ago (variabile)
P

Via Monte Carega 23 - cap 37057

■ Outlet della nota azienda Melegatti dove acquistare soprattutto panettoni, pandori e colombe a prezzi scontatissimi, specie a fine stagione. Prima e seconda scelta.

→ **Come arrivare:** A4, uscita Verona Sud, direzione Rovigo, indicazioni per San Giovanni Lupatoto.

SAN GIOVANNI LUPATOTO (VR) *13-Cb*

CASA

Settimocielo

Spaccio aziendale/Factory outlet

0458265060
FAX 0458265060
verona@setcielo.it
www.setcielo.it
lun (15.00-19.30), mart-sab (9.00-12.30, 15.00-19.30); **chiuso** dom; ferie ago (variabile)
P

Via Cesare Battisti 272 - cap 37057

■ Spaccio delle porcellane da tavola della Rosenthal. Anche articoli da regalo e oggetti per la casa. Prima e seconda scelta, con ottime occasioni su quest'ultima.

➜ **Come arrivare:** A4, uscita Verona Sud, tangenziale Sud Verona-Rovigo-Legnago, uscita San Giovanni Lupatoto.

€ **Sconti: dal 10% al 70%**

SAN VITO DI CADORE (BL) *7-Bc*

ABBIGLIAMENTO

Factory Store

Stocchista/Stockhouse

04369264
mart-sab (9.00-12.30, 15.30-19.30); **chiuso** dom, lun

Via Nazionale 47 - cap 32046

■ Rimanenze, fine serie di ottimi marchi sportivi per uomo, donna e bambino (dai 6 ai 12 anni) dei marchi Nike, Replay, Diadora, Puma. Abbigliamento, scarpe, accessori. Contanti o anche assegni.

➜ **Come arrivare:** A27, uscita Pian di Vedoia, SS51 direzione Cortina, indicazioni per San Vito - centro città.

SAN VITO DI CADORE (BL) *7-Bc*

ACCESSORI

Ottica De Lotto

Spaccio aziendale/Factory outlet

043699212
FAX 0436898147
otticadelotto@sunrise.it
mart-sab (9.00-12.30, 15.30-19.30); **chiuso** lun, dom; ferie giu

Corso Italia 44 - cap 32046

■ Outlet dell'azienda che produce occhiali da sole e montature da vista con il marchio De Lotto. Grande scelta di modelli, lenti leggere, in plastica, articoli classici o moda. Solo prima scelta.

➜ **Come arrivare:** A27, uscita Pian di Vedoia, SS51 direzione Cortina, indicazioni per San Vito - centro città.

€ **Sconti: 50%**

SCHIO (VI)
13-Ca

ABBIGLIAMENTO
Marzotto Factory Store
Spaccio aziendale/Factory outlet

0445693478
FAX 0445693478
lun (15.00-19.00), mart-sab (9.30-12.30, 15.00-19.00); chiuso dom

Via dell'Industria 126 - cap 36015

Outlet di abbigliamento e accessori di vari marchi. Per uomo: Lebole, Trendy, Principe, Valentino, Malboro Classics, per donna: Missoni, Valentino, Borgofiori, Malboro Classics. Nel periodo dei saldi si applicano ulteriori sconti.

→ **Come arrivare:** A4, uscita Vicenza Ovest, SS46 direzione Schio.

Sconti: dal 30% al 70%

SCHIO (VI)
13-Ca

BAMBINO
Mara
Spaccio aziendale/Factory outlet

0445575595
FAX 0445575373
spacciomara@libero.it
lun (15.00-19.00), mart-sab (8.30-12.00, 15.00-19.00); chiuso dom
ferie ago (variabile)
P

Via delle Prese 22 - cap 36015

Abbigliamento bambino (0 a 16 anni) e prémaman e anche accessori dei marchi: Chicco, Melby, ecc. Tutti I capi sono di prima scelta. Nel periodo dei saldi si applicano ulteriori sconti.

→ **Come arrivare:** A4, uscita Vicenza Ovest, SS46 direzione Schio.

Sconti: dal 20% al 30%

SCORZÈ (VE)
15-Ba

ABBIGLIAMENTO
Seventy
Spaccio aziendale/Factory outlet

0415899555
FAX 0415899567
info@cadamosto.it
www.seventy.it
apr-giu, ott-dic: lun (15.00-19.30), mart-sab (9.30-12.30, 15.00-19.30); chiuso dom
P

Via Venezia 146 - cap 30037

Rimanenze, fine serie, campionari e seconde scelte del marchio di abbigliamento casual Seventy, per uomo, donna e anche bambino. L'outlet è aperto soltanto due volte all'anno per 2/3 mesi, telefonare prima. Scontatissimi i campionari.

→ **Come arrivare:** A4, Castellana, SS245 direzione Scorzè.

Sconti: dal 35% al 70%

SOMMACAMPAGNA (VR)

13-Bb

CASA

Ancap Porcellana

Spaccio aziendale/Factory outlet

0458293088
FAX 045515495
ancap@ancapit
www.ancapit
lun (14.30-19.00), mart-sab (9.00-12.30, 14.30-19.00);
chiuso dom; ferie ago
P

Via Libia 1 - cap 37066

Outlet che vende porcellana da tavola di produzione propria: piatti, servizi da caffè e da tè, tutto con il marchio Ancap. Anche pirofile decorate, portaceneri, vasi, articoli da cucina e da regalo. Prima, seconda scelta e fine serie. Carta fedeltà.

→ **Come arrivare:** A4, uscita Sommacampagna, indicazioni per Verona. Dopo 3 km a sinistra, prima del sottopasso ferroviario.

€ **Sconti: dal 15% al 30%**

SPINEA (VE)

15-Ba

CASA

Vetreria Artistica Rosa

Artigiano

0415410868
FAX 0415410868
info@vetreriaartisticarosa.it
www.vetreriaartisticarosa.it
lun-ven (8.00-12.00, 13.00-17.00), sab (8.00-12.00, 13.00-16.00);
chiuso dom;
ferie ago, 24 dic-7 gen
P

Via Ferraris 26 - cap 30038

Laboratorio artigianale in cui è possibile vedere come si crea una lampada in vetro veneziano. Tanti modelli tra cui scegliere. Spedizioni in tutto il mondo. Bicchieri, riproduzioni di lampade d'epoca. Prima scelta a prezzi di fabbrica.

→ **Come arrivare:** A4, uscita Mestre Ovest, SP81 direzione Spinea - zona industriale.

€ **Sconti: dal 20% al 40%**

TAGLIO DI PO (RO)

15-Bbc

TESSUTI

Maggi Tessuti

Spaccio aziendale/Factory outlet

0426660234
FAX 0426660234
lun (15.30-19.30), mart-sab (8.30-12.30, 15.30-19.30);
chiuso dom;
ferie ago (variabile)
P

Statale Romea 6 - cap 45019

Outlet che vende scampoli a peso: spugna, gabardine di lana, viscosa e anche organza ricamata, in grandi cesti dove frugare. I prodotti sono di seconda scelta.

→ **Come arrivare:** SS309 Chioggia-Comacchio, indicazioni per Taglio di Po.

€ **Sconti: dal 30% al 40%**

THIENE (VI)

13-Ca

ABBIGLIAMENTO

Peter Hadley Factory Outlet

Spaccio aziendale/Factory outlet

0445381788
www.interpoolspa.com
lun (15.30-19.30), mart-sab (9.30-12.30, 15.30-19.30); **chiuso** dom; ferie ago (variabile)
P

Via Marconi 62 - cap 36016

■ Rimanenze, fine serie e campionari di abbigliamento uomo e donna con il marchio Peter Hadley e anche New England e Museum. Nel periodo dei saldi ulteriori sconti.

→ **Come arrivare:** A31, uscita Thiene.

€ **Sconti: dal 40% al 65%**

TORRI DI QUARTESOLO (VI)

13-Da

INTIMO E MARE

Malerba

Spaccio aziendale/Factory outlet

0444389487
www.malerba.it
lun (15.00-19.00), mart-sab (9.00-13.00, 15.00-19.00); **chiuso** dom

Via Roma 133 - cap 36040

■ Calze, calzini, calzettoni e anche intimo per tutta la famiglia. Per uomo, donna e bambino. Buona scelta di taglie.

→ **Come arrivare:** A4, uscita Vicenza Est, SS11 direzione Torri di Quartesolo.

TREVIGNANO (TV)

15-Ba

CALZATURE E PELLETTERIA

Vendramini Factory Outlet

Spaccio aziendale/Factory outlet

0423670468
FAX 0423670049
info@vendramini.com
www.vendramini.com
lun-ven (8.00-12.30, 14.00-18.00); **chiuso** sab, dom; ferie ago
P

Via Piavesella 2 - cap 31040

■ Rimanenze, fine serie e campionari di scarpe da trekking, da montagna e da moto per uomo, donna e anche bambino. Buona scelta di scarpe da città realizzate con pellami pregiati. Guanti da motocicletta in pelle. Solo contanti.

→ **Come arrivare:** A27, uscita Treviso Sud, SR Feltrina, indicazioni per Trevignano.

€ **Sconti: dal 10% al 70%**

TREVISO 15-Ba

ABBIGLIAMENTO

Norton & Wilson

Spaccio aziendale/Factory outlet

0422348028
FAX 0422410263
catwalk2004@libero.it
lun (15.30-19.30), mart-sab (9.00-12.30, 15.30-19.30); **chiuso** dom; ferie ago (variabile)
P

Via San Antonino 261/a - cap 31100

Abbigliamento della Norton & Wilson, per uomo e donna. Prima scelta e campionari, total look (anche accessori e calzature). Dalla 38 alla 54 per donna, dalla 46 alla 64 per uomo. 10% di sconto supplementare con la carta fedeltà.

→ **Come arrivare:** A27, uscita Treviso Sud, direzione centro città.

€ **Sconti: dal 20% al 40%**

TREVISO 15-Ba

ACCESSORI

Mister Optik

Negozio discount

0422303025
www.misteroprtik.it
lun (15.30-19.30), mart-sab (9.00-13.00, 15.30-19.30); **chiuso** dom

Viale della Repubblica 229 - cap 31100

Occhiali da sole e montature da vista. Visita optometrica in loco, lenti graduate su ordinazione. Sono in vendita anche le lenti da contatto. Il tutto a prezzo ridotto e spesso ridotissimo.

→ **Come arrivare:** A27, uscita Treviso Sud, direzione centro città.

TREVISO 15-Ba

BAMBINO

Spaccio Lana

Spaccio/Factory outlet

0422402866
FAX 0422332287
lun (15.00-19.00), mart-sab (9.00-12.30, 15.00-19.00); **chiuso** dom
P

Via Sant' Antonino 206 - cap 31100

Abbigliamento per bambini 0-14 anni e prémaman, in lana. Rimanenze, fine serie, campionari. Ulteriori sconti durante il periodo dei saldi.

→ **Come arrivare:** A27, uscita Treviso Sud, indicazioni per l'ospedale.

€ **Sconti: dal 20% al 70%**

TREVISO

15-Ba

CASA

Pagnossin

Spaccio aziendale/Factory outlet

Via Noalese 94 - cap 31100

0422432050
FAX 0422435005
www.pagnossin.com
lun, mer (15.00-19.00), mart, gio-sab (9.00-12.30, 15.00-19.00);
chiuso dom;
ferie ago (variabile)
P

■ Outlet della Pagnossin che è rinomata per i piatti colorati. Rimanenze e fine serie, ma anche prima scelta oltre ad articoli vari come bicchieri, tovaglie, candele, posate. Promozioni tutto l'anno.

→ **Come arrivare:** A27, uscita Treviso Sud, SP62, poi a sinistra in via Livenza, fino alla Strada Noalese.

€ **Sconti: dal 20% al 50%**

TRICHIANA (BL)

7-Bc

ABBIGLIAMENTO

Aurora Maglificio

Spaccio aziendale/Factory outlet

Via Cavassico Inferiore - cap 32028

0437554407
FAX 0437555045
aurora_maglificio@tin.it
lun-ven (8.00-12.00, 14.00-17.30);
chiuso sab, dom
ferie ago
P

■ Outlet che vende maglieria di produzione propria. Cashmere e filati pregiati per maglioni, cardigan, twinset, per uomo e donna. Modelli classici o moda. Rimanenze, prima e seconda scelta. Grande qualità, molte taglie e prezzi adeguati.

→ **Come arrivare:** A27, uscita Cádola, direzione Belluno, indicazioni per Trichiana.

TRISSINO (VI)

13-Ca

ABBIGLIAMENTO

Armani Factory Store

Spaccio aziendale/Factory outlet

0445424192
www.giorgioarmani.com
lun (15.00-19.00),
mart-sab (10.00-19.00);
chiuso dom;
ferie ago (variabile)

Via Stazione 93 - cap 36070

■ È l'outlet del grande marchio di moda italiana dove trovare rimanenze, fine serie, prima e seconda scelta e campionari dei marchi Giorgio Armani, Armani Collezioni, Emporio Armani, Armani Jeans, Armani Junior, Armani Casa. Abbigliamento e accessori per uomo, donna e bambino ma anche una buona scelta di oggetti per la casa. Un ottimo indirizzo quando si deve rinnovare il guardaroba. Ottime occasioni nelle seconde scelte che presentano diffetti spesso invisibili all'occhio nudo. Si accettano anche assegni.

→ **Come arrivare:** A4, uscita Montecchio, indicazioni per Montecchio Maggiore e per Trissino.

Sconti: dal 50% al 80%

VALDAGNO (VI)

13-Ca

ABBIGLIAMENTO

Marzotto Factory Store

Spaccio aziendale/Factory outlet

0445427512/800006666
FAX 0445427466
distribuzione_spa@marzotto.it
lun (15.00-19.00),
mart-ven (10.00-12.30, 15.00-19.00),
sab (10.00-19.30);
chiuso dom

P

Via dei Lanifici 1, Maglio - cap 36078

■ Outlet di abbigliamento e accessori di vari marchi. Per uomo: Lebole, Trendy, Principe, Valentino, Marlboro Classics; per donna: Missoni, Valentino, Borgofiori, Marlboro Classics. Nel periodo dei saldi si applicano ulteriori sconti.

→ **Come arrivare:** A4, uscita Montecchio, direzione Valdagno.

Sconti: dal 30% al 70%

VENEZIA *15-Bb*

ABBIGLIAMENTO

Donatello

Stocchista/Stockhouse

041975535
FAX 0415056533
lun (15.30-19.30), mart-sab (9.30-12.30, 15.30-19.30); **chiuso** dom; ferie ago (variabile)

Via Antonio da Mestre 15, **Mestre** - cap 30174

Stockhouse che vende abbigliamento e calzature per uomo e donna delle migliori griffe della moda. Rimanenze e fine serie, grande scelta di taglie. Ulteriori sconti durante il periodo dei saldi.

➜ **Come arrivare:** A4, uscita Castellana, direzione Mestre centro, indicazioni per il parcheggio di piazzale Luigi Candiani.

€ **Sconti: dal 20% al 50%**

VENEZIA *15-Bb*

ABBIGLIAMENTO

Il Magazzino delle Firme

Spaccio aziendale/Factory outlet

041983424
FAX 041983424
lun (15.30-19.30), mart-sab (9.00-12.00, 15.30-19.30); **chiuso** dom

Via Corte dell'Orologio 2 (Gall. della Torre), **Mestre** - cap 30170

Outlet di abbigliamento maschile e femminile, che vende i marchi Liu-Jo e Compagnia Italia. Rimanenze, campionari e fine serie in tutte le taglie. Nel periodo dei saldi gli sconti aumentano.

➜ **Come arrivare:** A4, uscita Castellana, direzione Mestre centro.

€ **Sconti: dal 30% al 50%**

VENEZIA *15-Bb*

ABBIGLIAMENTO

Outlet Store

Stocchista/Stockhouse

0415315301
lun (15.30-19.30), mart-sab (9.30-12.30, 15.30-19.30); ferie ago (variabile)
P

Corso del Popolo 255, **Mestre** - cap 30172

Fine serie e prima scelta provenienti dalla catena di negozi Il Duca d'Aosta. Capi per uomo e donna di importanti marchi : Ralph Lauren, Donna Karan, Calvin Klein, Tommy Hillfiger, Gucci, Burberry. Molte taglie.

➜ **Come arrivare:** A4, uscita Mestre Ovest, indicazioni per la stazione FS.

€ **Sconti: dal 40% al 70%**

VENEZIA 15-Bb

ACCESSORI

Balocoloc

Laboratorio artigianale

0415240551
FAX 041640273
info@balocoloc.com
www.balocoloc.com
mart-sab (9.00-17.00), carnevale lun-dom (9.00-19.00); **chiuso** dom, lun

Calle Longa 2134 - cap 30121

Laboratorio artigianale che produce e vende cappelli, maschere e mantelle ispirati a modelli tradizionali e storici e ricostruiti fedelmente, tutto fabbricato con ottimi materiali. Grande scelta.

→ **Come arrivare:** a poca distanza dal parcheggio di piazzale Roma. Zona Santa Croce.

€ **Sconti: 20%**

VENEZIA 15-Bb

CASA

Carlo Moretti

Spaccio aziendale/Factory outlet

041736588
FAX 041736282
info@carlomoretti.com
www.carlomoretti.com
lun-sab (10.00-17.00); **chiuso** dom; ferie gen
P

Fondamenta Manin 3, Murano - cap 30141

Vendita diretta di oggetti in vetro e cristallo del noto vetraio veneziano. Prima e seconda scelta. Offerte speciali e vendita di campionari durante il mese di dicembre.

→ **Come arrivare:** da Venezia, vaporetto per Murano, fermata Colonna.

VENEZIA 15-Bb

CASA

L'Isola

Spaccio aziendale/Factory outlet

0415231973
FAX 0415223118
venezia@carlomoretti.com
www.carlomoretti.com
lun-sab (9.00-19.00), mag-ott anche dom 9.00-19.00; **chiuso** dom (variabile)

San Marco 1468, Campo San Moisè - cap 30124

Outlet che vende oggetti per la casa in vetro e cristallo. Solo prodotti di prima scelta.

→ **Come arrivare:** centro città, vicino a Piazza San Marco.

VERONA

13-BCb

ABBIGLIAMENTO

Brugi

Spaccio aziendale/Factory outlet

0458299148
FAX 0458299370
brugi@brugi.it
www.brugi.it
lun-sab (8.30-20.00);
chiuso dom;
ferie ago (variabile)
P

Via Spallanzani 29 - cap 37135

Spaccio aziendale che vende abbigliamento sportivo e casual per uomo, donna e bambino, con i marchi Brugi, Astrolabio, Choice. Tutte le taglie, anche conformate. Rimanenze, fine serie, prima e seconda scelta a prezzi interessanti.

→ **Come arrivare:** A4, uscita Verona Sud, proseguire per via F. Gioia e continuare su via L. Pasteur fino a incrociare via Spallanzani.

VERONA

13-BCb

ABBIGLIAMENTO

Emporio Mash Acon

Spaccio aziendale/Factory outlet

045525448
FAX 0458402662
emporio@acon.it
www.acon.it
lun (15.30-19.30),
mart-ven (9.00-12.15,
15.30-19.30),
sab (9.00-19.00);
chiuso dom;
ferie ago (variabile)
P

Via Fincato 262 - cap 37131

Abbigliamento casual e sportivo uomo, donna, bambino e baby, con il marchio Mash. Taglie donna dalla 38 alla 50, uomo dalla 44 alla 60. Nei saldi sconti anche su articoli di prima scelta. Vasto reparto di fine serie e seconda scelta.

→ **Come arrivare:** A4, uscita Verona Est, indicazioni per Bosco Chiesanuova.

€ **Sconti: dal 20% al 50%**

VERONA

13-BCb

ABBIGLIAMENTO

Mavecon

Spaccio aziendale/Factory outlet

0459211611
FAX 045581055
amministrazione@
mavecon.it
www.mavecon.it
lun (14.30-19.00),
mart-sab (8.30-12.30,
14.30-19.00);
chiuso dom;
ferie ago (variabile)
P

Via dell'Esperanto 20/b - cap 37135

Abbigliamento uomo e donna classico e sportivo di buona qualità. Scampoli di lana e fresco lana.

→ **Come arrivare:** A4, uscita Verona Sud, proseguire per via F. Gioia e continuare su via L. Pasteur fino a incrociare via dell'Esperanto.

VERONA *13-BCb*

ABBIGLIAMENTO

Urban Outlet

Spaccio aziendale/Factory outlet

0458400824
FAX 0458400824
www.abcm2.it
lun (15.30-19.30), mart-sab (9.30-12.30, 15.30-19.30); **chiuso** dom

Via Betteloni 46 - cap 37131

Fine serie, campionari e prima scelta di abbigliamento di marchi come Napapijri, Paul Smith, Patagonia, Belstaff, Woolrich. Per uomo, donna e bambino. Tutte le taglie, soprattuto 42 da donna e 48 da uomo. Ulteriori sconti durante i saldi.

→ **Come arrivare:** A4, uscita Verona Est, tangenziale Val Pantena, uscita Montorio.

€ **Sconti: 50%**

VERONA *13-BCb*

BAMBINO

Maglificio di Verona

Spaccio aziendale/Factory outlet

045972705
FAX 045975480
commerciale@maglificioverona.it
www.maglificiovr.it
lun-sab (9.00-12.00, 15.00-19.00); **chiuso** dom
ferie ago (variabile)
P

Via Berbera 21 - cap 37131

Outlet di abbigliamento per bambini da 0 a 16 anni e anche prémaman del marchio Halloween. Sono in vendita prima scelta, seconda scelta e campionari.

→ **Come arrivare:** A4, uscita Verona Est, indicazioni per Borgo Venezia.

€ **Sconti: 20%**

VERONA *13-BCb*

CALZATURE E PELLETTERIA

3A Antonini - Lumberjack

Spaccio aziendale/Factory outlet

045 8201119
info@lumberjack.it
www.lumberjack.it
mart-ven (12.00-19.00), sab (9.00-12.30, 14.30-19.00); **chiuso** dom, lun;
ferie ago (variabile)

Via Pacinotti 6 - cap 37135

Spaccio delle scarpe Lumberjack per tutta la famiglia. Disponibili tutti i modelli, classici e sportivi, e tutte le misure. Articoli di prima scelta della collezione precedente e seconda scelta. Nel periodo dei saldi ulteriori sconti.

→ **Come arrivare:** A4, uscita Verona Sud, proseguire su viale delle Nazioni in direzione centro città.

€ **Sconti: dal 20% al 40%**

VERONA 13-BCb

CASA
Isap OMV Group
Spaccio aziendale/Factory outlet

0458394444
FAX 0458394446
isap@isapomv.it
www.isapgroup.com
lun-sab (9.00-13.00, 14.30-18.30);
chiuso dom;
ferie ago (variabile)
P

Lungadige Attiraglio 67 - cap 37025

Outlet che vende stoviglie monouso. Accessori per la tavola, da picnic, per party principalmente con il marchio di fabbrica. Solo prodotti di prima scelta. Un indirizzo fondamentale quando si prepara una festa.

→ **Come arrivare:** A22, uscita Verona Nord, indicazioni per l'ospedale di Borgo Trento.

VERONA 13-BCb

TESSUTI
Giesse Scampoli
Stocchista/Stockhouse

0458301099
FAX 0458301066
www.giessescampoli.com
lun (15.00-19.30),
mart-ven (9.00-12.30, 15.00-19.30),
sab (9.00-19.00);
chiuso dom
P

Via Ca' di Cozzi 22 - cap 37124

Principalmente stock di tessuti di abbigliamento a partire da 1 euro al metro. Ma anche accessori, nastri, filati, bottoni e fai da te. I marchi venduti sono Amann, Burda, Husqvarna Viking. Offerte promozionali tutto l'anno.

→ **Come arrivare:** A22, uscita Verona Nord, indicazioni per l'ospedale di Borgo Trento.

€ **Sconti: 70%**

VERONA 13-BCb

VINI E LIQUORI
Fratelli Bolla
Spaccio aziendale/Factory outlet

0456836555
FAX 0456836556
0458670912
bolla@bolla.it
www.bolla.it
lun-gio (8.30-12.30, 14.00-17.30),
ven (8.30-13.00);
chiuso sab, dom;
ferie ago (variabile)
P

Via Alberto Bolla, 3 Loc. Pedemonte - cap 37020

Vendita diretta della casa vinicola Bolla che produce da centoventi anni ottimi bianchi e rossi tipici della zona: Soave, Valpolicella, Chardonnay, Pinot Grigio, Bardolino, Amarone a prezzi competitivi.

→ **Come arrivare:** A22, uscita Verona Nord, SS12 direzione Bussolengo, indicazioni per Negrar.

VICENZA *13-Da*

ABBIGLIAMENTO

Al 94

Spaccio aziendale/Factory outlet

0444546213
FAX 0444546213
lun (15.30-19.30), mart-sab (9.30-12.30, 15.30-19.30);
chiuso dom;
ferie ago (variabile)

Corso Fogazzaro 98 - cap 36100

Outlet di abbigliamento, soprattutto femminile, di grandi marchi della moda italiana. Rimanenze e fine serie di collezioni precedenti. Ulteriori sconti nel periodo dei saldi.

→ **Come arrivare:** A4, uscita Vicenza Ovest, direzione centro città.

€ **Sconti: dal 50% al 70%**

VICENZA *13-Da*

ABBIGLIAMENTO

Green Tree Shop

Spaccio aziendale/Factory outlet

0444348472
mart-sab (9.00-12.30, 15.00-19.30);
chiuso lun, dom;
ferie ago (variabile)
P

Viale della Scienza 36 - cap 36100

Vendita diretta di abbigliamento classico e casual per uomo e donna.

→ **Come arrivare:** A4, uscita Vicenza Ovest, indicazioni per la Fiera.

VICENZA *13-Da*

ACCESSORI

Superottica

Negozio discount

0444349555/ 800966006
FAX 0444349555
info@superottica.net
www.superottica.net
mart-sab (9.00-12.30, 16.00-19.30), lun (16.00-19.30);
chiuso dom

Via Frassini 21 c/o centro commerciale Ponte Alto - cap 36100

Vendita di montature da vista e occhiali da sole delle grandi marche a buon prezzo. Tra i servizi offerti, controllo della vista e spedizione a domicilio.

→ **Come arrivare:** A4, uscita Vicenza Ovest, SS11 direzione Verona, indicazioni per centro commerciale Ponte Alto.

VICENZA *13-Da*

ALIMENTARI

Centrale del Latte di Vicenza

Spaccio aziendale/Factory outlet

0444922066
FAX 0444920822
amministrazione@centralelatte.vicenza.it
lun-mart (8.30-12.30, 15.45-19.30), mer (8.30-12.30), gio-sab (8.30-12.30, 15.45-19.30); **chiuso** dom; ferie lug (variabile)

Via G. Medici 94 - cap 36100

■ Punto vendita della Centrale del Latte di Vicenza che produce latte e derivati, come burro, formaggio, yogurt, anche biologici. Prezzi adeguati.

➜ **Come arrivare:** A4, uscita Vicenza Ovest, direzione Bassano-Marostica.

VICENZA *13-Da*

CALZATURE E PELLETTERIA

Bottega Veneta

Spaccio aziendale/Factory outlet

0444396504
FAX 0444396555
www.bottegaveneta.com
lun-sab (10.00-13.00, 14.00-19.00); **chiuso** dom; ferie ago
P

Viale della Scienza 15 - cap 36100

■ Outlet che vende rimanenze e fine serie di borse, scarpe, abbigliamento e piccola pelletteria del noto marchio Bottega Veneta. Tutte le taglie sono disponibili, dalla 38 alla 44 per donna e dalla 46 alla 54 per uomo. Buone occasioni.

➜ **Come arrivare:** A4, uscita Vicenza Ovest, indicazioni per la Fiera.

€ **Sconti: dal 50% al 60%**

VICENZA *13-Da*

CALZATURE E PELLETTERIA

Zenith Maria Elena Lovison

Spaccio aziendale/Factory outlet

0444303063/0444500111
FAX 0444300369
info@zenithborse.com
www.zenithborse.com
lun-ven (9.30-12.30, 15.30-19.00), sab (9.30-12.30); **chiuso** dom
P

Via del Fabbro 13 - cap 36100

■ Outlet che vende borse, bauletti, valigeria, calzature uomo/donna e piccola pelletteria dei marchi Zenith e Maria Elena Lovison. Per le calzature numeri dal 35 al 45. Prima e seconda scelta. Ulteriori sconti nel periodo dei saldi.

➜ **Come arrivare:** A4, uscita Vicenza Est, direzione centro città.

€ **Sconti: dal 40% al 70%**

VICENZA
13-Da

CASA

Centro Hobby Ceramica
Spaccio aziendale/Factory outlet

0444514817
FAX 0444303291
info@ceramicavicentina.it
www.ceramicavicentina.it
lun-ven (8.30-12.30, 14.30-18.30), sab (9.00-12.00); **chiuso** dom
ferie ago
P

Viale della Pace 134 - cap 36100

Attrezzi e materiale per fare ceramica. Oggetti per l'arredamento, per la tavola e casalinghi, tutto in ceramica.

→ **Come arrivare:** A4, uscita Vicenza Est, direzione centro città.

Sconti: 30%

VIGONZA (PD)
15-Bb

CALZATURE E PELLETTERIA

Centro Calzature Fratelli Rossi
Spaccio aziendale/Factory outlet

049625039
FAX 049725904
info@sporter.it
www.sporter.it
lun (15.15-19.15), mart-sab (9.30-12.30, 15.15-19.15); **chiuso** dom;
ferie ago (variabile)
P

Via Venezia 10 - cap 35010

Outlet che vende scarpe e abbigliamento da uomo, donna, bambino di ottima qualità. Vasto assortimento di calzature sportive e casual, anche di grandi marchi, come Prada, Adidas, Nike. Solo rimanenze.

→ **Come arrivare:** A4, uscita Padova Est, tangenziale Nord, uscita via del Commericio, indicazioni per Vigonza.

Sconti: dal 20% al 40%

VIGONZA (PD)
15-Bb

CALZATURE E PELLETTERIA

Emporio Calzature Zanin
Spaccio aziendale/Factory outlet

0499801430
FAX 0499801430
lun (15.00-19.00), mart-sab (9.30-12.30, 15.00-19.00); **chiuso** dom;
ferie ago (variabile)
P

Via Venezia, Loc. Capriccio 88 - cap 35010

Outlet che vende calzature per uomo e donna. Tanti modelli, classici e sportivi, dai mocassini ai tacchi alti. Anche marchi famosi. Prezzi scontati sul campionario. Buona scelta di misure. Ulteriori sconti durante i saldi.

→ **Come arrivare:** A4, uscita Padova Est, tangenziale Nord, uscita via del Commericio, indicazioni per Vigonza.

Sconti: dal 30% al 50%

VILLORBA (TV)

15-Ba

ABBIGLIAMENTO

Meeting Abbigliamento Sportivo

Spaccio aziendale/Factory outlet

0422919845/
04226113
mart (15.00-18.45),
mer-sab (9.00-12.30,
15.00-18.45);
chiuso lun, dom
P

Via Volta 6, Lancenigo - cap 31020

Outlet di abbigliamento sportivo, per la palestra e il tempo libero: tute, pantajazz, short, T-shirts, felpe in fibra naturali e in colori moda. Buona scelta e grande convenienza.

→ **Come arrivare:** A27, uscita Treviso Nord, SS13 direzione Conegliano.

VITTORIO VENETO (TV)

7-Bd

CASA

Tessil Spugna

Spaccio aziendale/Factory outlet

0438500135
FAX 0438500704
info@tessilspugna.it
www.tessilspugna.it
lun-ven (9.00-12.00,
14.30-17.30);
chiuso sab, dom;
ferie ago (variabile)
P

Via Menarè 304 - cap 31029

Outlet che produce e vende spugne in tutte le sue varianti: unita, fantasia, ricamata. Asciugamani e accappatoi, ma anche lenzuola e tovaglie in cotone. Prima e seconda scelta. Vendita anche anche al chilo.

→ **Come arrivare:** A27, uscita Vittorio Veneto Sud, indicazioni per Vittorio Veneto - zona industriale.

€ **Sconti: 40%**

ZANÈ (VI)

13-Ca

ABBIGLIAMENTO

Confezioni Melograno

Spaccio aziendale/Factory outlet

0445363829
FAX 0445370922
melograno@
artigiani.vi.it
lun-sab (9.00-12.00,
15.30-19.30);
chiuso dom;
ferie ago
P

Via del Costo 16 - cap 36010

Fabbrica che confeziona tradizionalmente camicie da uomo e donna, in tessuti pregiati con il marchio Zanuso. Gli articoli sono di prima scelta. Ci sono tutte le taglie. Nel periodo dei saldi gli sconti aumentano.

→ **Come arrivare:** A31, uscita Thiene, direzione Schio, indicazioni per Zanè.

€ **Sconti: dal 30% al 60%**

Abbigliamento

AIELLO DEL FRIULI (UD)
- Dana Sport 266

AMARO (UD)
- Stefanel Factory Outlet 266

MUGGIA (TS)
- Diffusione Tessile - Max Mara 268
- Marzotto Factory Store 268

RIVIGNANO (UD)
- F.G.M. 271

Accessori

AIELLO DEL FRIULI (UD)
- Dana Sport 266

AMARO (UD)
- Stefanel Factory Outlet 266

MUGGIA (TS)
- Diffusione Tessile - Max Mara 268
- Marzotto Factory Store 268

ROVEREDO IN PIANO (PN)
- Spacciocchiali 271

UDINE
- Spacciocchiali 273

Alimentari

MUGGIA (TS)
- Pasticceria Triestina Ulcigrai 269

SAN DANIELE DEL FRIULI (UD)
- La Casa del Prosciutto 271
- Prosciuttifici Picaron 272
- Prosciuttificio Bagatto 272

Bambino

AIELLO DEL FRIULI (UD)
- Dana Sport 266

REANA DEL ROIALE (UD)
- Chicco Chiccolandia 270

Calzature e pelletteria

MUGGIA (TS)
- Marzotto Factory Store 268

NIMIS (UD)
- Mosolo Pelletterie 269

AIELLO DEL FRIULI (UD)

15-Da

SPORT

Dana Sport

Spaccio aziendale/Factory outlet

043199555

lun (15.00-19.30), mart-sab (8.00-12.30, 15.00-19.30); chiuso dom

Via Petrarca 16 - cap 33041

Abbigliamento sportivo, casual e accessori per lo sport uomo, donna e bambino. Anche scarpe.

→ **Come arrivare:** A4, uscita Palmanova, indicazioni per Aiello del Friuli.

AMARO (UD)

7-Dc

ABBIGLIAMENTO

Stefanel Factory Outlet

Spaccio aziendale/Factory outlet

0433466352

FAX 0433466352

lun (14.00-20.00), mart-dom (9.00-20.00)

P

Viale Valle di Carnia 1 - cap 33020

Abbigliamento del marchio Stefanel per uomo e donna. Prima scelta della collezione dell'anno precedente e seconda scelta della collezione attuale. Taglie dalla 36 alla 48 per donna, dalla 42 alla 56 per uomo. Gli sconti aumentano durante i saldi.

→ **Come arrivare:** A23, uscita Carnia, SS52 Carnica, indicazioni per Amaro.

€ **Sconti: dal 30% al 70%**

CASARSA DELLA DELIZIA (PN)

7-Cd

VINI E LIQUORI

La Delizia

Spaccio aziendale/Factory outlet

0434869564

FAX 0434868823

info@ladelizia.com

www.ladelizia.com

inverno: lun-sab (8.30-12.30, 15.00-19.00); estate: lun-sab (8.30-12.30, 15.30-19.30); chiuso dom

P

Via Udine 24 - cap 33072

Vendita diretta dell'azienda La Delizia, produttrice di vini tipici friulani. Bianchi, rossi e spumanti di ottima qualità da degustare sul posto e comprare a prezzi vantaggiosi.

→ **Come arrivare:** A28, uscita Cimpello, SS13 direzione Casarsa della Delizia.

€ **Sconti: dal 10% al 20%**

FIUMICELLO (UD)

15-Da

CASA

Emporio Istriano

Spaccio aziendale/Factory outlet

0431967887
043196251
FAX 0431967754
emporio.istriano@tin.it
mart-sab (9.30-13.00, 15.30-19.30); **chiuso** dom, lun; ferie ago (variabile)
P

Via Cortona 2, Papariano - cap 33050

■ Outlet dell'azienda Emporio Istriano, produttrice di tessuti per abbigliamento e arredamento. In vendita anche scampoli e biancheria per la casa. Tantissima scelta di tagli e colori. Ottimi qualità e prezzi.

→ **Come arrivare:** A4, uscita Redipuglia, indicazioni per Fiumicello.

GORIZIA

7-Ed

CASA

Gabel Industria Tessile

Spaccio aziendale/Factory outlet

0481392615
800773535
texgiulia.spaccio@gabelgroup.com
www.gabelgroup.com
lun-sab (9.00-12.30, 14.30-19.00): **chiuso** dom
P

Via IV Novembre 27/c - cap 34170

■ Biancheria per la casa di prima e seconda scelta e fine serie. I marchi in vendita sono Gabel, Vallesusa e Somma. Nel periodo dei saldi ulteriori sconti.

→ **Come arrivare:** A4, uscita Villesse, SS351 direzione Gorizia, indicazioni per loc. Piedimonte, poi indicazioni per lo spaccio.

€ **Sconti: dal 20% al 50%**

MANIAGO (PN)

7-Cc

CASA

Consorzio Coltellinai

Spaccio aziendale/Factory outlet

042771744
FAX 0427700440
info@mkm.it
www.consorziocoltellinai.it
lun-sab (8.30-12.30, 15.30-19.30): **chiuso** dom

Piazza Italia 9/a - cap 33085

■ Vendita diretta di coltelli di produzione propria. Materiali pregiati e grande scelta di modelli: da caccia, sportivi, da cucina, da collezione, di tutte le lunghezze e fogge (manico in corno o radica). Prezzi molto convenienti.

→ **Come arrivare:** A28, uscita Cimpello, SS251 direzione Pordenone-Maniago.

MANZANO (UD)

7-Dd

CASA

Sedialand

Spaccio aziendale/Factory outlet

0432745547
FAX 0432745880
sedialand.ud@crabo.it
www.crabo.it
mart-ven (9.30-12.30, 14.30-19.00), sab (9.00-19.00); **chiuso** dom, lun; ferie ago (variabile)
P

Via Udine 26 - cap 33044

Tutte le sedie, classiche e moderne, della ditta Italsvenska. Anche tavoli e mobili per ufficio. Trasporto e assemblaggio fai da te. Prima, seconda scelta e stock. Ogni 2 mesi ci sono nuove promozioni.

→ **Come arrivare:** A23, uscita Udine Sud, direzione Trieste.

€ **Sconti: 33%**

MUGGIA (TS)

15-Ea

ABBIGLIAMENTO

Diffusione Tessile - Max Mara

Spaccio aziendale/Factory outlet

0409235089
FAX 0409236259
www.diffusionetessile.it
lun-ven (9.30-13.30, 15.00-19.30), sab (9.30-19.30); **chiuso** dom
P

Statale Rabuiese (ang. Provinciale Farnei) - cap 34015

Spaccio di abbigliamento e accessori Max Mara, Marina Rinaldi, I Blues, Marella, Max and Co. Prima scelta delle collezioni precedenti. Ci sono tutte le taglie, anche quelle conformate. Nel periodo dei saldi ulteriori sconti.

→ **Come arrivare:** A4, uscita Trieste, indicazioni per Muggia.

€ **Sconti: dal 30% al 70%**

MUGGIA (TS)

15-Ea

ABBIGLIAMENTO

Marzotto Factory Store

Spaccio aziendale/Factory outlet

040232390
FAX 040232390
marzottod_ts@tin.it
lun-sab (9.30-19.30); **chiuso** dom (variabile)
P

Statale per Rabuiese 15 - cap 34015

Tutte le linee del gruppo Marzotto (Lebole, Valentino, Marlboro Classics, Borgofiori). Abbigliamento uomo e donna. Anche accessori. Prima e seconda scelta, stock, fine serie e campionario. Nel periodo dei saldi ulteriori sconti.

→ **Come arrivare:** A4, uscita Trieste, indicazioni per Muggia.

€ **Sconti: dal 30% al 70%**

MUGGIA (TS)

15-Ea

ALIMENTARI

Pasticceria Triestina Ulcigrai

Spaccio aziendale/Factory outlet

040232335 FAX 040232544
ulcigrai@pasticceriatriestina.com
www.pasticceriatriestina.com
lun-sab (8.30-13.00, 15.00-18.00); **chiuso** dom, in estate anche sab; ferie -6 gen, 17 lug-15 ago
P

Via Petronio 1/a - cap 34015

■ Outlet della Pasticceria Ulcigrai che produce tipici dolci triestini. Tante specialità a prezzi bassi soprattutto se si acquistano grandi quantità. Prima e seconda scelta. Ottima occasione per riempire la dispensa.

➔ **Come arrivare:** A4, uscita Trieste, indicazioni per Muggia.

€ **Sconti: dal 10% al 20%**

NIMIS (UD)

7-Dc

CALZATURE E PELLETTERIA

Mosolo Pelletterie

Spaccio aziendale/Factory outlet

0432790090
FAX 0432797089
info@mosolo.it
www.mosolo.it
lun-ven (8.30-12.00, 14.00-18.00), sab (8.30-12.00); **chiuso** dom; ferie ago (variabile)
P

Via Carducci 28 - cap 33045

■ Vendita diretta della produzione propria del marchio Mosolo: articoli da viaggio, borse da donna, cartelle, borsoni e valigie in pelle vegetale o sintetica. Prima scelta e fine serie. Prezzi vantaggiosi.

➔ **Come arrivare:** A23, uscita Udine Nord, SS13 direzione Tricesimo, indicazioni per Nimis.

€ **Sconti: 30%**

PAVIA DI UDINE (UD)

7-Dd

CASA

Salotti e Dintorni

Spaccio aziendale/Factory outlet

0432675136
FAX 0432675474
cab2001@libero.it
lun, dom (15.00-19.00), mart-sab (9.00-12.30, 15.00-19.00)
P

Statale 352, Lauzacco - cap 33050

■ Divani, sedie e poltrone imbottiti della ditta CAB, classici e moderni con più di 300 tipi di rivestimenti. Solo prima scelta. Varie promozioni nel corso dell'anno. Possibilità di ottenere un finanziamento personale.

➔ **Come arrivare:** A23, uscita Udine Sud, SS352 direzione Grado.

€ **Sconti: 40%**

PAVIA DI UDINE (UD) — 7-Dd

CASA

Spaccio Caffi

Spaccio aziendale/Factory outlet

0432675276
FAX 0432675382
linea@caffi.it
www.caffi.it
lun (15.30-19.30), mart-ven (9.00-12.30, 15.30-19.30); **chiuso** sab, dom
P

Statale 352, km 3+600, Lauzacco - cap 33050

Biancheria per la casa: trapunte, copriletti, lenzuola, coprimaterassi, cuscini e tessuti per arredamento. Anche marchi come Missoni, Blumarine, Alviero Martini. È possibile trovare sia la prima che la seconda scelta.

→ **Come arrivare:** A23, uscita Udine Sud, SS352 direzione Grado.

€ **Sconti: dal 30% al 50%**

PAVIA DI UDINE (UD) — 7-Dd

VINI E LIQUORI

Nonino

Spaccio aziendale/Factory outlet

0432676331
lun-ven (8.30-12.00, 14.00-17.30); **chiuso** sab, dom

Via Aquileia 104, Percoto - cap 33050

Spaccio della più nota casa produttrice di grappe in Italia. Anche bottiglie di annata e confezioni regalo. Interessanti bottiglie e confezioni dal design contemporaneo.

→ **Come arrivare:** A23, uscita Udine Sud, SS352 direzione Grado.

€ **Sconti: dal 20% al 30%**

REANA DEL ROIALE (UD) — 7-Dc

BAMBINO

Chicco Chiccolandia

Spaccio aziendale/Factory outlet

0432881675
www.chicco.com
lun (15.00-19.30), mart-ven (9.30-12.30, 15.00-19.30), sab (9.30-19.30); **chiuso** dom

Via Nazionale 37 - cap 33010

Abbigliamento e cosmetica prémaman, abbigliamento bambino, giocattoli, prodotti di puericultura, calzature dei marchi Chicco, Mamma Donna, Infinite Dolcezze. I prodotti sono di prima e seconda scelta, fine serie e stock.

→ **Come arrivare:** A23, uscita Udine Nord, SS13 direzione Tricesimo, indicazioni per Reana del Roiale.

€ **Sconti: dal 20% al 50%**

RIVIGNANO (UD) *7-Dd*

ABBIGLIAMENTO

F.G.M.

Spaccio aziendale/Factory outlet

0432774554
FAX 0432776665
fgmspaccioaziendale@libero.it
www.udinese.net/fgm
lun-ven (8.30-11.00, 13.30-17.00), sab (8.00-12.30); **chiuso** dom
P

Vicolo Taglio 8 - cap 33050

La fabbrica produce capi per Loro Piana e Gucci. Lavorazione sartoriale per giacche e pantaloni classici di grande qualità. Solo prima scelta. Taglie dalla 38 alla 56 per donna e dalla 44 alla 68 per uomo. Servizio su misura.

→ **Come arrivare:** A4, uscita Latisana, indicazioni per Rivignano.

€ **Sconti: dal 30% al 40%**

ROVEREDO IN PIANO (PN) *7-Ccd*

ACCESSORI

Spacciocchiali

Negozio discount

043494112
FAX 043494112
info@spacciocchiali.it
www.spacciocchiali.it
lun (15.30-19.30), mart-sab (9.00-12.30, 15.30-19.30); **chiuso** dom
P

Via Brentella 53 - cap 33080

Discount di ottica che offre montature firmate e non, da sole e da vista. Servizio di controllo computerizzato, reparto lenti a contatto. Con la Bimbo Card sostituzione gratuita di montature durante l'anno scolastico. Prezzi ottimi.

→ **Come arrivare:** A28, uscita Fontanafredda, SS13, indicazioni per Roveredo in Piano.

€ **Sconti: 50%**

SAN DANIELE DEL FRIULI (UD) *7-Cc*

ALIMENTARI

La Casa del Prosciutto

Spaccio aziendale/Factory outlet

0432957422
FAX 0432942833
www.prosciuttosandaniele.it
lun, mer-dom (10.00-15.30, 17.00-21.00); **chiuso** mart

Via Teobaldo Ciconi 24 - cap 33038

Vendita diretta di prosciutto San Daniele di produzione propria. Anche prosciutto crudo di altro tipo, salumi friulani e tante altre delizie alimentari da degustare sul posto e acquistare a prezzi vantaggiosi. Solo prima scelta.

→ **Come arrivare:** A23, uscita Udine Nord; A4, uscita Portogruaro, indicazioni per San Daniele del Friuli.

SAN DANIELE DEL FRIULI (UD) 7-Cc

ALIMENTARI

Prosciuttifici Picaron

Spaccio aziendale/Factory outlet

0432957708
FAX 0432942931
info.picaron@picaron.it
www.picaron.it
lun-ven (8.00-12.00, 13.30-17.30); **chiuso** sab, dom
P

Via Gemona 1 - cap 33038

Outlet dell'azienda Picaron che produce prosciutto crudo San Daniele, prosciutto cotto alla brace e altre specialità friulane. Prodotti di alta qualità e prezzi convenienti.

→ **Come arrivare:** A23, uscita Udine Nord; A4, uscita Portogruaro, indicazioni per San Daniele del Friuli.

€ **Sconti: 30%**

SAN DANIELE DEL FRIULI (UD) 7-Cc

ALIMENTARI

Prosciuttificio Bagatto

Spaccio aziendale/Factory outlet

0432957252
FAX 0432957252
www.prosciuttosandaniele.it
lun-sab (8.30-12.00, 14.30-18.00); **chiuso** dom
P

Via Cesare Battisti 26 - cap 33038

Outlet dell'azienda Bagatto dove trovare prosciutto crudo San Daniele in vendita all'etto o intero. Qualità ottima e prezzi adeguati anche per altre specialità friulane. Prima e seconda scelta.

→ **Come arrivare:** A23, uscita Udine Nord; A4, uscita Portogruaro, indicazioni per San Daniele del Friuli.

TAVAGNACCO (UD) 7-Dc

INTIMO/MARE

Spaccio Calzedonia - Intimissimi

Spaccio aziendale/Factory outlet

0432545733
lun (15.00-19.00), mart-ven (9.00-19.00), sab (9.30-19.30); **chiuso** dom

Via Nazionale 9 - cap 33010

Rimanenze, fine serie, campionari delle collezioni di intimo e mare Calzedonia e Intimissimi. Intimo e mare donna, calze, collant, camicie da notte e pigiami. Anche intimo uomo.

→ **Come arrivare:** A23, uscita Udine Nord, indicazioni per Tavagnacco.

€ **Sconti: dal 30% al 70%**

TRICESIMO (UD)

7-Dc

TESSUTI

Giesse Scampoli

Stocchista/Stockhouse

0432853273
FAX 0432883728
www.giessescampoli.com
lun (15.00-19.30), mart-sab (9.00-12.30, 15.00-19.30); **chiuso** dom
P

Via Roma 279 - cap 33019

Tessuti di abbigliamento di stock a partire da 1 euro al metro e accessori per il cucito. I marchi trattati sono Amann, Burda, Husqvarna, Viking. Offerte promozionali tutto l'anno.

→ **Come arrivare:** A23, uscita Udine Nord, SS13 direzione Tricesimo.

Sconti: 70%

UDINE

7-Dc

ACCESSORI

Spacciocchiali

Negozio discount

0432546273
FAX 0432546273
info@spacciocchiali.it
www.spacciocchiali.it
lun (15.30-19.30), mart-sab (9.00-12.30, 15.30-19.30); **chiuso** dom
P

Viale Tricesimo 206 - cap 33100

Discount di ottica: montature firmate e non, da sole e da vista. Servizio di controllo computerizzato, reparto lenti a contatto. Con la Bimbo Card sostituzione gratuita di montature durante l'anno scolastico. Prezzi ottimi.

→ **Come arrivare:** A23, uscita Udine Nord, direzione centro città.

Sconti: 50%

Accessori

Alimentari

ALSENO (PC) 11-Cb

CALZATURE E PELLETTERIA

Kallistè

Spaccio aziendale/Factory outlet

0523945041
FAX 0523949422
lun-ven (9.00-12.30, 15.00-19.30), sab (9.00-19.30); chiuso dom
P

Via Emilia Ovest 21 - cap 29010

Outlet che vende scarpe e borse da donna con i marchi Kallisté, Daniela Jasoni, Kyté. Un prodotto moda in tutte le misure. Campionari, prima e seconda scelta, collezione attuale e rimanenze della collezione precedente.

→ **Come arrivare:** A1, uscita Fiorenzuola, SS9 direzione Parma.

Sconti: dal 40% al 50%

ALSENO (PC) 11-Cb

CALZATURE E PELLETTERIA

Saddler's

Spaccio aziendale/Factory outlet

0523945011
FAX 0523949268
saddlers@saddlers.191.it
www.saddlers.it
lun-ven (8.00-12.00, 14.00-18.00), sab (8.00-12.00); chiuso dom; ferie ago

Via Leonardo da Vinci 5/1 - cap 29010

Outlet che vende borse da donna e piccola pelletteria (portafogli, portachiavi, cinture, portadocumenti). Collezioni delle precedenti stagioni e campionari. Solo assegni o contanti.

→ **Come arrivare:** A1, uscita Fiorenzuola, SS9 direzione Parma, indicazioni Alseno-zona industriale .

Sconti: dal 50% al 70%

ARGENTA (FE) 13-Dc

ABBIGLIAMENTO

Global Store

Spaccio aziendale/Factory outlet

0532313033
mart-sab (9.00-12.00, 14.00-19.00); chiuso lun, dom; ferie ago

Via Majorana, Loc. Longastrino 3 - cap 44011

Outlet che vende abbigliamento ma soprattutto maglieria in filati pregiati come il cashmere di Avon Celli e Andrea Fenzi. Rimanenze, fine serie e campionari per uomo e donna. Angolo delle occasioni. Ulteriori sconti durante il periodo dei saldi.

→ **Come arrivare:** A14, uscita Imola, direzione Conselice.

Sconti: dal 30% al 40%

BAGNO DI ROMAGNA (FC) 19-Bc

INTIMO E MARE

Simona Confezioni

Spaccio aziendale/Factory outlet

0543900841
FAX 0543900816
mart-sab (9.00-19.00); **chiuso** lun, dom
P

Via del Molino 18, San Piero in Bagno - cap 47021

■ 700 mq di rimanenze e campionari di intimo e mare donna di La Perla, Joëlle, Malizia, Anna Club, Oceano, Occhiverdi, Marvel. Grigio Perla per uomo. Anche bambino. Tutte le taglie. Molto conveniente.

→ **Come arrivare:** E45, uscita San Piero in Bagno.

€ **Sconti: dal 50% al 70%**

BOLOGNA 13-Cc

ABBIGLIAMENTO

La Boutique all'Aria Aperta

Stocchista/Stockhouse

051247586
info@kosenrufu.it
lun-dom (8.30-12.30, 15.30-19.30)

Via Irnerio 17 - cap 40126

■ Stockhouse che vende campionari e fine serie di abbigliamento, accessori di firme note e grandi griffe della moda, per uomo e donna. Prezzi ottimi. Anche prontomoda con prezzi molto convenienti.

→ **Come arrivare:** centro città, vicino alla stazione FS. Zona Montagnola.

€ **Sconti: 50%**

BOLOGNA 13-Cc

ABBIGLIAMENTO

Cafè Costes

Stocchista/Stockhouse

0514222190
lun-mer, ven-sab (9.30-13.00, 15.30-19.30), gio (9.30-13.00); **chiuso** dom

Via Irnerio 8 - cap 40126

■ Stockhouse che vende rimanenze, fine serie ma anche campionari abbigliamento e accessori per uomo e donna. Molti marchi, anche firme note. Ulteriori sconti durante il periodo dei saldi.

→ **Come arrivare:** centro città, vicino alla stazione FS. Zona Montagnola.

€ **Sconti: 50%**

BOLOGNA *13-Cc*

ABBIGLIAMENTO

Griffe Diffusion

Spaccio aziendale/Factory outlet

0516415873
FAX 0516416743
www.griffesdiffusion.it
lun (15.30-19.30), mart-sab (9.00-13.00, 15.30-19.30); **chiuso** dom; ferie ago (variabile)
P

Via Cavalieri Ducati 5 - cap 40132

Outlet del gruppo Mariella Burani, che vende abbigliamento uomo e donna di Mariella Burani, Facis, Valentino, Gai Mattiolo Jeans. Anche accessori: Baldinini, Braccialini, Mario Cerruti. Taglie donna 38-60, uomo 46-60. Accettano bancoposta.

→ **Come arrivare:** tangenziale di Bologna, uscita Borgo Panigale.

Sconti: 60%

BOLOGNA *13-Cc*

ABBIGLIAMENTO

Maxal

Stocchista/Stockhouse

051235284
lun-mer, ven-sab (10.00-13.00, 16.00-19.30), gio (10.00-13.00); **chiuso** dom; ferie ago

Via Oberdan 30 - cap 40126

Nel centro di Bologna, stockhouse di abiti da sera e da cocktail, abbigliamento sportivo e jeans. Per uomo e donna. Campionari e rimanenze delle collezioni precedenti. Molte griffe. Un ottimo indirizzo.

→ **Come arrivare:** centro città. Zona Montagnola.

Sconti: 50%

BOLOGNA *13-Cc*

ABBIGLIAMENTO

Mercatino Americano

Negozio discount

051359771
FAX 051356735
lun-mer, ven (9.00-19.30), gio (9.00-13.00), sab (9.00-13.15, 14.30-19.30); **chiuso** dom; ferie ago (variabile)

Piazza Unità 11/a-12 - cap 40128

Vendita diretta di jeans delle migliori marche: Levi's, Gas, Lee, Refrigiwear, Melting Pot e abbigliamento di buona marca: Woolrich, Barbour, William's, Guru. Per uomo e donna. Taglie donna 38-50, uomo 40-60.

→ **Come arrivare:** dalla stazione FS, via Matteotti in direzione zona mercato ortofrutticolo.

Sconti: dal 5% al 20%

BOLOGNA *13-Cc*

ABBIGLIAMENTO

Osvaldo Vintage

Vintage/Usato selezionato

Via C. di Cefalonia
051269947
FAX 0516143056
Via San Vitale
051271151
FAX 0516143056
chiaracasalini@libero.it
lun-ven (10.00-13.30, 15.30-19.30), sab (10.00-14.00, 15.00-19.30); **chiuso** dom; ferie ago

(1) Via Caduti di Cefalonia 4/c - cap 40125
(2) Via Porta di San Vitale 1 - cap 40125

■ Negozio che vende "vintage remake": abbigliamento vintage rielaborato su modelli più attuali. Luogo specializzato anche nell'usato selezionato di origine etnica.

→ **Come arrivare:** (1) centro città, trasversa di via Rizzoli; (2) centro città, da piazza San Vitale.

BOLOGNA *13-Cc*

ABBIGLIAMENTO

Pancaldi & B.

Spaccio aziendale/Factory outlet

0516383658
FAX 051325793
info@pancaldi.com
lun-ven (9.00-13.30, 14.30-17.30); **chiuso** sab-dom; ferie ago
P

Via Marziale 1 - cap 40128

■ Outlet della Pancaldi dove trovare rimanenze, campionari, prima e seconda scelta di abbigliamento donna e uomo. Camicie, completi e tailleur classici o sportivi, dallo stile impeccabile. Taglie donna 40-52, uomo 46-64.

→ **Come arrivare:** tangenziale di Bologna, uscita Castel Maggiore. Zona Corticella-mercato ortofrutticolo.

€ **Sconti: 50%**

BOLOGNA *13-Cc*

ABBIGLIAMENTO

Paris, Texas Italy

Stocchista/Stockhouse

Via Altabella
051225741
lun-sab (10.00-13.00, 15.30-19.30); **chiuso** dom
Via Indipendenza
051241994
lun-gio (10.00-13.00, 15.30-19.30), ven-sab (10.00-20.00), dom (15.30-19.30)

(1) Via Altabella 11 - cap 40126
(2) Via dell'Indipendenza 67/2 - cap 40121

■ Stockhouse di abbigliamento e accessori classici e giovani. Per uomo e donna. Ampia scelta di taglie, anche forti. In vendita collezione attuale e campionari di molti marchi. Ulteriori sconti durante i saldi.

→ **Come arrivare:** (1) centro città, vicino a piazza Maggiore; (2) centro città, da piazza Maggiore, imboccare via Nettuno.

€ **Sconti: 50%**

BOLOGNA *13-Cc*

ABBIGLIAMENTO

Punto Stock

Stocchista/Stockhouse

051547458
lun (16.00-19.30), mart-sab (9.00-12.30, 16.00-19.30); **chiuso** dom; ferie ago
P

Via Nadi 6/g - cap 40139

Stockhouse di abbigliamento classico e giovane di vari marchi, per uomo e donna. Tutte le taglie, anche quelle conformate. Ulteriori sconti durante il periodo dei saldi.

→ **Come arrivare:** tangenziale di Bologna, uscita San Vitale, direzione via E. Levante.

Sconti: dal 30% al 60%

BOLOGNA *13-Cc*

ABBIGLIAMENTO

Spaccio Gina Lebole

Spaccio aziendale/Factory outlet

051325187
FAX 051324799
www.ginalebole.com
lun (15.30-19.30), mart-ven (9.00-12.30, 15.30-19.30), sab (9.00-19.30); **chiuso** dom
P

Via Ferrarese 219/9 - cap 40128

Abbigliamento uomo, donna e bambino di Gina Lebole. Capi classici o sportivi realizzati con tessuti di qualità (Piacenza, Botto, Zegna). Tutte le taglie, anche conformate: donna (40-54), uomo (46-64), bambino da 3 a 16 anni.

→ **Come arrivare:** tangenziale di Bologna, uscita Centergross, direzione via Stalingrado, poi indicazioni per ippodromo.

Sconti: dal 30% al 50%

BOLOGNA *13-Cc*

ABBIGLIAMENTO

Speed Shop

Stocchista/Stockhouse

0516347194
FAX 0516347194
lun (15.30-19.30), mart-sab (9.30-12.30, 15.30-19.30); **chiuso** dom; ferie ago (variabile)

Via Zanardi 298 - cap 40131

Stockhouse di abbigliamento giovane. Campionari, fine serie, prima e seconda scelta.

→ **Come arrivare:** tangenziale di Bologna, uscita Lame.

Sconti: 50%

BOLOGNA *13-Cc*

ABBIGLIAMENTO

Vintage Art

Vintage/Usato selezionato

0516196287/335305042
info@vintageart.it
www.vintageart.it
su appuntamento

Via Telemaco Signorini 41/a - cap 40133

■ Abbigliamento, borse, scarpe e accessori vintage uomo e donna. Usato selezionato: jeans e Levi's d'epoca, divise militari, abiti dal 1900 al 1980, anche abiti firmati. Venerdì e sabato sono al mercato della Montagnola dalle ore 8 alle ore 18.

→ **Come arrivare:** tangenziale Casalecchio di Reno-San Lazzaro, uscita Aeroporto, direzione Santa Viola, poi indicazioni per via del Triumvirato.

BOLOGNA *13-Cc*

ABBIGLIAMENTO

WP Lavori in Corso - G&G

Spaccio aziendale/Factory outlet

0514161411
FAX 0514161490
mer-ven (17.00-19.00), sab (10.00-19.00); chiuso lun, mart, dom; ferie ago
P

Via Don Bedetti 18 - cap 40129

■ Fine serie, rimanenze, prima e seconda scelta di tutti i negozi WP Store d'Italia, dove trovare l'abbigliamento dei marchi Woolrich, le camicie da uomo BDBaggies, pantaloni chinos e tanti altri marchi in vendita da WP.
Abbigliamento sportivo-chic di gusto East Coast americano, per uomo e donna. Grande qualità delle materie prime (praticamente tutti filati e tessuti naturali) e della confezione. Prezzi molto convenienti.

→ **Come arrivare:** tangenziale di Bologna uscita Mercato ortofrutticolo, direzione Castel Maggiore.

€ **Sconti: dal 30% al 60%**

BOLOGNA *13-Cc*

ACCESSORI

Mister Optik

Negozio discount

051221552

lun (15.30-19.30), mart-sab (9.00-13.00, 15.30-19.30); chiuso dom

Strada Maggiore 28/a - cap 40125

Negozio discount della catena Mister Optik dove comprare occhiali da sole e montature da vista, lenti graduate e lenti a contatto a prezzi scontatissimi. Prezzi scontatissimi. Visita optometrica.

→ **Come arrivare:** centro città, direzione piazza di Porta Maggiore.

BOLOGNA *13-Cc*

BAZAR

La Coroncina

Negozio discount

051231885

FAX 051231885

lun-mer, ven-sab (9.00-12.30, 15.30-19.30), gio (9.00-12.30); chiuso dom

Via dell'Indipendenza 3 - cap 40121

Souvenir, bigiotteria, argenteria, articoli da regalo, chincaglieria e novità. Negozio nel quale si trovano oggetti e accessori di un tempo come rasoi da barbiere; anche articoli per fumatori e articoli da gioco (mazzi di carte, roulette, tarocchi ecc.).

→ **Come arrivare:** centro città, vicino a piazza Maggiore.

BOLOGNA *13-Cc*

BAZAR

Ninetynine Cent Paradise - 99 Cent Shop

Negozio discount

051226200

lun-mer (10.00-19.00), gio (10.00-14.00), ven-sab (10.00-19.00); chiuso dom

Via de' Giudei 6/a - cap 40126

Un luogo dove tutto costa veramente tra 85 e 99 centesimi: stoviglie, detergenti, candele, oggetti, cosmetica, ecc. Bancomat e carte di credito per almeno 20 pezzi acquistati. Nuovi arrivi settimanali.

→ **Come arrivare:** centro città, vicino a piazza Maggiore.

€ **Sconti: 75%**

BOLOGNA *13-Cc*

CALZATURE E PELLETTERIA

Bruno Magli Calzaturificio

Spaccio aziendale/Factory outlet

0516015011
FAX 0516015993
bruno.magli@brunomagli.it
www.brunomagli.it
lun-sab (9.00-19.00); **chiuso** dom; ferie ago
P

Via Larga 33 - cap 40138

Outlet della Bruno Magli che produce e vende belle scarpe di qualità, calzature di pregio per uomo e donna. Anche borse e piccola pelletteria. Rimanenze, campionari. Misure dal 34 al 42 donna, dal 39 al 47 uomo

→ **Come arrivare:** tangenziale di Bologna, uscita San Donato, direzione Granarolo, poi indicazioni per via Pirandello.

€ **Sconti: 50%**

BOLOGNA *13-Cc*

CASA

Tessilstock Altabella

Stocchista/Stockhouse

051237401
FAX 051237401
tessilstock@libero.it
lun-mer, ven-sab (9.00-12.30, 15.00-19.00), gio (9.00-12.30); **chiuso** dom; ferie ago

Via Altabella 19/c - cap 40126

Stockhouse che vende tessuti di arredamento con i marchi Fischbacher, Fadini-Borghi, Boussac, Ratty e Valvery. Tutti articoli di prima scelta. Angolo delle occasioni.

→ **Come arrivare:** centro città, vicino a piazza Maggiore.

€ **Sconti: 70%**

BOLOGNA *13-Cc*

INTIMO E MARE

Gruppo ARCTE

Spaccio aziendale/Factory outlet

0516173711
FAX 0516173061
info@il-negozio.com
www.il-negozio.com, www.arcte.it
lun-mer, ven-sab (9.30-12.30, 16.00-19.30), gio (9.30-13.30); **chiuso** dom; ferie ago

Via Trilussa 4/a - cap 40132

Outlet del gruppo ARCTE che produce intimo e mare di qualità per uomo ma soprattutto donna con i marchi Argentovivo, Baci Rubati, Julipets, Amarena, Allen Cox, Jamas, Azuleja, Sogni & Bugie, Arcte e Wander. Rimanenze, campionari, prima e seconda scelta.

→ **Come arrivare:** tangenziale di Bologna, uscita Borgo Panigale, via Emilia Ponente in direzione giardini Imre Nagy.

€ **Sconti: dal 40% al 80%**

BORETTO (RE) *13-Bc*

ABBIGLIAMENTO

Bolgheri Factory Outlet

Spaccio aziendale/Factory outlet

0522963124
FAX 0522963118
bolgheri_boretto@zegnaermenegildo.it
lun-ven (9.30-13.00, 15.00-19.30), sab (9.30-19.30); **chiuso** dom; ferie ago (variabile)
P

Via Goleto 13 - cap 42022

■ Abbigliamento da uomo e cravatte. Prima e seconda scelta, campionari e rimanenze delle collezioni precedenti. Taglie dalla 44 alla 60. Servizio sartoria, consegne a domicilio. Ulteriori sconti durante il periodo dei saldi.

→ **Come arrivare:** A22, uscita Reggio-Rolo; A1, uscita Parma (da Milano) o Reggio nell'Emilia (da Bologna), direzione Mantova.

€ **Sconti: 40%**

BORETTO (RE) *13-Bc*

ABBIGLIAMENTO

Diffusione Tessile - Max Mara

Spaccio aziendale/Factory outlet

0522964415
FAX 0522481570
www.diffusionetessile.it
lun-ven (9.30-13.00, 15.00-19.30), sab (9.30-19.30); **chiuso** dom
P

Via Goleto 13/b - cap 42022

■ Outlet della Max Mara che vende rimanenze, fine serie e campionari di tutti i marchi del notissimo gruppo: Max Mara, I Blues, Pianoforte, Marina Rinaldi, Marella, Max & Co. Un'azienda famosa in origine per la qualità dei suoi capispalla che produce ormai linee complete di abbigliamento per donne di ogni età. Tutte le taglie dalla 36 alla 60. Anche accessori come borse, scarpe, cinture, foulard. I prezzi sono convenienti. Ulteriori sconti durante il periodo dei saldi.

→ **Come arrivare:** A22, uscita Reggio-Rolo; A1, uscita Parma (da Milano) o Reggio nell'Emilia (da Bologna), direzione Mantova.

€ **Sconti: dal 40% al 50%**

BORETTO (RE)

13-Bc

CASA

Spaccio Bassetti

Spaccio aziendale/Factory outlet

0522481021
FAX 0522481021
lun (15.00-19.30), mart-ven (9.30-13.00, 15.00-19.30), sab (9.30-19.30); chiuso dom

Via Goleto 13/b - cap 42022

Uno dei 14 outlet del gruppo Zucchi e Bassetti in Italia, che vende biancheria per la casa. Rimanenze, fine serie, campionari, articoli con piccoli difetti: spugne, lenzuola, trapunte, accappatoi, piumoni, Granfoulard, coperte, a prezzi molto convenienti.

→ **Come arrivare:** A22, uscita Reggio-Rolo; A1, uscita Parma (da Milano) o Reggio nell'Emilia (da Bologna), direzione Mantova.

Sconti: 40%

CAORSO (PC)

11-Ca

CASA

Da Driade

Spaccio aziendale/Factory outlet

0523818655
FAX 0523822628
comunication@driade.com
www.driade.com
mart-sab (14.00-19.00) chiuso dom, lun; ferie ago (variabile)
P

Via Padana Inferiore 12, Fossadello - cap 29012

Stockhouse nella sede della nota azienda di design. 400 mq dedicati alle occasioni dei marchi Driade: mobili, sedie, tavoli, poltrone, divani, qualche cucina, oggetti per la tavola. Oggetti e mobili di pregio, progettati da grandi designer contemporanei come Philippe Starck, Ron Arad, Antonia Astori, Rodolfo Dordoni. Sono pezzi tornati da fiere o da set fotografici, rimanenze e fine serie. Un indirizzo fondamentale per arredare la casa. Prezzi scontati e adeguati alla qualità dei prodotti.

→ **Come arrivare:** A1, uscita Piacenza Sud, SS10 direzione Cremona, a sinistra dopo il paese di Fossadello.

CARPI (MO) 13-Bc

ABBIGLIAMENTO

Migor

Spaccio aziendale/Factory outlet

059694222
FAX 059694706
info@migor.it
www.migor.it
mart-sab (9.30-12.30, 15.30-19.00);
chiuso lun, dom;
ferie ago
P

Via Cristoforo Colombo 5 - cap 41012

Rimanenze di collezioni precedenti, prima e seconda scelta e campionari di camicie, maglie e accessori (cravatte) da uomo con i marchi: Navigare e Rocco Barocco. Taglie dalla S alla XXXL. Ulteriori sconti durante i saldi.

→ **Come arrivare:** A22, uscita Carpi, proseguire sulla tangenziale Bruno Losi, uscita via Cattani Ovest.

€ **Sconti: dal 20% al 30%**

CARPI (MO) 13-Bc

BAMBINO

Spazio Sei Parrot

Spaccio aziendale/Factory outlet

059695044
lun (15.30-19.30), mart-sab (9.30-12.30, 15.30-19.30);
chiuso dom;
ferie ago

Via Cattani Sud 77 - cap 41012

Rimanenze, prima e seconda scelta delle collezioni precedenti e campionari di abbigliamento per bambini da 0 a 16 anni: Baby Blumarine, Iceberg, Kid, Parrot, Le Parrottine, Lu-Ma. Prezzi convenienti.

→ **Come arrivare:** A22, uscita Carpi, proseguire sulla tangenziale Bruno Losi, uscita via Cattani Ovest, indicazioni per via Cattani Sud.

€ **Sconti: dal 40% al 50%**

CARPI (MO) 13-Bc

CASA

Tac Ceramiche

Spaccio aziendale/Factory outlet

059695969
FAX 059642324
tacceramichenovita@libero.it
lun-ven (9.00-13.00, 15.00-19.00), sab (su appuntamento);
chiuso dom;
ferie ago (variabile)
P

Viale del Commercio 21/b - cap 41012

Oggetti da regalo in ceramica. Piatti da torta, rivestiti in Teflon, allegri e colorati, con coperchio a forma di mele affettate, stecchini per aperitivi decorati con olive di ceramica, centritavola, oggettistica varia.

→ **Come arrivare:** A22, uscita Carpi, direzione zona industriale. A circa 500 m dal casello autostradale.

€ **Sconti: 50%**

CARPI (MO) *13-Bc*

TESSUTI

Anna Sorrentino

Negozio discount

059699517

lun-mer, ven-sab (8.30-13.00, 16.00-19.30), gio (8.30-13.00); **chiuso** dom; ferie ago (variabile)

P

Via A. Moro (ang. via Graziosi) 42/c - cap 41012

■ Vendita di tessuti in seta e lana al metro. Angolo delle occasioni in cui trovare scampoli vari venduti anche a peso a prezzi convenientissimi. Sciarpe e cravatte in seta. A volte anche maglieria.

→ **Come arrivare:** A22, uscita Carpi, proseguire sulla tangenziale Bruno Losi, uscita via Cattani Ovest, direzione stadio.

CASALECCHIO DI RENO (BO) *17-Db*

ABBIGLIAMENTO

Sotto Sotto

Stocchista/Stockhouse

051592337

mart-ven (9.30-12.30, 15.30-19.30), lun (15.30-19.30), sab (10.00-19.00); **chiuso** dom

P

Via del Reno 7/2 - cap 40033

■ 500 mq di stockhouse di abbigliamento e calzature per uomo e donna. Rimanenze, fine serie e campionari. Tutto di prima scelta. Diversi marchi. Taglie donna 38-50, uomo 46-56; per le scarpe: donna 35-41, uomo 39-46.

→ **Come arrivare:** A14, uscita Casalecchio di Reno, direzione centro città, vicino al ponte Reno.

€ **Sconti: dal 50% al 70%**

CASALECCHIO DI RENO (BO) *17-Db*

TESSUTI

Giesse Scampoli

Stocchista/Stockhouse

051591950

FAX 051591950

www.giessescampoli.com

lun-mer, ven-sab (9.00-12.45, 15.15-19.30), gio (9.00-12.45); **chiuso** dom

Via Marconi 101 - cap 40033

■ Stockhouse di tessuti per abbigliamento a prezzi molto convenienti. Scampoli a partire da 1 euro. Molti marchi, non solo di tessuti, come: Amann, Burda, Husqvarna Viking. Offerte promozionali tutto l'anno con prezzi molto vantaggiosi.

→ **Come arrivare:** A14, uscita Casalecchio di Reno, sotto il cavalcavia dell'autostrada.

€ **Sconti: 50%**

CASTELLO D'ARGILE (BO) 13-Cc

COSMETICI E PROFUMI

Guaber Miniprix

Spaccio aziendale/Factory outlet

0516868309

lun-mer (9.30-12.30, 15.00-19.00), gio (9.30-12.30), ven-sab (9.30-12.30, 15.00-19.00); chiuso dom

Via Mattei 4 - cap 40050

■ Outlet di prodotti per la pulizia della casa e della persona, cosmetici, alimentari e dietetici; inoltre concimi e terricci con il marchio Guaber. Prezzi convenienti.

→ **Come arrivare:** tangenziale di Bologna, uscita Mercato ortofrutticolo, direzione Castel Maggiore, indicazioni per Castello d'Argile.

€ **Sconti: 10%**

CASTELNUOVO RANGONE (MO) 17-Ca

ALIMENTARI

Salumificio Fratelli Cavani

Spaccio aziendale/Factory outlet

059535197

FAX 059537455

cavanispa@libero.it

lun-ven (8.00-12.00, 15.30-18.30), sab (8.00-12.30); chiuso dom

P

Via Casette Zanasi 21/c - cap 41051

■ Vendita diretta di salumi, carni e specialità emiliane. Tanta scelta tra prosciutti, mortadelle, salami modenesi, coppe, salsicce e costate da vendersi a peso o a pezzi interi. Anche formaggi, conserve, pane e acqua.Convenienza e ottima qualità.

→ **Come arrivare:** A1, uscita Modena Sud, indicazioni per Maranello.

CASTELNUOVO RANGONE (MO) 17-Ca

TESSUTI

Giesse Scampoli

Stocchista/Stockhouse

059538409

FAX 059538297

www.giessescampoli.com

lun-mer (9.00-12.30, 15.30-19.30), gio (9.00-12.30), ven-sab (9.00-12.30, 15.30-19.30); chiuso dom

P

Via della Pace 35/a - cap 41051

■ Stockhouse di tessuti per abbigliamento a prezzi molto convenienti. Scampoli a partire da 1 euro. Molti marchi, non solo di tessuti, come: Amann, Burda, Husqvarna Viking. Offerte promozionali tutto l'anno con prezzi molto vantaggiosi.

→ **Come arrivare:** A1, uscita Modena Sud, indicazioni per Maranello.

€ **Sconti: 70%**

CERVIA (RA)

19-Cb

ABBIGLIAMENTO

La Boutique all'Aria Aperta

Stocchista/Stockhouse

0544995670
info@kosenrufu.it
inverno: lun-dom (9.30-12.30, 15.30-19.30); estate: lun-dom (9.30-12.30, 16-20)

Via II Traversa Pineta 11 - cap 48015

Stockhouse che vende campionari e fine serie di abbigliamento e accessori di firme note e grandi griffe della moda, per uomo e donna. Prezzi ottimi. Anche prontomoda con prezzi molto convenienti.

→ **Come arrivare:** A14, uscita Cesena, direzione Cervia.

Sconti: 50%

CESENA

19-Cb

ABBIGLIAMENTO

Modi & Moda

Spaccio aziendale/Factory outlet

0547632029
FAX 0547632036
info@modiemoda.it
www.modiemoda.it
lun (15.30-19.30), mart-sab (9.30-13.00, 15.30-19.30); chiuso dom
P

Via Cerchia di Sant'Egidio 901 - cap 47023

Abbigliamento uomo, donna e bambino Gina Lebole. Capi classici o sportivi realizzati con tessuti di qualità (Piacenza, Botto, Zegna). Tutte le taglie per donna (dalla 42 alla 54) e uomo (dalla 46 alla 64) e bambino da 3 a 16 anni.

→ **Come arrivare:** A14, uscita Cesena Sud, direzione centro città, a destra dopo Villa Chiaviche.

Sconti: dal 30% al 50%

CESENA

19-Cb

ABBIGLIAMENTO

Peperoncino

Stocchista/Stockhouse

FAX 0547613589
info@kosenrufu.it
lun-dom (9.30-12.30, 15.30-19.30)

Via Cesare Battisti 143 - cap 47023

Stockhouse che vende abbigliamento uomo e donna di grandi firme e prontomoda. Ottimi prezzi tutto l'anno e ulteriori sconti durante il periodo dei saldi.

→ **Come arrivare:** A14, uscita Cesena Sud, direzione centro città.

Sconti: 50%

COLLECCHIO (PR) *13-Ac*

CALZATURE E PELLETTERIA

Bilboquet Gennari

Spaccio aziendale/Factory outlet

0521309410
FAX 0521309400
bilbo_franco@libero.it
lun-ven (8.00-12.00, 13.30-17.30);
chiuso sab-dom;
ferie ago

Via Libertà 45, Gaiano - cap 43044

Laboratorio artigianale che produce cinture, borse e borsette da donna. Modelli moda che combinano pelle morbida o nylon con rifiniture in pelle. Prezzi di fabbrica.

→ **Come arrivare:** E31, uscita Parma Ovest, SS62 direzione Collecchio.

COLLECCHIO (PR) *13-Ac*

CASA

Ceramica del Ferlaro

Spaccio aziendale/Factory outlet

0521805348
FAX 0521802380
info@ceramicadelferlaro.it
www.ceramicadelferlaro.it
lun-sab (8.30-12.30, 14.30-19.00);
chiuso dom;
ferie ago (variabile)
P

Stada Privata Burbelles 4 - cap 43044

Outlet che vende ceramica di produzione propria: oggetti, soprammobili e articoli da regalo, anche lampade e bomboniere.

→ **Come arrivare:** E31, uscita Parma Ovest, SS62 direzione Collecchio.

CORIANO (RN) *17-Cb*

ABBIGLIAMENTO

La Boutique all'Aria Aperta

Stocchista/Stockhouse

0541756783
inverno: lun-dom (8.30-12.30, 15.30-19.30);
estate: lun-dom (9.30-12.30, 16-20)
P

Via Ausa 46 - cap. 47853

Stockhouse che vende campionari e fine serie di abbigliamento, accessori di firme note e grandi griffe della moda, per uomo e donna. Prezzi ottimi. Anche prontomoda con prezzi molto convenienti.

→ **Come arrivare:** A14, uscita Riccione, indicazioni per Coriano.

€ **Sconti: 50%**

CORIANO (RN) 17-Cb

ABBIGLIAMENTO

Massimo Rebecchi - Virginia

Spaccio aziendale/Factory outlet

0541658103
lun-sab (9.30-12.30, 15.30-19.30), dom (15.30-19.30)
P

Via Raibano 37 - cap 47853

Outlet della fabbrica Virginia che produce i marchi Massimo Rebecchi e Terra di Maremma. Si trovano rimanenze e campionari di capi di abbigliamento, accessori e calzature per uomo e donna. Taglie donna 40-48, uomo 46-56.

→ **Come arrivare:** A14, uscita Riccione, indicazioni per Coriano.

Sconti: 50%

CORIANO (RN) 17-Cb

CALZATURE E PELLETTERIA

Calzaturificio Valleverde

Spaccio aziendale/Factory outlet

0541657147/800396060
FAX 0541657485
valleverde@valleverde.it
www.valleverde.it
lun-sab (9.00-12.15, 14.30-18.45),
mag-set: anche dom 9.00-12.15, 15.00-19.15;
chiuso dom (variabile)
P

Via Piane 78 - cap 47853

Outlet della Valleverde che produce calzature comode e confortevoli, dove trovare la collezione attuale, per uomo, donna e bambino, a prezzi di fabbrica. Sconti importanti sulle rimanenze e il campionario. Tutte le misure.

→ **Come arrivare:** A14, uscita Riccione, indicazioni per Coriano.

Sconti: dal 15% al 50%

CREVALCORE (BO) 17-Cc

ABBIGLIAMENTO

SPW Company

Spaccio aziendale/Factory outlet

051980933
lun-mart, gio-sab (8.45-12.45, 15.00-19.00), mer (8.45-12.45, 16.00-19.00);
chiuso dom;
ferie ago

Via Cavour 91 - cap 40014

Outlet che vende abbigliamento uomo, donna e bambino con i marchi Stone Island e CP Company. Rimanenze, fine serie, prima e seconda scelta e anche campionari in vendita a prezzi scontati.

→ **Come arrivare:** A1, uscita Modena Sud, direzione Cento, indicazioni per Crevalcore.

DOZZA (BO)

19-Bb

ABBIGLIAMENTO

Modi & Moda

Spaccio aziendale/Factory outlet

0542675161
FAX 0542674396
info@modiemoda.it
www.modiemoda.it
lun (15.30-19.30), mart-sab (9.30-13.00, 15.30-19.30); **chiuso** dom
P

Via Scossabrillo 5/7, Toscanella - cap 40060

Abbigliamento uomo, donna e bambino Gina Lebole. Capi classici o sportivi realizzati con tessuti di qualità (Piacenza, Botto, Zegna). Tutte le taglie donna (42-54), uomo (46-64), e bambino da 3 a 16 anni.

Come arrivare: A14, uscita Imola, direzione via Emilia, indicazioni per Bologna.

Sconti: dal 30% al 50%

FAENZA (RA)

19-Bb

ABBIGLIAMENTO

La Boutique all'Aria Aperta

Stocchista/Stockhouse

054622475
info@kosenrufu.it
inverno: lun-dom (9.30-12.30, 15.30-19.30); estate: lun-dom (9.30-12.30, 16-20)

Corso Giuseppe Garibaldi 38 - cap 48018

Stockhouse che vende campionari e fine serie di abbigliamento, accessori di firme note e grandi griffe della moda, per uomo e donna. Prezzi ottimi. Anche prontomoda con prezzi molto convenienti.

Come arrivare: A14, uscita Faenza, direzione centro città.

Sconti: 50%

FERRARA

13-Dc

ALIMENTARI

Fabbrica Italiana Specialità

Spaccio aziendale/Factory outlet

053262663
FAX 0532740600
pastificioricci@libero.it
www.pastaricci.it
lun-ven (8.00-12.00, 14.00-18.00); **chiuso** sab, dom; ferie ago
P

Via Pomposa 135 - cap 44100

Vendita diretta del marchio Fis che produce dolci tipici ferraresi, come il noto panpepato. Ma anche altri tipi di torte, biscotti, pasticcini e cioccolato. Prodotti buoni e di qualità a prezzi bassi.

Come arrivare: A13, uscita Ferrara Sud, direzione centro città.

Sconti: 15%

FERRARA

13-Dc

CASA

Sogic

Spaccio aziendale/Factory outlet

0532946640
FAX 0532906323
mart-sab (8.30-12.30, 14.30-18.30); **chiuso** dom-lun

Via Veneziani 75 - cap 44100

Arredamenti e accessori per il bagno, oltre a piastrelle, pavimenti, rivestimenti e porte. Materiali nuovi o di recupero, articoli di prima e seconda scelta.

→ **Come arrivare:** A13, uscita Ferrara Sud, direzione centro città.

FIDENZA (PR)

13-Ac

ABBIGLIAMENTO

Modi & Moda

Spaccio aziendale/Factory outlet

0524526254
FAX 0524526476
info@modiemoda.it
www.modiemoda.it
lun (15.00-19.30), mart-sab (9.30-12.30, 15.00-19.30); **chiuso** dom
P

Via Ferraris (ang. via Emilia Est) 4 - cap 43036

Abbigliamento uomo, donna e bambino Gina Lebole. Capi classici o sportivi realizzati con tessuti di qualità (Piacenza, Botto, Zegna). Tutte le taglie donna (42-54), uomo (46-64), e bambino da 3 a 16 anni.

→ **Come arrivare:** A1, uscita Fidenza-Salsomaggiore, direzione via Emilia, indicazioni per Parma.

€ **Sconti: dal 30% al 50%**

FIDENZA (PR)

13-Ac

ALIMENTARI

Agrinascente

Spaccio aziendale/Factory outlet

0524522334
FAX 0524516022
info@agrinascente.it
www.agrinascente.it
lun-dom (8.00-19.30); ferie 1 gen, 15 ago, 16 ago, 25 dic, 26 dic, Pasqua
P

Via San Michele Campagna 22 - cap 43036

Vendita diretta di salumi, formaggi e altre specialità alimentari emiliane. Ampia scelta di prosciutti, salumi, mortadelle, coppe. Parmigiano reggiano, burro e anche vino. Solo grandi quantità, perfette per le scorte. Buon risparmio.

→ **Come arrivare:** A1, uscita Fidenza-Salsomaggiore, a 100 m dal casello autostradale.

FIDENZA (PR)

13-Ac

CASA

Bormioli Rocco e Figlio

Spaccio aziendale/Factory outlet

0524511200
FAX 0524511403
spaccio_brfcasa@bormiolirocco.com
www.bormiolirocco.com
lun-ven (15.00-19.00); chiuso sab, dom; ferie ago (variabile)
P

Viale Martiri della Libertà 1 - cap 43036

■ Spaccio aziendale della Bormioli Rocco, produttrice di vetri per la tavola e per la casa: bicchieri, vasi, brocche in vetro, anche satinato, smaltato, colorato, termico. Molto conveniente.

→ **Come arrivare:** A1, uscita Fidenza-Salsomaggiore, direzione centro città.

€ **Sconti: dal 30% al 50%**

FINALE EMILIA (MO)

13-Cc

ABBIGLIAMENTO

120% Lino

Spaccio aziendale/Factory outlet

053593074
FAX 053592371
lun-mart (16.00-20.00), mer-sab (10.00-13.00, 16.00-20.00); chiuso dom

Via Mazzini 7b - cap 41034

■ Outlet del noto marchio 120% Lino che vende abbigliamento e accessori per uomo e donna. Rimanenze, fine serie, campionari, prima e seconda scelta di abbigliamento di grande successo anche all'estero. Tutto ovviamente in lino purissimo e di grande qualità, a prezzi scontati e in tanti bellissimi colori. Tutte le taglie. Inoltre un reparto di biancheria per la casa (lenzuola) e pigiami. Il luogo dove trovare capi freschi e comodi adattissimi alla stagione estiva.

→ **Come arrivare:** da Modena SS12, direzione San Prospero, poi indicazioni per Camposanto e Finale Emilia.

€ **Sconti: dal 20% al 50%**

FIORANO MODENESE (MO) *17-Ca*

CASA

Industrie Ceramiche Piemme

Spaccio aziendale/Factory outlet

0536849111/
0536849279
FAX 0536849310
info@ceramichepiemme.it
www.ceramichepiemme.it
su appuntamento
P

Via del Crociale 42/44, Spezzano - cap 41042

■ Outlet della Piemme che produce e vende piastrelle per pavimenti e rivestimenti con i marchi Piemmestudio, Piemmevalentino, Piemmegres. Solo su appuntamento.

→ **Come arrivare:** A1, uscita Modena Nord, indicazioni per zona industriale 4.

FORLÌ *19-Cb*

ABBIGLIAMENTO

La Boutique all'Aria Aperta

Stocchista/Stockhouse

054325076
inverno: lun-dom (9.30-12.30, 15.30-19.30); estate: lun-dom (9.30-12.30, 16-20)

Via Mameli 13 - cap 47100

■ Stockhouse che vende campionari e fine serie di abbigliamento, accessori di note firme e grandi griffe della moda, per uomo e donna. Prezzi ottimi. Anche prontomoda con prezzi molto convenienti.

→ **Come arrivare:** A14, uscita Forlì, direzione centro città.

Sconti: 50%

FORLÌ *19-Cb*

COSMETICI E PROFUMI

Romagnola Profumi

Negozio discount

0543795407
FAX 0543795409
romagnol27@romagnolaprofumi.191.it
lun (15.00-19.00), mart-sab (8.30-12.30, 15.00-19.00); **chiuso dom**
P

Via Ravegnana 373/b - cap 47100

■ Negozio discount che vende profumi e cosmetici, di marchi italiani e internazionali. Articoli da regalo, come bigiotteria. Con la carta fedeltà, si possono accumulare punti con i quali ottenere premi o sconti.

→ **Come arrivare:** A14, uscita Forlì, direzione centro città.

Sconti: dal 15% al 20%

FORLÌ *19-Cb*

SPORT

Confezioni Maribel

Spaccio aziendale/Factory outlet

0543795998

lun (15.00-18.00), mart-sab (8.30-12.30, 15.00-19.00); **chiuso** dom; ferie ago (variabile)

Via Bertini 83 - cap 47100

■ Vendita diretta di abbigliamento fitness, mare e piscina per uomo, donna, bambino. Tutte le taglie sono disponibili.

→ **Come arrivare:** A14, uscita Forlì, indicazioni per lo stadio.

Sconti: 50%

FORLÌ *19-Cb*

SPORT

Immagine Sport

Spaccio aziendale/Factory outlet

0543702033

FAX 0543707600

immaginesport@tin.it

lun-mer, ven-sab (8.30-12.30, 15.30-19.30), gio (8.30-12.30); **chiuso** dom

P

Viale Bologna 88/c - cap 47100

■ Abbigliamento e accessori per l'equitazione, uomo e donna. In vendita la collezione attuale. Taglie donna 40-46, uomo 46-56.

→ **Come arrivare:** A14, uscita Forlì, direzione via Emilia.

Sconti: 20%

FORLÌ *19-Cb*

VINI E LIQUORI

Cantina Forlì e Predappio Soc. Agr. Coop

Spaccio aziendale/Factory outlet

Via Raggi

054332672

FAX 0543456770

Via Due Ponti

0543477230

FAX 0543477198

www.cantinaforlipredappio.it

lun-ven(8.00-12.00, 15.00-18.00), sab (8.00-12.00) **chiuso** dom

P

(1) Via Raggi 25 - cap 47100

(2) Via Due Ponti, Loc. Malmissole 3 - cap 47100

■ Vendita diretta di vini romagnoli doc come Albana, Trebbiano, Sangiovese. Anche olio extravergine d'oliva, sempre di produzione propria.

→ **Come arrivare:** (1) A14, uscita Forlì, direzione centro città. (2) A14, uscita Forlì, SP direzione San Giorgio.

FUSIGNANO (RA)

19-Bb

ABBIGLIAMENTO

Senza Tempo - Patricia Fraga Rosenfeld

Vintage/Usato selezionato

054552303
senzatempo@virgilio.it
www.senzatempo.org
su appuntamento

Via dell'Artigianato 43 - cap 48010

■ Vintage uomo e donna: capispalla lana e pelle, abiti firmati e non, accessori. Si tratta di un magazzino dove si vende al pubblico solo su appuntamento.

→ **Come arrivare:** A14, uscita Lugo-Cotignola, direzione Fusignano.

GATTEO (FC)

19-Cb

CALZATURE E PELLETTERIA

Calzaturificio Pollini

Spaccio aziendale/Factory outlet

0541818106
pollinioutlet.gatteo@pollini.com
lun (15.00-19.00), mart-sab (9.30-12.30, 15.00-19.00); chiuso dom
P

Via Erbosa 2/b - cap 47030

■ Outlet della Pollini, che vende scarpe moda, borse, piccola pelletteria, con i marchi Pollini, Moschino, Alberta Ferretti. Per donna e uomo. Rimanenze in tutte le misure e campionari (37 donna, 42 uomo). Ottima qualità.

→ **Come arrivare:** A14, uscita Rimini Nord, SS16 Adriatica, uscita Gatteo.

€ **Sconti: dal 30% al 50%**

GUASTALLA (RE)

13-Bc

ABBIGLIAMENTO

Griffe Diffusion Revedi

Stocchista/Stockhouse

0522835136
www.revedi.it
lun-sab (9.00-13.00, 15.30-19.30); chiuso dom

Via Marzabotto 15/17 - cap 42016

■ Rimanenze, fine serie di collezioni passate e campionari attuali di abbigliamento uomo e donna. Classico e sportivo, anche note griffe della moda italiana. Altri punti vendita in Emilia a Bologna, Sassuolo, Reggio nell'Emilia, Coriano.

→ **Come arrivare:** A1, uscita Reggio nell'Emilia, indicazioni per Guastalla.

€ **Sconti: 50%**

IMOLA (BO) *19-Bb*

ABBIGLIAMENTO

Briciola

Spaccio aziendale/Factory outlet

0542641011
FAX 0542641011
briciolabis@libero.it
lun-ven (8.00-12.00, 14.00-18.00);
chiuso sab, dom
P

Via Malatesta 17 - cap 40026

■ Outlet che vende maglieria di qualità, soprattutto per donna, con il marchio Briciola. Il campionario invernale è in vendita da ottobre, in estate si trovano magliette in seta, viscosa e lino. Tutte le taglie. Anche capi su misura.

→ **Come arrivare:** A14, uscita Imola, indicazioni per la zona industriale, vicino a via Primo Maggio.

€ **Sconti: 50%**

IMOLA (BO) *19-Bb*

ALIMENTARI

Caseificio Matteo

Spaccio aziendale/Factory outlet

0542683222
FAX 0542680580
matteomarilena@libero.it
lun-mer, ven (9.00-13.00, 16.00-19.00), gio (9.00-13.00);
chiuso sab, dom
P

Via Paroli 4 - cap 40026

■ Vendita diretta di formaggi e latticini. Buona scelta di mozzarelle e altri ottimi formaggi freschi. Alta qualità a prezzo conveniente.

→ **Come arrivare:** A14, uscita Imola, SP Montanara direzione Firenze.

€ **Sconti: 30%**

LONGIANO (FC) *19-Cb*

CALZATURE E PELLETTERIA

Calzaturificio Piero Zamagni

Spaccio aziendale/Factory outlet

054756300
FAX 054756316
calzaturezamagni@libero.it
lun-sab (8.15-12.15, 14.30-19.30), dom (14.30-19.30)
P

Via Emilia 1320 - cap 47020

■ Outlet che vende scarpe originali e di qualità. Vasta scelta di scarpe per uomo e donna,anche da ballo e per cerimonie. Offerte sulle rimanenze, prima scelta e sul campionario. Misure: 32-43 donna, 39-51 uomo

→ **Come arrivare:** A14, uscita Cesena Sud, direzione via Emilia, indicazioni per Longiano.

€ **Sconti: 50%**

LUGO (RA) *19-Bb*

ABBIGLIAMENTO

A.n.g.e.l.o Vintage Palace

Vintage/Usato selezionato

054535200
FAX 054534440
angelo@angelo.it
www.angelo.it
lun (15.00-19.30), mar-sab (10.30-19.30); chiuso dom
P

Corso Garibaldi 59 - cap 48022

■ Il più noto negozio vintage d'Italia che vende abbigliamento uomo, donna e bambino, accessori e pelletteria. Un usato selezionato di ottima qualità, non mancano i grandi marchi della moda del passato, anche recente. Prezzi ottimi e l'angolo delle occasioni "Cheap" che propone articoli da 1 a 23 euro. All'ultimo piano si trova un archivio storico con oltre 30.000 capi non in vendita ma che si possono noleggiare anche per servizi fotografici o esposizioni.

→ **Come arrivare:** A14, diramazione Ravenna, uscita Lugo-Cotignola, direzione Barbiano.

LUGO (RA) *19-Bb*

ABBIGLIAMENTO

La Boutique all'Aria Aperta

Stocchista/Stockhouse

054527046
info@kosenrufu.it
inverno: lun-dom (9.30-12.30, 15.30-19.30); estate: lun-dom (9.30-12.30, 16-20)
P

Piazzale Cavour 6 - cap 48022

■ Stockhouse che vende campionari e fine serie di abbigliamento e accessori di firme note e grandi griffe della moda, per uomo e donna. Prezzi ottimi. Anche prontomoda con prezzi molto convenienti.

→ **Come arrivare:** A14, diramazione Ravenna, uscita Lugo-Cotignola, direzione Barbiano.

€ **Sconti: 50%**

MARANELLO (MO)

13-Bc

ALIMENTARI

La Salumeria dei Guerzoni

Spaccio aziendale/Factory outlet

0536944163
FAX 0536941501
lun-sab (8.30-12.30, 15.30-19.30); **chiuso** dom
P

Via Vandelli 550, Gorzano - cap 41053

■ Prosciutti, mortadelle, salami e altre specialità emiliane. Anche il marchio "Cura natura": salumi prodotti con maiali allevati localmente con mangimi naturali e senza l'uso di antibiotici o promotori della crescita. Dal produttore al consumatore.

→ **Come arrivare:** A1, uscita Modena Sud, indicazioni per Abetone e Gorzano.

MODENA

13-BCc

ABBIGLIAMENTO

Lenny Shop

Stocchista/Stockhouse

059391750
lun (15.30-19.30), mart-sab (8.30-12.30, 15.30-19.30); **chiuso** dom; ferie ago

Viale Amendola 636/638 - cap 41100

■ Stockhouse ben fornita che vende abbigliamento classico e casual per uomo e donna.

→ **Come arrivare:** A1, uscita Modena Nord, direzione centro città.

€ **Sconti: dal 50% al 60%**

MODENA

13-BCc

ABBIGLIAMENTO

Modi & Moda

Spaccio aziendale/Factory outlet

059333344
FAX 059825979
info@modiemoda.it
www.modiemoda.it
lun (15.30-19.30), mart-ven (9.30-13.00, 15.30-19.30), sab (9.00-13.00, 15.30-19.30); **chiuso** dom
P

Via Sallustio 55 - cap 41100

■ Abbigliamento uomo, donna e bambino Gina Lebole. Capi classici o sportivi realizzati con tessuti di qualità (Piacenza, Botto, Zegna). Tutte le taglie donna (42-54), uomo (46-64), e bambino da 3 a 16 anni.

→ **Come arrivare:** A1, uscita Modena Nord, tangenziale Nord, uscita via Emilia Ovest in direzione Modena.

€ **Sconti: dal 30% al 50%**

MODENA 13-BCc

ABBIGLIAMENTO

Negozi d'Italia

Spaccio aziendale/Factory outlet

059335019
FAX 059334347
negoziditalia@tiscalinet.it
www.qubha.it
lun-ven (15.30-19.30), sab (9.00-12.30, 15.30-19.30); **chiuso** dom; ferie ago
P

Via Livingstone 24 - cap 41100

■ Spaccio aziendale di abbigliamento donna di vari marchi. In vendita la collezione attuale. Angolo occasioni con le rimanenze. Taglie donna 40-52. Ulteriori sconti durante i saldi.

→ **Come arrivare:** A1, uscita Modena Nord, direzione centro città.

€ **Sconti: dal 10% al 40%**

MODENA 13-BCc

ABBIGLIAMENTO

Shop Time

Spaccio aziendale/Factory outlet

059226093
FAX 059226093
shoptime@tiscali.it
lun-mer, ven-sab (9.00-13.00, 16.00-20.00), gio (9.00-13.00); **chiuso** dom; ferie ago (variabile)

Via Calle di Lucca 42/44 - cap 41100

■ Outlet specializzato in capispalla che vende abbigliamento uomo e donna, classico e sportivo. I marchi sono Tagliatore, Lubiam, Gran Sasso, Loro Piana, Venia e Cerruti. Tutte le taglie. Articoli di prima scelta.

→ **Come arrivare:** A1, uscita Modena Nord, direzione centro città, vicino all'hotel Fini.

€ **Sconti: 30%**

MODENA 13-BCc

ABBIGLIAMENTO

Simint Industria - Armani Jeans

Spaccio aziendale/Factory outlet

059584411
mart-sab (10.00-19.00); **chiuso** lun, dom

Via Montecuccoli 55 - cap 41100

■ Outlet che vende rimanenze di collezioni passate e campionari del marchio Armani Jeans per uomo, donna e bambino. Molti accessori. Prezzi scontati.

→ **Come arrivare:** A1, uscita Modena Nord, direzione Sassuolo, indicazioni Formigine-Maranello.

MODENA
13-BCc

ABBIGLIAMENTO
TRS Evolution Outlet
Spaccio aziendale/Factory outlet

059421511
lun-ven (15.00-20.00), sab (10.00-20.00)
chiuso dom

Via Campagna, Fraz. Cognento 15 - cap 41100

Outlet jeans e abbigliamento sportivo uomo e donna con il marchio Trussardi. Compilare un modulo per ottenere la tessera che permette di accedere allo spaccio.

→ **Come arrivare:** A1, uscita Modena Sud, direzione centro città.

Sconti: dal 30% al 50%

MOLINELLA (BO)
13-Dc

CALZATURE E PELLETTERIA
Galanda / Pancaldi 1888
Spaccio aziendale/Factory outlet

0516905910
FAX 051880352
info@pancaldi1888.com
www.pancaldi1888.com
lun (15.00-19.00), mart-ven (9.30-12.30, 15.00-19.00), sab (10.00-13.00, 15.00-19.00);
chiuso dom;
ferie ago (variabile)

Via Cesare Battisti 14/20 - cap 40062

Outlet che vende calzature Pancaldi 1888 soprattutto per donna. Rimanenze della produzione attuale in tutte le misure, campionario e seconda scelta (angolo delle occasioni) a prezzi stracciati. Ottima qualità.

→ **Come arrivare:** tangenziale di Bologna, raccordo di Budrio, uscita 11, indicazioni per Vedrena e Molinella.

Sconti: dal 10% al 20%

PARMA
13-Ac

ABBIGLIAMENTO
Michelli
Spaccio aziendale/Factory outlet

0521483669
lun-mer, ven-sab (9.00-12.30, 15.30-19.30), gio (9.00-12.30);
chiuso dom
P

Via T. Nuvolari 28/a - cap 43100

Outlet che vende abbigliamento uomo classico e sportivo: cappotti, camicie, completi e abiti. Anche abbigliamento bambini 0-16 anni. Capi di prima scelta. Tutte le taglie anche conformate. Prezzi di fabbrica.

→ **Come arrivare:** A1, uscita Parma, sulla via Emilia in direzione zona Ex-Salamini.

PARMA *13-Ac*

CASA

Cerve

Spaccio aziendale/Factory outlet

0521278726/05212786
FAX 0521278761/
0521278776
cerveparma@cerve.it
www.cerve.it
lun-ven (9.00-12.30, 14.30-19.00);
chiuso sab-dom;
ferie ago (variabile)
P

Via Paradigna 16/a - cap 43100

■ Vendita diretta di casalinghi e articoli in vetro e cristallo, come bicchieri e calici. Anche articoli da regalo, portafoto, vasi, centro tavola, vasi per conserve dei marchi Cerve, Bormioli Luigi, Bormioli Rocco. Prima scelta e rimanenze.

→ **Come arrivare:** A1, uscita Parma, tangenziale in direzione Reggio nell'Emilia, uscita Parma centro.

€ **Sconti: 20%**

PARMA *13-Ac*

CASA

Unico Outlet Store

Spaccio aziendale/Factory outlet

0521663224
FAX 0521663224
www.outletunico.com
lun-mart (15.00-19.00), mer, ven-sab (8.30-12.30, 15.00-19.00), gio (8.30-12.30);
chiuso dom;
ferie ago (variabile)
P

Strada Traversante Pedrigano 26 - cap 43100

■ Outlet che vende mobili, armadi e complementi di arredo con i marchi Mazzali, Poliform, Le Fablier, Dall'Agnese e Negri. Campionari e pezzi provenienti da fiere ed esposizioni. Anche lampade, abatjour e oggetistica varia.

→ **Come arrivare:** A1, uscita Parma, SS343 direzione Mantova.

€ **Sconti: dal 30% al 60%**

PARMA *13-Ac*

TESSUTI

Lo Scampolaio

Stocchista/Stockhouse

0521607762
www.loscampolaio.it
mart-sab (8.30-12.30, 15.30-19.30);
chiuso dom, lun
P

Via Colorno 43 - cap 43100

■ Stockhouse ben fornita con scampoli e rimanenze di tessuti di abbigliamento e arredamento. Ottima offerta di tessile per tendaggi e coperte da letto da finire. Tutto di prima scelta.

→ **Come arrivare:** A1, uscita Parma, SS343 direzione Mantova, proseguire per circa 1 km.

€ **Sconti: dal 20% al 50%**

PIACENZA *11-Ca*

ABBIGLIAMENTO

Maglificio Castellana

Spaccio aziendale/Factory outlet

0523453404
FAX 0523460988
mart-sab (8.00-12.00, 15.00-19.00);
chiuso dom, lun;
ferie ago (variabile)

Via P. Cella 7 - cap 29100

Campionari di maglieria donna, in lana merinos, cashmere, cotone e viscosa. Marchio in vendita Castellana. Prezzi di fabbrica. Anche rimanenze. Tutte le taglie.

→ **Come arrivare:** A1, uscita Piacenza Ovest, direzione centro città.

PIACENZA *11-Ca*

TESSUTI

Giesse Scampoli

Stocchista/Stockhouse

0523768117
FAX 0523764312
www.giessescampoli.com
lun (15.00-19.30), mart-sab (9.00-12.30, 15.00-19.30);
chiuso dom
P

Via Giordani 35/c-d - cap 29010

Stockhouse di tessuti per abbigliamento a prezzi molto convenienti. Scampoli a partire da 1 euro. Molti marchi, non solo di tessuti, come Amann, Burda, Husqvarna Viking. Offerte promozionali tutto l'anno con prezzi molto vantaggiosi.

→ **Come arrivare:** A1, uscita Piacenza Ovest, direzione centro città.

€ **Sconti: 70%**

PIANORO (BO) *19-Ab*

CALZATURE E PELLETTERIA

Redwall Group Factory Outlet

Spaccio aziendale/Factory outlet

051770255
mart-ven (11.00-19.00), sab (10.00-18.00);
chiuso lun, dom;
ferie ago (variabile)

Via dell'Artigiano 11 - cap 40065

Collezioni passate e campionari dei marchi Borbonese e Redwall: borse, sacche da viaggio, valigie, trolley, piccola pelletteria e cinture soprattutto da donna. Anche abbigliamento donna e mare. Misure scarpe donna: 36-41. Ulteriori sconti durante i saldi.

→ **Come arrivare:** tangenziale di Bologna in direzione Ancona, uscita Magazzini San Ruffillo, indicazioni per La Futa.

€ **Sconti: dal 50% al 70%**

PIANORO (BO)

19-Ab

CASA

Centro Silver

Spaccio aziendale/Factory outlet

051742069
FAX 051742069
centrosilver@tin.it
www.alessiociulla.com
lun-ven (9.00-12.00, 14.00-18.00), sab (9.30-12.30); **chiuso** dom; ferie ago
P

Via Buozzi, Loc. Rastignano 9 - cap 40067

■ Outlet che vende articoli da regalo e per la casa in argento, porcellana o cristallo, con i marchi Centro Silver e Ital Silver. Liste nozze. Articoli di prima e seconda scelta. Ulteriori sconti durante i saldi a gennaio e a luglio.

→ **Come arrivare:** tangenziale di Bologna in direzione Ancona, uscita Magazzini San Ruffillo, indicazioni per La Futa.

€ **Sconti: dal 40% al 50%**

RAVENNA

19-Cb

ABBIGLIAMENTO

La Boutique all'Aria Aperta

Stocchista/Stockhouse

Via delle Nazioni
0544539437
Via Cairoli
0544215746
Via Mama
0544215021
info@kosenrufu.it
lun-dom (9.30-12.30, 15.30-19.30)

(1) Viale delle Nazioni 85, Marina di Ravenna - cap 48100;
(2) Via Cairoli 8 - cap 48100;
(3) Via Mama 13 - cap 48100

■ Campionari e fine serie di abbigliamento e accessori di firme note della moda, per uomo e donna. Prezzi ottimi. Anche prontomoda con prezzi molto convenienti.

→ **Come arrivare:** A14, uscita Ravenna, direzione centro città.

€ **Sconti: 50%**

RAVENNA

19-Cb

SPORT

Sports Planet

Spaccio aziendale/Factory outlet

054432372
FAX 054432372
info@sportsplanet.it
www.sportsplanet.it
lun-ven (8.30-12.30, 14.30-18.30); **chiuso** sab-dom

Via Lovatelli 7 - cap 48100

■ Abbigliamento sportivo per uomo e donna con il marchio Sports Planet. In vendita anche Nalini per il ciclismo, R-Sport e RA per il calcio (solo per squadre da 7 persone in su). Tutti gli articoli sono di prima scelta e disponibili in tutte le taglie.

→ **Come arrivare:** A14, uscita Ravenna, direzione centro città, indicazioni per Borgo San Biagio.

€ **Sconti: 30%**

REGGIO NELL'EMILIA *13-Bc*

ABBIGLIAMENTO

Gate One

Stocchista/Stockhouse

0522926316
FAX 0522277898
www.gateone.it
lun (15.30-19.30), mart-sab (10.00-19.30); chiuso dom
P

Via dell'Aeronautica 12/a - cap 42100

Stockhouse ben fornita che vende rimanenze e fine serie di abbigliamento di grandi firme per uomo e donna. La merce cambia in continuazione e di solito si trovano tutte le taglie.

→ **Come arrivare:** A1, uscita Reggio nell'Emilia, indicazioni per l'aeroporto.

€ **Sconti: 50%**

REGGIO NELL'EMILIA *13-Bc*

ABBIGLIAMENTO

Gin Fizz

Spaccio aziendale/Factory outlet

0522283599
FAX 0522283599
lun-sab (9.00-13.00, 16.00-20.00); chiuso dom

Via Mameli 15 - cap 42100

Outlet multimarca che vende abbigliamento donna. Taglie dalla 40 alla 54 conformata. Articoli di prima scelta. Campionari della stagione attuale e rimanenze della collezione precedente.

→ **Come arrivare:** A1, uscita Reggio nell'Emilia, indicazioni per l'ospedale.

REGGIO NELL'EMILIA *13-Bc*

ABBIGLIAMENTO

Michelli

Spaccio aziendale/Factory outlet

0522511095
lun-mer, ven-sab (9.00-12.30, 15.30-19.30), gio (9.00-12.30); chiuso dom
P

Via Tedeschi 2 - cap 42100

Outlet che vende abbigliamento uomo classico e sportivo: cappotti, camicie, completi e abiti. Anche abbigliamento bambini 0-16 anni. Articoli di prima scelta. Tutte le taglie, anche conformate. Prezzi di fabbrica.

→ **Come arrivare:** A1, uscita Reggio nell'Emilia, direzione centro città.

REGGIO NELL'EMILIA

13-Bc

ALIMENTARI

Nepal

Spaccio aziendale/Factory outlet

0522941185
FAX 0522942449
info@nepalsrl-italy.com
www.nepalsrl-italy.com
lun-ven (8.00-12.00, 14.00-18.00); **chiuso** sab-dom; ferie ago (variabile)

Via Fratelli Cervi 171 - cap 42100

■ Cioccolato e cioccolatini, uova e colombe pasquali, caramelle in vendita diretta nello spaccio della Nepal. Dal produttore al consumatore: prezzi di fabbrica.

➜ **Come arrivare:** A1, uscita Reggio nell'Emilia, proseguire sulla via Emilia in direzione Parma.

RICCIONE (RN)

19-Db

ABBIGLIAMENTO

Mai Visto

Vintage/Usato selezionato

0541691140
inverno: lun-mart, ven-dom (11.00-13.00, 16.00-20.00), gio (16.00-20.00); estate: lun-dom (11.00-13.00, 16.00-24.00); **chiuso** inverno mer

Via Virgilio 11/f - cap 47838

■ Negozio che vende abbigliamento e accessori vintage per uomo e donna. Usato selezionato di grande qualità e abiti d'epoca, anche griffe del passato.

➜ **Come arrivare:** A14, uscita Riccione, direzione centro città, vicino a viale Ceccarini.

RIMINI

19-Db

CALZATURE E PELLETTERIA

Calzaturificio Pollini

Spaccio aziendale/Factory outlet

0541391724
pollinioutlet.rimini@pollini.com
inverno: lun-mer, ven-dom (9.30-12.30, 15.30-19.30), gio (9.30-12.30); estate: lun-dom (9.30-12.30, 15.30-20.00, 21.00-24.00);

Viale Vespucci 83 - cap 47900

■ Outlet della Pollini, che vende scarpe moda, borse, piccola pelletteria, con i marchi Pollini, Moschino, Alberta Ferretti, donna e uomo. Rimanenze e campionari (misure: 37 donna, 42 uomo). Ottima qualità in tutte le misure.

➜ **Come arrivare:** A14, uscita Rimini Sud. Zona Marina Centro.

€ **Sconti: dal 30% al 50%**

RIMINI

19-Db

TESSUTI

Giesse Scampoli

Stocchista/Stockhouse

0541390254
FAX 0541630049
www.giessescampoli.com
lun (15.00-19.30), mart-sab (9.00-12.30, 15.00-19.30); chiuso dom
P

Via Macanno (ang. Statale 16) 55/57 - cap 47900

■ Vende tessuti di abbigliamento a prezzi molto convenienti. Scampoli a partire da 1 euro. Molti marchi, non solo di tessuti come: Amann, Burda, Husqvarna Viking. Offerte promozionali tutto l'anno.

→ **Come arrivare:** A14, uscita Rimini Sud, SS16 direzione centro città.

€ **Sconti: 70%**

SAN FELICE SUL PANARO (MO)

13-Cc

ALIMENTARI

Del Monte Italia

Spaccio aziendale/Factory outlet

053589357/053589111
FAX 053589202
www.delmonte.it
lun-ven (9.00-18.45); chiuso sab, dom
P

Via Perossaro 10 - cap 41038

■ Spaccio aziendale del gruppo Del Monte. Qui si trovano pesche, ananas a cubetti, macedonie in scatola, succhi di frutta, passato di pomodoro e sciroppi. Conveniente.

→ **Come arrivare:** A1, uscita Modena Nord, tangenziale di Modena uscita 5, SS12 indicazioni per Buonporto-Verona.

€ **Sconti: dal 25% al 40%**

SAN GIOVANNI IN MARIGNANO (RN)

19-Dc

ABBIGLIAMENTO

Diffusione Tessile - Max Mara

Spaccio aziendale/Factory outlet

0541827164
FAX 0541825210
www.diffusionetessile.it
lun-sab (10.00-19.30); chiuso dom
P

Via al Mare 180 - cap 47842

■ Outlet della Max Mara che vende le rimanenze di tutti i marchi del notissimo gruppo: Max Mara, I Blues, Pianoforte, Marina Rinaldi, Marella, Max & Co. Tutte le taglie dalla 36 alla 60. Anche accessori. Prezzi convenienti.

→ **Come arrivare:** A14, uscita Cattolica-San Giovanni-Gabicce, indicazioni per San Giovanni in Marignano.

SAN GIOVANNI IN MARIGNANO (RN)

19-Dc

ABBIGLIAMENTO

Gilmar Outlet

Spaccio aziendale/Factory outlet

0541959186
FAX 0541959467
outlet@gilmar.it
www.gilmar.it
lun, mer, gio, ven, sab (10.30-19.30),
mart, dom (15.30-19.30);
P

Via delle Rose 15 - cap 47842

■ Outlet che vende campionari e fine serie delle stagioni precedenti dei marchi Gilmar, Iceberg, Iceberg Jeans, Gerani, per uomo e donna. Anche scarpe, borse, cinture, foulard. Tutte le taglie e misure. Ulteriori sconti durante i saldi.

→ **Come arrivare:** A14, uscita Cattolica-San Giovanni-Gabicce, indicazioni per San Giovanni in Marignano.

Sconti: 50%

SAN GIOVANNI IN PERSICETO (BO)

13-Cc

ABBIGLIAMENTO

Freeport

Spaccio aziendale/Factory outlet

051824156
FAX 051825349
mart-sab (10.00-13.00, 15.30-19.30);
chiuso lun-dom;
ferie ago (variabile)
P

Via Albani 2 - cap 40017

■ Outlet che vende le rimanenze e fine serie dei prodotti Freeport . Qui si trovano le polo Ralph Lauren e le scarpe Timbeland a prezzi scontatissimi. In alcuni periodi dell'anno, la carta fedeltà dà diritto a ulteriori sconti.

→ **Come arrivare:** A1, uscita Modena Nord, direzione Ferrara. A14, uscita Bologna, tangenziale di Bologna, uscita Borgo Panigale, indicazioni per San Giovanni in Persiceto.

Sconti: 30%

SAN PIETRO IN CASALE (BO)

19-Aa

CALZATURE E PELLETTERIA

Sutor Mantellassi

Spaccio aziendale/Factory outlet

0516668919
pr@sutormantellassi.com
www.sutormantellassi.com
lun-ven (9.00-12.00, 15.00-18.30),
sab (9.00-12.00);
chiuso dom

Via Morandi 10/12 - cap 40018

■ Outlet che vende scarpe uomo, donna e pelletteria: borse, portafogli, cinture. Tutto di ottima qualità. Rimanenze, fine serie e campionari. Ulteriori sconti durante il periodo dei saldi.

→ **Come arrivare:** A13, uscita Altedo, direzione San Pietro in Casale.

Sconti: 50%

SASSUOLO (MO) *17-Ca*

ABBIGLIAMENTO

Griffe Diffusion

Spaccio aziendale/Factory outlet

0536808413
FAX 0536996182
store1306@revedi.it
lun (15.30-19.30), mart-sab (10.00-19.30); **chiuso** dom; ferie ago
P

Via Regina Pacis 92/100 - cap 41049

Outlet del gruppo Mariella Burani, che vende abbigliamento uomo e donna con i marchi: Mariella Burani, Mila Schon, Donna Luna, Facis. Anche accessori di Baldinini, Braccialini, Mario Cerruti. Taglie donna 38-60, uomo 46-60.

→ **Come arrivare:** A1, uscita Modena Nord, SS9 direzione Sassuolo.

€ **Sconti: dal 30% al 50%**

SAVIGNANO SUL RUBICONE (FC) *19-Cb*

ABBIGLIAMENTO

Modi & Moda

Spaccio aziendale/Factory outlet

0541348902
FAX 0541342231
info@modiemoda.it
www.modiemoda.it
lun (14.00-21.00), mart-sab (9.00-21.00); **chiuso** dom

Piazza Metropolis, Parco Comm. Romagna 11/12 - cap 47039

Abbigliamento uomo, donna e bambino con il marchio Gina Lebole. Capi classici o sportivi realizzati con tessuti di qualità (Piacenza, Botto, Zegna). Tutte le taglie, anche conformate; bambino da 3 a 16 anni.

→ **Come arrivare:** A14, uscita Rimini Nord, SS16 direzione Savignano Mare.

€ **Sconti: dal 30% al 50%**

SAVIGNANO SUL RUBICONE (FC) *19-Cb*

CALZATURE E PELLETTERIA

Baldinini

Spaccio aziendale/Factory outlet

0541932898
FAX 0541932960
www.baldinini.it
lun-sab (8.30-12.30, 14.00-19.00); **chiuso** dom

Via Alberazzo 998 - cap 47039

Outlet che vende scarpe uomo, donna e accessori: borse, valigie, cinture, piccola pelletteria. Inoltre abbigliamento in pelle e jeans, tutto con il marchio Baldinini. Prima e seconda scelta. Ulteriori sconti durante il periodo dei saldi.

→ **Come arrivare:** A14, uscita Rimini Nord, SS16 direzione Savignano Mare.

€ **Sconti: dal 20% al 25%**

SAVIGNANO SUL RUBICONE (FC) *19-Cb*

CALZATURE E PELLETTERIA

Outlet San Mauro

Spaccio aziendale/Factory outlet

0541938270
FAX 0541938700
outlet@vicinishoes.com
www.vicinioutlet.com
lun-sab (9.00-12.30, 15.30-19.30), dom (15.30-19.30); chiuso dom
P

Via Oslo 13 - cap 47039

■ Outlet che vende calzature donna e uomo. Rimanenze e campionario di scarpe moda di buona qualità con i marchi Vicini, Zanotti. Misure: donna dal 35 al 41, uomo dal 39 al 46.

→ **Come arrivare:** A14, uscita Rimini Nord, SS16 direzione Savignano Mare, vicino al centro commerciale Romagna Center.

€ **Sconti: dal 50% al 70%**

SAVIGNANO SUL RUBICONE (FC) *19-Cb*

CALZATURE E PELLETTERIA

Sergio Rossi

Spaccio aziendale/Factory outlet

0541942580
FAX 0541946799
savignano.emiliaovest@sergiorossi.com
www.sergiorossi.it
lun-mer, ven-sab (9.30-12.00, 15.30-19.00); chiuso gio, dom; ferie ago, feb (variabile)
P

Via Emilia Ovest 86/90 - cap 47039

■ Outlet della Sergio Rossi che vende scarpe soprattutto per donna. Vasta scelta di modelli moda e a tacco alto. Anche borse. Superofferte sulle rimanenze e sul campionario. Misure donna 34-41, uomo 40-46.

→ **Come arrivare:** A14, uscita Rimini Nord, SS16 direzione Savignano sul Rubicone.

€ **Sconti: dal 60% al 70%**

SCANDIANO (RE) *17-Ca*

ABBIGLIAMENTO

Moda System

Spaccio aziendale/Factory outlet

0522766210/0522766211
FAX 0522984636
lun (15.30-19.00), mart-ven (9.00-12.30, 15.30-19.00), sab (9.00-19.00); chiuso dom
P

Via Contarella 22 - cap 42019

■ Outlet che vende rimanenze, fine serie, prima e seconda scelta e campionari dei marchi per donna Maska e Elekta (taglie conformate). Durante i saldi ulteriori sconti.

→ **Come arrivare:** A1, uscita Reggio nell'Emilia o Modena Nord, indicazioni per Scandiano.

€ **Sconti: dal 30% al 80%**

SOLIERA (MO) *13-Bc*

ABBIGLIAMENTO

Seper

Spaccio aziendale/Factory outlet

0595690307

lun (15.30-19.45), mart-ven (10.00-12.45, 15.30-19.45), sab (9.30-20.00); **chiuso** dom

P

Via Modena-Carpi 290 - cap 41019

Outlet di abbigliamento donna dei marchi Marchese Coccapani, Diesel, Energy, Guru, Guess. In vendita le collezioni attuali con piccoli sconti e le rimanenze; campionario e fine serie a prezzi stracciati. Qualche capo maschile.

→ **Come arrivare:** da Modena, SS413 direzione Carpi.

Sconti: dal 30% al 50%

SORAGNA (PR) *11-Db*

ABBIGLIAMENTO

Maco Factory Shop

Spaccio aziendale/Factory outlet

0524598281

FAX 0524598282

mart-sab (09.00-19.00), dom (15.00-19.00); **chiuso** lun

P

Via Croce Rossa 5 - cap 43019

Outlet che vende principalmente abbigliamento uomo e donna: capispalla ma anche pantaloni e gonne. I marchi sono Maco e Ballantyne. Rimanenze, campionari e collezioni attuali. Tutte le taglie. Ulteriori sconti durante il periodo dei saldi.

→ **Come arrivare:** A1, uscita Fidenza, indicazioni per Soragna.

Sconti: 40%

SPILAMBERTO (MO) *17-Da*

ALIMENTARI

Aceto Balsamico del Duca

Spaccio aziendale/Factory outlet

059469471

FAX 059469066

info@acetodelduca.it

www.acetobalsamico-delduca.it

lun-gio (8.00-12.00, 14.00-18.00), ven (8.00-12.00, 14.00-17.00); **chiuso** sab-dom; ferie ago (variabile)

Via Medicine 2340, San Vito - cap 41057

Vendita diretta di aceto balsamico di Modena con il marchio Del Duca. Aceti invecchiati di pochi mesi o addirittura di trent'anni. Ovviamente i prezzi delle bottiglie crescono con l'età.

→ **Come arrivare:** A1, uscita Modena Sud, indicazioni per Spilimberto, dopo la prima strada a sinistra passato il cavalcavia.

SERRAVALLE (RSM)

19-CDc

CALZATURE E PELLETTERIA

Angel Shop - Piero Guidi

Spaccio aziendale/Factory outlet

0549960450
FAX 0549960442
www.pieroguidi.com
lun (9.30-15.30), mart-sab (9.30-19.30), dom (15.30-19.30)
P

Via IV Giugno 103 - cap 47031

Spaccio della Piero Guidi. Abbigliamento e accessori per uomo e donna. Borse, scarpe, valigie, e grande scelta di abbigliamento in tutte le taglie. Fine serie, rimanenze e collezione attuale, con sconti ottimi.

→ **Come arrivare:** A14, uscita Rimini Sud, SS72 direzione San Marino, indicazioni per Serravalle.

€ **Sconti: dal 20% al 50%**

Accessori

Bambino

Bazar

Calzature e Pelletteria

Casa

Cosmetici e profumi

Gioielli e orologi

Hobby e fai-da-te

Intimo e mare

Sport

Tessuti

ANGHIARI (AR)

19-Cc

CALZATURE E PELLETTERIA

Calzaturificio Fratelli Soldini

Spaccio aziendale/Factory outlet

0575789731
FAX 0575788848
info@calzaturificiosoldini.it
www.calzaturificiosoldini.it
lun (14.30-19.30),
mart-sab (9.00-19.30);
chiuso dom
P

Via della Battaglia 19 - cap 52031

Spaccio aziendale dove trovare la produzione di calzature Soldini. Mocassini, sneakers, tennis da uomo e donna di alta qualità, in tanti modelli e a prezzi molto convenienti. Anche abbigliamento uomo, donna, bambino.

→ **Come arrivare:** E45 uscita Sansepolcro, direzione Anghiari.

Sconti: 30%

AREZZO

19-Bd

ABBIGLIAMENTO

Basetti

Spaccio aziendale/Factory outlet

0575362497
FAX 0575362828
info@basetti.it
www.basetti.it
lun-sab (8.00-12.00,
14.00-19.00);
chiuso dom;
ferie ago
P

Loc. Marcena, 34 - cap 52100

Vendita diretta di abbigliamento in pelle del marchio Basetti. Ampia scelta di cappotti, giacche, pellicce in lapin e montoni. Tante taglie, donna dalla 42 alla 52, uomo dalla 48 alla 58. Ottime occasioni nell'angolo delle rimanenze.

→ **Come arrivare:** A1, uscita Arezzo, SP71 direzione Bibbiena, uscita Marcena.

Sconti: dal 20% al 50%

AREZZO

19-Bd

ABBIGLIAMENTO

Marzotto Factory Store

Spaccio aziendale/Factory outlet

0575298804
FAX 0575407323
marzottod_ar01@virgilio.it
lun-ven (9.30-13.00,
15.00-19.00), sab (9.30-
13.00, 15.00-19.30),
aperto anche la prima dom
del mese 9.30-13.00,
15.00-19.30;
P

Via Galileo Ferraris 20 - cap 52100

Rimanenze, fine serie e campionari delle collezioni Marzotto: Lebole, Valentino, Marlboro. In vendita anche le collezioni attuali a prezzi scontati. Buona disponibilità di taglie anche conformate.

→ **Come arrivare:** A1, uscita Arezzo, direzione centro città, zona Pratacci, vicino Hotel Truciolini.

Sconti: dal 40% al 70%

AREZZO *19-Bd*

ABBIGLIAMENTO

Uomo Oggi

Spaccio aziendale/Factory outlet

0575901680
mart-sab (9.00-13.00, 15.30-19.30), lun (15.30-19.30); **chiuso** dom; ferie ago

Via Rismondo 13 - cap 52100

Outlet che vende abbigliamento classico per uomo giovane: abiti, cappotti, giubbotti, pantaloni, impermeabili. I marchi sono City Time, Ceasar, Renato Balestra, Gai Mattiolo. Anche abiti da cerimonia. Buona scelta di taglie. Prezzi adeguati.

→ **Come arrivare:** A1, uscita Arezzo, direzione centro città.

Sconti: dal 10% al 30%

AREZZO *19-Bd*

ACCESSORI

Mister Optik

Negozio discount

0575908143
FAX 0575908143
www.misteroptik.it
inverno: lun (15.45-19.45), mart-sab (9.00-13.00, 15.45-19.45); estate: lun-ven (9.00-13.00, 16.00-20.00), sab (9.00-13.00); **chiuso** dom

Via Ubaldo Pasqui 36 - cap 52100

Negozio discount che vende occhiali da sole e montature da vista. Visita optometrica e lenti su ordinazione. Il tutto a prezzo ridotto; anche a Prato, Carrara, Livorno, Lucca, Massa, Ghezzano (PI), Pistoia. Prezzi imbattibili.

→ **Come arrivare:** A1, uscita Arezzo, direzione centro città, vicino alla nuova Coop.

Sconti: dal 20% al 30%

AREZZO *19-Bd*

TESSUTI

Giesse Scampoli

Stocchista/Stockhouse

0575382644
FAX 0575980491
www.giessescampoli.com
lun (15.30-19.30), mart-sab (9.00-13.00, 15.30-19.30); **chiuso** dom, ago sab pomeriggio
P

Via Fiorentina 437/443 - cap 52100

Stockhouse che vende tessuti di abbigliamento. Tessuti a partire da 1euro. Marchi come: Amann, Burda, Husqvarna Viking. Interessantissime offerte promozionali tutto l'anno.

→ **Come arrivare:** A1, uscita Arezzo, direzione centro città. Zona San Leo.

Sconti: 70%

BARBERINO VAL D'ELSA (FI) *17-Dc*

CASA
Gheriluce
Spaccio aziendale/Factory outlet

0558078328
FAX 0558078016
gheriluce@interfree.it
lun (16.30-20.00), mart-sab (10.00-13.00, 16.30-20.00), dom (16.30-20.00); ferie ago
P

Via Pisana 36 - cap 50021

■ Le sorelle Gheri producono e vendono vari tipi di lampade dal design moderno e classico. Tra le varie marche Murano 2, Esedra, Antea Luce e Toso. Rimanenze e fine serie in promozione con ottimi sconti.

➜ **Come arrivare:** A1, uscita Firenze Certosa, superstrada Firenze-Siena, uscita Poggibonsi Nord, direzione Barberino.

€ **Sconti: dal 20% al 50%**

BUCINE (AR) *19-Bd*

CALZATURE E PELLETTERIA
Calzaturificio Pratesi
Spaccio aziendale/Factory outlet

055996820
FAX 055996820
pelletterie.pratesi@cheapnet.it
www.shoes_pratesi.com
lun-sab (9.00-19.30); **chiuso** dom; ferie feb (variabile)
P

Via Dante Alighieri 83, Ambra - cap 52021

■ Spaccio aziendale dove trovare scarpe prodotte in modo artigianale, per uomo e donna. Alta qualità delle pelli lavorate, scelta di modelli e prezzi convenienti. Misure donna dal 34 al 42, uomo dal 39 al 49. Angolo con occasioni e offerte speciali.

➜ **Come arrivare:** A1, uscita Valdarno, direzione Bucine.

CALCINAIA (PI) *17-Cc*

ACCESSORI
Ciompi
Spaccio aziendale/Factory outlet

0587420137
FAX 0587420506
ciompispa@leonet.it
www.ombrellificiociompispa.it
lun-ven (8.00-12.00, 14.00-18.00); **chiuso** dom, sab; ferie ago
P

Via Tosco Romagnola 75, Fornacette - cap 56012

■ Vendita diretta di ombrelli di tutti i tipi: da sole, da pioggia, per il golf. Manici in bambù, radica o plastica. Tanta scelta. Tra i marchi Renato Balestra, Egon Von Furstenberg.

➜ **Come arrivare:** A12, uscita Pisa Centro, superstrada per Firenze, uscita Pontedera Ovest, direzione Calcinaia.

€ **Sconti: 30%**

CALENZANO (FI)

17-Dc

ACCESSORI

Cecchi&Cecchi Outlet

Spaccio aziendale/Factory outlet

05588134220
FAX 0558878196
info@cecchicecchi.it
www.cecchicecchi.it
lun-ven (9.00-12.30, 13.30-18.00);
chiuso sab, dom;
ferie ago
P

Via delle Calandre 53 - cap 50041

■ Sciarpe, stole, plaid, coperte in cashmere, alpaca, seta e lana del marchio Cecchi&Cecchi. Collezioni precedenti e seconda scelta. Ulteriori sconti durante i saldi. Aperture straordinarie nel periodo ottobre/dicembre.

➜ **Come arrivare:** A1, uscita Sesto Calenzano, direzione Campi Bisenzio e Calenzano.

€ **Sconti: dal 20% al 40%**

CAMAIORE (LU)

17-Bc

ABBIGLIAMENTO

Le Firme Stock

Stocchista/Stockhouse

0584611384
FAX 0584615065
lun-sab (9.00-13.00, 15.00-19.00)
chiuso dom

Via Italica (ang. Cimabue), Lido di Camaiore - cap 55041

■ Stockhouse che vende fine serie e rimanenze di abbigliamento donna di vari marchi, anche quelli noti della moda italiana.

➜ **Come arrivare:** A12, uscita Viareggio-Camaiore, direzione Camaiore.

CAMAIORE (LU)

17-Bc

ABBIGLIAMENTO

Liana Nadia Zerbinati

Spaccio aziendale/Factory outlet

058466311
FAX 058466852
tessuliaze@virgilio.it
www.lianazerbinati.it
lun-sab (8.30-13.00, 16.00-20.00);
chiuso dom

Via della Giraldina 15, Lido di Camaiore - cap 55041

■ Outlet che vende maglieria in cashmere e/o seta e abbigliamento: gonne, pantaloni, cappotti, completi. Buona disponibilità di taglie e modelli, anche su misura. Prezzi di fabbrica. Angolo fine serie con un buon risparmio.

➜ **Come arrivare:** A12, uscita Viareggio-Camaiore, direzione Camaiore.

€ **Sconti: dal 30% al 40%**

CAMAIORE (LU)

17-Bc

CALZATURE E PELLETTERIA

Paoli

Spaccio aziendale/Factory outlet

0584969675
calpaoli@ats.it
www.paolifirenze.it
lun-sab (9.00-12.30, 15.30-19.30), dom (15.30-19.30); ferie ago

Via dei Calzolai, Loc. Le Bocchette - cap 55041

Scarpe per uomo e donna di produzione propria. Ci sono tutte le misure e articoli della collezione attuale. Gli sconti aumentano durante il periodo dei saldi.

→ **Come arrivare:** A12, uscita Viareggio-Camaiore, direzione Camaiore.

Sconti: dal 30% al 40%

CAMPI BISENZIO (FI)

17-Bc

ABBIGLIAMENTO

Conte of Florence

Spaccio aziendale/Factory outlet

0558969484
FAX 0558969333
outlet.firenze@conteofflorence.com
www.conteofflorence.com
mart-dom (10.30-19.00); **chiuso** lun; ferie ago (variabile)
P

Via di Limite 170 - cap 50013

Outlet dell'azienda Conte of Florence che produce abbigliamento sportivo di qualità. Tanta scelta di modelli e colori per uomo, donna e bambino. Promozioni settimanali su articoli di fine serie e di seconda scelta. Buona disponibilità di taglie.

→ **Come arrivare:** A1, uscita Prato-Calenzano; A11, uscita Prato Ovest, indicazioni centro commerciale I Gigli.

Sconti: dal 40% al 70%

CAMPI BISENZIO (FI)

17-Bc

ABBIGLIAMENTO

Giab's

Spaccio aziendale/Factory outlet

055891870/0558960104
FAX 0558960764
info@giabs.it
www.giabs.it
gio, ven (16.00-19.00), sab (9.00-12.30, 16.00-19.00); **chiuso** lun-mer, dom; ferie ago

Via Mentana 21 - cap 50013

Outlet che produce e vende gonne e pantaloni da uomo e donna con il marchio Giab's. Taglie donna dalla 38 alla 54, uomo dalla 44 alla 64. Prezzi di fabbrica.

→ **Come arrivare:** A1, uscita Prato-Calenzano, direzione Campi Bisenzio; A11, uscita Prato Est, direzione Sesto Fiorentino e Campi Bisenzio.

CAMPI BISENZIO (FI)

17-Bc

ABBIGLIAMENTO

Maglieria Artigiana

Spaccio aziendale/Factory outlet

0558974479
FAX 055898482
www.maglieriaartigiana.it
lun-ven (9.30-13.00, 14.30-19.00),
sab (solo su appuntamento);
chiuso dom;
ferie ago
P

Via Einstein 35 (int.39) - cap 50013

Outlet che produce e vende maglieria in cashmere per uomo e donna. Le taglie sono dalla M alla XL per uomo e dalla S alla L per donna. Anche accessori. Prezzi di fabbrica.

→ **Come arrivare:** A1, uscita Prato-Calenzano, direzione Campi Bisenzio; A11, uscita Prato Est, direzione Sesto Fiorentino e Campi Bisenzio.

CAMPI BISENZIO (FI)

17-Bc

CALZATURE E PELLETTERIA

Paoli Outlet

Spaccio aziendale/Factory outlet

0558986219
FAX 0558986219
calpaoli@ats.it
www.paolifirenze.it
lun (15.30-19.30),
mart-ven (10.30-19.30),
sab (10.00-19.30), aperto solo la prima dom del mese (15.00-19.30);
ferie ago (variabile)
P

Via Quirico S. 306 - cap 50013

Scarpe per uomo e donna, di produzione propria. Ci sono tutte le misure e gli articoli della collezione attuale. Gli sconti aumentano durante il periodo dei saldi.

→ **Come arrivare:** A1, uscita Prato-Calenzano; A11, uscita Prato Ovest, indicazioni per centro commerciale I Gigli.

Sconti: dal 30% al 40%

CAPOLONA (AR)

19-Bc

CALZATURE E PELLETTERIA

Calzaturificio Fratelli Soldini

Spaccio aziendale/Factory outlet

0575420858
FAX 057528197
info@calzaturificiosoldini.it
www.calzaturificiosoldini.it
lun-sab (9.00-13.00, 15.30-19.30),
dom (10.00-13.00, 15.30-19.30)
P

Via Vittorio Veneto 55 b/c - cap 52010

Outlet che vende mocassini, sneakers, tennis da uomo e donna di alta qualità. I marchi sono Stone Haven, ma anche Nike, Adidas, Puma. Tanti modelli e misure, prezzi molto convenienti. Anche abbigliamento uomo, donna, bambino e sport.

→ **Come arrivare:** A1, uscita Arezzo, SS71 direzione Capolona.

Sconti: dal 30% al 50%

CARRARA
17-Bb

ABBIGLIAMENTO
Atelier d'Avenza
Spaccio aziendale/Factory outlet

0585857265
FAX 0585857269
davenza@davenza.com
www.davenza.com

Via Aurelia 32 - cap 54031

■ Outlet che vende abbigliamento maschile, con il marchio d'Avenza. Dai cappotti alle cravatte, capi di prima scelta a prezzi di fabbrica.

→ **Come arrivare:** A12, uscita Carrara, indicazioni per Avenza.

CARRARA
17-Bb

CALZATURE E PELLETTERIA
Paoli Shoes
Spaccio aziendale/Factory outlet

0585855346
calpaoli@ats.it
www.paolifirenze.it
lun (15.30-19.30), mart-ven (10.30-19.30), sab (10.00-19.30); **chiuso** dom

Via XX Settembre, Avenza - cap 54033

■ Scarpe per uomo e donna, di produzione propria. Ci sono tutte le misure e gli articoli della collezione attuale. Gli sconti aumentano durante il periodo dei saldi.

→ **Come arrivare:** A12, uscita Carrara, indicazioni per Avenza, vicino al supermercato Esselunga.

€ **Sconti: dal 30% al 40%**

CASTEL SAN NICCOLÒ (AR)
19-Bc

ABBIGLIAMENTO
Spaccio Lori
Stocchista/Stockhouse

0575500190
FAX 0575500191
info@claralori.com
www.claralori.com
lun (15.00-20.00), mart-sab (9.00-13.00, 15.00-20.00); **chiuso** dom

P

Strada In Casentino, Loc. Case Sparse 10/g - cap 52018

■ Stockhouse di abbigliamento uomo e donna. Prima scelta, collezioni e capi di campionario di grandi firme; anche taglie conformate. Buona scelta di articoli in pelle, borse, calzature e accessori. Ulteriori sconti durante il periodo dei saldi.

→ **Come arrivare:** A1, uscita Arezzo, direzione Bibbiena.

€ **Sconti: dal 20% al 50%**

CASTELFIORENTINO (FI) *17-CDc*

INTIMO E MARE

Fashion Store Chiarugi

Spaccio aziendale/Factory outlet

0571628092/05716871
www.chiarugi.com
mart-ven (16.00-20.00), sab (9.00-13.00, 16.00-20.00); **chiuso** lun, dom; ferie ago

Via Ugolini 5 - cap 50051

Outlet di intimo e mare per uomo e donna. Anche corsetteria da donna. Rimanenze, fine serie, campionari con il marchio Chiarugi. Buona disponibilità di taglie e modelli. Durante i saldi, gli sconti aumentano ulteriormente.

→ **Come arrivare:** A1, uscita Firenze-Signa, superstrada Firenze-Livorno, uscita Ponte a Elsa fino a Castelfiorentino.

CASTIGLION FIBOCCHI (AR) *19-Bc*

ABBIGLIAMENTO

Modi & Moda

Spaccio aziendale/Factory outlet

057547049
FAX 057547589
info@modiemoda.it
www.modimoda.it
lun (15.30-19.30), mart-ven, sab (9.30-13.00, 15.30-19.30); **chiuso** dom

P

Via Guglielmo Fracassi 4 - cap 52029

Abbigliamento uomo, donna, bambino Gina Lebole. Capi classici in tessuti di grande qualità. Anche capi casual e trendy. Prima scelta, disponibilità di taglie: donna dalla 40 alla 55, uomo dalla 46 alla 64, bambino da 3 a 16 anni.

→ **Come arrivare:** A1, uscita Valdarno, direzione Terranuova Bracciolini, oppure uscita Arezzo indicazioni per Castiglion Fibocchi.

€ **Sconti: dal 30% al 50%**

CASTIGLION FIBOCCHI (AR) *19-Bc*

ABBIGLIAMENTO

Textura

Spaccio aziendale/Factory outlet

0575479223
www.textura.it
mart-ven (10.00-14.00, 15.00-19.00), sab (9.00-13.00, 15.00-19.00); **chiuso** dom, lun; ferie ago (variabile)

P

Via Vecchia Aretina 1 - cap 52029

Outlet che vende abbigliamento classico per uomo giovane: abiti, cappotti, giubbotti, pantaloni, impermeabili. I marchi sono City Time, Ceasar, Renato Balestra, Gai Mattiolo. Anche abiti da cerimonia. Buona scelta di taglie. Prezzi adeguati.

→ **Come arrivare:** A1, uscita Valdarno, direzione Terranuova Bracciolini, oppure uscita Arezzo indicazioni per Castiglion Fibocchi.

€ **Sconti: dal 10% al 30%**

CASTIGLION FIORENTINO (AR) *21-Da*

BAZAR

Marino fa Mercato

Stocchista/Stockhouse

0575651575
FAX 0575651921
estate: lun-sab (9.00-13.00, 16.00-20.00), inverno: lun-sab (9.00-13.00, 15.30-19.30);
chiuso dom
P

Loc. Santa Lucia 152 - cap 52043

■ Stockhouse con merce proveniente da fallimenti in Italia, rimanenze e stock da Cina e Marocco. Prezzi bassi per mobili, casalinghi, oggettistica e abbigliamento uomo, donna e bambino. Anche giocattoli, elettrodomestici, articoli da giardinaggio, bricolage.

➜ **Come arrivare:** A1, uscita Arezzo, SS71 direzione Cortona, indicazioni per Castiglion Fiorentino.

€ **Sconti: dal 50% al 70%**

CERRETO GUIDI (FI) *17-Cc*

CALZATURE E PELLETTERIA

Enny Borse

Spaccio aziendale/Factory outlet

057155144
www.enny.it
lun-ven (8.30-12.30, 14.30-19.00);
chiuso sab, dom

Via Piave 169 - cap 50050

■ Rimanenze, fine serie e campionari di articoli in pelle di buona qualità: borse, cinture, portafogli e portadocumenti.

➜ **Come arrivare:** A1, uscita Firenze-Signa, superstrada Firenze-Livorno, uscita Empoli, direzione Cerreto Guidi.

COLLE DI VAL D'ELSA (SI) *21-Ca*

CASA

Colle Vilca

Spaccio aziendale/Factory outlet

0577929188
FAX 0577929876/ 0577909737
info@collecristallo.com
www.collecristallo.com
lun-ven (8.30-12.30, 14.00-17.30), sab, dom (solo su appuntamento);
ferie ago
P

Loc. San Marziale, zona ind. 24, Gracciano dell'Elsa - cap 53034

■ Produzione artigianale di calici, bicchieri, candelieri, bomboniere, vasi, portatovaglioli, oliere e bottiglie in cristallo soffiato e rifinito a mano. Angolo delle occasioni con prodotti di seconda scelta ulteriormente scontati.

➜ **Come arrivare:** A1, uscita Firenze-Certosa, raccordo autostradale Firenze-Siena direzione Siena, uscita Colle Val d'Elsa Sud, indicazioni per zona industriale San Marziale.

€ **Sconti: dal 30% al 40%**

COLLE DI VAL D'ELSA (SI) — 21-Ca

CASA

Cristalleria La Moleria

Spaccio aziendale/Factory outlet

Via Roma
Tel. 0577922175
Fax 0577922175
Via delle Romite
Tel. 0577920163
Fax 0577920163
info@lamoleriagelli.com
www.lamoleriagelli.com
lun-sab (9.00-13.00, 15.30-20.00); **chiuso** dom
P

Via Roma 20 - cap 53034
Via delle Romite 20 - cap 53034

■ Flaconi da profumo, caraffe da whisky, bottiglie da grappa, vasi e tanti altri soprammobili in vetro o cristallo. Anche calici e decanter. Angolo occasioni con rimanenze e fine serie a prezzi molto interessanti.

→ **Come arrivare:** A1, uscita Firenze-Certosa, raccordo autostradale Firenze-Siena direzione Siena, uscita Colle Val d'Elsa Sud.

€ **Sconti: 30%**

COLLE DI VAL D'ELSA (SI) — 21-Ca

CASA

Cristallerie Loreno Grassini

Spaccio aziendale/Factory outlet

Via di Spugna
Tel. 0577922739
Fax 0577922739
Via del Castello
Tel. 0577924168
info@cristalleriegrassini.it
www.cristalleriegrassini.it
lun-sab (8.30-13.00, 15.30-20.00); **chiuso** dom

Via di Spugna 124 - cap 53034
Via del Castello 18 - cap 53024

■ Questa "città del cristallo" esiste dalla fine degli anni '50: bicchieri, caraffe, bomboniere, oggetti (anche personalizzati) in cristallo lavorato a mano. Prezzi di fabbrica. La merce è di prima scelta. Esiste anche un servizio di restauro.

→ **Come arrivare:** A1, uscita Firenze-Certosa, raccordo autostradale Firenze-Siena direzione Siena, uscita Colle Val d'Elsa Sud.

COLLE DI VAL D'ELSA (SI) — 21-Ca

CASA

Lampadari Bartalini

Spaccio aziendale/Factory outlet

Tel. 0577920541
Fax 0577999519
lampadari.bartalini@libero.it
lun-ven (8.30-12.30, 15.00-20.00), sab (8.30-12.30, 15.30-20.00), nov-giu anche dom 16.00-20.00; **chiuso** dom (variabile) ferie ago
P

Via Martiri della Libertà 2 - cap 53034

■ Lampadari di ogni stile. Anche illuminazione per esterni, restauri e lavori su misura. I marchi principali sono Lipparini, Tersani e altre piccole ditte artigiane.

→ **Come arrivare:** A1, uscita Firenze-Certosa, raccordo autostradale Firenze-Siena direzione Siena, uscita Colle Val d'Elsa Sud.

COLLE DI VAL D'ELSA (SI)

21-Ca

CASA

Mezzetti Cristallerie

Spaccio aziendale/Factory outlet

0577920395
FAX 0577920464
cristalleriemezzetti@email.it
www.cristalleriemezzetti.com
lun (15.30-19.30), mart-sab (9.00-13.00, 15.30-19.30); **chiuso** dom

Via Oberdan 13 - cap 53034

■ Outlet della cristalleria Mezzetti dove trovare calici, bicchieri, vasi, centri tavola. Angolo delle occasioni con articoli della collezione precedente a prezzo interessante.

→ **Come arrivare:** A1, uscita Firenze-Certosa, raccordo autostradale Firenze-Siena direzione Siena, uscita Colle Val d'Elsa Sud.

€ **Sconti: dal 20% al 30%**

CORTONA (AR)

23-Ab

ABBIGLIAMENTO

Cantarelli & C.

Spaccio aziendale/Factory outlet

057567901
FAX 0575679090
cantarelli@cantarelli.it
www.cantarelli.it
mer-dom (10.00-13.00, 15.00-19.00); **chiuso** lun, mart; ferie ago (variabile)
P

Statale 71, km 143/144, Loc. Terontola - cap 52044

■ Outlet che vende a prezzi di fabbrica giacche, cravatte, camicie e completi Cantarelli di grande qualità. Qualche capo donna. Buona scelta, tessuti splendidi, tutte le misure. I capi classici da uomo e le cravatte non vanno in saldo.

→ **Come arrivare:** A1, uscita Val di Chiana, raccordo autostradale per Perugia, uscita Castiglione del Lago, direzione Cortona.

€ **Sconti: dal 10% al 30%**

EMPOLI (FI)

17-Cc

ABBIGLIAMENTO

Modyva

Spaccio aziendale/Factory outlet

0571950246
FAX 057183314
www.modyva.it
mart-sab (9.00-13.00, 15.30-19.00); **chiuso** lun, dom; ferie ago
P

Via 1 Maggio, Loc. Terrafino 16 - cap 50053

■ Rimanenze, fine serie delle linee di abbigliamento donna: Modyva, Privilegio, Delia Ferrari, Delia Day. Capi classici e casual. Buona la scelta delle taglie, anche conformate.

→ **Come arrivare:** A1, uscita Firenze Signa, superstrada Firenze-Livorno, uscita Empoli Ovest.

€ **Sconti: dal 20% al 50%**

FIRENZE 17-Dc

ABBIGLIAMENTO

Ali - Nunca Vencida

Vintage/Usato selezionato

055667162
FAX 055667162
info@nuncavencida.com
www.nuncavencida.com
lun-ven (8.00-12.00, 15.00-18.00)
solo su appuntamento;
chiuso sab, dom
P

Via del Guarlone 47 - cap 50135

■ Vintage uomo e donna anche rielaborato su modelli contemporanei. La collezione Nunca Vencida propone anche stampe su jeans, camicie, top, gonne e borse. Capi unici, coloratissimi, giocosi e ironici. Solo su appuntamento.

→ **Come arrivare:** A1, uscita Firenze Sud, zona Coverciano.

FIRENZE 17-Dc

ABBIGLIAMENTO

Il Guardaroba

Stocchista/Stockhouse

0552478250
ilguardaroba@tin.it
inverno: lun (13.00-19.30), mart-sab (9.30-19.30);
estate: lun-sab (9.30-19.30);
chiuso dom

Via Verdi 28r - cap 50122

■ Stockhouse con tantissima scelta di abbigliamento per uomo e anche donna. Moda giovane, marchi di moda. Rimanenze, fine serie e campionari di collezioni passate. Buona scelta di taglie. Ulteriori sconti durante il periodo dei saldi.

→ **Come arrivare:** A1, uscita Firenze Centro, direzione centro città, vicino al Teatro Verdi.

€ **Sconti: dal 40% al 50%**

FIRENZE 17-Dc

ABBIGLIAMENTO

Jules e Jim

Vintage/Usato selezionato

055484065
FAX 055484065
andreajules@tiscali.it
www.julesejim.it
lun (15.30-19.30), mart-sab (10.30-13.00, 15.30-19.30);
estate: anche lun mattino e sab pomeriggio;
chiuso dom

Via delle Ruote 8r - cap 50129

■ Abbigliamento e accessori vintage per uomo e donna.

→ **Come arrivare:** A1, uscita Firenze Centro, direzione centro città, vicino a piazza Indipendenza.

FIRENZE 17-Dc

ABBIGLIAMENTO

Modi & Moda

Spaccio aziendale/Factory outlet

0557877876
FAX 055785751
info@modiemoda.it
www.modiemoda.it
lun (15.30-19.30), mart-ven (9.30-13.00, 15.30-19.30), sab (9.00-19.30), aperto anche l'ultima dom del mese (15.30-19.30);
P

Via Baccio da Montelupo 158 - cap 50142

■ Abbigliamento uomo, donna, bambino Gina Lebole. Capi classici in tessuti di grande qualità, casual e trendy. Prima scelta, disponibilità di taglie: donna dalla 40 alla 55, uomo dalla 46 alla 64, bambini da 3 a 16 anni.

→ **Come arrivare:** A1, uscita Firenze Signa, direzione centro città.

Sconti: 30%

FIRENZE 17-Dc

ABBIGLIAMENTO

Spaccio Clara

Stocchista/Stockhouse

0556503204
FAX 0556505297
info@claralori.com
www.claralori.com
lun (15.00-20.00), mart-sab (9.00-13.00, 15.00-20.00); chiuso dom
P

Via Enrico de Nicola 15 - cap 50136

■ Stockhouse di abbigliamento per uomo e donna. Capi di campionario di grandi firme. Buona scelta di taglie, anche conformate. Non mancano gli articoli in pelle: borse, calzature e accessori.

→ **Come arrivare:** A1, uscita Firenze Sud, direzione centro città.

Sconti: dal 20% al 50%

FIRENZE 17-Dc

ABBIGLIAMENTO

Il Vecchio Armadio

Vintage/Usato selezionato

055217286
lun (15.00-19.00), mart-sab (10.00-13.00, 14.30-19.00); chiuso dom; ferie ago

Via Lambertesca 19/r - cap 50122

■ Abbigliamento vintage: jeans, felpe, T-shirt, giubotti, impermeabili, montoni, camicie e abbigliamento militare. Vari marchi: Levi's, Lee, Wrangler, Burberry's, Dainese. Ulteriori sconti durante i saldi.

→ **Come arrivare:** A1, uscita Firenze Centro, vicino agli Uffizi.

FIRENZE 17-Dc

ACCESSORI

Mister Optik

Negozio discount

0553215376
www.misteroptik.it

Via Mariti 106 - cap 50127

Negozio discount che vende occhiali da sole e montature da vista. Visita optometrica e lenti su ordinazione. Il tutto a prezzo ridotto; anche a Prato, Carrara, Livorno, Lucca, Massa, Ghezzano (PI), Pistoia, Siena. Prezzi imbattibili.

→ **Come arrivare:** A1, uscita Firenze Nord. Zona Ponte di Mezzo.

FIRENZE 17-Dc

CALZATURE E PELLETTERIA

Calzaturificio Buccioni

Laboratorio artigianale

055690013
FAX 055690313
lun-ven (8.30-12.30, 14.30-18.00), sab (8.30-12.30); **chiuso** dom; ferie ago
P

Via Aretina 403/d - cap 50136

Laboratorio artigianale che produce e vende scarpe classiche, per uomo (dal 39 al 46) e donna (dal 33 al 41). Sconti su campionari e fine serie. Si realizzano anche scarpe su misura e da sposa. Prezzi di fabbrica.

→ **Come arrivare:** A1, uscita Firenze Sud, indicazioni per Lungarno Aldo Moro.

Sconti: dal 20% al 50%

FIRENZE 17-Dc

CASA

Tessilarte

Spaccio aziendale/Factory outlet

055364097
FAX 0553218147
info@tessilarte.it
www.tessilarte.it
lun-ven (8.00-12.30, 14.30-18.00); **chiuso** dom, sab; ferie ago (variabile)
P

Via Toselli 100 - cap 50144

Outlet della Tessilarte che vende biancheria di qualità per la casa. Tutto per la tavola, il letto, il bagno. Grande varietà di modelli e colori, sia classici che trendy. Prezzi di fabbrica e angolo delle occasioni con prezzi ancora più convenienti.

→ **Come arrivare:** A1, uscita Firenze Nord, direzione centro città. Zona San Jacopino.

FIRENZE
17-Dc

TESSUTI
Horserie
Stocchista/Stockhouse

055350763
FAX 055350763
horseriefi@bluehome.it
lun (15.30-19.30), mart-ven (10.00-14.00, 15.30-19.30); inverno anche sab 10.00-14.00; chiuso dom; ferie ago
P

Via Baracca 15/g - cap 50127

■ Stockhouse di tessuti per arredamento a ottimi prezzi. Il marchio è Bluehome. Grande offerta di scampoli e stoffe insolite per arredare la casa. Prodotti di prima scelta e fine serie. Ulteriori sconti durante il periodo dei saldi.

→ **Come arrivare:** A1, uscita Firenze Nord, direzione centro città. Zona Novoli.

€ **Sconti: dal 50% al 60%**

FORTE DEI MARMI (LU)
17-Bc

ABBIGLIAMENTO
Gran Bazar
Grossista/Importatore diretto

0584787900
FAX 0584786077
inverno: lun (15.30-19.30), mart-dom (9.30-13.00, 15.30-19.30); estate: lun (15.30-24.00), mart-dom (9.30-13.00, 15.30-24.00)

Via Mazzini 13/15 - cap 55042

■ Abbigliamento etnico (cinese e indiano) per donna. I capi sono di prima scelta. Taglie dalla 44 alla 56. Prezzi adeguati, gli sconti aumentano durante il periodo dei saldi.

→ **Come arrivare:** A12, uscita Versilia, direzione Forte dei Marmi.

€ **Sconti: dal 20% al 50%**

FORTE DEI MARMI (LU)
17-Bc

BAZAR
Gran Bazar
Grossista/Importatore diretto

058483034
granbazar@hotmail.com
inverno: lun (15.30-19.30), mart-dom (9.30-13.00, 15.30-19.30); estate: lun (15.30-24.00), mart-dom (9.30-13.00, 15.30-24.00)

Via Carducci 61 - cap 55042

■ Gadget, articoli da regalo, ceramiche dei marchi Diddl e Wizaris. I prodotti sono di prima scelta. Prezzi adeguati, gli sconti aumentano durante il periodo dei saldi.

→ **Come arrivare:** A12, uscita Versilia, direzione Forte dei Marmi.

€ **Sconti: 20%**

FUCECCHIO (FI) 17-Cc

CALZATURE E PELLETTERIA

Outlet Harris

Spaccio aziendale/Factory outlet

0571261508
FAX 0571242726
info@calzoleriaharris.it
www.calzoleriaharris.com
lun-ven (10.00-12.00, 14.30-19.30), sab (9.45-12.45); **chiuso** dom; ferie ago

Viale Colombo 92 - cap 50054

Outlet che produce e vende scarpe da uomo, classiche ma anche e sportive, di buona qualità. Le misure vanno dalla 39 alla 46. Possibilità di ordinare calzature su misura.

→ **Come arrivare:** A1, uscita Firenze Signa, superstrada Firenze-Livorno, uscita San Miniato; A11, uscita Alto Pascio, indicazioni per Fucecchio.

€ **Sconti: 30%**

FUCECCHIO (FI) 17-Cc

CALZATURE E PELLETTERIA

Spaccio Sax

Spaccio aziendale/Factory outlet

0571247240
FAX 0571260402
sax@sax-shoes.com
www.baracchino.com
lun-ven (15.30-19.00), sab (9.30-12.30, 15.30-19.00); **chiuso** dom; ferie ago
P

Via della Querciola 4 - cap 50054

Outlet che vende calzature e abbigliamento del marchio Sax. Per uomo e donna. In vendita collezione attuale e un angolo delle occasioni con seconda scelta e campionari scontatissimi. Tutte le misure.

→ **Come arrivare:** A1, uscita Firenze Signa, superstrada Firenze-Livorno, uscita San Miniato; A11, uscita Alto Pascio, indicazioni per Fucecchio.

€ **Sconti: dal 40% al 70%**

GREVE IN CHIANTI (FI) 17-Dc

CASA

Zago Terrecotte

Spaccio aziendale/Factory outlet

0558587253
FAX 0558589101
info@enzozago.it
www.enzozago.it
lun-ven (8.00-12.00, 14.00-18.00), sab (8.00-12.00); **chiuso** dom; ferie ago
P

Via di Meleto, Palagione 1, Strada in Chianti - cap 50022

Laboratorio artigianale che vende vasi di tutte le dimensioni da esterno e interno: orci, anfore, arredo per giardino e pavimenti in cotto. Tutto fatto a mano nella migliore delle tradizioni. Terracotta resistente al gelo. Angolo delle seconde scelte.

→ **Come arrivare:** A1, uscita Firenze Sud, SS222 direzione San Polo, bivio per Meleto.

€ **Sconti: dal 20% al 40%**

INCISA IN VAL D'ARNO (FI)

17-Dc

ABBIGLIAMENTO

Dolce & Gabbana

Spaccio aziendale/Factory outlet

0558331300
FAX 0558331301
www.dolcegabbana.it
lun-sab (10.00-20.00), dom (12.00-19.00)
P

Loc. Santa Maria Maddalena, Pian dell'Isola 49 - cap 50064

■ L'outlet di uno dei più noti marchi della moda italiana, famoso per aver creato una moda femminile, divertente e sexy. Qui si trovano rimanenze, fine serie delle collezioni passate, campionari di pret-à-porter, abbigliamento, accessori, calzature e pelletteria dei marchi Dolce & Gabbana e D&G, per uomo, donna e bambino. Buona disponibilità di taglie (dalla 38 alla 46 per donna, dalla 46 alla 52 per uomo), grande varietà di modelli e colori. L'outlet è allestito come una boutique, con i capi e gli accessori presentati in modo ordinato. I prezzi sono adeguati.

→ **Come arrivare:** A1, uscita Incisa, SS69 direzione Incisa in Valdarno.

€ **Sconti: dal 30% al 50%**

MONTE SAN SAVINO (AR)

21-Da

ABBIGLIAMENTO

Modi & Moda

Spaccio aziendale/Factory outlet

0575849667
FAX 0575810743
info@modiemoda.it
www.modiemoda.it
lun (15.00-19.30), mart-ven (9.30-13.00, 15.00-19.30), sab (9.30-19.30); chiuso dom
P

Loc. La Valle, Fraz. Le Vertighe - cap 52048

■ Abbigliamento uomo, donna, bambino Gina Lebole. Capi classici in tessuti di grande qualità. Anche capi casual e trendy. Prima scelta, disponibilità di taglie: donna dalla 40 alla 55, uomo dalla 46 alla 64, bambino da 3 a 16 anni.

→ **Come arrivare:** A1, uscita Monte San Savino, vicino al casello autostradale.

€ **Sconti: 30%**

MONTESPERTOLI (FI) *17-Dc*

ABBIGLIAMENTO

Luana Export

Spaccio aziendale/Factory outlet

0571671144
FAX 0571671488
brunomanetti@hotmail.com
www.brunomanetti.it
lun-ven (9.30-18.00), sab (9.30-13.00); **chiuso** dom; ferie ago (variabile)
P

Via Bonsarto 18 - cap 50025

Outlet che vende la linea di cashmere con il marchio Bruno Manetti per donna e uomo. Collezione attuale. Prezzi di fabbrica. Nel periodo dei saldi sconti ulteriori.

→ **Come arrivare:** A1, uscita Firenze-Signa, superstrada Firenze-Livorno, uscita Ginestra Fiorentina, direzione Montespertoli.

MONTESPERTOLI (FI) *17-Dc*

CASA

Bellini Più

Spaccio aziendale/Factory outlet

0571671145
FAX 0571671100
sales@bellinipiu.com
www.bellinipiu.com
lun-ven (9.00-12.00, 13.30-18.00), sab (9.00-12.00); **chiuso** dom; ferie ago

Via Virginio 150, Baccaiano - cap 50025

Fabbrica di ceramica artistica decorata a mano. Articoli da regalo, piatti, tazze con vari motivi decorativi (fiori, frutta, animali), e anche boccali, vasi, basi per lampade. Prima e seconda scelta, quest'ultima estremamente conveniente, come le fine serie.

→ **Come arrivare:** A1, uscita Firenze-Signa, superstrada Firenze-Livorno, uscita Ginestra Fiorentina, direzione Montespertoli.

MONTESPERTOLI (FI) *17-Dc*

CASA

L5 Lampadari

Spaccio aziendale/Factory outlet

0571671382
FAX 0571671423
info@l-5.it
www.l-5.it
lun-ven (8.00-12.30, 14.30-19.00), sab (9.00-12.30, 16.00-19.00); **chiuso** dom; ferie ago (variabile)
P

Via Della Gora 56/58 - cap 50025

Produttore di lampade di qualità: lampade moderne, paralumi, luci da soffitto, lampadari in stile veneziano, luci da esterno. Anche oggetti in legno e piccoli mobili. Rimanenze, fine serie e collezioni attuali.

→ **Come arrivare:** A1, uscita Firenze-Signa, superstrada Firenze-Livorno, uscita Ginestra Fiorentina, direzione Montespertoli.

€ **Sconti: dal 20% al 50%**

MONTEVARCHI (AR)

19-Cc

CALZATURE E PELLETTERIA

Prada Space Outlet I Pellettieri d'Italia

Spaccio aziendale/Factory outlet

0559196528
www.prada.it
lun-ven (9.30-18.00), sab (9.30-12.00, 14.00-18.00), dom (14.30-18.00);
P

Statale km 69, Levanella - cap 52025

■ Outlet immenso e ordinatissimo del gruppo Prada che vende pret-à-porter e accessori per uomo e donna. Rimanenze, fine serie e campionari di notissimi marchi: Prada, Miu Miu, Prada Sport, Helmut Lang, Jil Sander, Church's, Car Shoes. Moltissime le scarpe, le borse e accessori in pelle. Un luogo molto frequentato da giapponesi che vengono in autobus anche da Roma. Appena si arriva si deve prendere un numero come nei negozio alimentari e quando c'è troppa coda, aspettare nel comodo bar. Qui l'understatement è totale, l'outlet non è mai indicato una sola volta, nemmeno con un cartello sull'edificio stesso. Bisogna fermarsi e chiedere indicazioni. Prezzi adeguati.

➔ **Come arrivare:** A1, uscita Valdarno, direzione Montevarchi.

€ **Sconti: dal 30% al 50%**

PIEVE A NIEVOLE (PT)

17-Cc

ABBIGLIAMENTO

Incom Shop

Spaccio aziendale/Factory outlet

0572777405
mart-dom (10.00-12.30, 15.30-19.30);
chiuso lun;
ferie ago (variabile)
P

Via Roma 47 - cap 51018

■ Rimanenze, fine serie e campionari di abbigliamento uomo e donna dei marchi Incom, GB Pedrini. In vendita la collezione attuale ma anche rimanenze, fine serie e campionari a prezzi ottimi. Taglie donna 38-50, uomo 44-62.

➔ **Come arrivare:** A11, uscita Montecatini Terme, a 500 m dal casello autostradale.

€ **Sconti: dal 20% al 50%**

PISA
17-Bc

ABBIGLIAMENTO

Maria Sartini Cashmere
Spaccio aziendale/Factory outlet

050988490
FAX 050985530
info@mariasartini.com
www.mariasartini.com
lun-ven (9.00-13.00, 15.00-19.00); apr, dic anche sab 9.00-13.00; chiuso dom
P

Via Novecchio 27, Ospedaletto - cap 56121

Maglieria in cashmere per uomo e donna con il marchio Maria Sartini. Collezione attuale, ma anche campionari, seconda scelta e collezioni precedenti. Taglie uomo dalla 48 alla 58, donna dalla 42 alla 50.

→ **Come arrivare:** A11, uscita Pisa Centro, superstrada uscita Pisa Nord-Est, indicazioni zona artigianale ovest.

€ **Sconti: dal 25% al 50%**

PISTOIA
17-Cc

INTIMO E MARE

Calzedonia Intimissimi
Spaccio aziendale/Factory outlet

0573358630
FAX 057334836
www.calzedonia.it
lun-sab (9.00-21.00); chiuso dom
P

Viale Adua 176-178 - cap 51100

Rimanenze, fine serie di intimo, notte e mare Calzedonia e Intimissimi delle collezioni precedenti. Anche T-shirt, parei, teli mare. Ottimo indirizzo dove trovare articoli a prezzi ridotissimi.

→ **Come arrivare:** A11, uscita Pistoia, superstrada direzione centro città, uscita Pistoia-viale Europa.

€ **Sconti: dal 50% al 90%**

PRATO
17-Dc

ABBIGLIAMENTO

Alta Moda Vintage - Ca-Ma Fibre
Vintage/Usato selezionato

0574691327
solo su appuntamento
valepulp@hotmail.com

Via Bologna 459 u/v - cap 59100

Abbigliamento e accessori uomo donna dei più originali campionari di alta moda degli ultimi vent'anni. Chiamare per appuntamento.

→ **Come arrivare:** A11, uscita Prato Est, direzione centro città.

PRATO *17-Dc*

ABBIGLIAMENTO

Griffe Diffusion Revedi

Spaccio aziendale/Factory outlet

057434075
FAX 0574442072
mart-sab (9.00-19.30), aperto anche la seconda dom del mese (15.30-19.30); **chiuso** lun; ferie ago (variabile)

Via Valentini 4 - cap 59100

Rimanenze, fine serie e campionari di abbigliamento donna e uomo. I marchi sono Mariella Burani, Gai Mattiolo, Mila Schön, Valentino, Calvin Klein e Revedi. Taglie donna 38-52, uomo 46-58.

→ **Come arrivare:** A11, uscita Prato Est, direzione centro città.

€ **Sconti: dal 10% al 50%**

REGGELLO (FI) *19-Bc*

CALZATURE E PELLETTERIA

Desmo

Spaccio aziendale/Factory outlet

0558652311
FAX 0558652277
desmo@desmo.it
www.desmo.it
lun-ven (8.00-12.00, 13.30-17.30); **chiuso** sab, dom; ferie ago
P

Via Matteotti 22/b, San Donato - cap 50066

Spaccio all'interno dell'azienda Desmo che produce e vende borse e accesssori in pelle originali e all'avanguardia. Materiali di grande qualità: vitello, struzzo, capretto, lucertola, lavorazione di pregio. Rimanenze, campionari e fine serie.

→ **Come arrivare:** A1, uscita Incisa, direzione Reggello.

€ **Sconti: dal 30% al 40%**

REGGELLO (FI) *19-Bc*

CASA

Raoul e Giammaria Sottili

Spaccio aziendale/Factory outlet

055868374
FAX 055868374
sottilimarmi@inwind.it
lun-dom (8.30-12.30, 15.00-19.00)
P

Via Costa 2 - cap 50066

Laboratorio artigianale che vende basi sottotavola, caminetti, sculture in travertino e in marmo. Anche articoli da regalo e lavori su ordinazione. Prezzi di fabbrica, preventivi gratuiti.

→ **Come arrivare:** → **Come arrivare:** A1, uscita Incisa, direzione Reggello, indicazioni per Vallombrosa. Quattro leoni di pietra segnalano l'ingresso.

SAN CASCIANO IN VAL DI PESA (FI) *17-Dc*

ABBIGLIAMENTO

Progetto Maglia

Spaccio aziendale/Factory outlet

0558249119
FAX 0558249018
commerciale@progettomaglia.it
lun-ven (15.00-19.00), sab (10.00-13.00); dic anche dom 15.00-19.00; **chiuso** dom (variabile); ferie ago
P

Via Cassia per Siena 40 - cap 50026

■ Outlet di maglieria per uomo e donna. Si fanno anche capi su misura e modifiche (gratuite) sugli articoli in vendita. Taglie dalla 38 alla 60. Angolo occasioni con seconda scelta e campionari scontatissimi. In vendita filati per lavorare a maglia.

→ **Come arrivare:** raccordo autostradale Firenze-Siena, uscita Bargino, indicazioni San Casciano in Val di Pesa.

€ **Sconti: dal 30% al 50%**

SAN GIMIGNANO (SI) *17-Dd*

CASA

Riflessi

Stocchista/Stockhouse

0577941392
FAX 0577941392
lun-dom (9.00-20.00); ferie giu (variabile)

Via San Giovanni 49 - cap 53037

■ Cristalleria tradizionale della zona a buoni prezzi. Anche casalinghi, souvenir e articoli da regalo. Tutti oggetti di prima scelta. Un buon indirizzo che vale la pena visitare. Buon rapporto qualità/prezzo.

→ **Come arrivare:** raccordo autostradale Firenze-Siena, uscita Poggibonsi Nord, direzione San Gimignano.

€ **Sconti: dal 20% al 30%**

SAN GIOVANNI VALDARNO (AR) *19-Bc*

CASA

IVV

Spaccio aziendale/Factory outlet

055942619
ivvshop@ivvnet.it
www.ivvnet.it
lun (16.00-20.00), mart-sab (9.00-13.00, 16.00-20.00); aperto solo la prima dom dei mesi: gen-giu, set-dic (16.00-20.00)
P

Lungarno Guido Reni 60 - cap 52027

■ Outlet della IVV che produce vetro, soprattutto oggetti: vasi, vassoi, piatti anche in vetro colorato, dalle linee originali e dal design sobrio e di buon gusto. Articoli di ottima qualità a prezzi scontati sugli articoli di fine serie.

→ **Come arrivare:** A1, uscita Valdarno, direzione San Giovanni Valdarno.

€ **Sconti: dal 20% al 40%**

SERRAVALLE PISTOIESE (PT)

17-Cc

CASA

Pratesi

Spaccio aziendale/Factory outlet

0573526462
FAX 0573526373
pratesi@pratesi.com
www.pratesi.com
lun-sab (9.30-12.30, 14.30-19.00), dom (15.00-19.00)
P

Via Montalbano 41, Casalguidi - cap 51036

■ Outlet che vende l'elegante e lussuosa biancheria per la casa di Pratesi. Tantissimi articoli: per la tavola (tovaglie di tutte le misure), il bagno (la spugna è sofficissima), il letto (lenzuola che durano una vita). Tutto realizzato in tessuti di grandissima qualità: cotone purissimo, lino, lino/cotone. Sono soprattutto rimanenze e fine serie ma anche collezioni attuali. Qui si trovano anche pigiami, camicie da notte e vestaglie. I prezzi sono buoni, adeguati alla qualità. Ulteriori sconti nel periodo dei saldi.

→ **Come arrivare:** A11, uscita Pistoia, SS Empoli-Vinci direzione loc. Ponte Stella, indicazioni per Serravalle Pistoiese.

€ **Sconti: dal 30% al 50%**

SESTO FIORENTINO (FI)

17-Dc

ABBIGLIAMENTO

Roberto Cavalli Factory Outlet

Spaccio aziendale/Factory outlet

055317754
FAX 055317751
www.robertocavallioutlet.it
lun-sab (10.00-19.00); citofonare;
chiuso dom;
ferie ago

Via Volturno 3/3, Osmannoro - cap 50019

■ È l'outlet del noto marchio Roberto Cavalli, per chi ama i tessuti stampati e non disdegna vestirsi in modo eccessivo. Rimanenze, fine serie, prima e seconda scelta delle linee di prêt-à-porter, seconde linee, jeans e accessori, delle stagioni precedenti. Buona scelta di taglie: da donna dalla XS alla XL, da uomo dalla XS alla XXL. Promozioni speciali praticamente tutto l'anno. Gi sconti aumentano durante il periodo dei saldi. Si deve citofonare per accedere allo spaccio.

→ **Come arrivare:** A1, uscita Firenze Nord, direzione Sesto Fiorentino-Osmannoro.

€ **Sconti: 50%**

SESTO FIORENTINO (FI)

17-Dc

CASA

La Botteguccia Richard Ginori

Spaccio aziendale/Factory outlet

0554210472
FAX 0554210472
botteguccia@richardginori1735.com
www.richardginori1735.com
mart-sab (9.00-13.00, 15.00-19.00); chiuso lun, dom; ferie ago
P

Via Giulio Cesare 19 - cap 50019

■ Outlet della Richard Ginori, rinomato produttore di porcellane dal 1735. Articoli di grande pregio in porcellana finissima nei classici decori che hanno fatto la nomea della casa, come il Ginori Classico. Ampia scelta di servizi da tè e da caffè completi di lattiera e zuccheriera, articoli da regalo, servizi da tavola, piatti, vassoi, insalatiere, vasi. Qui sono in vendita le rimanenze, prima e seconda scelta del marchio. C'è un risparmio molto interessante sugli articoli di seconda scelta, dove spesso il diffetto è quasi invisibile.

→ **Come arrivare:** A1, uscita Firenze Nord, direzione Sesto Fiorentino.

€ **Sconti: dal 40% al 75%**

SIENA

17-Dc

ACCESSORI

Mister Optik

Negozio discount

0577226752
www.misteroptik.it
lun (15.30-19.30), mart-sab (9.00-13.00, 15.30-19.30); chiuso dom

Piazza del Campo - cap 53100

■ Negozio discount che vende occhiali da sole e montature da vista. Visita optometrica e lenti su ordinazione. Il tutto a prezzo ridotto; anche a Prato, Carrara, Livorno, Lucca, Firenze, Massa, Ghezzano (PI), Pistoia. Prezzi imbattibili.

→ **Come arrivare:** superstrada Firenze-Siena, direzione centro città.

SIGNA (FI) — *17-Dc*

ABBIGLIAMENTO

Gaillardo

Spaccio aziendale/Factory outlet

0558739094
FAX 0558739684
info@gaillardo.it
www.gaillardo.it
lun-ven (17.30-19.30), sab, dom (9.00-12.30, 15.00-19.30); ferie lug, ago
P

Via della Croce 2/a, San Mauro a Signa - cap 50058

Outlet che vende capispalla giovani per uomo e donna: giacche, piumini, cappotti. Anche in pelle. Prezzi di fabbrica. Taglie donna dalla 40 alla 50, uomo dalla 46 alla 56. Ulteriori sconti durante il periodo dei saldi.

→ **Come arrivare:** A1, uscita Firenze-Signa, direzione Signa, indicazioni per San Mauro a Signa.

Sconti: 30%

SINALUNGA (SI) — *21-Da*

CASA

Maurizio Benocci Terracotta Studio

Spaccio aziendale/Factory outlet

0577632071
FAX 0577632966
terracottastudio@benocci.com
www.benocci.com
lun-ven (8.00-13.00, 14.00-18.00), sab (8.00-13.00); **chiuso** dom; ferie ago
P

Via Trieste 129 - cap 53048

Vendita diretta di vasi, giare e orci in terracotta fabbricati secondo l'antica tradizione toscana. Un prodotto artigianale a prezzi davvero convenienti. Creazioni di oggetti su ordinazione. Spedizioni. Rimanenze e seconde scelte con ottimi sconti.

→ **Come arrivare:** A1, uscita Valdichiana, SP326 direzione Sinalunga.

Sconti: dal 25% al 70%

STIA (AR) — *19-Bc*

ABBIGLIAMENTO

Tessilnova - Tessuti del Lanificio di Stia

Spaccio aziendale/Factory outlet

0575582685
FAX 0575582685
grisolini@tessilnova.com
www.tessilnova.com
lun-dom (9.30-13.00, 15.30-19.30)
P

Via Giovanni Sartori 2/4 - cap 52017

Abbigliamento e maglieria uomo e donna con il marchio Tessilnova. Tutte le taglie in prima scelta. Angolo occasioni: rimanenze, fine serie e seconda scelta con un ottimo risparmio. Vendita anche di tessuti a metraggio.

→ **Come arrivare:** A1, uscita Arezzo, direzione Bibbiena, indicazioni per Stia.

Sconti: dal 30% al 50%

TAVARNELLE VAL DI PESA (FI)

17-Dc

CASA

Hazorfim Outlet

Spaccio aziendale/Factory outlet

0558073305
FAX 0558073315
hazorfim@hazorfimitalia.com
www.hazorfirm.co.il
lun (15.30-19.30), mart-ven (9.30-12.30, 15.30-19.30), sab (10.00-13.00, 15.30-19.30), dom (su appuntamento); ferie ago
P

Via Roma 390 - cap 50028

■ Outlet che vende cristalli, argenti, porcellane e gioielli con il marchio Hazorfim. Gli articoli sono delle collezioni precedenti, campionari e seconde scelte. I gioielli sono in argento con pietre dure.

→ **Come arrivare:** superstrada Firenze-Siena, uscita Tavarnelle Val di Pesa, direzione Barberino Val d'Elsa.

€ **Sconti: dal 20% al 40%**

TERRANUOVA BRACCIOLINI (AR)

19-Bc

ABBIGLIAMENTO

Abiti Textura

Spaccio aziendale/Factory outlet

0559738423
www.textura.it
mart-sab (10.00-14.00, 15.30-19.30); **chiuso** lun, dom; ferie ago (variabile)
P

Via Poggi Lupi - cap 52028

■ Outlet di abbigliamento maschile con i marchi: City-Time, Caesar, Renato Balestra, Gai Mattiolo Couture. Dai completi ai giubbotti agli impermeabili, vasta scelta di taglie, modelli e colori, anche taglie conformate. Anche accessori e scarpe.

→ **Come arrivare:** A1, uscita Valdarno, a 500 m dal casello autostradale.

€ **Sconti: dal 20% al 40%**

TERRANUOVA BRACCIOLINI (AR)

19-Bc

INTIMO E MARE

Mabell Moda Mare

Spaccio aziendale/Factory outlet

0559199666
FAX 0559199825
mabell@val.it
www.val.it/aziende/mabell
lun-ven (9.30-12.30, 15.30-18.30); mag-lug anche sab 9.30-12.30, 15.30-18.30, **chiuso** dom; ferie ago
P

Via dell'Olmo 78 - cap 52028

■ Rimanenze, fine serie, campionari di costumi da bagno da donna dei marchi Bernè e Mabell. Anche taglie calibrate e coppe C, D, DD, E, F, G. In vendita collezioni passate e attuali.

→ **Come arrivare:** A1, uscita Valdarno, SP69 direzione Terranuova Bracciolini, poi per la piscina Valdarno.

€ **Sconti: 40%**

Abbigliamento

Accessori

Alimentari

Bambino

Calzature e Pelletteria

Casa

Sport

Tessuti

CITTÀ DELLA PIEVE (PG) 23-Ac

CALZATURE E PELLETTERIA

Calzaturificio Fratelli Soldini

Spaccio aziendale/Factory outlet

057820945
FAX 057820946
info@calzaturificiosoldini.it
www.calzaturificiosoldini.it
lun (15.30-19.30), mart-dom (9.00-13.00, 15.30-19.30);
P

Via Molise 5/7, Po Bandino - cap 06062

■ Calzature uomo, donna e bambino di buona qualità. I marchi venduti sono Stone Haven, Nike, Reebok, Adidas, Puma. Tutte le taglie. Prima e seconda scelta. Anche abbigliamento uomo, donna, bambino e sport.

➜ **Come arrivare:** A1, uscita Chiusi-Chianciano Terme, indicazioni per Città della Pieve.

€ **Sconti: dal 20% al 50%**

CORCIANO (PG) 23-Ab

ABBIGLIAMENTO

Modi & Moda

Spaccio aziendale/Factory outlet

0756978839
FAX 0756978837
info@modiemoda.it
www.modiemoda.it
lun (15.30-19.30), mart-ven, sab (9.30-13.00, 15.30-19.30); chiuso dom
P

Via Togliatti, Loc. Taverne 82 - cap 06073

■ Outlet di abbigliamento uomo, donna e bambino. Linee classiche e trend. Prima scelta della marca Modi & Moda. Buona scelta di taglie: 40-55 donna, 46-64 uomo, dai 3 ai 16 anni per bambini. Ulteriori sconti durante i saldi.

➜ **Come arrivare:** A1, uscita Val di Chiana, raccordo autostradale Bettole-Perugia direzione Perugia, uscita Corciano.

€ **Sconti: 30%**

CORCIANO (PG) 23-Ab

ABBIGLIAMENTO

Brunello Cucinelli

Spaccio aziendale/Factory outlet

075529481
FAX 0755294893
cucinelli@brunellocucinelli.it
www.brunellocucinelli.it
lun-ven (9.00-12.30, 15.30-18.30), sab (9.00-12.00); chiuso dom

Piazza Dalla Chiesa 6, Ellera - cap 06073

■ Outlet che vende la maglieria in cashmere di Brunello Cucinelli. Grande qualità, stile classico e raffinato per capi uomo e donna in tanti modelli, colori e taglie. Solo articoli di prima scelta.

➜ **Come arrivare:** A1, uscita Val di Chiana, raccordo autostradale Bettole-Perugia direzione Perugia, uscita Corciano.

€ **Sconti: 35%**

CORCIANO (PG) *23-Ab*

ABBIGLIAMENTO

Galex

Spaccio aziendale/Factory outlet

0755170814
FAX 0755171535
info@galex.it
www.galex.it
lun (15.30-19.30), mart-sab (9.00-13.00, 15.30-19.30); chiuso dom
P

Via Fosse Ardeatine 14, Ellera - cap 06073

Outlet di abbigliamento sportivo per uomo, donna e bambino del marchio Galex per tutti gli sport: calcio, pallavolo, fitness. Collezione attuale, fine serie e buone occasioni nell'angolo rimanenze. Con la carta fedeltà, sconto del 20%.

→ **Come arrivare:** A1, uscita Val di Chiana, raccordo autostradale Bettole-Perugia direzione Perugia, uscita Corciano.

€ **Sconti: dal 20% al 50%**

CORCIANO (PG) *23-Ab*

BAMBINO

Kickers Store

Spaccio aziendale/Factory outlet

0755173547
FAX 0755173547
lun-sab (10.00-13.00, 16.00-20.00); chiuso dom

Via Gagarin 1, Ellera - cap 06073

Scarpe per adulti e bambini. I marchi sono Kickers, Sultanino, Zanotti. Prima scelta delle stagioni passate, fine serie e campionari di quelle attuali. Promozioni e ottime occasioni durante tutto l'anno.

→ **Come arrivare:** A1, uscita Val di Chiana, raccordo autostradale Bettole-Perugia direzione Perugia, uscita Corciano.

€ **Sconti: 40%**

CORCIANO (PG) *23-Ab*

CALZATURE E PELLETTERIA

Primigi (Imac s.p.a. Divisione Igi)

Spaccio aziendale/Factory outlet

0755028276/07550281
FAX 0755171795
spaccioaziendale@primigi.com
www.primigi.com
lun (16.00-19.30), mart-sab (9.30-13.00, 15.00-19.30); chiuso dom

Via Juri Gagarin 6, Ellera - cap 06073

Outlet che vende scarpe soprattutto per bambini, ma anche per uomo e donna. I marchi sono Bambino Primigi, Uomo e Donna Igi & Co. Tutte le misure sono disponibili. Ottime le scelte tra collezioni attuali, rimanenze e fine serie.

→ **Come arrivare:** A1, uscita Val di Chiana, raccordo autostradale Bettole-Perugia direzione Perugia, uscita Corciano.

€ **Sconti: dal 20% al 40%**

CORCIANO (PG)

23-Ab

SPORT

Ellesse

Spaccio aziendale/Factory outlet

0755171523
uni.sport@tiscali.it
www.unisport.it
inverno: lun (15.45-19.30), mart-sab (9.30-13.00, 15.45-19.30); estate: lun (16.15-20.00), mart-sab (9.30-13.00, 16.15-20.00); chiuso dom
P

Via Turati 19, Ellera - cap 06073

■ Outlet di abbigliamento sportivo Ellesse per uomo, donna e bambino. Per lo sci, il tennis, la palestra. Parka, giacche a vento, tute, scaldamuscoli, scarpe e tanti altri articoli indispensabili per chi fa sport. Buona scelta di taglie. Solo prima scelta.

→ **Come arrivare:** A1, uscita Val di Chiana, raccordo autostradale Bettole-Perugia direzione Perugia, uscita Corciano.

€ **Sconti: dal 20% al 40%**

DERUTA (PG)

23-Ac

CASA

Bettini Germano Produzione di Terrecotte

Laboratorio artigianale

0759710550
FAX 0759710550
info@terrecottederuta.com
www.terrecottederuta.com
lun-sab (9.00-13.00, 15.00-19.00), dom (15.00-19.00);
P

Via Tiberina 320 - cap 06053

■ Laboratorio artigianale che propone una grande scelta di coppe, vassoi e vasi in terracotta con forme originali e curiose. Decorazioni con putti alati e ghirlande. Luogo ideale per arredare case di campagna. Prima scelta e prezzi di fabbrica.

→ **Come arrivare:** E45, uscita Deruta Sud.

DERUTA (PG)

23-Ac

CASA

Ubaldo Grazia Maioliche

Laboratorio artigianale

0759710201
FAX 075972018
ubaldograzia@ubaldograzia.com
www.ubaldograzia.com
lun-ven (9.00-13.00, 14.30-18.30), sab (9.00-13.00); chiuso dom
P

Via Tiberina 181 - cap 06053

■ Laboratorio artigianale che produce ceramica. Maiolica con disegni cinquecenteschi e oggetti per la casa: tazze, servizi da tè, vassoi, piatti e vasi da farmacia. Decorazioni anche su richiesta. Angolo delle occasioni con prodotti di seconda scelta.

→ **Come arrivare:** E45, uscita Deruta Sud.

€ **Sconti: dal 20% al 50%**

FOLIGNO (PG)

23-Bc

ALIMENTARI

Latte Colfiorito

Spaccio aziendale/Factory outlet

0742681425

lun-dom (8.30-13.00, 15.30-19.30)

Via Adriatica 165 - cap 06034

■ Vendita diretta di specialità casearie di produzione propria, come il pecorino umbro fresco o stagionato, dolce o aromatizzato. Anche latticini, mozzarelle e altri formaggi freschi. Ottima qualità e prezzi convenienti.

→ **Come arrivare:** da Perugia SS75, direzione Foligno-Colfiorito.

MARSCIANO (PG)

23-Ac

CASA

Sposini Tessuti Umbri

Spaccio aziendale/Factory outlet

0758784134

FAX 0758798133

sposinitessutiumbri@libero.it

lun-sab (9.00-13.00, 15.30-17.30), **chiuso** dom; ferie ago

P

Strada Marcianese, San Valentino - cap 06055

■ Outlet di prodotti tessili tradizionali dell'Umbria a prezzi contenuti: tovaglie, copriletti, asciugamani, tessuti. Fibre naturali e grande qualità.

→ **Come arrivare:** E45, uscita SP di Marsciano, direzione Marsciano.

€ **Sconti: 20%**

PERUGIA

23-Ab

ABBIGLIAMENTO

Lorena Antoniazzi

Spaccio aziendale/Factory outlet

0755288584

FAX 0755288649

info@lorenaantoniazzi.it

www.lorenaantoniazzi.it

lun-sab (9.00-13.00, 15.30-19.30); **chiuso** dom

P

Via Manna 75 - cap 06132

■ Abbigliamento donna del marchio Lorena Antoniazzi, dalla maglieria ai cappotti. Capi di prima e seconda scelta, di campionario e di fine stagione. Taglie dalla 38 alla 52. Ulteriori sconti durante il periodo dei saldi.

→ **Come arrivare:** A1, raccordo autostradale Bettole-Perugia direzione Perugia, uscita Madonna Alta, indicazioni per Dogana.

€ **Sconti: dal 20% al 50%**

PERUGIA 23-Ab

ABBIGLIAMENTO

Luisa Spagnoli

Spaccio aziendale/Factory outlet

07540158
www.luisaspagnoli.it
lun (15.30-19.30), mart-sab (9.00-13.00, 15.30-19.30); **chiuso** dom; ferie ago
P

Strada Santa Lucia 35 - cap 06125

Spaccio aziendale del famoso marchio che produce abbigliamento classico per signora. Abiti delle collezioni passate, rimanenze e fine serie a prezzi convenienti. Tutte le taglie, dalla 40 alla 52. Anche capi da cerimonia.

→ **Come arrivare:** A1, raccordo autostradale Bettole-Perugia direzione Perugia, uscita Madonna Alta.

Sconti: 50%

PERUGIA 23-Ab

ABBIGLIAMENTO

Piazza Pitti Cashmere - IMM International

Spaccio aziendale/Factory outlet

0755997572
FAX 0755997573
info@big.immspa.it
lun-ven (9.00-18.30), sab (10.00-18.30); **chiuso** dom
P

Via dell'Industria 19, Ponte San Giovanni - cap 06087

Outlet dove trovare maglieria in cashmere a prezzi ridotti con il marchio Piazza Pitti Cashmere. Capi per uomo e donna. Ottima qualità, tanti modelli, colori e taglie. Angolo delle occasioni dove trovare campionario, fine serie e rimanenze.

→ **Come arrivare:** A1, raccordo autostradale Bettole-Perugia direzione Perugia, uscita Ponte San Giovanni.

Sconti: 40%

PERUGIA 23-Ab

ALIMENTARI

Perugina

Spaccio aziendale/Factory outlet

0755276796/07552761
FAX 0755276631
www.perugina.it
lun-ven (9.00-13.00, 14.00-18.00); mar-set anche sab 9.00-13.00; **chiuso** dom

Viale San Sisto 207/c, San Sisto - cap 06132

Lo spaccio è aperto solo ai dipendenti ma accanto c'è un piccolo negozio (all'interno del museo aziendale) che vende cioccolata e caramelle. Il negozio vende cappellini, T-shirt e altri gadget. L'ingresso al museo è gratuito.

→ **Come arrivare:** A1, raccordo autostradale Bettole-Perugia direzione Perugia, uscita Madonna Alta, direzione San Sisto.

Sconti: 30%

PERUGIA *23-Ab*

CASA

Ceramiche d'Arna di Javier Casuso Alvarez

Laboratorio artigianale

0755997545
FAX 0755997546
darna@tiscalinet.it
lun-ven (8.00-17.30), sab (8.00-13.00); **chiuso** dom
P

Via dell'Industria 19, Ponte San Giovanni - cap 06087

■ Laboratorio artigianale di ceramiche prodotte con antiche tecniche tradizionali e design contemporaneo. Basi per lampade, portaombrelli, vasi, piatti, servizi da tavola. Buona scelta di articoli da regalo. È anche possibile ordinare su misura.

→ **Come arrivare:** A1, raccordo autostradale Bettole-Perugia direzione Perugia, uscita Ponte San Giovanni.

€ **Sconti: 10%**

PERUGIA *23-Ab*

CASA

Mondial Marmi

Spaccio aziendale/Factory outlet

075592181
FAX 0755921830
mondialmarmi@mondialmarmi.com
www.mondialmarmi.com
lun-ven (8.00-12.00, 14.00-18.00), sab (8.00-12.00); **chiuso** dom
P

Via Fabrianese 2/a - cap 06080

■ Buona scelta di marmi per pavimenti, piani da bagno e da cucina. In vendita marmi di prima e seconda scelta. Prezzi di fabbrica.

→ **Come arrivare:** A1, raccordo autostradale Bettole-Perugia direzione Perugia, uscita Ponte Valleceppi.

SPOLETO (PG)

23-Bc

CASA

Mastro Raphaël

Spaccio aziendale/Factory outlet

0743230859/074323081
www.mastroraphael.com
lun-sab (9.00-12.30, 14.30-18.30); chiuso dom; ferie ago
P

Loc. Santo Chiodo 161 - cap 06049

■ Uno dei grandi marchi del tessile per la casa in Italia, Mastro Raphaël produce e vende in questo outlet lenzuola, coordinati letto, coperte, imbottiti, spugne e tappeti. Utilizzando metodi di lavorazione tradizionale e fibre naturali di grande qualità, Mastro Raphaël propone tutta una serie di articoli di essenziale semplicità, autentici prodotti artigianali con un'immagine contemporanea. Ottime le occasioni nell'angolo delle fine serie, delle seconde scelte e dei campionari.

→ **Come arrivare:** E45, uscita Acquasparta, direzione Spoleto.

€ **Sconti: dal 30% al 50%**

TERNI

23-Bc

ABBIGLIAMENTO

New Sivo

Spaccio aziendale/Factory outlet

0744813277
FAX 0744813385
maglificiosivo@libero.it
www.maglificiosivo.com
lun-sab (8.30-12.30, 15.00-18.00); chiuso dom; ferie ago
P

Strada di Colli Cipoli 53 - cap 05100

■ Outlet che vende maglieria per uomo e donna con il marchio Sivo. Taglie donna dalla 38 alla 54, uomo dalla 44 alla 56. Prezzi di fabbrica. Rimanenze e anche articoli della collezione attuale.

→ **Come arrivare:** E45, raccordo autostradale Terni-Orte, direzione Terni.

TERNI

23-Bc

BAMBINO

Astancolli

Spaccio aziendale/Factory outlet

0744300179
FAX 0744305605
astancolli@libero.it
lun (15.30-19.30), mart-sab (9.30-13.00, 15.30-19.30); **chiuso** dom; ferie ago (variabile)
P

Via del Fringuello 6 - cap 05100

■ Abbigliamento per bambini, da 0 a 15 anni. Anche capi da cerimonia. I marchi sono Astancolli, Armani, River Wood. Angolo delle occasioni con articoli di campionario. Ulteriori sconti durante il periodo dei saldi.

→ **Come arrivare:** E45, raccordo autostradale Terni-Orte, direzione Terni.

€ **Sconti: dal 20% al 80%**

TERNI

23-Bc

SPORT

Ellesse

Spaccio aziendale/Factory outlet

0744300088
FAX 07445735624
mart-sab (8.45-12.45, 15.30-19.30), lun (15.30-19.30); **chiuso** dom; ferie ago (variabile)
P

Via del Sersimone 2 - cap 05100

■ Outlet di abbigliamento sportivo Ellesse per uomo, donna e bambino. Per lo sci, il tennis, la palestra. Parka, giacche a vento, tute, scaldamuscoli, scarpe e tanti altri articoli indispensabili per chi fa sport. Buona scelta di taglie. Solo prima scelta.

→ **Come arrivare:** E45, raccordo autostradale Terni-Orte, direzione Terni.

€ **Sconti: 40%**

TORGIANO (PG)

23-Ab

ABBIGLIAMENTO

Nazareno Gabrielli Diffusion

Spaccio aziendale/Factory outlet

075985468
www.nazarenogabrielli.it
mart-sab (9.00-12.30, 15.30-19.30); **chiuso** lun, dom
P

Via dell'Artigianato 2 - cap 06089

■ Outlet che vende l'abbigliamento uomo e donna di Nazareno Gabrielli. In vendita sia le collezioni attuali che le rimanenze. Taglie donna dalla 40 alla 52, uomo dalla 48 alla 58. Ulteriori sconti durante il periodo dei saldi.

→ **Come arrivare:** E45, uscita Torgiano-San Martino in Campo.

€ **Sconti: dal 30% al 60%**

ANCONA

23-Da

ABBIGLIAMENTO

Outlet Genny

Spaccio aziendale/Factory outlet

0718717264
FAX 0718717225
www.genny.com
lun-sab (10.00-13.00, 14.00-19.00), dom (15.00-19.00);
P

Via Luigi Albertini 12 - cap 60131

Spaccio del gruppo Prada dove trovare rimanenze e fine collezioni uomo e donna dei marchi Prada, Miu Miu, Helmut Lang, Genny. Spazio molto grande, con camerini per le prove e un vasto assortimento di capi di abbigliamento, scarpe e pelletteria.

→ **Come arrivare:** A14, uscita Ancona Sud.
€ **Sconti: dal 30% al 60%**

ANCONA

23-Da

ACCESSORI

Mister Optik

Negozio discount

0712814451
lun (16.00-20.00), mart-sab (9.00-13.00, 16.00-20.00);
chiuso dom

Via Maggini 47 - cap 60127

Negozio discount che vende occhiali da sole e montature da vista anche di grandi marchi e lenti a contatto o lenti graduate su ordinazione. Il tutto a prezzo ridottissimo. Possibilità di effettuare visite optometriche.

→ **Come arrivare:** A14, uscita Ancona Sud.

ANCONA

23-Da

ALIMENTARI

Giampaoli Dolciaria

Spaccio aziendale/Factory outlet

0718047093
FAX 0718047076
giagiamp@tin.it
lun-ven (8.30-12.30, 14.30-18.30);
chiuso sab, dom;
ferie ago (variabile)
P

Via Luigi Albertini 14 - cap 60131

Vendita diretta di specialità dolciarie prodotte dalla casa Giampaoli: torroni, cioccolato, biscotti, pasticcini, panettoni, torte da acquistare a prezzi convenienti. Le confezioni difettate o con etichette storte hanno dei prezzi scontatissimi.

→ **Come arrivare:** A14, uscita Ancona Sud.

APPIGNANO (MC)

23-Cb

CASA

Nuovi Arredi Arte e Artigianato

Laboratorio artigianale

0733579372
FAX 0733579372
info@nuoviarrediappignano.it
www.nuoviarrediappignano.it
lun-sab (8.00-12.00, 14.00-20.00); **chiuso** dom; ferie ago (variabile)

Via Leonardo da Vinci 25/27 - cap 62010

■ Laboratorio artigianale di mobili in giunco o in legno vecchio e decorati. Lavori anche su richiesta. Sgabellini in ferro e vimini. Dal produttore al consumatore, molto conveniente.

➜ **Come arrivare:** A14, uscita Loreto, SS77 indicazioni per Appignano-zona industriale.

ASCOLI PICENO

23-Dc

ABBIGLIAMENTO

Meg

Spaccio aziendale/Factory outlet

0736403340
FAX 0736403303
info@megsposa.it
www.megsposa.it
lun-sab (8.30-12.30, 15.30-19.30); **chiuso** dom; ferie ago
P

Zona Industriale Campolungo 61 - cap 63100

■ Outlet di abiti da matrimonio e da cerimonia, per damigelle e accessori delle linee Meg, Marcella Zaccaria Couture, Meg Sposa, Rugiada, Grace Collection. Tutte le taglie e servizio su misura.

➜ **Come arrivare:** A14, uscita San Benedetto del Tronto-Ascoli Piceno, raccordo autostradale per Ascoli Piceno, uscita Ancarano-Castel di Lama.

ASCOLI PICENO

23-Dc

ABBIGLIAMENTO

Peperoncino

Stocchista/Stockhouse

0736814089
info@kosenrufu.it
mart-dom (8.30-12.30, 15.30-19.30); **chiuso** lun
P

Fraz. Campolungo - cap 63100

■ Stockhouse di grandi firme di prêt-à-porter, seconde linee di griffe famose e prontomoda, con prezzi molto convenienti. Ottime occasioni, soprattutto con il prontomoda.

➜ **Come arrivare:** A14, uscita San Benedetto del Tronto-Ascoli Piceno, raccordo autostradale per Ascoli Piceno, uscita Ancarano-Castel di Lama.

€ **Sconti: 50%**

ASCOLI PICENO
23-Dc

ALIMENTARI
Caseificio Sabelli
Spaccio aziendale/Factory outlet

07363067205
FAX 0736227077
info@sabelli.it
www.sabelli.it
lun-sab (8.00-19.30); chiuso dom
P

Zona Industriale Basso Marino, Marino del Tronto - cap 63100

■ Vendita diretta di formaggi e latticini di produzione propria come la nota mozzarella Gran Sasso, ricotta, scamorza, stracchino. Inoltre carne di maiale, insaccati e vini locali. Tutto a prezzi vantaggiosi. Solo prodotti di prima scelta.

→ **Come arrivare:** A14, uscita San Benedetto del Tronto-Ascoli Piceno, raccordo autostradale per Ascoli Piceno, uscita Marino del Tronto.

€ **Sconti: 20%**

ASCOLI PICENO
23-Dc

ALIMENTARI
Tempera Olive
Spaccio aziendale/Factory outlet

073642200
FAX 073642200
lun-ven (8.45-12.45, 15.30-19.30), sab (8.45-12.45); chiuso dom
P

Via Piceno Aprutina 16 - cap 63100

■ Vendita diretta di olio extravergine e di olive verdi e nere, piccole e grandi, adatte per olive all'ascolana e in salamoia. Prima e seconda scelta, Anche prodotti tipici del piceno (salumi, vini, liquori), tutto a prezzi convenienti.

→ **Come arrivare:** A14, uscita San Benedetto del Tronto-Ascoli Piceno, raccordo autostradale per Ascoli Piceno, uscita Marino del Tronto.

€ **Sconti: 20%**

CAMERANO (AN)
23-Da

CALZATURE E PELLETTERIA
Danilo Dolci
Spaccio aziendale/Factory outlet

071731918
FAX 071731640
danilo.dolci@tiscalinet.it
www.maryread.it
mart-ven (10.00-12.30, 16.00-19.30), sab (10.00-12.30); chiuso lun; ferie ago (variabile)

Via Abbadia 10 - cap 60021

■ Outlet che vende rimanenze di scarpe eleganti e casual. Inoltre abbigliamento da donna, accessori, borse e piccola pelletteria uomo e donna. I marchi in vendita sono Iceberg, Geraldini e Mary Read.

→ **Come arrivare:** A14 uscita Ancona Sud, direzione Camerano-Sirolo-Numana.

€ **Sconti: 50%**

CARTOCETO (PU) *19-Dc*

ALIMENTARI

Cooperativa Olivicola di Cartoceto

Spaccio aziendale/Factory outlet

0721899480
FAX 0721899480
mart-sab (8.30-12.30, 15.30-19.30)
chiuso lun, dom
P

Via Bellaria 2 - cap 61030

Vendita diretta di olio extravergine di oliva di qualità. Olio tipico della zona di Cartoceto da acquistare sfuso, in bottiglie da un litro o in lattine da 5 litri. Prezzi adeguati a un prodotto di altissimo livello. Anche salumi, formaggi e vino.

→ **Come arrivare:** A14, uscita Fano, superstrada per Urbino, uscita Lucrezia.

CASTELFIDARDO (AN) *23-Db*

BAMBINO

Baby Graziella

Spaccio aziendale/Factory outlet

0717819146
FAX 0717819532
babygraz@babygraziella.it
www.babygraziellla.it
lun (16.00-20.00), mart-sab (9.30-12.30, 16.00-20.00);
chiuso dom;
ferie ago (variabile)
P

Statale Adriatica 16, km 314 - cap 60022

Outlet di abbigliamento per bambini dei marchi Coccobirillo, Baby Graziella e BG Boys and Girl. Si trovano tutte le taglie. Prima e seconda scelta e rimanenze delle collezioni precedenti. Ulteriori sconti durante i saldi.

→ **Come arrivare:** A14, uscita Ancona Sud-Osimo, SS361 direzione Castelfidardo.

€ **Sconti: dal 30% al 50%**

CIVITANOVA MARCHE (MC) *23-Db*

ABBIGLIAMENTO

Happening Outlet Brums

Spaccio aziendale/Factory outlet

0733817450
FAX 0331988339
happening@precabrummel.com
www.happening-moda.it
lun (9.00-12.30, 16.00-19.45), mart-sab (9.00-19.45);
chiuso dom
P

Via Einaudi - cap 62012

Abbigliamento uomo, donna e bambino 0-16 anni. Collezioni attuali, seconda scelta e fine serie. Ottime occasioni nel settore delle rimanenze. A volte è aperto la domenica ma è meglio telefonare prima.

→ **Come arrivare:** A14, uscita Macerata-Civitanova Marche.

€ **Sconti: dal 30% al 50%**

CIVITANOVA MARCHE (MC) — 23-Db

ABBIGLIAMENTO

Modi & Moda

Spaccio aziendale/Factory outlet

0733829102
FAX 0733829113
lun (16.00-20.00), mart-ven (9.30-13.00, 16.00-20.00), sab (9.00-13.00, 16.00-20.00); chiuso dom
P

Via Einaudi 362 - cap 62012

■ Abbigliamento uomo, donna e bambino Gina Lebole. Capi casual, sportivi e classici in ottimi tessuti di grande qualità. Taglie donna dalla 40 alla 55, uomo dalla 46 alla 64, bambino da 3 a 16 anni.

→ **Come arrivare:** A14, uscita Macerata-Civitanova Marche.

€ **Sconti: 30%**

CIVITANOVA MARCHE (MC) — 23-Db

CALZATURE E PELLETTERIA

Spaccio Fornarina

Spaccio aziendale/Factory outlet

0733829728
www.fornarina.com
lun-sab (9.00-13.00, 16.00-20.00); chiuso dom
P

Via Einaudi 300/304 - cap 62012

■ Outlet delle scarpe moda tanto amate dalle ragazze, con i marchi Fornarina, Nose e Barleycorn. Linee giovani e originali sulle quali risparmiare, specie sul campionario e le seconde scelte. Tutte le misure. Anche abbigliamento.

→ **Come arrivare:** A14, uscita Macerata-Civitanova Marche.

€ **Sconti: dal 20% al 50%**

CIVITANOVA MARCHE (MC) — 23-Db

CALZATURE E PELLETTERIA

Cesare Paciotti

Spaccio aziendale/Factory outlet

0733890427
www.cesarepaciotti.com
lun-sab (10.00-12.30, 15.00-19.30); chiuso dom
P

Zona industriale 1 - cap 62012

■ Outlet della Cesare Paciotti, noto marchio di calzature e pelletteria. Tanti modelli di scarpe per uomo e donna, stravaganti e dallo stile ricercato. Alta qualità e prezzi adeguati. In vendita la collezione attuale (misure donna 35-41, uomo 39-45).

→ **Come arrivare:** A14, uscita Macerata-Civitanova Marche, indicazioni per Civitanova Alta.

€ **Sconti: 30%**

CIVITANOVA MARCHE (MC) *23-Db*

CASA

Nelflex

Spaccio aziendale/Factory outlet

0733890234
FAX 0733890946
info@nelflex.com
www.nelflex.com
lun-ven (8.00-12.00, 14.30-18.30), sab (10.00-13.00); chiuso dom

Via Cattolica, zona Industriale B 11 - cap 62012

Outlet di una fabbrica di materassi (a molle, in lattice, ergonomici), reti e piumoni tutto su misura e personalizzabili. Il marchio è Nelflex. In vendita anche una linea bambino con marchio Prima Culla. Buone occasioni.

→ **Come arrivare:** A14, uscita Macerata-Civitanova Marche, indicazioni per Civitanova Alta.

CORRIDONIA (MC) *23-Db*

CALZATURE E PELLETTERIA

Novarese

Spaccio aziendale/Factory outlet

0733433631/ 0733434491
FAX 0733432650
lun-ven (8.00-12.00, 14.00-19.00), sab (10.00-12.00, 16.30-20.00); chiuso dom
P

Via Lorenzo Lotto 1 - cap 62014

Calzature classiche e sportive da uomo e solo sportive da donna. I marchi sono Byblos (uomo/donna), Novarese e Rizzente (uomo). Misure dal 35 al 46. Prima scelta e campionari a prezzi convenienti.

→ **Come arrivare:** A14, uscita Macerata-Civitanova Marche, poi superstrada per Macerata, uscita Corridonia.

€ **Sconti: 50%**

FABRIANO (AN) *23-Bb*

BAMBINO

Baby Graziella

Spaccio aziendale/Factory outlet

0732251261
FAX 0717819532
babygraz@ babygraziella.it
www.babygraziellla.it
mart-sab (9.30-12.30, 16.00-20.00), lun (16.00-20.00); chiuso dom

Via Serraloggia 5/a - cap 60044

Outlet di abbigliamento per bambini con i marchi Coccobirillo, Baby Graziella e BG Boy and Girl. Si trovano tutte le taglie. Articoli di prima e seconda scelta e rimanenze delle collezioni precedenti. Ulteriori sconti durante i saldi.

→ **Come arrivare:** A51, uscita Ancona Nord, direzione Jesi-Fabriano.

€ **Sconti: dal 30% al 50%**

FALCONARA MARITTIMA (AN) — 23-Ca

ABBIGLIAMENTO

Fly 3 Factory Store

Spaccio aziendale/Factory outlet

071918117
FAX 0719188873
gentemare@fly3.it
www.fly3.it
lun (16.00-20.00), mart-ven (9.00-12.30, 16.00-20.00), sab (09.30-20.00), (lug-ago: sab 9.00-12.30, 16.00-20.00);
chiuso dom
P

Via del Lavoro 1, Castelferretti - cap 60015

Outlet della Fly 3 che vende abbigliamento sportivo di qualità. Maglieria, giacconi, gonne, camicie, pantaloni. Grande scelta per uomo e donna a prezzi scontati. Taglie donna dalla 40 alla 50, uomo dalla 46 alla 60.

→ **Come arrivare:** A14, uscita Ancona Nord, indicazioni per Castelferretti.

€ **Sconti: 40%**

FANO (PU) — 19-Ec

ABBIGLIAMENTO

Gabriella Frattini

Spaccio aziendale/Factory outlet

0721864322
FAX 0721864692
info@grabriellafrattini.it
www.gabriellafrattini.it
lun-mart (15.30-19.30), gio-sab (15.30-19.30);
chiuso mer, dom
P

Via Flaminia 128, Rosciano - cap 61032

Outlet che offre collezioni attuali e rimanenze di maglieria classica e di buona qualità, con i marchi Gabriella Frattini per donna, Setball per uomo. Assortimento di taglie e colori. Ulteriore sconto del 10% con la carta fedeltà.

→ **Come arrivare:** A14, uscita Fano, indicazioni per Rosciano.

€ **Sconti: 50%**

FANO (PU) — 19-Ec

ABBIGLIAMENTO

Saint Andrews

Spaccio aziendale/Factory outlet

0721854621
FAX 0721854040
saintandrews@saintandrews.it
www.saintandrews.it
lun-ven (8.30-13.00, 14.00-17.30), sab (su appuntamento);
chiuso dom;
ferie ago (variabile)
P

Via Ottava Strada 62, Bellocchi - cap 61030

Outlet che vende abbigliamento maschile: giacche, abiti, pantaloni dal taglio classico e elegante. L'assortimento è limitato, si vendono soprattutto articoli di fine stagione e rimanenze delle collezioni precedenti.

→ **Come arrivare:** A14, uscita Fano, indicazioni per Bellocchi.

FILOTTRANO (AN)

23-Cb

CALZATURE E PELLETTERIA

Paricop

Spaccio aziendale/Factory outlet

0717223455

lun-sab (9.30-12.45, 15.45-19.55); chiuso dom

Via Villanova 2/a - cap 60021

■ Outlet che propone valigie, borse, piccola pelletteria (portafogli, portamonete e cinture). Molti i marchi presenti, come Lancetti, Rocco Barocco, Valleverde, Lumberjack. Ottimi prezzi.

→ **Come arrivare:** A14, uscita Ancona Nord, indicazioni per Filottrano.

Sconti: 20%

JESI (AN)

20-Fc

BAMBINO

Simonetta Factory Store

Spaccio aziendale/Factory outlet

0731205125

t.curzi@simonetta.it

www.simonetta.it

lun (15.30-19.00), mart-sab (08.30-12.15, 15.30-19.00); chiuso dom; ferie ago

P

Via dei Belardinelli 6/8 - cap 60035

■ Outlet della Simonetta che produce e vende abbigliamento per bambini e bambine da 0 a 16 anni. Scelta di abiti, tute, felpe, magliette e pantaloni dallo stile elegante e sportivo.
In vendita rimanenze e campionari.
I marchi sono: Simonetta e Simonetta Jeans (da 5 a 16 anni), Simonetta Tiny (da 0 a 2 anni), Simonetta Mini (da 2 a 7 anni), Cavalli Angels (per bambine da 4 a 16 anni), Cavalli Devils (bambini da 4 a 16) e Brookfield.
Prezzi adeguati alla qualità e ottime offerte su rimanenze e fine serie.

→ **Come arrivare:** A14, uscita Ancona Nord, SS76 direzione Jesi, uscita Jesi Est.

Sconti: dal 50% al 70%

MACERATA 23-Cb

BAMBINO

Estela Baby

Laboratorio artigianale, Spaccio aziendale/Factory outlet

0733292973
FAX 0733292973
lun (9.00-12.30), mart-sab (9.00-12.30, 16.00-19.30); **chiuso** dom; ferie ago

Via Peschiera 9, Piediripa - cap 62010

Fine serie e rimanenze di articoli per la prima infanzia, come lettini, seggioloni, culle, fasciatoi, passeggini di oltre 50 marchi, oltre il proprio, come Inglesina, Chicco. Inoltre, abbigliamento da 0 a 12 mesi, materassini e paracolpi anche su misura.

➜ **Come arrivare:** A14, uscita Macerata-Civitanova Marche, direzione Macerata.

MALTIGNANO (AP) 23-Cc

BAMBINO

Montefiore Incontri

Spaccio aziendale/Factory outlet

0736402620
lun-ven (8.00-12.00, 14.00-18.00); **chiuso** sab, dom
P

Viale Abruzzi - cap 63040

Abbigliamento per bambini da 4 a 14 anni con il marchio Montefiore. Collezione attuale, rimanenze e occasioni di fine stagione. Gli sconti aumentano durante il periodo dei saldi.

➜ **Come arrivare:** A14, uscita Val Vibrata, direzione Ascoli Piceno.

€ **Sconti: dal 10% al 50%**

MASSIGNANO (AP) 23-Da

CALZATURE E PELLETTERIA

Calzaturificio Sandro Mori

Spaccio aziendale/Factory outlet

073572422
FAX 073572522
info@sandromori.it
www.sandromori.it
lun-ven (15.00-19.30), sab (9.30-12.00, 15.30-19.30); **chiuso** dom
P

Contrada San Pietro 60 - cap 63010

Outlet che vende scarpe classiche e sportive per uomo e donna. Stivali, stivaletti, polacchine in camoscio o in pelle, molto confortevoli. Si trovano tutte le misure, anche la 42-43 da donna. Risparmio medio ma ottima qualità.

➜ **Come arrivare:** A14, uscita Pedaso, SS16, indicazioni per Massignano.

€ **Sconti: 50%**

MATELICA (MC) *23-Cb*

ABBIGLIAMENTO

Armani Factory Store

Spaccio aziendale/Factory outlet

0737786148
FAX 0737782343
mart-sab (9.30-13.00, 15.00-19.30);
chiuso lun, dom;
ferie ago (variabile)
P

Via Merloni 10 - cap 62024

Outlet Armani, vende abbigliamento uomo, donna e bambino. Tutte le linee, dal prêt-à-porter a Emporio fino ai jeans e agli accessori. Soprattutto taglie piccole da campionario.

→ **Come arrivare:** A14, raccordo autostradale Tolentino-Civitanova Marche, uscita Tolentino, indicazioni per Matelica.

€ **Sconti: 50%**

MONTE URANO (AP) *23-Db*

BAMBINO

Kickers Store

Spaccio aziendale/Factory outlet

0734843581
mart-sab (10.00-13.00, 16.00-20.00);
chiuso dom, lun

Via VIII Marzo, zona Industriale Euran 7 - cap 63015

Scarpe per bambino e per adulti. I marchi sono Kickers, Sultanino, Zanotti. I prodotti, di prima scelta, sono delle stagioni passate (per il 90%), fine serie e campionari (per il 10%) di quelle presenti. Promozioni durante tutto l'anno.

→ **Come arrivare:** A14, uscita Civitanova Marche, direzione Macerata, poi Monte Urano.

€ **Sconti: 40%**

MONTE URANO (AP) *23-Db*

CALZATURE E PELLETTERIA

Calzaturificio Angelo Giannini

Spaccio aziendale/Factory outlet

0734847245
FAX 0734842850
info@donnaserena.it
www.donnaserena.it
lun-sab (9.00-13.00, 15.30-19.30);
chiuso dom;
ferie ago (variabile)
P

Via Montegrappa 1 - cap 63015

Outlet che vende collezioni attuali, rimanenze, fine serie, prima e seconda scelta di scarpe da donna comode. Un prodotto adatto alle signore di una certa età. Anche una linea sportiva maschile. Misure donna dal 34 al 41, uomo dal 40 al 45.

→ **Come arrivare:** A14, uscita Civitanova Marche, direzione Macerata, poi Monte Urano.

€ **Sconti: 30%**

MONTE URANO (AP)

23-Db

CALZATURE E PELLETTERIA

Donna Serena

Spaccio aziendale/Factory outlet

0734847245
www.donnaserena.it
inverno: lun-sab (9.00-13.00, 15.30-19.30), estate: lun-sab (9.00-13.00, 16.00-20.00); chiuso dom
P

Via Borgonuovo 180 - cap 63015

■ Outlet che vende collezioni attuali,rimanenze, fine serie, prima e seconda scelta di scarpe da donna comode. Un prodotto adatto alle signore di una certa età. Anche una linea sportiva maschile. Misure donna dal 34 al 41, uomo dal 40 al 45.

→ **Come arrivare:** A14, uscita Civitanova Marche, direzione Macerata, poi Monte Urano.

Sconti: dal 20% al 50%

MONTEGIORGIO (FERMO)

23-Db

CASA

Lumitalia B2

Spaccio aziendale/Factory outlet

0734968293
FAX 0734968293
info@anniluci.com
www.lumitalia.com
lun-sab (9.00-13.00, 15.30-20.00); chiuso dom
P

Via Faleriense Ovest 91 - cap 63025

■ Vendita diretta di lampade del marchio Lumitalia, ma anche di pezzi prodotti per altre aziende come Leucos, Artemide, Barrovier & Toso ed altri. Tanta scelta e forti sconti. Un ottimo indirizzo.

→ **Come arrivare:** A14, uscita Fermo-Porto San Giorgio, direzione Fermo, poi Montegiorgio - ippodromo.

MONTEGRANARO (FERMO)

23-Db

CALZATURE E PELLETTERIA

Alberto Guardiani Outlet

Spaccio aziendale/Factory outlet

0734889009
FAX 0734891155
info@albertoguardiani.it
www.albertoguardiani.it
lun-ven (15.30-19.30), sab (9.30-12.30, 15.30-19.30); chiuso dom; ferie ago (variabile)

Via Zaccagnini 138 - cap 63014

■ Scarpe uomo e donna. Rimanenze, prima e seconda scelta, campionari e fine serie del marchio Alberto Guardiani a prezzi scontati. Scarpe eleganti e sportive. Ci sono tutte le misure.

→ **Come arrivare:** A14, raccordo autostradale Tolentino-Civitanova Marche, uscita Montecosaro, direzione Montegranaro.

MONTEGRANARO (FERMO) *23-Db*

CALZATURE E PELLETTERIA

Calzature Giuliano Cicchini

Spaccio aziendale/Factory outlet

Via Elpidiense Sud 180 - cap 63014

0734891524
FAX 0734897292
gen-lug, set-dic: lun-sab (9.00-12.30, 15.00-19.30), ago: lun-sab (15.00-19.30); **chiuso** dom
P

■ Outlet dell'azienda che produce scarpe da uomo lavorate a mano. Stile classico e comodo, buoni materiali e prezzi davvero bassi. C'è anche un angolo delle occasioni dove trovare articoli a prezzo scontatissimo.

→ **Come arrivare:** A14, raccordo autostradale Tolentino-Civitanova Marche, uscita Montecosaro, direzione Montegranaro.

€ **Sconti: dal 20% al 50%**

MONTEGRANARO (FERMO) *23-Db*

CALZATURE E PELLETTERIA

Calzaturificio Spring - Mario Bruni

Spaccio aziendale/Factory outlet

Via Filippo Turati 4 - cap 63014

0734890584
FAX 0734890121
spring@mariobruni.it
www.mariobruni.it
lun-ven (8.00-12.30, 14.00-19.00), sab (8.30-12.30); **chiuso** dom; ferie ago (variabile)
P

■ Outlet dove trovare l'elegante collezione di calzature per uomo con il marchio Mario Bruni. Stile classico e raffinato di scarpe in pelle. Risparmio interessante sulla produzione attuale e ottimo sulla seconda scelta.

→ **Come arrivare:** A14, raccordo autostradale Tolentino-Civitanova Marche, uscita Montecosaro, direzione Montegranaro.

€ **Sconti: dal 20% al 50%**

MONTEGRANARO (FERMO) *23-Db*

CALZATURE E PELLETTERIA

Docksteps Factory Store

Spaccio aziendale/Factory outlet

Via Alpi 126/128 - cap 63014

0734891435
FAX 0734899300
f.balestra@zeisexcelsa.it
www.zeisexcelsa.it
lun (15.30-19.30), mart-ven (10.00-13.00, 15.30-19.30), sab (10.00-20.00); **chiuso** dom
P

■ Outlet che vende rimanenze e fine serie delle scarpe Docksteps, Cult, Cult Dinamic, Marlboro Classic, Barten & Sons, Merrelle, Hush Puppie, Sonora, Miss D, Bikkemberg, Pirelli, Pony, Armando D'Alessandro, Xoxo e Harley Davidson. Tutte le misure.

→ **Come arrivare:** A14, raccordo autostradale Tolentino-Civitanova Marche, uscita Montecosaro, direzione Montegranaro.

€ **Sconti: dal 30% al 70%**

MONTEGRANARO (FERMO) 23-Db

CALZATURE E PELLETTERIA

Space Prada

Spaccio aziendale/Factory outlet

07348978272
lun-sab (10.00-13.00, 15.30-19.30), apr, dic anche dom 15.00-19.00; **chiuso** dom (variabile)

Via Alpi 97 - cap 63014

Outlet dove trovare rimanenze e fine serie di tutti i marchi di pelletteria, calzature e abbigliamento prodotti dal gruppo Prada: Prada, Miu Miu, Helmut Lang, Jil Sander, Genny, Churchs.

→ **Come arrivare:** A14, raccordo autostradale Tolentino-Civitanova Marche, uscita Montecosaro, direzione Montegranaro, poi per zona Industriale.

€ **Sconti: dal 30% al 50%**

MONTELABBATE (PU) 19-Dc

ABBIGLIAMENTO

Modi & Moda

Spaccio aziendale/Factory outlet

0721472512
FAX 0721907182
info@modiemoda.it
www.modiemoda.it
lun (15.30-19.30), mart-ven, sab (9.30-13.00, 15.30-19.30); **chiuso** dom
P

Via Kennedy 1 - cap 61025

Abbigliamento uomo, donna e bambino Gina Lebole. Molti capi casual, sportivi e classici in ottimi tessuti di grande qualità. Taglie donna dalla 40 alla 55, uomo dalla 46 alla 64, bambino da 3 a 16 anni.

→ **Come arrivare:** A14, uscita Pesaro-Urbino, direzione Urbino, poi Montelabbate.

€ **Sconti: 30%**

MONTEMARCIANO (AN) 23-Ca

ABBIGLIAMENTO

Happening Outlet Brums

Spaccio aziendale/Factory outlet

0719197292
FAX 0331988339
happening@precabrummel.com
www.happening-moda.it
lun-ven (9.00-12.30, 16.00-19.45), sab (9.00-19.45); **chiuso** dom (variabile)
P

SS 16 Adriatica 57, Marina di Montemarciano - cap 60018

Abbigliamento uomo, donna e bambino 0-16 anni. Collezioni attuali, seconda scelta e fine serie. Ottime occasioni nel settore delle rimanenze. A volte è aperto la domenica, telefonare prima.

→ **Come arrivare:** A14, uscita Senigallia, indicazioni per Montemarciano.

€ **Sconti: dal 30% al 50%**

OSIMO (AN)

23-Cab

ABBIGLIAMENTO

Stockings

Stocchista/Stockhouse

0717276032
FAX 0717276032
lun-sab (9.00-13.00, 16.00-20.00); **chiuso** dom; ferie ago
P

Via Parini 7, San Biagio - cap 60027

Presso il centro commerciale "SISA", 200 mq di rimanenze di abbigliamento, accessori, intimo e mare uomo e donna. Inoltre biancheria per la casa e oggetti di arredamento. Prezzi di stock, per esempio maglieria 5-8-10 euro, tailleur 20 euro, jeans 8-15 euro.

→ **Come arrivare:** A14, uscita Ancona Sud-Osimo, indicazioni per Aspio Terme-San Biagio e centro commerciale "SISA".

OSIMO (AN)

23-Cab

ACCESSORI

Samsonite Center Outlet

Spaccio aziendale/Factory outlet

0717108675
FAX 0717108675
newstile3@newstile.191.it
lun (15.30-19.30), mart-sab (9.00-12.30, 15.30-19.30); **chiuso** dom
P

Via Parini 3, San Biagio - cap 60027

Multispaccio dove trovare oltre ai prodotti Samsonite, i marchi Mandarina Duck, Coccinelle, Lacoste, The Bridge e Marina Yachting. Anche qualche capo di abbigliamento uomo e donna. Non sempre disponibili tutte le taglie.

→ **Come arrivare:** A14, uscita Ancona Sud-Osimo, direzione Osimo.

€ **Sconti: dal 30% al 50%**

OSIMO (AN)

23-Cab

CASA

Federici Salotti

Spaccio aziendale/Factory outlet

0717133005
FAX 0717133005
salottifedericiosimo@libero.it
lun (16.00-20.00), mart-sab (9.30-12.45, 16.00-20.00); **chiuso** dom; ferie ago
P

Via Enrico Mattei 13/19 - cap 60027

Outlet che vende salotti, poltrone, divani, stile classico o design contemporaneo. Vendita di tessuti di arredamento di grandi marchi. Promozioni a Pasqua e Natale, finanziamenti e agevolazioni nel pagamento, omaggi. Prima scelta.

→ **Come arrivare:** A14, uscita Ancona Sud-Osimo, direzione Osimo.

€ **Sconti: dal 20% al 50%**

PESARO *19-Dc*

ABBIGLIAMENTO

Freeport

Spaccio aziendale/Factory outlet

072123273
FAX 072123273
lun-mart (16.00-20.00), er-sab (10.00-13.00, 16.00-20.00); chiuso dom

P

Via Esposizione 9 - cap 61100

Outlet di rimanenze e fine serie dei prodotti Freeport. Qui si trovano polo Ralph Lauren e Timberland a prezzi scontatissimi. In alcuni periodi dell'anno, la carta fedeltà dà diritto a ulteriori sconti.

→ **Come arrivare:** A14, uscita Pesaro-Urbino, direzione Pesaro centro città.

€ **Sconti: dal 30% al 60%**

PESARO *19-Dc*

ABBIGLIAMENTO

Happening Outlet Brums

Spaccio aziendale/Factory outlet

072122882
FAX 0331988339
happening@precabrummel.com
www.happening-moda.it
lun-sab (9.00-12.30, 16.00-19.45); chiuso dom

P

Strada Montefeltro 49 - cap 61100

Abbigliamento uomo, donna e bambino 0-16 anni. Collezioni attuali, seconda scelta e fine serie. Ottime occasioni nel settore delle rimanenze. A volte è aperto la domenica, telefonare prima.

→ **Come arrivare:** A14, uscita Pesaro-Urbino, direzione Pesaro.

€ **Sconti: dal 30% al 50%**

PETRIANO (PU) *19-Dc*

CASA

Federici Salotti

Spaccio aziendale/Factory outlet

072252397
FAX 072252397
salotti_federici@libero.it
lun (16.00-20.00), mart-sab (9.30-12.45, 16.00-20.00), dom (16.00-20.00); ferie ago

P

Via Roma 61, Gallo - cap 61020

Outlet che vende salotti, poltrone, divani, stile classico o design contemporaneo. Vendita di tessuti di arredamento di grandi marchi. Promozioni a Pasqua e Natale, finanziamenti e agevolazioni nel pagamento, omaggi. Prima scelta.

→ **Come arrivare:** A14, uscita Pesaro-Urbino, superstrada per Urbino, uscita a Gallo Centro.

€ **Sconti: dal 20% al 50%**

PORTO SANT'ELPIDIO (FERMO) *23-Db*

CALZATURE E PELLETTERIA

Calzaturificio Boccaccini

Spaccio aziendale/Factory outlet

0734878011
FAX 0734878014
info@boccaccini.it
www.boccaccini.it
lun-sab (9.00-12.00, 16.30-19.30);
chiuso dom;
ferie ago (variabile)
P

Via Mar Egeo 9 - cap 63018

Produzione e vendita diretta di scarpe moda donna, modelli classici con tacco alto, scarpe stringate, mocassini. Anche abbigliamento e pelletteria donna. Tutto a prezzo di fabbrica.

→ **Come arrivare:** A14, uscita Macerata-Civitanova Marche, SS16 direzione Porto Sant'Elpidio, indicazioni per zona industriale, vicino al centro commerciale Cityper.

PORTO SANT'ELPIDIO (FERMO) *23-Db*

CALZATURE E PELLETTERIA

Calzaturificio T. F.

Spaccio aziendale/Factory outlet

0734909790
FAX 0734909732
info@vivienlee.com
www.vivienlee.com
lun-ven (9.00-12.00, 14.00-19.00),
sab (10.00-12.30, 16.00-19.30);
chiuso dom;
ferie ago (variabile)

Via Mar Egeo 101/103 - cap 63018

Outlet dell'azienda che produce scarpe moda da donna con il marchio Vivien Lee. Linee giovani e originali sulle quali risparmiare soprattutto sul campionario e la seconda scelta. Misure dal 35 al 41.

→ **Come arrivare:** A14, uscita Macerata-Civitanova Marche, SS16 direzione Porto Sant'Elpidio, indicazioni per zona industriale, vicino al centro commerciale Cityper.

€ **Sconti: 50%**

POTENZA PICENA (MC) *23-Db*

CALZATURE E PELLETTERIA

Spaccio Ruggeri

Spaccio aziendale/Factory outlet

0733686099/
07338091
lun (15.30-19.30),
mart-ven (9.00-12.00, 15.30-19.30), sab (9.00-13.00, 15.30-19.30);
chiuso dom
P

Via Alvata 131, Porto Potenza Picena - cap 62018

Rimanenze, campionari e fine serie e collezioni attuali a prezzi scontati di calzature per uomo e donna. Scarpe moda, marchi come Wannabe by Patrick Cox, Manufacture d'Essai. Misure donna 34-41, uomo 40-46.

→ **Come arrivare:** A14, uscita Macerata-Civitanova Marche, SS16 indicazioni per Potenza Picena.

€ **Sconti: 50%**

RECANATI (MC) *23-Db*

BAMBINO

Clementoni

Spaccio aziendale/Factory outlet

0717581238
puntovendita@clementoni.it
www.clementoni.com
mart, ven, sab (16.00-19.30); **chiuso** lun, mer, gio, dom; ferie ago (variabile)
P

Zona industriale Fontenoce - cap 62019

■ Outlet del noto marchio Clementoni che produce e vende giochi per bambini, puzzle, cubi, costruzioni da tavolo, giochi educativi e di società, tradizionali ed elettronici, creativi e scientifici. Un vero e proprio paradiso per gli amanti del genere.

→ **Come arrivare:** A14, uscita Loreto-Porto Recanati, direzione Recanati.

RECANATI (MC) *23-Db*

CASA

Fratelli Guzzini

Spaccio aziendale/Factory outlet

0719891
FAX 071989221
www.fratelliguzzini.com
mart, gio-ven (17.30-20.00), sab (16.00-20.00); **chiuso** lun, mer; ferie ago
P

Contranda Mattonata 60 - cap 62019

■ Rimanenze, fine serie e campionari di piccoli elettrodomestici e oggetti per la casa. In vendita gli allegri oggetti in plastica colorata Guzzini: barattoli, vassoi, caraffe, insalatiere, ciotole, posate, a prezzi scontati. Solo contanti.

→ **Come arrivare:** A14, uscita Loreto-Porto Recanati, direzione Recanati.

€ **Sconti: 60%**

SALTARA (PU) *19-Dc*

CASA

Teatro delle Muse

Spaccio aziendale/Factory outlet

0721899628
FAX 0721899694
teatrodellemuse@libero.it
www.teatrodellemuse.it
lun-ven (8.00-12.00, 14.30-19.00), sab (su appuntamento); **chiuso** dom
P

Via dei laghi 8, Calcinelli - cap 61030

■ Seconda scelta, fine serie e rimanenze di mobili moderni realizzati in legno massello con rifiniture ecologiche. Letti, comodini, cassettiere, armadi, tavoli, sedie, librerie, con il marchio Teatro delle Muse. Solo contanti.

→ **Come arrivare:** A14, uscita Fano, superstrada Fano-Grosseto, uscita Calcinelli di Saltara.

€ **Sconti: 40%**

SAN BENEDETTO DEL TRONTO (AP) — 27-Ab

ABBIGLIAMENTO

Happening Outlet Brums

Spaccio aziendale/Factory outlet

0735757568
FAX 0331988339
happening@precabrummel.com
www.happening-moda.it
lun (16.00-19.45), mart-sab (9.30-13.00, 16.00-19.45);
chiuso dom (variabile)
P

Via Piave 62/64, Porto d'Ascoli - cap 63037

Abbigliamento uomo, donna e bambino 0-16 anni. Collezioni attuali, seconda scelta e fine serie. Ottime occasioni nel settore delle rimanenze. A volte è aperto la domenica, telefonare prima.

→ **Come arrivare:** A14, uscita San Benedetto del Tronto, SS16 direzione sud; da Ascoli Piceno, superstrada Ascoli Mare

Sconti: dal 30% al 50%

SANT'ELPIDIO A MARE (FERMO) — 23-Db

BAMBINO

Calzature Alice

Spaccio aziendale/Factory outlet

0734871326
FAX 0734871326
lun-sab (9.00-12.00, 15.00-19.30);
chiuso dom
P

Via Curiel 123, Casette d'Ete - cap 63019

Outlet di scarpe per bambini da 0 a 14 anni, con i marchi Alice e Koffi. Assortimento dal numero 18 al 40. Prezzi molto bassi, risparmio del 50% sulla collezione nuova e fino al 70% sulle fine serie e seconda scelta.

→ **Come arrivare:** A14, raccordo autostradale Tolentino-Civitanova Marche, uscita Montecosaro, direzione Casette d'Ete.

Sconti: dal 50% al 70%

SANT'ELPIDIO A MARE (FERMO) — 23-Db

BAMBINO

Calzaturificio Kid's Heaven

Spaccio aziendale/Factory outlet

0734871030
FAX 0734861158
bimbibelli@bimbibelli.it
www.bimbibelli.it
lun-sab (9.00-12.00, 15.30-19.30);
chiuso dom;
ferie ago (variabile)
P

Via L. da Vinci 10, Casette d'Ete - cap 63019

Outlet del marchio Bimbibelli specializzato in calzature per bambini da 0 a 14 anni. Assortimento di qualità, per maschi e femmine, modelli classici e sportivi. Numeri fino al 40, altri marchi in vendita: Tiffany, Joke, The Gap.

→ **Come arrivare:** A14, raccordo autostradale Tolentino-Civitanova Marche, uscita Montecosaro, direzione Casette d'Ete.

Sconti: 40%

SANT'ELPIDIO A MARE (FERMO)

23-Db

CALZATURE E PELLETTERIA

Calzaturificio Gian Ros

Spaccio aziendale/Factory outlet

0734871606
FAX 0734871942
gianros@gianros.it
www.gianros.it
lun-sab (9.00-13.00, 14.30-19.30);
chiuso dom
P

Via Enrico Fermi 204, Casette d'Ete - cap 63019

Outlet di scarpe Gian Ros belle e comode per uomo e donna. Ottimi i mocassini cuciti a mano, le scarpe stringate con suole di gomma e gli stivaletti donna. Tanti colori e misure, che vanno dal 35 donna a 47 uomo.

→ **Come arrivare:** A14, raccordo autostradale Tolentino-Civitanova Marche, uscita Montecosaro, direzione Casette d'Ete.

€ **Sconti: dal 30% al 50%**

SANT'ELPIDIO A MARE (FERMO)

23-Db

CALZATURE E PELLETTERIA

Ikam Italia

Spaccio aziendale/Factory outlet

0734871313
FAX 0734872170
info@ikam.it
www.ikam.it
lun-sab (9.30-12.30, 15.30-20.00);
chiuso dom;
ferie ago (variabile)

Via Pietro Nenni 72, Casette d'Ete - cap 63019

Outlet aziendale dove comprare scarpe per uomo e donna. Stile sportivo e classico per calzature in pelle di ottima qualità. Collezioni attuali, rimanenze, fine serie, prima e seconda scelta a prezzi convenienti.

→ **Come arrivare:** A14, raccordo autostradale Tolentino-Civitanova Marche, uscita Montecosaro, direzione Casette d'Ete.

€ **Sconti: dal 20% al 50%**

SANT'ELPIDIO A MARE (FERMO) *23-Db*

CALZATURE E PELLETTERIA

Tod's

Spaccio aziendale/Factory outlet

0734871671
FAX 0734872012
www.tods.com
lun (15.00-19.00), mart-sab (10.00-19.00); chiuso dom
P

Via Filippo Della Valle, Contrada Brancadoro - cap 63019

■ L'outlet del noto marchio Tod's, dove trovare in vendita diretta le fine serie e rimanenze delle collezioni Tod's, Hogan, Fay, per uomo, donna e bambino. Un luogo imperdibile, dove aver l'imbarazzo della scelta. Borse e scarpe bellissime, purtroppo non sempre in tutte le misure. Articoli della stagione precedente con ottimi sconti. Qui si possono trovare anche alcuni articoli in promozione, in genere seconda scelta, scontatissimi.

→ **Come arrivare:** A14, raccordo autostradale Tolentino-Civitanova Marche, uscita Montecosaro, direzione Casette d'Ete, poi Sant'Elpidio a Mare.

€ **Sconti: dal 20% al 70%**

SANT'ELPIDIO A MARE (FERMO) *23-Db*

CALZATURE E PELLETTERIA

Torresi Lucio & C.

Laboratorio artigianale

0734871244
FAX 0734865224
info@torresi.com
www.torresi.com
lun-sab (09.00-12.00, 15.00-19.00); chiuso dom

Via Ferruccio Parri 143, Casette d'Ete - cap 63019

■ Laboratorio artigianale che produce borse, borsoni, valigie, cartelle in pelle. Il marchio è Torresi. Articoli di grande qualità a prezzi bassi. Servizi di spedizioni, riparazioni e anche creazioni su ordinazione.

→ **Come arrivare:** A14, raccordo autostradale Tolentino-Civitanova Marche, uscita Montecosaro, direzione Casette d'Ete.

€ **Sconti: dal 40% al 50%**

SANT'ELPIDIO A MARE (FERMO) 23-Db

CALZATURE E PELLETTERIA

Zintala

Laboratorio artigianale

0734810213
FAX 0734810213
info@silvanolattanzi.it
www.zintala.it
lun-ven (8.30-12.30, 14.30-19.00), sab (8.30-12.30); **chiuso** dom; ferie ago (variabile)
P

Contrada Mostrapiedi 167, Casette d'Ete - cap 63019

■ Produzione artigianale di scarpe uomo e donna con i marchi Silvano Lattanzi e Zintala. Quasi fatte su misura, si sceglie un modello in campionario e il tipo di pelle. La qualità eccezionale giustifica i prezzi.

→ **Come arrivare:** A14, raccordo autostradale Tolentino-Civitanova Marche, uscita Montecosaro, direzione Casette d'Ete.

€ **Sconti: 30%**

SPINETOLI (AP) 23-Dc

ABBIGLIAMENTO

Centotex

Spaccio aziendale/Factory outlet

0736890010
FAX 0736898586
info@centotex.com
www.centotex.com
gen-feb: lun-ven (16.00-20.00), sab (9.30-12.30, 16.00-20.00); **chiuso** dom; mar-dic: mer-sab (10.00-12.00, 16.00-20.00); **chiuso** lun, mar, dom
ferie ago (variabile)
P

Via Roma 1, Pagliare - cap 63036

■ Vendita diretta di abbigliamento uomo e donna classico e sportivo, con i marchi Cento Più, Lorenzo Venturi, Aureli. Angolo delle occasioni con scampoli tessuto e camicie uomo. Ampia scelta di taglie. Gli sconti aumentano durante i saldi.

→ **Come arrivare:** A14, uscita San Benedetto del Tronto-Ascoli Piceno, superstrada Ascoli-Mare uscita Spinetoli.

€ **Sconti: dal 20% al 50%**

TOLENTINO (MC) 23-Cb

ABBIGLIAMENTO

Area T-Tombolini Outlet Moda

Spaccio aziendale/Factory outlet

0733961735
FAX 0733962690
area.t@tombolini.it
www.tombolini.it
lun (16.00-20.00), mart-ven (10.00-20.00), sab (10.00-21.00); **chiuso** dom
P

Contrada Rancia 8 - cap 62029

■ Collezione attuale, fine serie e rimanenze di abbigliamento classico uomo, donna e bambino, realizzati in tessuto di alta qualità come Cerruti, Zegna e Loro Piana. Taglie donna 38-54, uomo 44-64. Gli sconti aumentano durante i saldi.

→ **Come arrivare:** A14, raccordo autostradale Tolentino-Civitanova Marche, uscita Tolentino, indicazioni per zona industriale.

€ **Sconti: 35%**

TOLENTINO (MC) *23-Cb*

CALZATURE E PELLETTERIA

Nazareno Gabrielli

Spaccio aziendale/Factory outlet

0733960800
FAX 0733967406
ng@nazarenogabrielli.it
www.nazarenogabrielli.it
mart-ven (9.00-12.30, 16.00-20.00), sab (9.00-13.00, 16.00-20.00); chiuso lun, dom
P

Contrada Cisterna 63 - cap 62029

Outlet della nota marca Nazareno Gabrielli dove trovare pelletteria varia, borse, borsoni e anche abbigliamento: capi classici per uomo e donna. Ampia scelta tra collezioni vecchie e attuali. Servizio spedizioni.

→ **Come arrivare:** A14, raccordo autostradale Tolentino-Civitanova Marche, uscita Tolentino, indicazioni per zona industriale.

€ **Sconti: dal 30% al 50%**

TOLENTINO (MC) *23-Cb*

CASA

Poltrona Frau

Spaccio aziendale/Factory outlet

07339091
FAX 0733909246
info@poltronafrau.it
www.poltronafrau.it
mart-sab (8.30-12.30, 15.30-19.30); chiuso lun, dom; ferie ago (variabile)
P

Contrada Cisterna 1 - cap 62029

Outlet dove acquistare, a prezzo ridotto, le bellissime poltrone e i divani in pelle del noto marchio Poltrona Frau, sinonimo di alta qualità e design.
Il magazzino è ricco di rimanenze e di pezzi già esposti in fiere e set fotografici. Tantissimi modelli, classici e dalle linee contemporanee, in una vasta scelta di colori. Uno spaccio da frequentare quando si deve arredare casa o anche fare regali importanti.
Vale decisamente la pena.

→ **Come arrivare:** A14, raccordo autostradale Tolentino-Civitanova Marche, uscita Tolentino.

€ **Sconti: dal 5% al 20%**

TOLENTINO (MC)

23-Cb

SPORT

Arena Factory Outlet

Spaccio aziendale/Factory outlet

0733956200
www.arenaitalia.it
lun-mart (15.00-20.00), mer-sab (10.00-13.00, 15.00-20.00); chiuso dom
P

Contrada Cisterna 84/85 - cap 62029

Costumi da bagno, anche da competizione per uomo e donna; accessori come cuffie, infradito, ciabatte in plastica e occhialini. Abbigliamento sportivo, beachwear. Gli articoli sono di prima scelta, collezioni precedenti e attuali.

→ **Come arrivare:** A14, raccordo autostradale Tolentino-Civitanova Marche, uscita Tolentino.

Sconti: dal 30% al 50%

URBANIA (PU)

19-Dc

ABBIGLIAMENTO

Incom

Spaccio aziendale/Factory outlet

0722317207
lun (15.30-19.30), mart-sab (9.00-12.30, 15.30-19.30); chiuso dom

Via Santa Maria del Piano 39 - cap 61049

Outlet che vende abbigliamento uomo e donna. Soprattutto cappotti, giacche, giacconi, pantaloni, gonne ma anche maglieria e camicie. Buone occasioni.

→ **Come arrivare:** A14, uscita Pesaro-Urbino, SPA2 direzione Urbania.

URBINO

19-Dc

CALZATURE E PELLETTERIA

PGH Piero Guidi

Spaccio aziendale/Factory outlet

072259086
FAX 072259383
service@pieroguidi.com
www.pieroguidi.com
lun-ven (9.30- 12.30, 14.30-18.30), inverno anche sab 15.00-18.30; chiuso dom; ferie ago (variabile)
P

Via Provinciale 185, Schieti - cap 61029

Vendita diretta della produzione Piero Guidi: borse e ogni tipo di accessorio in pelle e tessuto plastificato e capi di abbigliamento negli stessi materiali. Vi si trovano prodotti di prima scelta, rimanenze e fine serie. Taglie dalla XS alla XXXL.

→ **Come arrivare:** A14, uscita Pesaro-Urbino, SPA2 direzione Urbino.

Sconti: dal 20% al 50%

CANINO (VT) *21-Dc*

ALIMENTARI

Oleificio Vulcente

Spaccio aziendale/Factory outlet

0761437366/800011753
FAX 0761438854
info@dionisivulcente.it
www.dionisivulcente.it
lun-sab (7.00-13.00, 15.00-20.00); **chiuso** dom; ferie ago (variabile)
P

Strada Castrense, km 17 - cap 01011

Vendita diretta di olio d'oliva prodotto in zona, rinomato per la qualità, il gusto fruttato e la bassa acidità. Direttamente dal produttore al consumatore. Ottimo prezzo per le lattine da 5 litri.

→ **Come arrivare:** A1, uscita Orvieto, direzione lago di Bolsena, poi Canino; SS Aurelia indicazioni per SS Castrense.

CERVETERI (RM) *25-Ba*

ALIMENTARI

Agricola Maremma Sud

Spaccio aziendale/Factory outlet

069948832
FAX 069948379
lun-sab (8.00-13.00, 16.00-19.30), dom (8.00-13.00)
P

Via Aurelia, km 42 - cap 00055

Vendita diretta di carni e salumi di produzione propria. Qui si risparmia soprattutto acquistando grandi quantità. In vendita anche vini e olio di oliva.

→ **Come arrivare:** A12, uscita Cerveteri-Ladispoli.

€ **Sconti: 20%**

CERVETERI (RM) *25-Ba*

VINI E LIQUORI

Cantina Sociale Cooperativa di Cerveteri

Spaccio aziendale/Factory outlet

06994441
FAX 0699444217
info@cantinacerveteri.it
www.cantinacerveteri.it
estate: lun-sab (8.00-13.00, 15.30-19.00); inverno: lun-sab (8.00-13.00, 14.30-18.00), dom (9.00-13.00)
P

Via Aurelia, km 42+700 - cap 00052

Vendita diretta di vini tipici della zona di Cerveteri e Tarquinia, tra i quali Fontana Morella Bianco e Rosso, Novo Caere Bianco e Rosso, Vigna Grande Bianco e Rosso, Novae. Altri vini sfusi. Prezzi convenienti.

→ **Come arrivare:** A12, uscita Cerveteri-Ladispoli.

€ **Sconti: 10%**

CIAMPINO (RM)

25-Cb

CASA
Mobil Carta
Vintage/Usato selezionato

0679340391
FAX 0679340391
lun-ven (14.00-19.30), sab (8.30-13.00, 14.00-17.00);
chiuso dom;
ferie ago

Via Enzo Ferrari 17 - cap 00043

Un capannone pieno di mobili provenienti da ministeri, scuole e case. Una bella scelta di tavoloni in legno, armadi e librerie in metallo o legno, sedie di tutti i tipi, scrivanie, casseforti, classificatori. Prezzi convenienti.

→ **Come arrivare:** Grande Raccordo Anulare di Roma, uscita Appia, direzione aeroporto di Ciampino.

GUIDONIA (RM)

25-Cab

ABBIGLIAMENTO
Biagiotti Outlet
Spaccio aziendale/Factory outlet

0774401311
mer-sab (10.30-13.00, 14.30-19.30);
chiuso dom, lun, mart;
ferie ago (variabile)
P

Via Marco Simone 82 - cap 00012

All'interno del circolo del golf, un outlet di abbigliamento e accessori donna, uomo e bambino del marchio Laura Biagiotti. Rimanenze e fine serie in un'ampia scelta di taglie. Gli sconti aumentano durante il periodo dei saldi.

→ **Come arrivare:** Grande Raccordo Anulare di Roma, uscita Nomentana, indicazioni per Palombara.

€ **Sconti: dal 30% al 60%**

LARIANO (RM)

25-Cb

ACCESSORI
Visual Express
Spaccio aziendale/Factory outlet

0696498734
FAX 0696498736
ottica-visualexpress@libero.it
lun-sab (9.00-13.00, 15.30-19.30);
chiuso dom
P

Via Algidus 15 - cap 00040

Occhiali da vista e sole, lenti a contatto, controlli vista. Grandi marchi in vendita: Armani, Ferrè, Valentino.Risparmio sulle lenti oftalmiche di produzione propria. Prezzi convenienti. Carta fedeltà allo studio.

→ **Come arrivare:** A1, uscita Valmontone, direzione Velletri, poi per Lariano.

€ **Sconti: dal 20% al 50%**

MONTEFIASCONE (VT) *23-Ac*

VINI E LIQUORI

Cantina di Montefiascone

Spaccio aziendale/Factory outlet

0761826148
FAX 0761828290
estestest@tin.it
lun-dom (8.00-13.00, 15.00-20.00)
P

Via Grilli 2 - cap 01027

Vendita diretta di vini di produzione propria: primo tra tutti l'Est!Est!!Est!!!, bianco rinomato da acquistare in bottiglia. Altri prodotti: olio d'oliva, miele, formaggi, marmellate, biscotti, tutti di produzione artigianale. Prezzi convenienti.

→ **Come arrivare:** A1, uscita Orvieto, direzione Montefiascone.

POMEZIA (RM) *25-BCb*

ABBIGLIAMENTO

Diffusione Tessile - Max Mara

Spaccio aziendale/Factory outlet

069105673
FAX 0691605258
www.diffusionetessile.it
lun (15.30-19.30), mart-sab (10.00-19.30); chiuso dom
P

Statale Pontina, km 28+400 - cap 00040

Outlet che vende rimanenze e fine serie delle linee del gruppo Max Mara. Abbigliamento e accessori di Marella, Max Mara, I Blues, Marina Rinaldi, Max and Co. Buona scelta di taglie, anche conformate e ulteriori sconti durante il periodo dei saldi.

→ **Come arrivare:** Grande Raccordo Anulare di Roma, uscita Pontina, direzione Pomezia; SS Pontina, uscita Via Naro.

€ **Sconti: dal 20% al 50%**

POMEZIA (RM) *25-BCb*

ABBIGLIAMENTO

Timberland Outlet Factory Store

Spaccio aziendale/Factory outlet

0691602237
FAX 0691602244
lun-sab (9.00-13.00, 16.00-20.00); chiuso dom
P

Via dei Castelli Romani 15/a - cap 00040

Outlet dove trovare tutte le rimanenze del noto marchio Timberland: jeans, scarpe, giacconi, maglioni e camicie. E ora anche i marchi Guess e Calvin Klein. Rimanenze, fine serie di collezioni passate. Prezzi convenienti.

→ **Come arrivare:** Grande Raccordo Anulare di Roma, uscita Pontina, direzione Pomezia.

€ **Sconti: 50%**

RIETI

25-Ca

ABBIGLIAMENTO

Federico Cashmere

Spaccio aziendale/Factory outlet

0746229653
FAX 0746221046
fcrieti@tiscalinet.it
lun (15.30-19.30), mart-dom (10.00-13.30, 15.30-19.30)
P

Viale delle Scienze 1 - cap 02100

■ Outlet della fabbrica di abbigliamento e maglieria di Federico Cashmere. Tutte le taglie donna (38-50) e uomo (48-60). Buona scelta di modelli e colori. L'angolo delle occasioni propone ottimi affari.

→ **Come arrivare:** A1, direzione Roma Nord, uscita Fiano Romano, SS4 direzione Rieti, poi zona industriale e Monte Terminillo.

€ **Sconti: dal 20% al 30%**

ROMA

25-Bb

ABBIGLIAMENTO

Blunauta - Baloon

Stocchista/Stockhouse

0668806404
FAX 0668806404
www.baloon.it
lun (15.30-19.30), mart-sab (9.30-19.30); chiuso dom

Via Terenzio 12/16 - cap 00193

■ Abbigliamento uomo e, soprattutto, donna, dei marchi Baloon e Blunauta. Maglieria anche in filati pregiati, giacche, camicie, pantaloni, in tutte le taglie. Campionari e rimanenze di collezioni precedenti. Nel periodo dei saldi aumentano gli sconti.

→ **Come arrivare:** metro A, fermata Ottaviano-San Pietro; bus 23, 271, 990, 81. Zona Vaticano.

€ **Sconti: dal 20% al 40%**

ROMA

25-Bb

ABBIGLIAMENTO

Discount Alta Moda

Stocchista/Stockhouse

Via di Gesù e Maria
063613796/063225006
FAX 063613796
Via Depretis
0647825672
mart-sab (10.00-19.30), lun (14.30-19.30); chiuso dom

(1) Via di Gesù e Maria 14/16 - cap 00187
(2) Via Depretis 87-88 - cap 00184

■ Stockhouse multimarca piccolo e sempre affollato. Abbigliamento e accessori uomo e donna di grandi marchi di collezioni precedenti. Solo prima scelta. Taglie donna fino alla 46, uomo fino alla 56.

→ **Come arrivare:** (1) metro A, fermata piazza di Spagna, tra via del Babuino e via del Corso. (2) metro A e B, fermata Termini; bus 64.

€ **Sconti: 50%**

ROMA *25-Bb*

ABBIGLIAMENTO

Le Gallinelle - Silvestri Wilma

Vintage/Usato selezionato

064881017
legallinelle@libero.it
www.legallinelle.it
lun (10.00-13.00), mart-sab (10.00-13.00, 16.00-20.00); chiuso dom; ferie ago

Via del Boschetto 76 - cap 00184

■ Le Gallinelle vende una selezione molto interessante di vintage di qualità per uomo e soprattutto per donna. Qui si trovano anche i grandi marchi del passato, infatti è un luogo frequentato da collezionisti e giovani stilisti in cerca di ispirazione. Si vende anche un marchio proprio, Le Gallinelle, una linea di capi vintage rielaborati in un gusto contemporaneo oppure realizzati con tessuti vintage. Bella scelta di cappelli, borse d'epoca e altri accessori come foulard e bijoux. I prezzi sono ottimi e si possono fare buoni affari.

➜ **Come arrivare:** metro A e B, fermata Termini; bus 64. Zona Palazzo delle Esposizioni.

ROMA *25-Bb*

ABBIGLIAMENTO

Gina Lebole

Spaccio aziendale/Factory outlet

062677265
mart-ven (9.30-13.00, 15.30-20.00); chiuso dom, lun

Via di Torre Spaccata 110 - cap 00173

■ Outlet che vende capi di abbigliamento uomo, donna e bambino con il marchio Lebole. Anche taglie conformate.

➜ **Come arrivare:** metro A, fermata Cinecittà; bus 552. Zona Torre Spaccata.

ROMA 25-Bb

ABBIGLIAMENTO

Marzotto Factory Store

Spaccio aziendale/Factory outlet

0672630021/800006666
FAX 0672394154
factoryoutlet.roma@tin.it
lun (15.00-19.00), mart-ven (10.00-19.00), sab (10.30-19.30), dom (variabile)

Via Emanuele Carnevale 74 - cap 00173

Abiti e accessori di tutti i marchi dell'azienda Marzotto: Lebole, Marlboro, Valentino e Borgofiori. Rimanenze, fine serie e campionari delle collezioni passate ma anche collezioni attuali. Tutte le taglie, anche calibrate per uomo.

→ **Come arrivare:** Grande Raccordo Anulare di Roma, uscita Tuscolana; bus 500.

Sconti: dal 20% al 70%

ROMA 25-Bb

ABBIGLIAMENTO

New Fashion

Stocchista/Stockhouse

0637513947
lun (16.00-19.30), mart-sab (10.00-19.30); chiuso dom; ferie ago

Via Simone de Saint Bon 87 - cap 00195

Stockhouse di abbigliamento donna, stile classico. Tutte le taglie, dalla 40 alle conformate. Tante marche e ulteriori sconti durante il periodo dei saldi.

→ **Come arrivare:** metro A, fermata Ottaviano-San Pietro. Zona Vaticano.

Sconti: dal 40% al 70%

ROMA 25-Bb

ABBIGLIAMENTO

Sorelle Ramonda

Spaccio aziendale/Factory outlet

0693548512
FAX 0693548513
www.sorelleramonda.com
lun (15.30-19.30), mart-sab (9.30-13.30, 15.30-19.30); chiuso dom
P

Via Appia Nuova, km 19+400, Frattocchie - cap 00040

Vendita diretta di capi d'abbigliamento casual e elegante, accessori, intimo e mare a prezzi scontati. Si trovano note griffe del made in Italy e le loro seconde linee.

→ **Come arrivare:** Grande Raccordo Anulare di Roma, uscita Appia, direzione Albano Laziale, indicazioni per il comune di Marino e il Palaghiaccio.

Sconti: dal 10% al 30%

ROMA 25-Bb

ABBIGLIAMENTO

Vesti a Stock

Stocchista/Stockhouse

063224391
FAX 063224391
www.firmastock.it
lun (15.30-19.30), mart-ven (10.30-14.30, 15.30-19.30), sab (10.30-19.30), **chiuso** dom

Via Germanico 170/a - cap 00192

Stockhouse di capi firmati per uomo e donna. Qui si trovano tutte le grandi griffe italiane. Capi di campionario e della stagione in corso. Buona scelta di taglie. Ci sono anche accessori. Servizio di sartoria.

Come arrivare: metro A, fermata Ottaviano-San Pietro. Zona Vaticano.

Sconti: 50%

ROMA 25-Bb

ALIMENTARI

Fabbrica Biscotti P. Gentilini

Spaccio aziendale/Factory outlet

064123571
FAX 064190250
info@biscottigentilini.it
www.biscottigentilini.it
lun-ven (9.00-14.00, 15.30-16.30); **chiuso** sab-dom; ferie ago
P

Via Affile 16/18 - cap 00131

Vendita diretta di biscotti e dolciumi, prodotti di ricorrrenza e specialità dolciarie romane della nota fabbrica Gentilini (dal 1890).

Come arrivare: Grande Raccordo Anulare di Roma, uscita Tiburtina, direzione Tivoli.

ROMA 25-Bb

BAMBINO

Fefè e Cocò

Stocchista/Stockhouse

Via V. Comparini
0633625186
FAX 0633628932
Via Nemorense
0686208940
lun (16.00-19.30); mart-sab (10.00-13.00, 16.00-19.30); **chiuso** dom; ferie ago
Via V. Comparini
Via Nemorense

(1) Via Vincenzo Comparini, Loc. Labaro 120 - cap 00188
(2) Via Nemorense 146 - cap 00199

Stockhouse che vende abbigliamento e accessori per bambini da 0 a 12 anni. Buona scelta di marchi e ampio ventaglio di prezzi.

Come arrivare: (1) Grande Raccordo Anulare di Roma, uscita Flaminia, direzione Labaro.
(2) Grande Raccordo Anulare di Roma, uscita Salaria.

Sconti: dal 30% al 50%

ROMA *25-Bb*

BAMBINO

Simonetta Factory Store

Spaccio aziendale/Factory outlet

0633219880
factorystore.roma@simonetta.it
www.simonetta.it
lun (15.30-19.30), mart-sab (10.00-13.00, 15.30-19.30); chiuso dom; ferie ago
P

Via Cassia 340 - cap 00191

■ Outlet del noto marchio chic e moda di abbigliamento per bambine Simonetta. Rimanenze dei marchi Simonetta, Simonetta Jeans (da 5 a 16 anni), Simonetta Tiny (da 0 a 2 anni), Simonetta Mini (da 2 a 7 anni). Anche altri marchi moda prodotti dall'azienda, come Cavalli Angels (per femmine da 4 a 16 anni), Cavalli Devils (per maschi da 4 a 16 anni) e Brooksfield. I prodotti sono di grande qualità e hanno un notevole contenuto moda, per questo hanno prezzi piuttosto alti in partenza. Ma nell'angolo delle fine serie, si possono fare buoni affari.

➔ **Come arrivare:** bus 32. Zona Foro Italico.

€ **Sconti: dal 50% al 70%**

ROMA *25-Bb*

BAZAR

La Fonte del Risparmio

Stocchista/Stockhouse

068818157
FAX 068818157
lun (16.00-19.30), mart-sab (9.30-13.00, 16.00-19.30); chiuso dom; ferie ago
P

Via Monte San Savino 10 - cap 00138

■ Stockhouse di articoli vari provenienti da aste pubbliche, fallimenti, dogane. Abbigliamento, intimo, jeans, cosmetici, articoli da parrucchiere e profumi. C'è anche un reparto di cartoleria, e di fai-da-te con vernici e carta da parati.

➔ **Come arrivare:** Grande Raccordo Anulare di Roma, uscita Salaria, direzione Roma, poi quartiere Fidene.

€ **Sconti: 40%**

ROMA *25-Bb*

CASA

Cesari

Stocchista/Stockhouse

066381241
FAX 0639366592
lun-ven (9.00-13.00, 14.00-18.00), sab (9.00-13.00); chiuso dom; ferie ago (variabile)

Via Sergio I 32 - cap 00165

Tessuti di arredamento. Cesari vende una grande quantità di stock di velluti, stampati, tinta unita e tendaggi. Prezzi eccezionali per gli articoli di fine serie. Un ottimo indirizzo.

→ **Come arrivare:** bus 46. Zona Vaticano.

€ **Sconti: dal 20% al 50%**

ROMA *25-Bb*

CASA

Divani & Divani Outlet

Spaccio aziendale/Factory outlet

064060300
FAX 0640815338
lun, dom (16.00-20.00), mart-ven (10.00-13.00, 16.00-20.00), sab (10.00-20.00); ferie ago

P

Viale Palmiro Togliatti 1545 - cap 00155

Unico outlet in Italia della Divani & Divani. Ampia scelta di divani, poltrone, divani letto, ma non solo. Molti modelli, materiali e colori tra cui scegliere. Fine serie e rimanenze, ottime occasioni con la seconda scelta.

→ **Come arrivare:** A24, uscita Viale Togliatti; metro B, fermata Ponte Mammolo. Zona Cinecittà.

€ **Sconti: dal 30% al 70%**

ROMA *25-Bb*

CASA

Emporio Tessile Romano

Spaccio aziendale/Factory outlet

0644291231
FAX 0644291231
inverno: lun (15.30-19.30), mart-sab (9.00-13.00, 15.30-19.30); estate: lun-ven (9.00-13.00, 15.30-19.30), sab (9.00-13.00); chiuso dom; ferie ago (variabile)

Via Giacomo Boni 22/24 - cap 00162

Vendita diretta di tessuti, lana, seta, cotone, velluti e fodere. I prezzi sono bassi e la qualità ottima. Anche tessuti per biancheria, stoffe da arredamento, passamaneria e tende. Il tutto molto conveniente. Ulteriori sconti durante i saldi.

→ **Come arrivare:** metro B, fermata Bologna. Zona Nomentano.

€ **Sconti: dal 20% al 50%**

ROMA 25-Bb

GIOIELLI E OROLOGI

Bulgari

Spaccio aziendale/Factory outlet

066617071
FAX 0666170777
www.bulgari.com
lun-ven (10.00-18.00), dic anche sab 10.00-18.00; chiuso dom; ferie ago
P

Via Aurelia 1052 - cap 00166

L'unico outlet Bulgari in Italia. Il luogo dove trovare campionari, rimanenze e fine serie di prodotti appartenenti alle collezioni passate. Qui si possono acquistare orologi, argenteria e gioielli ma anche l'elegante pelletteria della casa: borse, portafogli e altri accessori nonché i noti profumi della marca. Un luogo dove avvicinarsi al lusso e dove fare a volte buoni affari, ricordandosi però che i prezzi sono alti in partenza. Un buono indirizzo quando si deve fare un regalo importante.

→ **Come arrivare:** Grande Raccordo Anulare di Roma, uscita Aurelia, direzione Civitavecchia.

€ **Sconti: 40%**

ROMA 25-Bb

INTIMO E MARE

Lo Spaccio 3

Spaccio aziendale/Factory outlet

0633710001
FAX 0633660161
mart-sab (10.00-19.00), lun (15.00-19.00); chiuso dom; ferie ago

Via Cassia 340 - cap 00191

Outlet con rimanenze di intimo, mare e abbigliamento uomo, donna e bambino del gruppo La Perla: Malizia, Occhi Verdi, Verde Veronica, Anna Club, Oceano, Armonia, Grigio Perla, Grigio Sport. Anche notte (camicie notte, pigiami, vestaglie).

→ **Come arrivare:** Grande Raccordo Anulare di Roma, uscita Cassia, direzione corso Francia.

€ **Sconti: 50%**

ROMA *25-Bb*

SPORT

Faress Italia

Negozio discount

0671350124
FAX 0671350127
info@faress.com
www.faress.com
lun (15.45-19.30), mart-sab (9.30-13.00, 15.45-19.30); chiuso dom

Via A. Caruccio 37 - cap 00134

Tre piani di abbigliamento e articoli sportivi. Arredi, impianti e giochi per scuole e palestre. Reparti specializzati per la montagna e il campeggio, libri e integratori alimentari.

→ **Come arrivare:** Grande Raccordo Anulare di Roma, uscita Ardeatina.

ROMA *25-Bb*

SPORT

Sergio Tacchini Factory Outlets

Spaccio aziendale/Factory outlet

0641205558
FAX 0641200432
www.sergiotacchini.com
gen-mar, nov: lun-sab (9.00-20.00); chiuso dom; apr-ott, dic: lun-dom (9.00-20.00);
P

Via Tiburtina 1115 - cap 00156

Abbigliamento sportivo e casual. Collezione attuale (a prezzo pieno) e collezioni precedenti (scontate). Grande scelta per tutti gli sport. Anche scarpe. Buona scelta di taglie per uomo, donna e bambino.

→ **Come arrivare:** Grande Raccordo Anulare di Roma, uscita Tiburtina, direzione centro città; bus 041, fermata Tiburtina/Tivoli.

€ **Sconti: 30%**

SONNINO (LT) *25-Dc*

ALIMENTARI

Francia Latticini

Negozio discount

077394961
FAX 0773947393
commerciale@francialatticini.com
www.francialatticini.com
lun-ven (8.00-17.00), sab (8.00-12.30); chiuso dom

Via Argine Amaseno, Loc. Capocroce - cap 04010

Vendita diretta di mozzarelle, formaggi freschi, ricotta, burro, yogurt, latte e anche affettati e pizze surgelate del marchio Francia e non solo. Tutti i prodotti sono di prima scelta. Un ottimo indirizzo per riempire la dispensa e il congelatore.

→ **Come arrivare:** A1, uscita Frosinone, indicazioni per Sonnino.

€ **Sconti: dal 10% al 15%**

VETRALLA (VT)

25-Ba

ABBIGLIAMENTO

Gae's

Spaccio aziendale/Factory outlet

0761483464
FAX 0761482747
lun-mer, ven-sab (9.00-13.00, 16.00-19.00), gio (9.00-13.00);
chiuso dom;
ferie ago (variabile)
P

Via Cassia 38, Loc. Cura - cap 01013

■ Outlet che vende abbigliamento maschile di Cerruti, Loro Piana, Moessmer e Scuderi. Taglie dalla 46 alla 60. Buona scelta di completi. Anche qualche capo da donna. Qualità alta e prezzi adeguati.

→ **Come arrivare:** A1, uscita Orte, direzione Viterbo, poi Cura di Vetralla; Cassia Bis, direzione Cura di Vetralla.

€ **Sconti: dal 20% al 50%**

VITERBO

25-Ba

ABBIGLIAMENTO

Dal Mercante in Fiera Mercatino dell'usato

Vintage/Usato selezionato

0761287162
FAX 0761287162
info@dalmercanteinfiera.com
www.dalmercanteinfiera.com
mart-dom (9.30-13.00, 16.00-19.30);
chiuso lun
P

Viale Fiume 78, Fraz. Bagnaia - cap 01031

■ Mercatino dell'usato selezionato a prezzi ottimi. Vere occasioni in tutti i campi: abbigliamento, arredamento, accessori, oggetti. È anche possibile prenotare un servizio di trasporto per gli oggetti ingombranti.

→ **Come arrivare:** A1, uscita Orte, direzione Viterbo, poi Bagnaia.

Abbigliamento

Accessori

Alimentari

Bambino

Calzature e pelletteria

Casa

Cosmetici e profumi

Intimo e mare

Vini e liquori

ANCARANO (TE)

27-Ab

BAMBINO

Compagnia del Cucito

Spaccio aziendale/Factory outlet

0861870931
FAX 0861870027
muffins@muffins.it
www.muffins.it
lun-sab (9.00-12.30, 15.00-19.30);
chiuso dom;
ferie ago (variabile)
P

Via Bonifica del Tronto, km 14+900 - cap 64010

■ Abbigliamento sportivo, del marchio Muffins, per bambini da 2 a 16 anni. Vasto assortimento, tutto di buona qualità e a ottimi prezzi. Spazio intrattenimento bimbi e area giochi. Ulteriori sconti durante i saldi.

→ **Come arrivare:** A14, uscita San Benedetto del Tronto, raccordo autostradale Ascoli Piceno, uscita Ancarano-Castel di Lama.

€ **Sconti: 20%**

BELLANTE (TE)

27-Ab

ALIMENTARI

Borgo Antico

Spaccio aziendale/Factory outlet

0861611250
lun-ven (8.00-13.00, 16.00-20.00),
sab (8.00-13.00);
chiuso dom

Via Nazionale 208, Bellante Stazione - cap 64020

■ Outlet dello stabilimento Borgo Antico che produce formaggi e latticini. Prodotti di ottima qualità a base di latte di pecore o di mucche locali. Mozzarelle, pecorini, scamorze, formaggi freschi o stagionati a prezzi molto convenienti.

→ **Come arrivare:** A24, uscita Teramo-Giulianova, SS80 direzione Bellante, poi stazione FS.

CARSOLI (AQ)

25-Da

INTIMO E MARE

Liberti

Spaccio aziendale/Factory outlet

0863997193
FAX 0863909721
lun-mer, ven-sab (9.00-13.00, 15.30-19.30), gio (9.00-13.00);
chiuso: dom (variabile), 1 dic-6 gen
P

Via Tiburtina, km 69+300 - cap 67061

■ Intimo maschile e femminile di buona qualità, ma anche pigiami, canottiere e camicie da notte in un vasto assortimento di taglie. Rimanenze, fine serie, prima e seconda scelta. Ulteriori sconti del 20% per i possessori della carta fedeltà.

→ **Come arrivare:** A24, uscita Carsoli-Oricola, direzione Carsoli centro.

€ **Sconti: dal 20% al 50%**

CASTELLI (TE)

27-Ac

CASA

Melchiorre Benito

Laboratorio artigianale

0861974957
FAX 0861974957
benitomelchiorre@libero.it
lun-sab (8.00-12.00, 13.30-18.00); chiuso dom
P

Bivio Villa Rossi - cap 64041

Vendita diretta di questo laboratorio artigianale che produce oggettistica in ceramica o terracotta e sanitari in stile antico. Vasta scelta e diverse fasce di prezzi.

→ **Come arrivare:** A24, uscita San Gabriele-Colledara, direzione Isola del Gran Sasso, poi Castelli.

Sconti: 50%

CEPAGATTI (PE)

27-Bc

ABBIGLIAMENTO

Confezioni GM

Spaccio aziendale/Factory outlet

0859749247
FAX 0859749247
info@confezionigm.com
www.confezionigm.com
lun-ven (8.00-12.00, 14.00-17.00); chiuso sab, dom; ferie ago

Via Forlani 37/39 - cap 65012

Outlet della fabbrica produttrice di camicie da uomo con marchio GM. Modelli sia classici che sportivi, taglie che vanno dalla 39 alla 45. Capi di prima scelta e prezzi molto convenienti.

→ **Come arrivare:** A25, uscita Pescara-Villanova, direzione Cepagatti.

Sconti: 30%

CHIETI

27-Bc

ABBIGLIAMENTO

Industria Adriatica Confezioni

Spaccio aziendale/Factory outlet

0871578290
FAX 0871578268
outlet.chieti@iac.it
lun (15.30-19.30), mart-sab (9.00-13.00, 15.30-19.30); chiuso dom; ferie ago
P

Via E. Piaggio, zona industriale 20 - cap 66013

Abbigliamento uomo e donna classico e sportivo di qualità dei marchi del gruppo Miroglio. Campionari, rimanenze e fine serie anche in taglie forti. Accessori in tessuto e pelle. Ulteriori sconti del 20% con la carta fedeltà.

→ **Come arrivare:** A25, uscita Pescara-Villanova, direzione Chieti, poi Chieti scalo-zona industriale.

Sconti: dal 20% al 60%

CIVITELLA DEL TRONTO (TE)

23-Dc

ABBIGLIAMENTO

Maglificio Fratelli Giovannini

Spaccio aziendale/Factory outlet

0861910373
FAX 0861910528
acgiov@tin.it
www.giovannini-snc.it
lun-ven (8.00-12.00, 14.00-18.00);
chiuso sab, dom;
ferie ago (variabile)
P

Contrada D. Eurosia 12 - cap 64010

Maglieria in filati pregiati, come cashmere e merinos. Grande assortimento di modelli e taglie a prezzi sorprendentemente bassi. Prima e seconda scelta dei marchi Giovannini per uomo e Atmosphere per donna. Ulteriori sconti del 20% durante i saldi.

→ **Come arrivare:** raccordo autostradale Ascoli Piceno, uscita Marino del Tronto, direzione Civitella del Tronto.

€ **Sconti: dal 30% al 40%**

COLLECORVINO (PE)

27-Bc

ABBIGLIAMENTO

Italbest Factory Outlet

Spaccio aziendale/Factory outlet

0854471817
FAX 0854471817
outlet@italbest.it
www.italbestoutlet.it
lun-ven (8.00-13.00, 15.30-19.00),
sab (8.30-13.00);
chiuso dom
P

Contrada Congiunti - cap 65010

Abbigliamento su misura uomo e donna, abbigliamento casual del marchio Italbest e seconde linee di grandi marchi della moda italiana. Tutti prodotti di prima scelta in una grande varietà di taglie. Sconti ulteriori durante i saldi.

→ **Come arrivare:** A14, uscita Città Sant'Angelo, SS16 indicazioni per Collecorvino.

€ **Sconti: dal 30% al 50%**

CONTROGUERRA (TE)

27-Ab

VINI E LIQUORI

Azienda Agricola Dino Illuminati

Spaccio aziendale/Factory outlet

0861808008
FAX 0861810004
info@illuminativini.it
www.illuminativini.it
lun-ven (8.00-12.00, 14.00-18.00),
sab (8.00-12.00);
chiuso dom
P

Contrada San Biagio 18 - cap 64010

Vini e olio di produzione propria. Vini tipici e doc come Montepulciano d'Abruzzo, Trebbiano d'Abruzzo, Controguerra. Anche olio extravergine d'oliva. Spedizioni gratuite a domicilio con l'acquisto minimo di 7 cartoni.

→ **Come arrivare:** A14, uscita San Benedetto del Tronto, raccordo autostradale Ascoli Piceno, uscita Monsampolo del Tronto, direzione Controguerra.

€ **Sconti: 10%**

CONTROGUERRA (TE) 27-Ab

VINI E LIQUORI

Azienda Agricola Montori

Spaccio aziendale/Factory outlet

0861809900
FAX 0861809912
info@montorivini.it
www.montorivini.it
lun-ven (8.30-12.00, 14.30-17.30);
chiuso sab-dom;
ferie ago (variabile)
P

Piane Tronto 82 - cap 64010

■ Vendita diretta di vini e olio di produzione propria. Montepulciano d'Abruzzo doc, spumanti, grappe, olio extravergine d'oliva, tutto di ottima qualità. Per acquisti superiori alle 60 bottiglie, sconto del 3-4%.

→ **Come arrivare:** A14, uscita San Benedetto del Tronto, raccordo autostradale Ascoli Piceno, uscita Monsampolo del Tronto, direzione Controguerra, poi Strada Bonifica.

€ **Sconti: 10%**

FARA SAN MARTINO (CH) 27-Bc

ALIMENTARI

Fratelli De Cecco

Spaccio aziendale/Factory outlet

08729861/800861106
FAX 0872980426
dececco@dececco.it
www.dececco.it
lun-ven (8.30-13.00, 14.30-18.00),
sab (8.30-12.30);
chiuso dom;
ferie ago (variabile)
P

Zona industriale - cap 66015

■ Uno dei grandi nomi dell'alimentazione italiana. Fondata nel 1887, la casa De Cecco ha saputo mantenere alta la qualità dei suoi prodotti e da molti è considerata oggi produttrice della migliore pasta di grano duro industriale del Paese. Nel proprio outlet, oltre a tutti i tipi di pasta prodotti, la De Cecco vende anche riso, pomodori pelati, olio extravergine e polenta. I prezzi sono buoni e le offerte sono molte come un ulteriore 10% di sconto sulle confezioni da dispensa da 2 kg o 3 kg e i prezzi imbattibili dei prodotti con l'imballaggio fallato.

→ **Come arrivare:** A14, uscita Val di Sangro, superstrada 652, uscita Piane d'Archi, direzione Casoli, poi Fara San Martino.

€ **Sconti: dal 15% al 20%**

FRANCAVILLA AL MARE (CH) 27-Bc

CASA

Ceramiche Bontempo

Laboratorio artigianale

085817475
FAX 0854910086
inverno: lun (16.00-20.00), mart-sab (9.00-13.00, 16.00-20.00);
estate: lun-dom (9.00-13.00, 17.00-21.00);
chiuso dom (variabile)

Viale Nettuno 114 - cap 66023

■ Vendita diretta di ceramica abruzzese tipica e tradizionale. Vasi da fiori, cache-pot e stoviglie, come brocche, bicchieri e piatti. Buon risparmio rispetto ai normali punti vendita.

→ **Come arrivare:** A14, uscita Francavilla, indicazioni per Francavilla al Mare.

€ **Sconti: 20%**

L'AQUILA 25-Da

ALIMENTARI

Cooperativa Callesco

Spaccio aziendale/Factory outlet

0862318647
mart-mer, ven-sab (8.00-13.00, 16.30-19.30), gio (8.00-13.00);
chiuso dom, lun;
ferie ago (variabile)
P

Via Ugo Piccinini - cap 67100

■ Allevamento con vendita diretta di carne: agnelli, suini e bovini di buona qualità a prezzi molto convenienti se si acquistano grandi quantità. La cooperativa Callesco vende anche salumi di produzione propria.

→ **Come arrivare:** A24, uscita L'Aquila Ovest, direzione centro città.

MARTINSICURO (TE) 27-Ac

ABBIGLIAMENTO

Confezione Boschi 80

Spaccio aziendale/Factory outlet

0861797393
lun-sab (8.00-12.00, 14.00-19.00);
chiuso dom;
ferie set (variabile)
P

Via Roma 409 - cap 64014

■ Abbigliamento donna del marchio Boschi 80. Capi di primissima scelta proposti in taglie che vanno dalla 42 alla 54. Bella la proposta di foulard. Ulteriori sconti durante i saldi.

→ **Come arrivare:** A14, uscita San Benedetto del Tronto-Ascoli Piceno, SS16 direzione Martinsicuro.

€ **Sconti: dal 30% al 60%**

MARTINSICURO (TE) *27-Ac*

ALIMENTARI
Oleificio M.G.M.
Spaccio aziendale/Factory outlet

0861796618
FAX 0861796618
info@oleificiomgm.com
www.oleificiomgm.com
lun-sab (9.00-19.00), dom (su appuntamento)
P

Statale Adriatica 16, km 392+200 - cap 64014

■ Un frantoio che usa ancora le macine in pietra (per la lavorazione a freddo). Olio extravergine di oliva e oli aromatizzati (peperoncino, limone, funghi porcini, tartufo bianco, basilico). Anche miele, olive in salamoia, pecorino, paté di olive.

→ **Come arrivare:** A14, uscita San Benedetto del Tronto-Ascoli Piceno, SS16 direzione Martinsicuro.

MONTESILVANO (PE) *27-Bbc*

ABBIGLIAMENTO
Bolgheri Factory Outlet
Spaccio aziendale/Factory outlet

0854483318
lun-sab (9.30-13.00, 15.30-20.00); chiuso dom
P

Corso Umberto I 438 - cap 65015

■ Outlet della Zegna, grande firma della moda maschile. Abbigliamento uomo classico e formale ma anche casual. Campionari, rimanenze e fine serie delle collezioni precedenti, prima e seconda scelta, in taglie che vanno dalla 44 alla 60. Anche cravatte.

→ **Come arrivare:** A14, uscita Città Sant'Angelo, direzione Montesilvano.

€ **Sconti: dal 30% al 60%**

MONTESILVANO (PE) *27-Bbc*

ABBIGLIAMENTO
Diffusione Tessile - Max Mara
Spaccio aziendale/Factory outlet

085834610
FAX 0854459875
www.diffusionetessile.it
lun-ven (9.30-13.00, 15.30-20.00), sab (9.30-20.00); chiuso dom
P

Corso Umberto I 434 - cap 65015

■ Rimanenze e fine stagione di Max Mara, Pianoforte, Marina Rinaldi, i Blues, Max & Co. con taglie dalla 36 alla 60. Accessori in pelle e tessuto. Fantastiche occasioni durante il periodo dei saldi con ottimi sconti.

→ **Come arrivare:** A14, uscita Città Sant'Angelo, direzione Montesilvano.

€ **Sconti: dal 30% all'80%.**

MONTESILVANO (PE) *27-Bbc*

ABBIGLIAMENTO

Sixty Outlet

Spaccio aziendale/Factory outlet

0854458703
lun-sab (10.00-20.00), dom (16.00-20.00)

Corso Umberto I 397 - cap 65015

Un outlet fantastico per teenager e giovani ragazze pazze per la moda. Qui si trovano i capi della linea Sixty, principalmente jeans, ma anche abiti, T-shirt, camicie, minigonne, pantaloni per vere modaiole in erba.

→ **Come arrivare:** A14, uscita Città Sant'Angelo, direzione Montesilvano.

€ **Sconti: dal 40% al 60%**

MONTESILVANO (PE) *27-Bbc*

CASA

Artigianluce

Spaccio aziendale/Factory outlet

0854452419
FAX 0854450871
lun-sab (9.15-12.30, 15.30-19.30); **chiuso** dom, lun mattina (variabile); ferie ago (variabile)
P

Corso Umberto I 658 - cap 65015

Outlet della Artigianluce, fabbrica produttrice di lampadari e lampade. Vasto assortimento di prodotti del marchio Artigianluce e di altri marchi. Solo prima scelta. Su alcuni articoli sconti favolosi.

→ **Come arrivare:** A14, uscita Città Sant'Angelo, direzione Montesilvano.

€ **Sconti: dal 20% al 60%**

MONTORIO AL VOMANO (TE) *27-Ab*

COSMETICI E PROFUMI

Bioapta Laboratori Riuniti delle Farmacie

Spaccio aziendale/Factory outlet

0861590446
FAX 0861590447
info@bioapta.it
www.bioapta.it
lun-ven (9.15-13.00, 15.15-18.30); **chiuso** sab, dom; ferie ago (variabile)
P

Zona industriale, Contrada Trinità - cap 64046

Outlet in cui trovare i prodotti di dermocosmesi del marchio Bioapta. Creme per viso, mani e corpo. Shampoo, prodotti per l'igiene personale, lozioni e creme solari. Maxi confezioni a prezzi ridotti.

→ **Come arrivare:** A24, uscita Basciano, direzione Montorio al Vomano.

€ **Sconti: 50%**

MOSCIANO SANT'ANGELO (TE)

27-Ab

ABBIGLIAMENTO

Ready Made - Phard

Spaccio aziendale/Factory outlet

0858071141
FAX 0858072012
mirella_pavone@phard.it
www.phard.it
lun, mer-sab (10.00-13.00 15.30-19.00), mart (15.30-19.00); **chiuso** dom
P

Contrada Ripoli, zona artigianale - cap 64023

L'outlet del marchio Phard che vende abbigliamento donna di stile giovane (con taglie dalla 38 alla 46). Linee casual e sportive adatte a tutte le occasioni. Principalmente rimanenze e fine serie delle collezioni precedenti.

→ **Come arrivare:** A14, uscita Teramo-Giulianova-Mosciano, direzione Mosciano, poi zona artigianale.

€ **Sconti: dal 30% al 50%**

NERETO (TE)

27-Ab

ABBIGLIAMENTO

Fegi Manifatture Wampum

Spaccio aziendale/Factory outlet

086180621
FAX 0861855560
fegi01@interbusiness.it
lun (14.00-19.00), mart-sab (8.00-12.00, 14,00-19.00); **chiuso** dom; ferie ago (variabile)
P

Largo Brodolini 10 - cap 64015

Outlet del marchio Wampum, abbigliamento uomo, donna e bambino. Pantaloni, giubbotti e camicie in denim. Jeans in tutte le taglie e modelli. Prezzi bassi e grandi affari sulla seconda scelta. Ulteriori sconti durante i saldi.

→ **Come arrivare:** A14, uscita Val Vibrata, SS16 direzione Nereto, poi zona industriale.

€ **Sconti: dal 20% al 50%**

NERETO (TE)

27-Ab

CASA

Antica Ditta Migliorati

Spaccio aziendale/Factory outlet

086182229
FAX 086182229
anticamigliorati@libero.it
lun (15.00-19.00), mart-ven (8.30-12.30, 15.00-19.00), sab (8.30-12.30), ago: lun-ven (16.00-19.30); **chiuso** dom, sab (variabile)
P

Via Gramsci 1 - cap 64015

Outlet di biancheria per la casa e tessuti per arredo. Fondata nel 1911, la Migliorati produce tovaglie (in fiandra o cotone), lenzuola e copriletti. Già confezionati o su misura con un servizio velocissimo. Solo prima scelta.

→ **Come arrivare:** A14, uscita Val Vibrata, SS16 direzione Nereto.

€ **Sconti: dal 40% al 50%**

NERETO (TE)

27-Ab

CASA

Extraflex

Spaccio aziendale/Factory outlet

086182257
FAX 086182280
info@extraflex.com
www.extraflex.com
lun-ven (8.00-12.00, 14.00-18.00),
sab (8.00-12.00);
chiuso dom;
ferie ago (variabile)
P

Zona industriale - cap 64015

Outlet del marchio Extraflex che vende materassi a molle e in lattice, reti con doghe e guanciali in lattice e anatomici. Anche reti e materassi su misura. I prodotti in vendita sono di prima e seconda scelta.

→ **Come arrivare:** A14, uscita Val Vibrata, SS16 direzione Nereto.

€ **Sconti: 30%**

NOTARESCO (TE)

27-Ab

CASA

Spaccio Zucchi

Spaccio aziendale/Factory outlet

085898882
FAX 085898882
lun (15.30-19.30),
mart-sab (9.30-12.30, 15.30-19.30);
chiuso dom
P

Statale 150 del Vomano, km 11+330 - cap 64024

Uno dei 14 spacci Zucchi in Italia, che vende i prodotti tessili per la casa Zucchi e Bassetti. Fine serie e rimanenze di spugne, lenzuola, copridivani, trapunte, piumoni, coperte. Ottimi sconti sugli articoli leggermente difettati.

→ **Come arrivare:** A14, uscita Roseto, SS150 direzione Notaresco.

€ **Sconti: dal 20% al 50%**

ORTONA (CH)

27-Bc

BAMBINO

Junior Fashion Group

Spaccio aziendale/Factory outlet

085905141
FAX 0859051491
www.jfgroup.it
lun-sab (9.00-13.00, 14.00-18.00);
chiuso dom

Contrada Tamarete - cap 66026

Abbigliamento bambino di marca: Enrico Coveri, Ter&Bantine, Mariella Burani Le Giovani. Campionari, rimanenze e fine serie delle collezioni precedenti in taglie che vanno dai 6 mesi ai 16 anni.

→ **Come arrivare:** A14, uscita Ortona, direzione centro città.

€ **Sconti: 40%**

PESCARA

27-Bbc

ALIMENTARI

Spaccio L. Store

Spaccio aziendale/Factory outlet

0854219886
FAX 0854219886
www.lazzaroni-ita.com
lun-mer, ven-sab (9.00-13.00, 16.00-20.00); **chiuso** dom, gio

Corso Vittorio Emanuele 175 - cap 65121

■ Outlet dove acquistare i famosi biscotti Lazzaroni e Antica Pasteria, di prima e seconda scelta. Si possono trovare anche qualche prova di nuovi prodotti.

→ **Come arrivare:** A14, uscita Pescara-Villanova, direzione centro città.

€ **Sconti: dal 10% al 50%**

PESCARA

27-Bbc

CASA

Murano Luce

Spaccio aziendale/Factory outlet

0854155440
FAX 0854155440
info@muranoluce.it
www.muranoluce.it
lun (15.30-19.30), mart-sab (9.30-12.30, 15.30-19.30); **chiuso** dom; ferie ago (variabile)

Via del Circuito 396 - cap 65124

■ Outlet di Murano Luce che vende oltre 200 tipi diversi di lampade e lampadari. Grande scelta di modelli veneziani tradizionali a buoni prezzi. Solo prodotti di prima scelta.

→ **Come arrivare:** A14, uscita Pescara-Villanova, direzione centro città.

€ **Sconti: dal 20% al 30%**

SAN GIOVANNI TEATINO (CH)

27-Bc

ABBIGLIAMENTO

Modi & Moda

Spaccio aziendale/Factory outlet

0854465683
lun-ven (9.30-13.00, 16.00-20.00), sab (16.00-20.00); **chiuso** dom

Via Aterno 52/54 - cap 66020

■ È l'outlet del marchio Gina Lebole che propone abbigliamento, prodotto con tessuti di altissima qualità, per uomo, donna e bambino. Principalmente capi classici, ma anche sportivi e casual.

→ **Come arrivare:** A14, uscita Pescara-Chieti, indicazioni per San Giovanni Teatino.

€ **Sconti: dal 30% al 40%**

SAN GIOVANNI TEATINO (CH)

27-Bc

ALIMENTARI

La Tiziana

Spaccio aziendale/Factory outlet

0854462690
FAX 0854463514
lun-ven (8.00-13.00, 16.00-19.00), sab (8.00-13.00); **chiuso** dom
P

Via Lago Maggiore 9, Sambuceto - cap 66020

■ Outlet all'interno dello stabilimento La Tiziana che produce formaggi e latticini. Prodotti di ottima qualità e prima scelta a base di latte di mucche locali. Scamorze, formaggi freschi e stagionati a prezzi molto convenienti.

➜ **Come arrivare:** A14, uscita Pescara-Chieti, indicazioni per San Giovanni Teatino.

Sconti: 10%

SAN SALVO (CH)

27-Cc

ABBIGLIAMENTO

Jeans & Casual

Spaccio aziendale/Factory outlet

Via dello Stadio
FAX 0873343233
Via Vespucci
FAX 0873801096
Via dello Stadio: lun (15.30-19.15), mart-sab 8.30-12.30; **chiuso** dom; Via Vespucci: giu-set (variabile)

(1) Via dello Stadio 31 - cap 66050

(2) Via A. Vespucci, San Salvo Marina - cap 66050

■ Abbigliamento sportivo e casual, principalmente jeans, dei marchi Dexter e Holiday. Buona qualità con taglie dalla 42 alla 60 per uomo e dalla 40 alla 54 per donna. Ulteriori sconti durante i saldi.

➜ **Come arrivare:** A14, uscita Montenero di Bisaccia, direzione San Salvo.

Sconti: dal 30% al 60%

SANT'EGIDIO ALLA VIBRATA (TE)

27-Ab

ABBIGLIAMENTO

Maglificio Gran Sasso

Spaccio aziendale/Factory outlet

08618460
FAX 0861841070
amministrazione@gransasso.it
www.gransasso.it
mart-sab (10.00-12.30, 15.00-18.30); **chiuso** dom, lun; ferie ago (variabile)
P

Corso Adriatico 155 - cap 64016

■ Outlet di maglieria classica e di buona qualità, per uomo e donna. Filati pregiati e anche grandi taglie. Rimanenze, fine serie e campionari di capi tutti di prima scelta. Ulteriori sconti durante i saldi.

➜ **Come arrivare:** A14, uscita San Benedetto del Tronto, raccordo autostradale Ascoli Piceno, uscita Ancarano-Castel di Lama, indicazioni per Sant'Egidio alla Vibrata.

Sconti: dal 20% al 50%

SANT'EGIDIO ALLA VIBRATA (TE)
27-Ab

ALIMENTARI

Cicconi & C.

Spaccio aziendale/Factory outlet

0861842464
FAX 0861842464
lun (15.30-19.30), mart-sab (9.00-13.00, 15.30-19.30);
chiuso dom
P

Corso Adriatico 64 - cap 64016

Vendita diretta e produzione propria di confetti e specialità dolciarie abruzzesi, come i "sassi". Anche confetti di prima e seconda scelta. Buona qualità, vasto assortimento, anche di articoli da regalo, bomboniere. Liste nozze.

→ **Come arrivare:** A14, uscita San Benedetto del Tronto, raccordo autostradale Ascoli Piceno, uscita Ancarano-Castel di Lama, indicazioni per Sant'Egidio alla Vibrata.

€ **Sconti: 15%**

SANT'EGIDIO ALLA VIBRATA (TE)
27-Ab

ALIMENTARI

Confettificio Casimirri

Spaccio aziendale/Factory outlet

0861840206
casimirri.atelier@email.it
www.casimirri.it
lun-sab (9.00-13.00, 16.00-20.00);
chiuso dom

Via Roma 51 - cap 64016

Vendita diretta e produzione propria della casa Casimirri fondata nel 1890. Oltre 25 tipi di confetti, specialità dolciarie tipiche, come i "sassi" d'Abruzzo (ricetta originale doc, tramandata dal fondatore) e novità come il confetto Giulia.

→ **Come arrivare:** A14, uscita San Benedetto del Tronto, raccordo autostradale Ascoli Piceno, uscita Ancarano-Castel di Lama, indicazioni per Sant'Egidio alla Vibrata.

€ **Sconti: 15%**

SANT'EGIDIO ALLA VIBRATA (TE)
27-Ab

INTIMO E MARE

Laurenzi

Spaccio aziendale/Factory outlet

0861840165
FAX 0861841452
info@millenotti.it
www.millenotti.it
lun-ven (8.00-12.30, 14.00-17.30);
chiuso sab, dom;
ferie ago (variabile)
P

Via Archimede 10 - cap 64016

Intimo uomo, donna e bambino (dai 4 ai 14 anni) e abbigliamento mare donna dei marchi Mille Notti, Laurens, Ore Piccole, A Modo Mio. Campionari, rimanenze, fine serie e seconda scelta.

→ **Come arrivare:** A14, uscita San Benedetto del Tronto, raccordo autostradale Ascoli Piceno, uscita Ancarano-Castel di Lama, indicazioni per Sant'Egidio alla Vibrata.

€ **Sconti: 30%**

SANT'EGIDIO ALLA VIBRATA (TE)

27-Ab

INTIMO E MARE

Lucy Ann

Spaccio aziendale/Factory outlet

0861840975
FAX 0861841833
lun-ven (8.30-12.00, 14.30-18.30);
chiuso sab, dom;
ferie ago (variabile)

Via E. Fermi 11 - cap 64016

■ Outlet della Lucy Ann che produce intimo e lingerie femminile, pigiami e vestaglie della Lingelor. Campionari, rimanenze e fine serie con capi tutti di prima scelta. Ulteriori sconti nel periodo dei saldi.

➜ **Come arrivare:** A14, uscita San Benedetto del Tronto, raccordo autostradale Ascoli Piceno, uscita Ancarano-Castel di Lama, indicazioni per Sant'Egidio alla Vibrata.

€ **Sconti: 20%**

SCOPPITO (AQ)

25-Da

ALIMENTARI

Cooperativa Callesco

Spaccio aziendale/Factory outlet

0862717296
mer-dom (8.00-13.00, 16.30-19.30);
chiuso lun, mart;
ferie ago (variabile)
P

Via Roma 119, Madonna della Strada - cap 67019

■ Allevamento con vendita diretta di carne: agnelli, suini e bovini di buona qualità a prezzi molto convenienti sulle grandi quantità. La cooperativa Callesco vende anche salumi di produzione propria.

➜ **Come arrivare:** A24, uscita L'Aquila Ovest, SS17 direzione Rieti, poi Scoppito.

SULMONA (AQ)

27-Ad

ALIMENTARI

Pelino

Spaccio aziendale/Factory outlet

0864210047
FAX 086432323
pelino@pelino.it
www.pelino.it
lun-sab (8.30-12.30, 15.00-18.30);
chiuso dom
P

Via Stazione Introdacqua 55 - cap 67039

■ Vendita diretta della storica fabbrica di confetti Pelino, famosa in tutto il mondo. Tradizione e genuinità caratterizzano i prodotti di questa azienda fondata nel 1783. Prodotti di primissima scelta confezionati con mandorle d'Avola.

➜ **Come arrivare:** A25, uscita Cocullo, SS479 direzione Sulmona, poi Scanno.

TORTORETO (TE)

27-Ab

ABBIGLIAMENTO

GPM

Spaccio aziendale/Factory outlet

086177201/
0861772001
FAX 0861788450
www.raybest.it
lun-ven (8.30-12.00,
15.00-19.00),
sab (9.00-13.00, 15.00-19.00)
chiuso dom

Via Nazionale Adriatica km 403, Tortoreto Lido - cap 64018

Outlet del marchio Raybest, abbigliamento maschile casual, chic e sportivo. Qui si trovano giacconi, giacche, capispalla, abiti e pantaloni. Lo spaccio è situato all'interno della fabbrica.

→ **Come arrivare:** A14, uscita Val Vibrata, SS16 direzione Tortoreto, poi Tortoreto Lido.

€ **Sconti: dal 30% al 50%**

TORTORETO (TE)

27-Ab

CALZATURE E PELLETTERIA

Pelletteria Ripani

Spaccio aziendale/Factory outlet

0861788128
FAX 0861788860
staff@ripanipelletteria.com
www.ripani.com
lun-ven (9.00-12.00,
15.00-19.00),
sab (9.00-12.00);
chiuso dom
P

Via Nazionale Adriatica 112/b, Tortoreto Lido - cap 64018

È l'outlet della Ripani che produce valigie, borse e piccoli accessori in pelle come guanti, cinture, portafogli e portamonete. Prodotti di primissima scelta. Ulteriori sconti durante i saldi.

→ **Come arrivare:** A14, uscita Val Vibrata, SS16 direzione Tortoreto, poi Tortoreto Lido.

€ **Sconti: dal 10% al 40%**

VILLA SANTA MARIA (CH)

27-Bd

VINI E LIQUORI

Di Cicco Antonio Liquori

Spaccio aziendale/Factory outlet

0872944554
FAX 0872944554
contatti@diciccoantonio.com
www.diciccoantonio.com
lun-ven (8.00-13.00,
14.30-17.30);
chiuso sab, dom;
ferie ago

Piazza Marconi 4 - cap 66047

Outlet dello stabilimento Di Cicco che produce liquori. Prodotti tipici come l'Amaro Abruzzese, liquori dolci e aromatizzati, limoncello, grappe e bagne ad uso pasticceria. Ulteriore ribasso del 3-4% per chi paga alla consegna.

→ **Come arrivare:** A14, uscita Val di Sangro, superstrada 652, uscita Villa Santa Maria.

€ **Sconti: dal 25% al 50%**

MONTAQUILA (IS)

29-Ca

ABBIGLIAMENTO
Ittierre - City Fashion
Spaccio aziendale/Factory outlet

086596187
FAX 0865460353
cosimo_gentile@ittierre.it
www.itholding.it
mart-dom (10.30-20.00);
chiuso lun;
ferie ago (variabile)
P

Strada Statale 85, Venafrana km 28+100, Loc. Roccaravindola - cap 86070

Spaccio della società Ittierre e del gruppo IT Holding. Si trovano i marchi D&G, Versus, Versace Jeans Couture, Just Cavalli, Extè. Ottimi sconti, maggiori risparmi sulle rimanenze, fine serie e durante i periodi di saldi.

→ **Come arrivare:** A1, uscita San Vittore o Caianello, direzione Isernia e Venafro.

€ **Sconti: 40%**

TERMOLI (CB)

27-CDCd

ABBIGLIAMENTO
Jeans & Casual
Spaccio aziendale/Factory outlet

0875705551
FAX 0875705551
msparv@tin.it
lun-sab (8.30-12.30, 16.00-19.30);
chiuso dom;
ferie ago (variabile)

Via Corsica 19/b - cap 86039

Capi casual del marchio Holiday per uomo e donna. Rimanenze e fine serie, ottime occasioni su articoli di campionario (donna 42, uomo 48) con sconti ottimi soprattutto per la seconda scelta. Altro spaccio a Trivento (vedi) e a Montenero di Bisaccia (CB).

→ **Come arrivare:** A14 uscita Termoli, SS16 direzione Termoli.

€ **Sconti: dal 40% al 75%**

TRIVENTO (CB)

27-cd

ABBIGLIAMENTO
Jeans & Casual
Spaccio aziendale/Factory outlet

0874871367
FAX 0874871367
msparv@tin.it
lun-sab (8.30-12.30, 16.00-19.30),
chiuso dom;
ferie ago (variabile)

Via Mastroiacovo 62 - cap 86029

Un altro spaccio che propone il marchio Holiday, abbigliamento casual per uomo e donna. Rimanenze e fine serie, ottime occasioni su articoli di campionario (donna 42, uomo 48) con sconti ottimi soprattutto per la seconda scelta.

→ **Come arrivare:** A14 uscita Montenero di Bisaccia-Vasto Sud, SS650 indicazioni per Trivento.

€ **Sconti: dal 40% al 75%**

Campania

ANACAPRI (NA) *29-Cc*

ALIMENTARI

Limoncello di Capri

Spaccio aziendale/Factory outlet

0818372927
FAX 0818372927
limoncello@capri.it
www.limoncello.com
inverno: lun-dom (9.00-18.00); estate: lun-dom (9.00-19.30); ferie natale

Via Capodimonte 27 - cap 80071

■ Vendita diretta e produzione artigianale di Limoncello di Capri fatto con limoni IGP di Capri e Sorrento. Altri prodotti come liquore al finocchietto, arancetto, laurus, basilico. Anche dolci alla crema di limone, babà, marmellate e creme di frutta.

→ **Come arrivare:** da piazza Vittoria, stradina per via San Michele, poi via Capodimonte.

ARZANO (NA) *27-Cc*

ABBIGLIAMENTO

Désirée Outlet

Spaccio aziendale/Factory outlet

0815734336
FAX 0815730201
desiree.arzano@ugocolellaretail.it
www.khiurli.com
lun-sab (8.30-19.30), dom (9.00-13.30); ferie ago (variabile)
P

Viale delle Industrie - cap 80022

■ 500 mq di abbigliamento, intimo e mare uomo. Qui si trovano le camicie artigianali di Ugo Collella, i marchi Désirée e Khiurli. Articoli anche per donna e bambino. Capi di prima scelta disponibili in tutte le taglie. Durante i saldi, promozioni 3x2.

→ **Come arrivare:** A1, uscita Napoli Nord, direzione Acerra-Afragola, poi Arzano.

€ **Sconti: dal 30% al 40%**

ARZANO (NA) *27-Cc*

CALZATURE E PELLETTERIA

Calzaturificio Campanile

Spaccio aziendale/Factory outlet

0815734833
FAX 0815736691
campanile.commerciale@tin.it
www.fratellicampanile.it
lun-sab (9.30-13.00, 14.00-19.00); chiuso dom; ferie ago (variabile)

Via Napoli 244 - cap 80022

■ Calzature da uomo classiche (Campanile) e sportive (Brian Cress) e da donna sportive (Brian Cress). Occasioni su campionario donna (37) e uomo (8) e paia difettate. Rimanenze e fine serie.

→ **Come arrivare:** A1, uscita Napoli Nord, direzione Acerra-Afragola, poi Arzano.

€ **Sconti: dal 20% al 50%**

ARZANO (NA) 27-Cc

CALZATURE E PELLETTERIA

Starlet Calzaturificio

Spaccio aziendale/Factory outlet

0815734837
FAX 0815734253
starlet@starletshoes.it
www.starletshoes.it
lun-sab (9.00-13.30, 16.00-20.00);
lug-ago lun-sab (9.00-13.30);
chiuso dom
P

Via Sette Re - cap 80022

Spaccio aziendale di calzature uomo e donna con marchi come Samsonite e Starlet. Vasto assortimento di modelli, misure e colori. Articoli di prima scelta, ma anche difettati a prezzi ottimi. Ulteriori sconti nel periodo dei saldi.

→ **Come arrivare:** A1, uscita Napoli Nord, direzione Acerra-Afragola, poi Arzano - zona industriale.

€ **Sconti: dal 20% al 40%**

ARZANO (NA) 27-Cc

CASA

Antica Manifattura Capodimonte

Spaccio aziendale/Factory outlet

0817318341
FAX 0817318343
info@ceramicheamc.com
www.ceramicheamc.com
lun-ven (8.00-17.00;
chiuso sab, dom;
ferie ago
P

Via Remo De Feo 2 - cap 80022

Spaccio aziendale delle famose ceramiche e porcellane di Capodimonte. Lampade, plafoniere, statuine, bomboniere, vasi, lumi dalle tipiche decorazioni elaborate. Solo prima scelta. Sconti fantastici sulle rimanenze.

→ **Come arrivare:** A1, uscita Napoli Nord, direzione Acerra-Afragola, poi Arzano - zona industriale.

€ **Sconti: dal 30% al 60%**

ARZANO (NA) 27-Cc

CASA

Stock Mega Store

Stocchista/Stockhouse

0815732081
lun-sab (9.00-19.30);
chiuso dom

Via Circonvallazione Esterna - cap 80022

3 000 mq di stock di mobili e cucine. Qui si trovano campionari e fine serie di marchi di arredamento come Selva, Piombino, Precotto e Giaretta. Buone occasioni.

→ **Come arrivare:** A1, uscita Napoli Nord, direzione Acerra-Afragola, poi Arzano - zona industriale.

€ **Sconti: 50%**

AVERSA (CE) 27-Cc

ABBIGLIAMENTO

Outletcafé

Spaccio aziendale/Factory outlet

0818901499
FAX 0818901499
lun (16.00-20.00), mart-sab (9.00-13.00, 16.00-20.00); **chiuso** dom; ferie ago (variabile)

Via Solferino 32 - cap 81031

Rimanenze, campionari e fine serie di collezioni precedenti di abbigliamento uomo e donna. Vasta scelta di taglie e marchi di buona qualità.

Come arrivare: A1, uscita Pomigliano-Villa Literno, direzione Aversa.

Sconti: 50%

CALVIZZANO (NA) 27-Cc

CALZATURE E PELLETTERIA

Calzaturificio Melluso

Spaccio aziendale/Factory outlet

0817130944/ 800018144
FAX 0817131210
info@melluso.it
www.melluso.it
lun-sab (8.30-18.30), lug-ago sab (8.30-13.30); **chiuso** dom
P

Viale della Resistenza 181 - cap 80012

Spaccio aziendale del marchio Melluso che produce calzature comode e confortevoli per uomo e donna. Vasto assortimento di modelli, misure e colori. Articoli di prima scelta. Anche articoli da viaggio e valigeria.

Come arrivare: A1, uscita Asse Mediano, direzione Marano, poi Calvizzano.

CAPACCIO (SA) 35-Bb

ALIMENTARI

Caseificio Barlotti - La Bufalara

Spaccio aziendale/Factory outlet

0828811146
FAX 0828721047
inverno: lun-dom (8.30-19.30); estate: lun-dom (8.30-21.00); ferie natale, pasqua
P

Via Torre di Mare 1, Paestum - cap 84063

Vendita diretta della produzione propria di mozzarelle di bufala e di altri prodotti caseari quali ricotta, formaggi freschi, scamorze, latte e formaggi di pecora. La qualità è ottima e i prezzi relativamente bassi. In apertura un bar-yogurteria.

Come arrivare: A3, uscita Battipaglia, direzione Paestum scavi, poi Capaccio.

CAPACCIO (SA)

35-Bb

ALIMENTARI

Caseificio Torricelle

Spaccio aziendale/Factory outlet

0828811318
FAX 0828721165
caseificiotorricelle@virgilio.it
www.torricelle.cjb.net
lun-dom (8.00-20.00); ferie pasqua, natale, 1 gen
P

Via Torricelle 1, Paestum - cap 84063

Vendita diretta del marchio Torricelle: mozzarelle di bufala campana doc e altre specialità a base di latte di bufala. Buonissime ricotte, formaggi freschi, scamorze anche affumicate o aromatizzate al peperoncino.

→ **Come arrivare:** A3, uscita Battipaglia, direzione Paestum scavi, poi Capaccio.

CASERTA

29-Cb

ABBIGLIAMENTO

Outlet

Stocchista/Stockhouse

0823328894
inverno:
lun (16.00-20.00),
mart-sab (9.00-13.00, 16.00-20.00);
estate: lun-ven (9.00-13.00, 16.30-20.30),
sab (9.00-13.00);
chiuso dom

Corso Trieste 63 - cap 81100

Stockhouse in cui trovare articoli di abbigliamento femminile di marchi come Marchese Coccapani, Ferré, Roccobarocco, Linea Sport. Vasta scelta di campionari e fine serie a prezzi ridotti.

→ **Come arrivare:** A1, uscita Caserta Nord, direzione centro città.

€ **Sconti: 50%**

CASERTA

29-Cb

CASA

Antico Opificio Serico De Negri

Spaccio aziendale/Factory outlet

0823361290
FAX 0823361401
info@aos.it
www.aos.it
lun-ven (9.00-12.00, 15.00-18.00),
sab (9.00-12.30);
chiuso dom;
ferie ago
P

Piazza della Seta 1, Loc. San Leucio - cap 81020

Spaccio aziendale di tessuti in seta per l'arredamento. La produzione è artigianale, segue metodi e tecniche tradizionali. Vasta scelta di disegni e stampati. Prezzi adeguati.

→ **Come arrivare:** A1, uscita Caserta Nord, indicazioni per località San Leucio.

EBOLI (SA)

27-Ec

ALIMENTARI

Caseificio Villecco

Spaccio aziendale/Factory outlet

0828309089
caseificiovillecco@tiscali.it
lun-dom (6.00-20.00); ferie set (variabile)

Statale 18 , Corno d'Oro - cap 84025

■ Vendita diretta di formaggi e latticini con il marchio Villecco: mozzarelle di bufala, trecce, ricotte e scamorze di latte di bufala. Inoltre pecorini freschi e stagionati e altri formaggi freschi, stagionati o aromatizzati.

➔ **Come arrivare:** A3, uscita Battipaglia, direzione Paestum scavi, a 3 km dal casello autostradale.

GRUMO NEVANO (NA)

27-Cc

ABBIGLIAMENTO

Kadoa Uomo

Spaccio aziendale/Factory outlet

0818333076
FAX 0818333023
kadoauomo@virgilio.it
www.kadoauomo.it
lun-ven (8.00-13.00, 14.00-19.00), sab (8.00-13.00); **chiuso** dom; ferie ago (variabile)

Via Leonardo da Vinci 10 - cap 80028

■ Abbigliamento uomo del marchio Kadoa, classico e casual, anche in tessuti pregiati come il cashmere. Inoltre camicie, accessori (cravatte e cinture). Solo prima scelta e vasta scelta di taglie, anche calibrate. Ottimi prezzi.

➔ **Come arrivare:** A1, uscita Napoli Nord, tangenziale di Napoli, uscita Secondigliano, direzione Melito.

€ **Sconti: dal 30% al 50%**

MONDRAGONE (CE)

27-Ab

ALIMENTARI

Mandara Industria Casearia

Spaccio aziendale/Factory outlet

0823760211
FAX 0823760218
ilcmandara@tin.it
lun-dom (8.30-13.30, 15.00-18.00)
P

Statale Domiziana 23+500 - cap 81034

■ Mozzarelle di bufala e fior di latte del rinomato marchio Mandara, che ha un punto vendita, a prezzo pieno, a Milano. Sono tutte mozzarelle di ottima qualità e freschissime. Ma in questo spaccio si vendono anche altri prodotti alimentari come burro, provolone del monaco, ricotta, pecorino, sottaceti e sottoli, pane e biscotti di Agerola. Tutti prodotti alimentari di qualità garantita.

→ **Come arrivare:** uscita Napoli Nord, tangenziale di Napoli, uscita Pozzuoli, direzione Castel Volturno, poi Mondragone.

€ **Sconti: 20%**

NAPOLI

29-Cc

ACCESSORI

Guantificio Andreano

Spaccio aziendale/Factory outlet

0817801002
FAX 0817809914
info@andreano.it
www.andreano.it
lun-ven (8.30-13.00, 14.00-18.00); **chiuso** sab, dom; ferie ago (variabile), natale-6 gen
P

Via Briganti 286 - cap 80141

■ Azienda artigianale che produce guanti in pelle per uomo e donna. Buone occasioni e anche possibilità di acquisti online.

→ **Come arrivare:** A1, uscita Napoli Nord, tangenziale di Napoli, uscita Capodichino, direzione aeroporto.

NAPOLI

29-Cc

BAMBINO

F. Trade

Spaccio aziendale/Factory outlet

0817540628
FAX 081434761
info@ftrade.it
www.ftrade.it
lun-sab (9.30-18.30); chiuso dom; ferie ago (variabile)
P

Corso Secondigliano 223 - cap 80144

Abbigliamento bambino da 0 a 16 anni con marchi in vendita come Armani, Timberland, Levi's e Chicco. Solo capi di prima scelta.

Come arrivare: A1, uscita Napoli Nord, tangenziale di Napoli, uscita Secondigliano.

Sconti: dal 30% al 70%

NAPOLI

29-Cc

BAMBINO

Prénatal Outlet

Spaccio aziendale/Factory outlet

0815635825
prenatal@prenatal.it
www.prenatal.it
mart-sab (9.30-13.30, 16.00-19.30); chiuso lun, dom

Via Egiziaca a Forcella 8/10 - cap 80139

Abbigliamento, accessori, scarpe da 0 a 11 anni. Passeggini, oggetti per la puericultura e abbigliamento prémaman. Spazio di circa 200 mq con ottime occasioni. Nel periodo dei saldi, sconti favolosi.

Come arrivare: A3, uscita Napoli Centro, indicazioni per piazza Garibaldi e Corso Umberto I.

Sconti: dal 30% all'80%

PORTICI (NA)

29-Cc

GIOIELLI E OROLOGI

Donadio

Spaccio aziendale/Factory outlet

0817752900
FAX 0817762985
icom@donadiosrl.it
www.donadio.net
lun-dom (8.30-17.30)
P

Piazzale Luigi Sapio 4/5 - cap 80055

Produzione artigianale di corallo e cammei. Vendita diretta in showroom, dove è anche possibile assistere alla lavorazione del corallo o la creazione di un cammeo. Acquisti a prezzi vantaggiosi. Sconto del 10% per i turisti.

Come arrivare: A3, uscita Ercolano, vicino al casello autostradale.

Sconti: 10%

SALERNO

29-Dc

CASA

Il Cigno Cargo

Spaccio aziendale/Factory outlet

089301746
FAX 089301746
gattob@tin.it
inverno: lun-sab (9.30-13.30, 16.30-20.00), dom (10.00-13.00, 17.00-20.00), estate: lun-sab (9.30-13.30, 17.30-21.00); **chiuso** dom (variabile); ferie 13-18 ago
P

Via San Leonardo 139 - cap 84131

■ 500 mq di cristallerie, porcellane, posate, oggetti per la casa, ceramiche. Marchi come: Dior, Richard Ginori, Bagatti, Pagnossin. Inoltre mobili, fiori e piante artificiali d'importazione. Ottime occasioni su prodotti di fine serie e di seconda scelta.

→ **Come arrivare:** A3, uscita Salerno, SS18 direzione Salerno.

€ **Sconti: dal 30% al 70%**

SCAFATI (SA)

27-Dc

CASA

Tessuti Vittoria

Spaccio aziendale/Factory outlet

0818562101
lun-ven (9.00-13.00, 16.00-19.30), sab (9.00-13.00); **chiuso** dom; ferie ago
P

Via Leonardo da Vinci 14 - cap 84018

■ Tessuti di buona qualità per l'arredamento e vasta scelta di stoffe per tende. I marchi in vendita sono Vittoria, il marchio aziendale, ma anche Gabel e Caleffi. Gli articoli sono sia di prima che di seconda scelta.

→ **Come arrivare:** A3, uscita Scafati-Pompei, a 500 m dal casello autostradale.

€ **Sconti: 30%**

SOLOFRA (AV)

27-Dc

ABBIGLIAMENTO

New Age Leather

Spaccio aziendale/Factory outlet

0825535434
FAX 0825535434
info@newageleather.com
www.newageleather.com
lun-sab (8.30-13.00, 14.30-20.00); dic anche dom 8.30-13.00, 14.30-20.00; **chiuso** dom (variabile); ferie ago (variabile)
P

Via Melito (centro cervizi ASI) - cap 83029

■ Abbigliamento in pelle uomo e donna del marchio New Age Leather. Alcuni capi sono anche bordati in pelliccia. Sono disponibili tutte le taglie.

→ **Come arrivare:** raccordo autostradale Avellino-Salerno, uscita Solofra, indicazioni per il centro commerciale Sole, poi centro servizi ASI.

€ **Sconti: dal 30% al 50%**

VIETRI SUL MARE (SA) *29-Dc*

CASA

Ceramica Artistica Solimene

Spaccio aziendale/Factory outlet

089210243
FAX 089212539
solimene@amalficoast.it
www.solimene.com
lun-ven (8.30-19.30), sab (8.30-14.00, 16.00-19.30); **chiuso** dom

Via Madonna degli Angeli 7 - cap 84019

■ Spaccio aziendale di ceramiche artistiche, maioliche e terrecotte decorate: dalle piastrelle ai bicchieri, dai piani per rivestimenti alle tazzine e alle bomboniere. Ulteriori sconti del 20% sugli articoli di seconda scelta e sulle rimanenze.

➜ **Come arrivare:** A3, uscita Vietri sul Mare, SS18 direzione Salerno, poi Vietri sul Mare.

€ **Sconti: dal 10% al 20%**

VIETRI SUL MARE (SA) *29-Dc*

CASA

Perotti Vetrate Artistiche

Laboratorio artigianale

089211545
FAX 089761576
info@perotti.it
www.perotti.it
lun-ven (9.00-12.30, 15.00-19.00), sab (9.00-12.30); **chiuso** dom; ferie ago (variabile)
P

Via Nazionale Costiera 32 - cap 84019

■ Laboratorio artigianale che produce vetrate artistiche per ville e giardini ma anche per chiese e cattedrali. Complementi d'arredo come lampade, divani e piccoli mobili. Vasta scelta di disegni e colori. Prezzi adeguati.

➜ **Come arrivare:** A3, uscita Vietri sul Mare, SS18 direzione Amalfi-Positano, poi Vietri sul Mare.

ALESSANO (LE)

31-Cc

ACCESSORI

Silene

Spaccio aziendale/Factory outlet

0833782528
FAX 0833521980
rocco@the-king.it
www.theking.it
lun-ven (9.00-17.30);
chiuso sab, dom;
ferie ago (variabile)
P

Via Gonfalone, zona industriale - cap 73031

■ Spaccio aziendale che vende cravatte, foulard, sciarpe e altri accessori in seta di produzione propria. Ottima scelta di articoli in svariati colori e disegni, a prezzi interessanti. Solo prodotti di prima scelta.

→ **Come arrivare:** A14, uscita Bari Nord, E55 direzione Brindisi, SS613 direzione Lecce, poi Alessano.

Sconti: 20%

BARI

31-Dc

ABBIGLIAMENTO

Diffusione Tessile - Max Mara

Spaccio aziendale/Factory outlet

0805662068
FAX 0805050784
www.diffusionetessile.it
lun, mer-sab (9.30-13.00, 15.30-20.00),
mart (15.30-20.00);
chiuso dom
P

Via Zippitelli 16 - cap 70123

■ Rimanenze, fine serie e campionari dei marchi del gruppo Max Mara: Max Mara, Sportmax, I Blues, Marella, Max & Co., Marina Rinaldi. Taglie che vanno dalla 36 alla 60. Nel periodo dei saldi, ulteriori sconti. Si accettano anche assegni.

→ **Come arrivare:** A14, uscita Bari Nord, poi circonvallazione di Bari, uscita 6 direzione Foggia.

Sconti: 50%

BARI

31-Dc

ABBIGLIAMENTO

Modi & Moda

Spaccio aziendale/Factory outlet

0805343243
lun-sab (9.30-13.00, 16.00-20.00);
chiuso dom

Via Napoli 364b/1 - cap 70123

■ Spaccio Gina Lebole di abbigliamento uomo, donna e bambino, classico e sportivo. Grande scelta di capi realizzati in tessuti pregiati provenienti dalle migliori tessiture italiane. Sono disponibili anche grandi taglie da uomo e da donna.

→ **Come arrivare:** A14, uscita Bari Nord, poi circonvallazione di Bari, uscita 4.

Sconti: dal 30% al 40%

BARI
31-Dc

ABBIGLIAMENTO

Superga Outlet

Spaccio aziendale/Factory outlet

0805348669
FAX 0805348862
supergabari@allospaccio.net
www.supergaoutlet.net
lun (16.00-20.00), mart-sab (10.00-14.00, 16.00-19.45); **chiuso** dom; ferie ago (variabile)
P

Viale Europa 3/e - cap 70123

Outlet dove trovare, oltre alle famose calzature sportive, capi di abbigliamento casual e accessori per uomo, donna e bambino dei marchi Superga, Kappa, Robe di Kappa, Jesus Jeans e K-way.

→ **Come arrivare:** A14, uscita Bari Nord, poi circonvallazione di Bari, uscita 6, indicazioni per quartiere San Paolo.

€ **Sconti: dal 40% all'80%**

CASTELLANA GROTTE (BA)
33-Bb

ALIMENTARI

Mastronardi

Spaccio aziendale/Factory outlet

0804963510
FAX 0804908315
mastro.formaggi@tin.it
lun-ven (8.30-13.00, 16.00-20.30), sab (8.30-13.00); **chiuso** dom

Via del Lago 12 - cap 70013

Vendita di prodotti alimentari caseari tipici della Puglia, direttamente dall'azienda produttrice. Una grandissima scelta di formaggi, come scamorze e provoloni, tutti di primissima scelta.

→ **Come arrivare:** A14, uscita Bari Sud, SS16, uscita Monopoli-Castellana Grotte.

€ **Sconti: 20%**

CURSI (LE)
33-Dc

ABBIGLIAMENTO

Confezioni Beldon

Spaccio aziendale/Factory outlet

0836332471
FAX 0836421507
beldon@libero.it
lun-mer, ven-sab (9.00-13.00, 16.00-20.00), gio (9.00-13.00); **chiuso** dom
P

Via Umberto Saba 5/b - cap 73020

Outlet di abbigliamento classico e di qualità. Completi eleganti in lana, lino, cotone. Grande scelta di taglie che per uomo arrivano fino alla 58-60. Ulteriori sconti con la carta fedeltà (10%) e durante i saldi.

→ **Come arrivare:** A14, uscita Bari Nord, E55 direzione Brindisi, SS613 direzione Lecce, uscita Maglie-Cursi.

€ **Sconti: dal 10% al 50%**

GALATINA (LE) — 33-Dc

ABBIGLIAMENTO

Vestebene Factory Store

Spaccio aziendale/Factory outlet

0836568931
FAX 0836568931
www.vestebene.com
lun-mer, ven-sab (9.00-13.00, 16.30-20.30), gio (9.00-13.00); chiuso dom

Piazza Alighieri 85 - cap 73013

Outlet del gruppo Vestebene-Miroglio dove trovare le rimanenze e fine serie dei marchi aziendali: Caractère, Notes, Elena Mirò, Motivi, Per Te by Krizia. Abbigliamento donna, elegante e di buona qualità.

→ **Come arrivare:** A14, uscita Bari Nord, E55 direzione Brindisi, SS613 direzione Lecce, poi Galatina centro città.

€ **Sconti: 50%**

LECCE — 33-Dc

ABBIGLIAMENTO

Barbetta

Spaccio aziendale/Factory outlet

0833800559
FAX 0833800572
mauma@tiscali.it
lun-ven (9.00-13.00, 15.00-19.00), sab (9.00-13.00, 16.00-20.00); chiuso dom
P

Zona industriale Nardò - cap 73048

Rimanenze, fine serie e campionari dei marchi prodotti dall'azienda Barbetta, come Ermenegildo Zegna, Jil Sander, Dunhill. Ottime qualità e scelta di taglie. Si accettano anche assegni.

→ **Come arrivare:** SS101, direzione Gallipoli, uscita Nardò - zona industriale.

€ **Sconti: 60%**

LECCE — 33-Dc

ABBIGLIAMENTO

Second Opinion T.A.F. di E. Quintana & C.

Vintage/Usato selezionato

0832240748
FAX 0832240748
equintana@libero.it
inverno: lun (16.30-20.00), mart-sab (9.00-13.00, 16.30-20.00); estate: lun-ven (9.00-13.00, 17.00-20.30), sab (9.00-13.00); chiuso dom

Via Rubichi 12 - cap 73100

Principalmente abbigliamento vintage, ma c'è anche un reparto di usato selezionato, rielaborato in modo attuale. Solo articoli di primissima scelta con buona disponibilità di taglie per uomo e donna.

→ **Come arrivare:** E55 direzione Brindisi, SS613 direzione Lecce, indicazioni per centro storico, vicino a piazza Sant'Oronzo.

€ **Sconti: dal 20% al 50%**

MAGLIE (LE) 33-Dc

ABBIGLIAMENTO

Confezioni Beldon

Spaccio aziendale/Factory outlet

0836424655
FAX 0836421507
lun (16.30-20.30), mart-sab (9.00-13.00, 16.30-20.30); **chiuso** dom

Piazza Aldo Moro 3 - cap 73024

Outlet di abbigliamento classico e di qualità. Completi eleganti in lana, lino, cotone. Grande scelta di taglie che per uomo arrivano fino alla 58-60. Ulteriori sconti con la carta fedeltà (10%) e durante i saldi.

→ **Come arrivare:** A14, uscita Bari Nord, E55 direzione Brindisi, SS613 direzione Lecce, uscita Maglie-Cursi.

€ **Sconti: dal 10% al 50%**

MARTINA FRANCA (TA) 33-Bb

ABBIGLIAMENTO

Massa Poi

Stocchista/Stockhouse

0804839795
FAX 0804839795
lun-mer, ven-sab (9.00-12.45, 16.30-20.30), gio (9.00-12.45); **chiuso** dom; ferie feb, set

Via Berardo Leone 1/22 - cap 74015

Rimanenze e fine serie di abbigliamento e accessori uomo, donna e bambino dell'omonimo negozio e grandi marchi della moda italiana. Non tutte le taglie sono disponibili. Promozioni a fine stagione.

→ **Come arrivare:** A14, uscita Bari Sud, SS16 direzione Brindisi, uscita Fasano-Egnazia, poi Martina Franca.

€ **Sconti: 50%**

MARTINA FRANCA (TA) 33-Bb

CASA

Asta Mobili

Spaccio aziendale/Factory outlet

0804855511
FAX 0804855534
info@astamobili.it
www.astamobili.it
lun-sab (8.30-13.00, 16.00-20.30), dom (10.00-13.00)
P

Via Mottola km 2+800 - cap 74015

Mobili e oggetti per la casa per tutte le tasche. Da Asta si trovano primi prezzi come articoli di design contemporaneo. Mobili di prima e seconda scelta con ottime occasioni. Si accettano anche assegni.

→ **Come arrivare:** A14, uscita Bari Sud, SS16 direzione Brindisi, uscita Fasano-Egnazia, poi Martina Franca.

€ **Sconti: 20%**

MONOPOLI (BA)

33-Bb

ALIMENTARI

Agroalimentari Scisci

Spaccio aziendale/Factory outlet

0809376459
FAX 0809379363
info@agrisciscishop.it
www.agrisciscishop.it
lun-sab (8.30-13.00, 15.00-19.00);
chiuso dom
P

Contrada Marzone 429 - cap 70043

Frantoio e azienda produttrice di olio extravergine d'oliva pugliese. Vendita diretta di vari tipi di oli, come il fruttato delicato Angelicus, il fruttato intenso Puer Terrae e il non filtrato La Tenuta di Puglia. I prezzi sono convenienti.

→ **Come arrivare:** A14, uscita Bari Nord, E55 direzione Brindisi, uscita Monopoli Nord.

Sconti: 5%

NOVOLI (LE)

33-Dc

ABBIGLIAMENTO

Koxe Jeans

Spaccio aziendale/Factory outlet

0832711280
FAX 0832711280
giammar46@libero.it
lun-mer, ven-sab (9.00-13.00, 16.30-20.00), gio (9.00-13.00);
chiuso dom;
ferie ago (variabile)

Via Redipuglia 4/a - cap 73051

Outlet di abbigliamento casual, uomo e donna, dove trovare pantaloni, jeans, camicie, vestiti a prezzi interessanti. Tutta la merce è di prima scelta e disponibile in tutte le taglie. Nel periodo dei saldi, ulteriori sconti.

→ **Come arrivare:** da Lecce, strada provinciale per Novoli, a circa 10 km dalla città.

Sconti: 30%

TRANI

31-Cc

CALZATURE E PELLETTERIA

Rody Calzature e Abbigliamento

Stocchista/Stockhouse

0883506368
FAX 0883506368
lun-sab (9.00-12.00, 17.00-20.00);
chiuso dom;
ferie ago (variabile)

Via de Robertis 86/88 - cap 70059

Stocchista di calzature di marca per uomo e donna. Vastissima scelta di numeri, colori e modelli di ottima qualità e a prezzi ottimi. Abbigliamento maschile e femminile anche di grandi marchi, soprattutto di prima scelta. Offerte promozionali periodiche.

→ **Come arrivare:** A14, uscita Trani, indicazioni per la stazione FS.

Sconti: dal 40% al 50%

TRIGGIANO (BA)

31-Dc

ACCESSORI

Mister Optik

Negozio discount

0804622836

www.misteroptik.it

lun (16.30-20.30), mart-sab (9.00-13.00, 16.30-20.30); **chiuso** dom

Corso Vittorio Emanuele 213 - cap 70019

Bella scelta di occhiali da sole e di montature da vista, anche rimanenze e fine serie di grandi marchi. Arrivi continui, consigliabili quindi più visite. Visita optometrica e lenti graduate su ordinazione.

→ **Come arrivare:** E55 direzione Brindisi, poi Triggiano.

Sconti: dal 30% all'80%

POTENZA

35-Ca

ABBIGLIAMENTO

Stefanel Factory Outlet

Spaccio aziendale/Factory outlet

0971470563

lun (16.15-20.15), mart-sab (9.15-13.15, 16.15-20.15); **chiuso** dom

Viale Marconi 85/87 - cap 85100

Outlet della Stefanel, la nota marca di abbigliamento uomo, donna e bambino. Rimanenze, fine serie, campionari di capi moda, casual e sportivi. Anche accessori. Prezzi convenienti.

→ **Come arrivare:** A3, raccordo autostradale Sicignano-Potenza, uscita Potenza Centro.

Abbigliamento

Accessori

Alimentari

Casa

BAGNARA CALABRA (RC) *39-Cb*

ALIMENTARI
Cardone Francesco
Spaccio aziendale/Factory outlet

Tel. 3287039989
Fax 0966371058
lun-dom (7.00-22.00)
P

Corso Vittorio Emanuele 59/61 - cap 89011

Vendita diretta di torrone e specialità dolciarie calabresi. Prodotti artigianali di qualità e fama. Prezzi davvero convenienti, anche per piccole quantità.

→ **Come arrivare:** A3, uscita Bagnara Calabra.

CATANZARO *37-Cc*

ACCESSORI
Mister Optik
Negozio discount

Tel. 0961759599
Fax 0961759599
www.misteroptik.it
lun (16.00-20.00), mart-sab (9.00-13.00, 16.00-20.00); **chiuso** dom; ferie ago (variabile)
P

Via Lucrezia della Valle 114/1 - cap 88100

Occhiali da sole e da vista per uomo, donna e bambino. Montature di marca. Sconti anche su lenti graduate. Diverse promozioni durante l'anno, con ulteriori ribassi.

→ **Come arrivare:** A3, uscita Lamezia Terme-Catanzaro, direzione Catanzaro.

€ **Sconti: dal 15% al 40%**

COSENZA *37-Bb*

ALIMENTARI
Garritano 1908
Spaccio aziendale/Factory outlet

Tel. 098471393
Fax 098471393
garritanofichi@tiscali.it
lun-sab (8.30-13.00, 15.30-19.30); **chiuso** dom; ferie 20 mag-16 ago
P

Corso Vittorio Emanuele II 29/31 - cap 87100

Vendita diretta di fichi secchi, lavorati tradizionalmente secondo le ricette tipiche: con noci, mandorle, cioccolato oppure profumati al rhum. Anche frutta candita e cioccolato. A Pasqua, promozione sulle uova di cioccolata.

→ **Come arrivare:** A3, uscita Cosenza, indicazioni per il centro storico.

€ **Sconti: 10%**

MAIERATO (VV) *39-Da*

ALIMENTARI

Giacinto Callipo Conserve Alimentari

Spaccio aziendale/Factory outlet

0963996211
FAX 0963996242
infocallipo@callipo.com
www.callipo.com
lun-ven (8.00-12.30, 13.30-17.30);
chiuso sab, dom;
ferie ago (variabile)
P

Statale 110, km 1+600 - cap 89843

■ Vendita diretta di tonno e altri prodotti ittici in conserva. Tonno in scatola e vasetti di vetro, acciughe sotto sale e sottolio, bottarga. Tutto di ottima qualità e prima scelta a prezzi convenienti.

→ **Come arrivare:** A3, uscita Pizzo, SS110 indicazioni per Maierato.

MONTALTO UFFUGO (CS) *37-Bb*

ABBIGLIAMENTO

Bottega Sartoriale

Spaccio aziendale/Factory outlet

0984939804
FAX 0984939802
info@valentini-bs.it
www.valentini-bs.it
lun-ven (14.30-19.30), sab (9.00-13.00);
chiuso dom;
ferie ago
P

Contrada Pantone - cap 87046

■ Vendita diretta del marchio Valentini, abbigliamento maschile di alta qualità, a prezzi di fabbrica. Tutti i capi sono di prima scelta.

→ **Come arrivare:** A3, uscita Rose-Montalto Uffugo, indicazioni per Montalto Uffugo.

€ **Sconti: 30%**

PRAIA A MARE (CS) *35-Cc*

ABBIGLIAMENTO

Marzotto Factory Store

Spaccio aziendale/Factory outlet

098572725
FAX 0985777932
www.marzottospa.it
inverno: lun (16.00-20.00), mart-sab (10.00-13.00, 16.00-20.00),
chiuso dom;
estate: lun-dom (10.00-13.00, 17.30-21.30)
P

Via della Repubblica 85 - cap 87028

■ Outlet della Marzotto dove trovare i marchi Marzotto, Marlboro Classics, Valentino, Borgofiori a prezzi scontati. Capi classici, casual, sportivo e jeanseria per uomo e donna. Tutto di prima scelta.

→ **Come arrivare:** A3, uscita Lagonegro Sud, direzione Praia a Mare.

€ **Sconti: dal 30% al 70%**

RENDE (CS) 37-Bb

ACCESSORI

Mister Optik

Negozio discount

0984846158
www.misteroptik.it
lun (16.00-20.00), mart-sab (9.00-13.00, 16.00-20.00); **chiuso** dom

Via Crati 55 - cap 87036

Occhiali da sole e da vista per uomo, donna e bambino e montature di marca. Durante l'anno ci sono diverse promozioni con ulteriori ribassi. Sconti anche su lenti graduate.

→ **Come arrivare:** A3, uscita Cosenza Nord, direzione Rende.

€ **Sconti: dal 15% al 40%**

RENDE (CS) 37-Bb

ALIMENTARI

La Cioccolateria Garritano 1908

Spaccio aziendale/Factory outlet

098471393
FAX 098471393
garritanofichi@tiscali.it
lun-sab (8.30-13.00, 15.30-19.30); **chiuso** dom
P

Via Marconi 32 - cap 87036

Vendita diretta di fichi secchi, lavorati tradizionalmente secondo ricette tipiche: con noci, mandorle, rhum, cioccolato. Anche frutta candita, cioccolatini, pralineria. Nel periodo pasquale promozioni sulle uova di cioccolata.

→ **Come arrivare:** A3, uscita Cosenza Nord, direzione Rende.

€ **Sconti: 10%**

SQUILLACE (CZ) 37-BCc

CASA

Coop Artigiana Ceramisti San Agazio

Laboratorio artigianale

0961912678
FAX 0961912678
cooperativasagazio@libero.it
inverno: lun-ven (9.00-12.30, 15.30-19.00), sab (9.00-12.30); estate: lun-ven (9.00- 12.30, 16.30-20.00), sab (16.30-20.00); **chiuso** dom; ferie ott (variabile)

Via Guido Rhodio - cap 88069

Cooperativa di laboratori artigianali che producono oggetti per la casa in ceramica e terracotta con il marchio I Graffiti. Anche bomboniere, sulle quali viene applicato uno sconto del 10% per acquisti superiori a 50 pezzi.

→ **Come arrivare:** A3, uscita Lamezia Terme-Catanzaro, direzione Catanzaro, SS106 indicazioni per Soverato e per Squillace Superiore.

CALTAGIRONE (CT)

45-BCb

CASA

Ceramiche Giacomo Alessi

Laboratorio artigianale

093321967
FAX 093331694
giacomo.alessi@tin.it
lun-dom (9.00-13.00, 15.30-19.30)

Via Principe Amedeo 9 - cap 95041

■ Vendita diretta di ceramiche e maioliche prodotte artigianalmente. Vasto assortimento di maioliche e di oggettistica nella migliore tradizione locale.

→ **Come arrivare:** A19, uscita Catania Sud, SS417, direzione Caltagirone, poi centro città.

CASTELDACCIA (PA)

43-Bb

ALIMENTARI

Olii Tomasello

Spaccio aziendale/Factory outlet

091942423
FAX 091953477
lun-sab (9.00-13.00, 16.00-20.00); chiuso dom

Via Pietro Nenni 15 - cap 90014

■ Frantoio che vende olio extravergine di oliva e olio biologico di produzione propria. Prodotti di qualità e prezzi convenienti sia acquistando bottiglie che confezioni da dispensa di 5 litri.

→ **Come arrivare:** A19, uscita Casteldaccia.

CATANIA

45-Da

ABBIGLIAMENTO

Mini Outlet

Stockhouse/Multibrand

095315319
lun-sab (10.00-19.00); chiuso dom
P

Via Gambino 44 - cap 95131

■ Nuovi arrivi ogni settimana, solo capi ed accessori firmati dai migliori stilisti. Abbigliamento di stagione e a stock casual, trend, elegante, sportivo, streetware.

→ **Come arrivare:** centro storico di Catania, alle spalle di corso Sicilia, a circa 50 metri da piazza Stesicoro.

€ **Sconti: dal 30% al 90%**

MARSALA (TP) *41-Bb*

ALIMENTARI

E & N

Spaccio aziendale/Factory outlet

0923951969
www.pasticceriaen.com
lun-mart, gio-dom (7.30-22.00); chiuso mer

Via XI Maggio 130 - cap 91025

■ Cannoli, cassate, dolcetti alle mandorle, frutta di marzapane, latte di mandorle, prodotti dalla G.S.M. che propone pasticceria tradizionale siciliana di qualità con il marchio E&N.

→ **Come arrivare:** A29, diramazione Trapani-Birgi, uscita Marsala.

MARSALA (TP) *41-Bb*

VINI E LIQUORI

Corvo - Duca di Salaparuta - Florio

Spaccio aziendale/Factory outlet

0923781307
FAX 0923982380
info@vinicorvo.it, info@duca.it, info@cantineflorio.it
www.vinicorvo.it, www.duca.it, www.cantineflorio.it
lun-ven (9.30-13.00, 15.30-19.00), sab (9.00-13.00); chiuso dom; ferie ago (variabile)
P

Via Vincenzo Florio 1 - cap 91025

■ Outlet della famosa casa vinicola dove trovare tutti i prodotti della Corvo: i vini Duca di Salaparuta, i marsala e i vini liquorosi Florio. Anche gadget e articoli enologici. Si prenotano visite alle cantine e degustazioni. Prezzi adeguati. Altro spaccio a Casteldaccia (PA).

→ **Come arrivare:** A29, diramazione Trapani-Birgi, uscita Marsala.

MISTERBIANCO (CT) *45-Ca*

BAMBINO

Prénatal Outlet

Spaccio aziendale/Factory outlet

0957557002
www.prenatal.it
lun (16.00-20.00), mart-sab (9.30-13.00, 16.00-20.00); estate: anche dom 10.00-13.00, 17.00-20.00 chiuso dom (variabile)
P

Via Aldo Moro 12 - cap. 95045

■ Rimanenze e fine serie del noto marchio per bambini da 0 a 11 anni: abbigliamento, accessori, scarpe, biberon, seggioloni e abbigliamento prémaman. Prima e seconda scelta. Ulteriori sconti nel periodo dei saldi e con la Prénatal Card.

→ **Come arrivare:** A18, uscita Catania-San Gregorio, direzione Paternò-Misterbianco.

€ **Sconti: dal 30% all'80%**

MODICA (RG)

45-Cc

ABBIGLIAMENTO

Le Miniere

Stockhouse/Multibrand

0932454977
info@leminiere.it
www.leminiere.it
lun-sab (9.00-13.00, 16.30-20.30);
chiuso dom

P

Strada Statale km 339+500, zona Polo Commerciale - cap 97015

Nuovi arrivi ogni settimana, solo capi e accessori firmati dai migliori stilisti. Abbigliamento di stagione e a stock casual, trend, elegante, sportivo, streetware.

→ **Come arrivare:** E45, direzione Ragusa-Modica, poi Polo commerciale.

Sconti: dal 50 al 90 %

MONREALE (PA)

41-Da

CASA

Nicolò Giuliano

Spaccio aziendale/Factory outlet

0916404393
FAX 0916403537
giuliano@nicologiuliano.com
www.nicologiuliano.com
lun-ven (8.30-13.00, 15.00-19.30), sab (8.30-13.30);
chiuso dom

P

Via Circonvallazione 25 - cap 90046

Ceramica artistica e terracotta tradizionale. Vasto assortimento di oggetti per la casa. Bellissimi i vasi da giardino decorati a mano, ispirati all'arte siciliana del Cinque-Seicento. Sabato pomeriggio e domenica solo su appuntamento.

→ **Come arrivare:** A19, uscita Palermo, SS186 direzione Monreale.

PALERMO

41-Da

CALZATURE E PELLETTERIA

Angelo Granata

Laboratorio artigianale

091582246
FAX 091517054
lun-sab (9.30-12.30, 16.00-19.30);
chiuso dom

Via Bari 37 - cap 90133

Laboratorio artigianale che produce articoli da viaggio e pelletteria. Angelo Granata vende anche borse, portafogli, cinture che può confezionare anche su misura.

→ **Come arrivare:** centro città, direzione stazione FS, poi via Roma e via Bari.

PALERMO

41-Da

CASA

De Simone

Laboratorio artigianale

Via Gaetano Daita
091584876
FAX 0916711181
Via Lanza di Scalea
0916711005
www.ceramicadesimone.com
lun-sab (9.00-13.00, 16.30-20.00); **chiuso** dom; ferie ago (variabile)

(1) Via Gaetano Daita 13/b - cap 90139
(2) Via Lanza di Scalea 960 - cap 90146

Vendita diretta di maiolica e terracotta di produzione propria. Oggetti fatti a mano con colori e disegni esclusivi, ispirati a scene tradizionali della vita siciliana. Tutti prodotti di prima scelta in via Gaetano Daita, articoli di seconda scelta in via Lanza di Scalea.

→ **Come arrivare:** (1) centro città, vicino al Teatro Politeama; (2) zona via Stazione San Lorenzo.

PATTI (ME)

39-Ab

CASA

Caleca Italia

Laboratorio artigianale

09412421/0941242120/800925228
FAX 094121860
caleca@caleca.it
www.caleca.it
lun-sab (9.30-13.00, 15.00-19.00), dom (9.30-13.00)
P

Contrada Ponte Vecchio - cap 98066

Vendita diretta di ceramiche e maioliche prodotte artigianalmente. Vasto assortimento di stoviglie decorate a mano: piatti, bicchieri, brocche nei tipici colori siciliani. Prima e seconda scelta. Sconti e offerte. Esportano negli Stati Uniti.

→ **Come arrivare:** A20, uscita Patti.

TERMINI IMERESE (PA)

43-Bbc

ALIMENTARI

Apicoltura di Giuseppe Coniglio

Laboratorio artigianale

0918145536
FAX 0918145536
api.coniglio@atlavia.it
www.apicolturaconiglio.it
lun-ven (8.30-13.00, 14.30-18.00); **chiuso** sab, dom; ferie ago (variabile)

Via Tesicoro 210/212 - cap 90018

Laboratorio che produce artigianalmente miele e derivati. Vendita diretta di miele integrale, pappa reale, polline, propoli, cera e marmellata di miele, tutti prodotti di agricoltura biologica. Prodotti e prezzi molto buoni.

→ **Come arrivare:** A19, uscita Termini Imerese.

€ **Sconti: 10%**

Abbigliamento

Bambino

Casa

Vini e liquori

ALGHERO (SS)

47-Ab

VINI E LIQUORI

Sella & Mosca

Spaccio aziendale/Factory outlet

079997700
FAX 079951279
sellaemosca@sellaemosca.com
www.sellaemosca.com
lun-sab (8.30-13.00, 15.00-18.30); **chiuso** dom
P

Loc. I Piani - cap 07041

■ Outlet della Sella & Mosca, la nota casa produttrice di vini di qualità. Prenotando, si può anche effettuare una visita guidata gratuita alle cantine e al piccolo museo aziendale. Consigliato a chi deve fare grandi scorte.

➜ **Come arrivare:** da Sassari SS291, direzione Alghero, poi I Piani.

CALANGIANUS (SS)

47-Cb

CASA

Artigianato Pasella

Laboratorio artigianale

079661381
FAX 079662062
artiginatopasella@hotmail.com
www.artigianatopasella.com
lun-ven (8.30-13.00, 15.00-18.00); **chiuso** sab, dom; ferie 20 dic-10 gen
P

Loc. Ignazioni, zona industriale - cap 07023

■ Artigianato sardo e oggetti per la casa, soprattutto in paglia e sughero. Altri punti vendita in Sardegna a Baia Sardinia, Cannigione, Olbia, Palau, Portorotondo, Santa Teresa di Gallura, San Teodoro.

➜ **Come arrivare:** SS127 Sassari-Olbia, direzione Tempio Pausania, poi Calangianus.

€ **Sconti: 10%**

OLBIA (SS)

47-CDb

ABBIGLIAMENTO

Pa-Da

Stocchista/Stockhouse

078922069
lun-sab (9.30-13.00, 16.00-20.00); **chiuso** dom

Corso Umberto I 114 - cap 07026

■ Rimanenze, fine serie e campionari di vari marchi in questa stockhouse specializzata in abbigliamento uomo e donna. Vasta scelta di maglieria, molti i modelli classici.

➜ **Come arrivare:** centro città, vicino alla stazione FS.

€ **Sconti: 30%**

SINISCOLA (NU)

47-Db

ABBIGLIAMENTO

Indipendence - The Fashion Industry

Spaccio aziendale/Factory outlet

0784810622

FAX 0784812149

indipendence_ls@libero.it

lun (16.30-20.00), mart-sab (9.30-13.00, 16.30-20.00); chiuso dom

Loc. Sa Mendula c/o Legler Siniscola - cap 08029

Rimanenze e fine serie di abbigliamento casual e sportivo per uomo, donna e bambino del marchio Indipendence. Con la carta fedeltà si usufruisce di un ulteriore sconto dal 10 al 20% a seconda del prodotto.

→ **Come arrivare:** SS131 Nuoro-Olbia, indicazioni per Siniscola.

Sconti: dal 20% al 30%

Indice delle località

Indice dei nomi

ATLANTE STRADALE

SEGNI CONVENZIONALI

Scala 1 : 750 000 (1 cm = 7,5 km)

0 5 10 15 20 25 30 km

	Autostrade con ingressi e barriere
9	Distanze autostradali in chilometri
	Gallerie autostradali
	Strade di grande comunicazione
	Strade d'importanza regionale
	Strade d'interesse locale, altre strade
	Autostrade e strade in costruzione
9	Distanze stradali in chilometri
	Gallerie stradali
Passo del Tonale 1883	Valichi e quote altimetriche in metri
	Ferrovie e gallerie
	Traghetto con trasporto auto
	Funivie
A1 T1	Numeri di autostrada e di traforo
12 E 3	Numeri di strada statale e strada europea
	Parchi nazionali

BIELLA	Località citata nel volume
Vicolungo	Località con Cittadella Outlet
ROMA	Capitale di Stato
TORINO	Capoluogo di regione
	Confini di Stato
	Confini di regione
	Punto di frontiera con dogana
	Aeroporto internazionale
	Porto turistico
	Terme, fonte naturale
	Chiesa, santuario, monastero, abbazia
	Castello, casaforte, torre
	Monumento isolato
	Rovina
	Curiosità naturale
	Grotta, caverna
2	Rimando alle parti comuni

1-2
3-4
5-6
9-10
11-12
13-14
17-18
21-22
47-48
51-52
CH
F
St. Gotthard
Formazza
Passo del Sempione
Iselle
Locarno
Bellinzona
Lugano
Lago di Como
Lago Maggiore
Lago d'Orta
Passo dello Spluga
Madesimo
Sankt-Moritz
Scuol/Schuls
Passo di Resia
Livigno
Bormio
Passo dello Stelvio
Bernina
Sondrio
Adda
Adige
Oglio
Malé
Passo del Tonale
Tione di Trento
Riva del Garda
Breno
Clusone
Lovere
Lago d'Iseo
Iseo
Garda
Sirmione
Martigny
Chamonix-Mt-Blanc
Breuil-Cervinia
Traforo del Gran S. Bernardo
Courmayeur
C.d.Piccolo S.Bernardo
St. Vincent
AOSTA
Cogne
Ceresole Reale
Colle del Moncenisio
Traforo del Fréjus
Modane
Balme
Caselle Torinese
Susa
TORINO
Moncalieri
Colle del Monginevro
Pinerolo
Crissolo
Saluzzo
Acceglio
Colle della Maddalena
Cuneo
Borgo San Dalmazzo
Traforo del Colle di Tenda
Tenda
MONACO
Ventimiglia
Domodossola
Macugnaga
Alagna Valsesia
Omegna
Verbania
Arona
Borgomanero
Biella
Ivrea
Chivasso
Vercelli
Casale Monferrato
Novara
Mortara
Varese
Como
Lecco
Bellagio
Bergamo
Rho
MILANO
Crema
Lodi
Pavia
Cremona
Brescia
VERO
Mantova
Piacenza
Fidenza
Parma
Reggio nell'Emilia
Modena
BOL
Voghera
Bobbio
Trebbia
Valenza
Alessandria
Asti
Alba
Bra
Fossano
Mondovì
Garessio
Albenga
Alassio
Imperia
Acqui Terme
Passo dei Giovi
GENOVA
Savona
Colle di Cadibona
Passo d. Scoffera
Rapallo
Chiavari
Sestri Levante
Borgo Val di Taro
Passo della Cisa
Pontremoli
Fivizzano
Sarzana
La Spezia
Massa
Pietrasanta
Viareggio
Lucca
Bagni di Lucca
Abetone
Pavullo nel Frignano
Pistoia
Pisa
Arno
Empoli
S. Miniato
Livorno
Volterra
Cecina
GORGONA
CAPRAIA
San Vincenzo
Massa Marittima
ARCIPELAGO
Piombino
Follonica
Portoferraio
Rio Marina
ELBA
Castiglione della Pescaia
TOSCANO
PIANOSA
MONTECRISTO
GIGLIO
Porto Santo Stefano
Bonifacio
Santa Teresa di Gallura
MADDALENA
La Maddalena
CAPRERA
Palau
ASINARA
Po
Taro

7-8
15-16
19-20
23-24
25-26
27-28
29-30
A
SLO
HR
Vetta d'Italia 2911
1374 Passo del Brennero
Vipiteno
Brunico
Merano
Bressanone
Lienz
Drava
Dobbiaco
Villach
Tarvisio
Ortisei
Passo Pordoi 2239
Canazei
Cortina d'Ampezzo
Tolmezzo
1156 Passo d. Predil
Isonzo
Predazzo
Gemona del Friuli
Maniago
Belluno
Cividale del Friuli
Udine
TRENTO
Feltre
Vittorio Veneto
Pordenone
Gorizia
Nova Gorica
Conegliano
Bassano del Grappa
Piave
Monfalcone
Portogruaro
Schio
Treviso
San Donà di Piave
Lignano Sabbiadoro
Grado
TRIESTE
Jesolo
Koper
Vicenza
Mestre
VENEZIA
Padova
Chioggia
Monselice
Brenta
Rovigo
Adria
Po
Pula
Ferrara
Argenta
Reno
Ravenna
Imola
Faenza
Forlì
Cervia
Cesena
Rimini
Riccione
903 Passo della Futa
Pesaro
Bagno di Romagna
SAN MARINO
Fano
Urbino
Senigallia
ANCONA
Fossombrone
Bibbiena
Sansepolcro
Cagli
Loreto
Città di Castello
Civitanova Marche
Arezzo
Monte San Savino
Fabriano
Macerata
Siena
Cortona
Tevere
Porto San Giorgio
Fermo
PERUGIA
Assisi
Montepulciano
Chiusi
Lago Trasimeno
San Benedetto del Tronto
Foligno
Ascoli Piceno
Todi
Norcia
Roseto degli Abruzzi
Spoleto
Cascia
Teramo
Orvieto
Lago di Bolsena
Terni
Montesilvano
Manciano
Narni
Pescara
Orbetello
Orte
Antrodoco
L'AQUILA
Chieti
Ortona
Viterbo
Rieti
Civita Castellana
Lanciano
Lago di Bracciano
Popoli
Vasto
PIANOSA
ISOLE TREMITI
Civitavecchia
Monterotondo
Sulmona
Termoli
Rodi Garganico
ROMA
Tivoli
Avezzano
CITTA' DEL VATICANO
Fiumicino
Pescasseroli
Monte Sant'Angelo
Lido di Ostia
Albano Laziale
Velletri
Alatri
Sora
San Severo
Isernia
Frosinone
CAMPOBASSO
Lucera
Latina
Cassino
San Bartolomeo in Galdo
Foggia
Anzio
Fondi
Volturno
Sabaudia
Terracina
Formia
Cerignola
Gaeta
Ariano Irpino
Benevento
Caserta
A4
A13
A22
A23
A27
A28
A31
A1
A12
A14
A14 dir.
A24
A25
A16

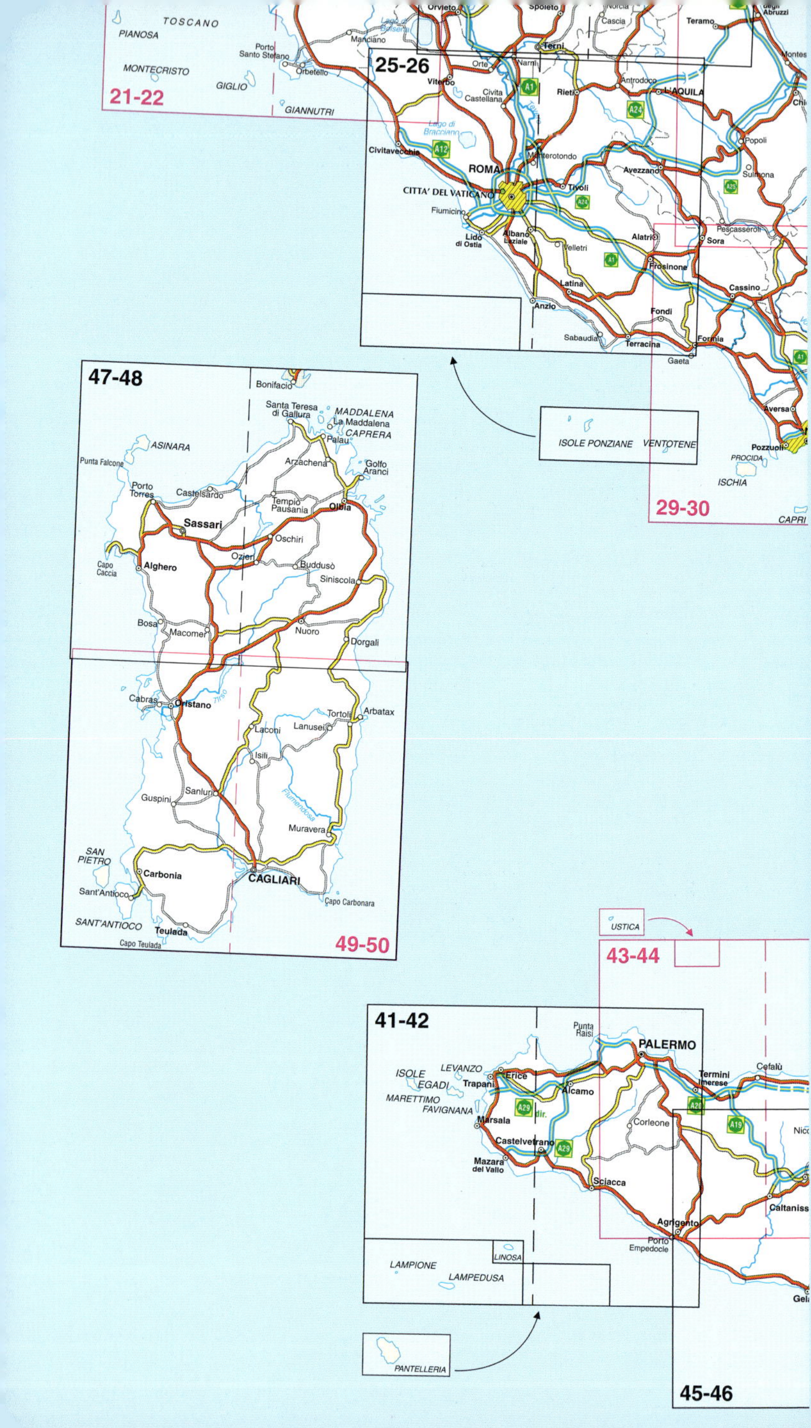

25-26
21-22
47-48
49-50
29-30
41-42
43-44
45-46
TOSCANO
PIANOSA
MONTECRISTO
GIGLIO
GIANNUTRI
Porto Santo Stefano
Orbetello
Manciano
Orvieto
Spoleto
Norcia
Cascia
Teramo
Terni
Narni
Orte
Viterbo
Civita Castellana
Rieti
Antrodoco
L'AQUILA
Lago di Bolsena
Lago di Bracciano
Civitavecchia
ROMA
CITTA' DEL VATICANO
Monterotondo
Tivoli
Avezzano
Popoli
Sulmona
Fiumicino
Lido di Ostia
Albano Laziale
Velletri
Alatri
Pescasseroli
Sora
Frosinone
Latina
Cassino
Anzio
Fondi
Sabaudia
Terracina
Formia
Gaeta
A1
A12
A24
A25
ISOLE PONZIANE
VENTOTENE
Aversa
Pozzuoli
PROCIDA
ISCHIA
CAPRI
Bonifacio
Santa Teresa di Gallura
MADDALENA
La Maddalena
CAPRERA
Palau
ASINARA
Punta Falcone
Arzachena
Golfo Aranci
Porto Torres
Castelsardo
Tempio Pausania
Olbia
Sassari
Oschiri
Capo Caccia
Alghero
Ozieri
Buddusò
Siniscola
Bosa
Macomer
Nuoro
Dorgali
Cabras
Oristano
Tirso
Tortolì
Arbatax
Laconi
Lanusei
Isili
Guspini
Sanluri
Flumendosa
Muravera
SAN PIETRO
Carbonia
CAGLIARI
Sant'Antioco
Capo Carbonara
SANT'ANTIOCO
Teulada
Capo Teulada
USTICA
Punta Raisi
PALERMO
Termini Imerese
Cefalù
ISOLE EGADI
LEVANZO
Erice
Trapani
Alcamo
MARETTIMO
FAVIGNANA
A29 dir.
Marsala
Corleone
A19
A20
Castelvetrano
A29
Mazara del Vallo
Sciacca
Caltaniss
Agrigento
Porto Empedocle
LINOSA
LAMPIONE
LAMPEDUSA
PANTELLERIA

31-32
33-34
35-36
37-38
39-40
PIANOSA
ISOLE TREMITI
Pescara
Ortona
Lanciano
Vasto
Termoli
Rodi Garganico
Vieste
Monte Sant'Angelo
San Severo
Manfredonia
CAMPOBASSO
Lucera
Foggia
San Bartolomeo in Galdo
Barletta
Cerignola
Andria
Molfetta
BARI
Bitonto
Ariano Irpino
Benevento
Caserta
NAPOLI
Avellino
Melfi
Spinazzola
Rionero in Vulture
Gravina in Puglia
Altamura
Monopoli
Gioia del Colle
Martina Franca
Ostuni
Brindisi
Matera
Salerno
Amalfi
Sorrento
Battipaglia
POTENZA
Basento
Bradano
Massafra
Taranto
Francavilla Fontana
Manduria
Lecce
Metaponto
Sala Consilina
Agropoli
Sant'Arcangelo
Nardò
Otranto
Maglie
Lagonegro
Sapri
Latronico
Maratea
Trebisacce
Capo Santa Maria di Leuca
Castrovillari
Rossano
Cariati
Paola
Cosenza
Amantea
Crotone
CATANZARO
Lamezia Terme
Capo Rizzuto
STROMBOLI
ISOLE EOLIE O LIPARI
PANAREA
FILICUDI
SALINA
ALI
CUDI
LIPARI
VULCANO
Vibo Valentia
Tropea
Soverato
Serra San Bruno
Gioia Tauro
Taurianova
Locri
Capo Milazzo
Milazzo
Messina
Capo d'Orlando
Villa S. Giovanni
Reggio di Calabria
Barcellona Pozzo di Gotto
Capo Spartivento
Randazzo
Taormina
Adrano
Regalbuto
Paternò
Acireale
Enna
Catania
Lentini
Augusta
Caltagirone
Siracusa
Palazzolo Acreide
Ragusa
Noto
Modica
Pachino
Capo Passero
A14
A16
A30
A3
A18
A20

1
Samoëns
Cirque du Fer à Cheval
Sixt-Fer-à-Cheval
Magland
46° 00'
Vallorcine
Trient
Vernayaz
Fully
Riddes
Martigny
Verbier
Mont Fort
3329
Sembrancher
Orsières
Champex
Fionnay
Pralong
Evolène
Les Haudères
Dent Blanche
4357
1678
7° 30'
7° 00'
S C H W E I
Argentière
Praz-de-Fort
Barrage de Mauvoisin
Bourg-Saint-Pierre
3875
La Ruinette
Monte
Breuil-Cervinia
2006
Assy
VAL DE CHAMONIX
Chamonix-Mont-Blanc
1037
Mont Dolent
3819
Ferret
Grand Combin
4314
3680
Gran Becca Blanchen
le Fayet
les Houches
Saint-Gervais-les-Bains
Grandes Jorasses
4206
Colle del Gran San Bernardo
2473
Vaud
VALPELLINE
Bionaz
3504
Becca de Luseney
Valtournenche
Lavachey
Saint-Rhémy
Oyace
4807
Monte Bianco
Plampincieux
Courmayeur
1224
les Contamines-Montjoie
la Visaille
Échevennoz
Valpelline
Torgnon
Saint-Barthélemy
Gignod
Saint-Christophe
Quart
Nus
Châtillon
Pré-Saint-Didier
Orrido
Morgex
AOSTA
583
La Thuile
1441
Saint-Nicolas
Saint Marcel
Fénis
Castello d' Ussel
les Chapieux
Colle del Piccolo San Bernardo
2188
VAL D'AOSTA
Villeneuve
Pila
1790
3559
Monte Emilius
Rhêmes-Saint-Georges
Vieyes
3486
Bourg-Saint-Maurice
840
Séez
Isère
Testa del Rutor
Valgrisenche
Cogne
1534
Champorcher
Sainte-Foy-Tarentaise
Surier
Arc 2000
Rhêmes-Notre-Dame
Valsavarenche
Peisey-Nancroix
PARCO NAZIONALE DEL GRAN PARADISO
Campiglia Soana
Pont
Gran Paradiso
la Plagne
45° 30'
Grande Sassière
4061
Ronco Canavese
Tignes les Boisses
3751
Colle del Nivolet
2612
Chiapili
Noasca
Tignes
PARC NATIONAL DE LA VANOISE
Pointe de la Grande Casse
3861
Val d'Isère
2770
Col de l'Iseran
1620
Ceresole Reale
Orco
VALLE DI LOCANA
Locana
Sparone
Pont
451
Cuorgnè
F R A N C E
Pralognan-la-Vanoise
3584
Grand Roc Noir
Bonneval-sur-Arc
1219
Groscavallo
Forno Alpi Graie
Chialamberto
Forno Canavese
Uia di Ciamarella
3619
Pian della Mussa
Ala di Stura
Ceres
Corio
Lanslebourg-Mont-Cenis
Bessans
3604
Uia Bessanese
1752
Balme
Stura di Ala
Lanzo Torinese
Termignon
1399
Lanslevillard
2083
Col du Mont Cenis
Mathi
Aussois
Lac du Mont Cenis
Usseglio
Lemie
Viù
Bramans
Grand-Croix
Margone
Fiano
1057
Abbazia di Novalesa
Colle del Lis
1311
Caselle Torinese
Molaretto
VAL DI SUSA
Susa
440 Bussoleno
Borgone Susa
Condove
376
Almese
Venaria Reale
Alpignano
2542
Col du Fréjus
Chiomonte
503
Meana di Susa
Sant'Antonino di Susa
Salbertrand
Avigliana
Rivoli
1312
2878
Monte Orsiera
Sacra di San Michele
Buttigliera Alta
506
1154
Fenestrelle
Villaretto
Giaveno
Orbassano
Rivalta di Torino
Oulx
Sauze d'Oulx
Pragelato
Chisone
45° 00'
Piossasco
Cumiana
377
Stupinigi
Cesana Torinese
1354
Sestriere
2035
Perosa Argentina
Perrero
Volvera
1854
Claviere
Colle del Monginevro
Villar Perosa
None
1321
Airasca
376
Carignano
Prali
9

2
Saas Balen
Fletschhorn
Crevoladossola
Santa Maria Maggiore
Zinal
Saas Fee
Saas Grund
San Lorenzo
Bognanco
Domodossola
Malesco
Weisshorn
Saas Almagell
Villadossola
Cima Laurasca
Canno
Täsch
Antronapiana
Beura-Cardezza
PARCO NAZIONALE DELLA VAL GRANDE
Zermatt
Piedimulera
Vogogna
Cicogna
Cervino
Monte Rosa
Ceppo Morelli
VALLE ANZASCA
Macugnaga
Miazzina
Colle del Teodulo
Punta Dufour
Ornavasso
Mergozzo
Intra
Pallanza
VERBAN
Punta Gnifetti
Carcoforo
Rimella
Forno
Gravellona Toce
Casale Corte Cerro
Baveno
Mottarone
Rima
Fobello
Omegna
Stresa
Saint-Jacques
Alagna Valsesia
Riva Valdobbia
VALSESIA
Sacro Monte
Gignese
Champoluc
Gressoney-La-Trinité
Balmuccia
Varallo
Armeno
Belgirate
Lesa
Campertogno
Orta San Giulio
Miasino
Meina
Gressoney-Saint-Jean
Scopello
Quarona
Madonna del Sasso
Lago d'Orta
Angera
Brusson
Monte Barone
Gozzano
Arona
Saint-Vincent
Corno Rosso
Oleggio Castello
Gaby
Borgosesia
Gattico
Issime
Piedicavallo
Coggiola
Borgomanero
Challand-Saint-Victor
Bielmonte
Prato Sesia
Borgo Ticino
Verrès
Trivero
Arnad
Santuario d'Oropa
Mosso
Santa Maria
Romagnano Sesia
Varallo Pombia
Valle Mosso
Cressa
Bard
Andorno Micca
Gattinara
Pont-Saint-Martin
Tollegno
Masserano
Ghemme
Oleggio
Pollone
BIELLA
Cossato
Quincinetto
Santuario di Graglia
Momo
Settimo Vittone
Graglia
Candelo
Rovasenda
Carpignano Sesia
Fara Novarese
Bellinzago Novarese
Occhieppo Inferiore
Camburzano
Gaglianico
Caltignaga
Traversella
Borgofranco d'Ivrea
Mongrando
Sandigliano
Mottalciata
Chiaverano
Zubiena
Massazza
Buronzo
Vicolungo
Verrone
Arborio
IVREA
Villanova Biellese
E 64
Cerrione
Salussola
NOVARA
Biandrate
Canavese
Lago di Viverone
Viverone
Albano Vercellese
Formigliana
Castellamonte
Cavaglià
Carisio
Quinto Vercellese
Granozzo con Monticello
Agliè
Strambino
Santhià
San Germano Vercellese
Casalino
Borgo Vercelli
Rivarolo Canavese
Borgomasino
Borgo d'Ale
Tronzano Vercellese
VERCELLI
Caluso
Cigliano
Robbio
Livorno Ferraris
Desana
Lombardore
Montanaro
Pertengo
Rosasco
Saluggia
Stroppiana
Volpiano
Chivasso
Verolengo
Crescentino
Trino
Cozzo
Candia Lomellina
Leinì
Brandizzo
Settimo Torinese
Palazzolo Vercellese
Villanova Monferrato
Po
Brusasco
Pontestura
Gassino Torinese
Casalborgone
Cerrina Monferrato
CASALE MONFERRATO
San Mauro Torinese
Sartirana Lomellina
Superga
Abbazia di Vezzolano
Cocconato
Santuario di Crea
Ozzano Monferrato
TORINO
Castelnuovo Don Bosco
Montiglio
Occimiano
Moncalvo
Gallareto
Casorzo
Mirabello Monferrato
Valenza
Chieri
Montechiaro d'Asti
Calliano
Vignale Monferrato
Nichelino
Moncalieri
MONFERRATO
San Salvatore Monferrato
Montemagno
Santena
Villanova d'Asti
Baldichieri d'Asti
Fubine
Villastellone
Poirino
Villafranca d'Asti
ASTI
Solero
Felizzano
© ISTITUTO GEOGRAFICO DE AGOSTINI SpA - Novara

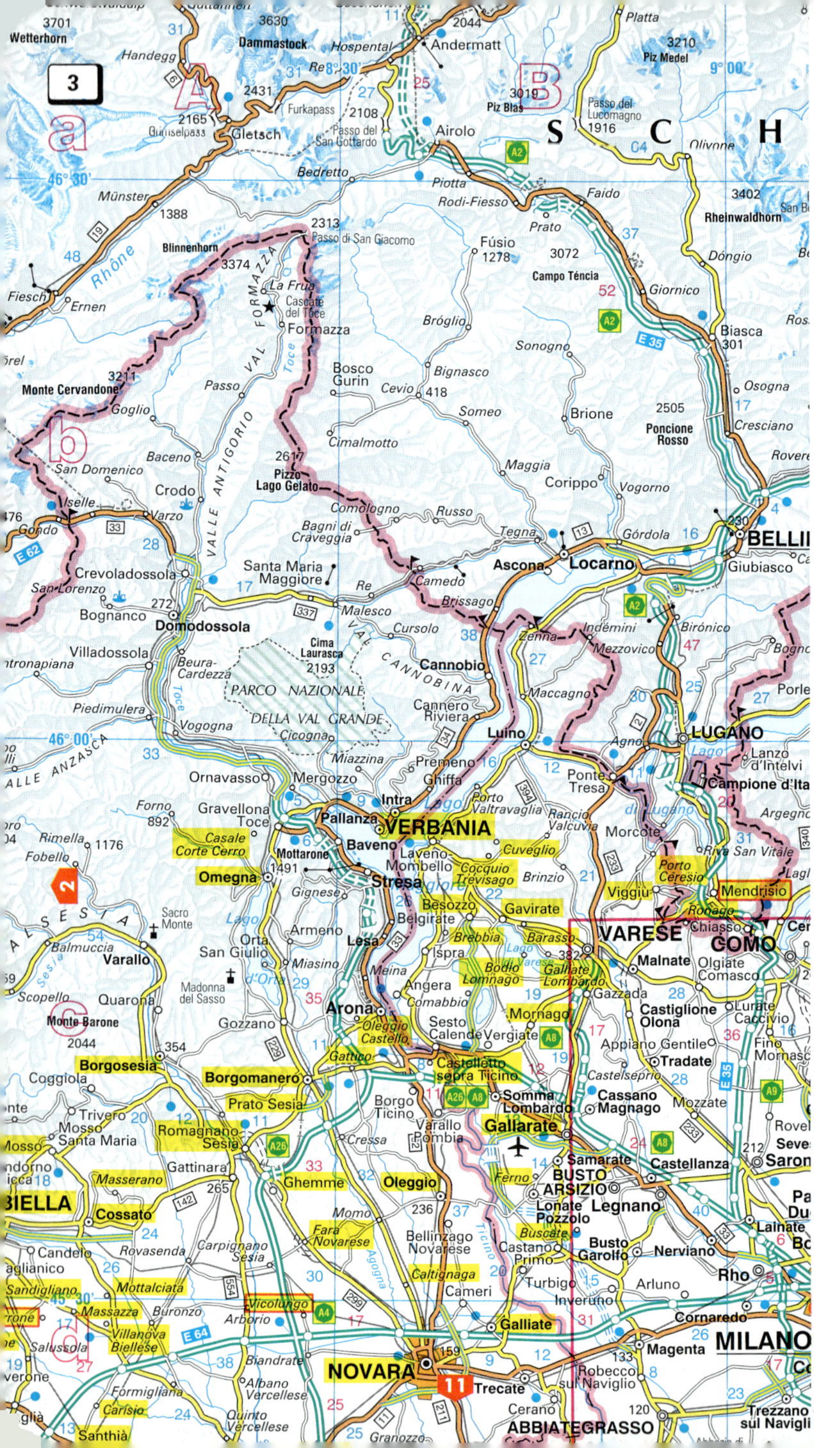
3
Wetterhorn
Dammastock
Hospental
Andermatt
Handegg
Gletsch
Furkapass
Passo del San Gottardo
Airolo
Piz Blas
Passo del Lucomagno
Olivone
Piz Medel
S
C
H
Bedretto
Piotta
Rodi-Fiesso
Faido
Münster
Blinnenhorn
Passo di San Giacomo
Fúsio
Campo Téncia
Rheinwaldhorn
Dóngio
Rhône
Fiesch
Ernen
La Frua
Cascate del Toce
Formazza
Giornico
Bróglio
Biasca
Sonogno
Bosco Gurin
Bignasco
Cevio
Monte Cervandone
Passo
Goglio
Someo
Brione
Osogna
Cresciano
Poncione Rosso
Cimalmotto
San Domenico
Baceno
Pizzo Lago Gelato
Maggia
Coríppo
Vogorno
Iselle
Crodo
Varzo
Gondo
Comologno
Russo
Bagni di Craveggia
Tegna
Górdola
BELLINZONA
Valle Antigorio
Val Formazza
Crevoladossola
San Lorenzo
Santa Maria Maggiore
Re
Ascona
Locarno
Camedo
Giubiasco
Bognanco
Domodossola
Malesco
Brissago
Villadossola
Cursolo
Zenna
Indèmini
Mezzovico
Bironico
Beura-Cardezza
Cima Laurasca
Val Cannobina
Cannobio
Maccagno
Parco Nazionale della Val Grande
Piedimulera
Cannero Riviera
Vogogna
Cicogna
Luino
LUGANO
Agno
Lanzo d'Intelvi
Valle Anzasca
Ornavasso
Mergozzo
Miazzina
Premeno
Ghiffa
Ponte Tresa
Campione d'Italia
Forno
Gravellona Toce
Intra
Pallanza
VERBANIA
Porto Valtravaglia
Rancio Valcuvia
Morcote
Rimella
Fobello
Casale Corte Cerro
Mottarone
Baveno
Laveno-Mombello
Cuveglio
Lago di Lugano
Riva San Vitale
Omegna
Stresa
Cocquio Trevisago
Brinzio
Porto Ceresio
Mendrisio
Gignese
Besozzo
Viggiù
Sesia
Sacro Monte
Belgirate
Gavirate
Chiasso
Balmuccia
Orta San Giulio
Armeno
Lesa
Brebbia
Barasso
VARESE
COMO
Varallo
Ispra
Malnate
Olgiate Comasco
Madonna del Sasso
Miasino
Lago d'Orta
Meina
Bodio Lomnago
Gallarate Lombardo
Scopello
Quarona
Angera
Gazzada
Monte Barone
Comabbio
Castiglione Olona
Lurate Caccivio
Arona
Oleggio Castello
Sesto Calende
Vergiate
Mornago
Gozzano
Appiano Gentile
Fino Mornasco
Borgosesia
Gattico
Castelletto sopra Ticino
Tradate
Coggiola
Borgomanero
Castelseprio
Borgo Ticino
Somma Lombardo
Cassano Magnago
Mozzate
Trivero
Mosso Santa Maria
Prato Sesia
Romagnano Sesia
Varallo Pombia
Gallarate
Cressa
Samarate
Castellanza
Saronno
Gattinara
BUSTO ARSIZIO
Masserano
Ghemme
Oleggio
Ferno
Lonate Pozzolo
Legnano
BIELLA
Cossato
Momo
Fara Novarese
Bellinzago Novarese
Buscate
Castano Primo
Busto Garolfo
Nerviano
Lainate
Candelo
Rovasenda
Carpignano Sesia
Caltignaga
Turbigo
Arluno
Rho
Sandigliano
Mottalciata
Cameri
Inveruno
Massazza
Buronzo
Vicolungo
Arborio
Galliate
Cornaredo
Villanova Biellese
Salussola
Magenta
MILANO
Biandrate
NOVARA
Trecate
Robecco sul Naviglio
Formigliana
Albano Vercellese
Carisio
Quinto Vercellese
Cerano
ABBIATEGRASSO
Trezzano sul Naviglio
Santhià
Granozzo
E 35
E 62
E 64
A2
A4
A8
A9
A26

Via Mala
Tiefencastel
Thalkirch
Vals-Platz
Andeer
Roflaschlucht
Splügen
Savognin
Bergün
Piz Kesch
Zuoz
La Punt
Samedan
Celerina
Sankt Moritz
Pontresina
Livigno
Innerferrera
Mulegns
Piz d'Err
Piz Platta
Julierpass
Bivio
Silvaplana
Passo dello Spluga
Montespluga
Pizzo Tambò
Passo del San Bernardino
San Bernardino
Madesimo
Campodolcino
Cresta
Juf
Maloja
Maloja Pass
Sankt Moritz-Bad
Passo del Bernina
La Rösa
Bernina
Pizzo Palù
Pizzo Zupò
Mesocco
Soazza
Lostallo
Arvigo
Pizzo Stella
Soglio
Chiavenna
Castasegna
Vicosoprano
Pizzo Badile
Chiareggio
Monte Disgrazia
Poschiavo
Chiesa in Valmalenco
Campocologno
Pizzo Martello
Novate Mezzola
Bagni del Masino
Buglio in Monte
Torre di Santa Maria
Cataeggio
Berbenno di Valtellina
Ponte in Valtellina
Teglio
Domaso
Gravedona
Traona
Talamona
Adda
SONDRIO
Chiuro
Dongo
Colico
Cosio Valtellino
Morbegno
Abbazia di Piona
Tartano
Ambria
Pizzo di Coca
Santa Maria Rezzonico
Dervio
Lago di Como
Premana
Gerola Alta
Foppolo
Valbondione
Bellano
Menaggio
Taceno
Mezzoldo
Lizzola
Carona
Varenna
Cadenabbia
Lenno
Bellagio
Esino Lario
Pizzo dei Tre Signori
Piazzatorre
Gromo
Spiazzi
Dezzo
Introbio
Valtorta
Valcanale
Passo della Presolana
Lierna
Pasturo
Barzio
Piazza Brembana
Roncobello
Castione della Presolana
Magreglio
Moggio
Zelbio
Mandello del Lario
Piani Resinelli
Taleggio
Oltre il Colle
Clusone
Rovetta
Pognana Lario
Ballabio
Val Brembana
Serina
Val Seriana
Costa Volpino
Torno
Canzo
Malgrate
LECCO
San Giovanni Bianco
San Pellegrino Terme
Ponte Nossa
Brunate
Sant' Omobono Imagna
Lovere
Erba
Calolziocorte
Zogno
Gazzaniga
Gandino
Pisogne
Oggiono
Olginate
Selvino
Gaverina Terme
Lago di Endine
Riva di Solto
Cassago Brianza
Almenno San Salvatore
Albino
Cantù
Brivio
Alzano Lombardo
Nembro
Casazza
Arosio
Pontida
Olgiate Molgora
Merate
Alme
BERGAMO
Tavernola Bergamasca
Giussano
Ponte San Pietro
Seriate
Trescore Balneario
Lago d'Iseo
Mariano Comense
Carate Brianza
Terno d'Isola
Sarnico
Iseo
Seregno
Usmate Velate
Capriate San Gervasio
Dalmine
Castelli Calepio
Capriolo
Provaglio d'Iseo
Passirano
Trezzo sull'Adda
Desio
Lissone
Vimercate
Verdello
Palazzolo sull'Oglio
Rodengo-Saiano
MONZA
Vaprio d'Adda
Cologno al Serio
Ghisalba
Rovato
Cinisello B.
Pontoglio
Coccaglio
Gorgonzola
Martinengo
Chiari
Ospitaletto
Sesto San Giovanni
Cologno Monzese
Cassano d'Adda
Treviglio
Romano di Lombardia
Torbole
Pioltello
Melzo
Santuario di Caravaggio
Caravaggio
Urago d'Oglio
Rudiano
Trenzano
Segrate
Rivolta d'Adda
Mozzanica
Fontanella
Peschiera Borromeo
Vailate
Pompiano
Bagnolo
Paullo
Abbazia di Chiaravalle
San Donato Milanese
Pandino
Orzinuovi
Spino
WEIZ
VALTELLINA
ALTA ENGADINA
© ISTITUTO GEOGRAFICO DE AGOSTINI SpA - Novara
4
5
51-52
A13
E 43
A4
E 64

5
Sankt Gallenkirch
Ischgl
Serfaus
Tösens
Feichten
A
B
1584
Partenen
Galtür
10° 30'
Pfunds
Inn
1740
Mittelberg
ÖSTERREI
2036
Samnaun
Hochfinstermünz
Bielerhöhe
Glockturm
3356
1928
Gepatschhaus-Haus
Wild-Spitze
3774
3399
Fluchthorn
Martina/
Martinsbruck
Nauders
Passo di Resia/
Reschenpaß
Resia/
Reschen
1508
Melago/
Melag
Vent
1893
SILVRETTA
3312
3411
Piz Linard
Ramosch
Curon Venosta/
Graun im Vinschgau
3736
Palla Bianca/Weißkugel
Scuol
Lago di Resia/
Reschen See
Guarda
Ardez
San Valentino alla Muta/
Sankt Valentin a.d. Haide
3624
Cime Nere/ Ht.
Vernago/
Vernagt
Susch
BASSA ENGADINA
ENGADIN
Abbazia di Monte Maria/
Klost. Marienberg
Madonna di
Unser Frau i
UNTER
3178
Piz Pisoc
3208
Piz Sesvenna
Mazia/
Matsch
3433
Punta Saldura/
Salurn-Sp.
Zernez
Malles Venosta/
Mals im Vinschgau
1051
SCHWEIZ
Sluderno/ Schluderns
Castello Coira/Schl.Churburg
Tubre/
Taufers im
Münstertal
Glorenza/
Glurns
Spondigna/
Spondinig
Silandro/
Schlanders
Castelbello/
Kastelbell
2149
Pass dal Fuorn
Müstair
Prato allo Stélvio/
Prad a. Stilfser Joch
Tschierv
Lasa/
Laas
Laces/
Latsch
Santa Maria
im Münstertal
Gomagoi
VAL VENOSTA
VINSCHGAU
3180
Cima la Casina
Trafoi
Santa Valbu
Sankt Walbu
1816
Livigno
Trepalle
PARCO
2758
Solda/
Sulden
NAZIONALE
Passo dello Stelvio/
Stilfser Joch
3905
1905
46° 30'
Valdidentro
Ortles/
Ortler
Santa Gertrude/
Sankt Gertraud
ontresina
2291
Passo di
Foscagno
Bagni di
Bormio
Cevedale/
Zufall-Sp.
3443
Bormio
1217
3764
Cima Sternai/
Hint. Eggen-Sp.
Arnoga
Santa Caterina
Valfurva
Passo del
Bernina
Cepina
1348
3296
1780
2323
La Rösa
Monte
Sobretta
DELLO
STELVIO
Bagni
di Rabbi
Pizzo Palù
3906
Passo
di Gavia
Peio
738
Zupo
1579
Cógolo
Malé
2621
Poschiavo
1019
Sondalo
STILFSERJOCH
NATIONALPARK
Mezzana
Pellizzano
Santa
Apollonia
Vermiglio
Folgarida
Pezzo
Marilleva
Grosio
Ponte
di Legno
1258
lenco
Brúsio
Passo
del Tonale
1883
Madonna
di Campiglio
Campocologno
Vezza d'Oglio
Temù
3556
1522
Presanella
Me
Oglio
Ponte
in Valtellina
Teglio
Tirano
Edolo
699
Carisolo
3150
Brenta
1176
3554
ORIO
Chiuro
Aprica
Passo
dell'Aprica
Adamello
Pinzolo
864
Molveno
Lago di
Molveno
Malonno
Spiazzo
VAL CAMONICA
Saviore
dell'Adamello
Vigo
Rendena
3052
Pizzo di Coca
Cedegolo
San Lorenzo
in Banale
Stenico
bondione
GIUDICARIE
Lizzola
PARCO
NAZIONALE
DELLE INCISIONI
RUPESTRI NAQUANE
Capo
di Ponte
Tione
di Trento
Comano
Terme
46° 00'
Schilpario
Breguzzo
Roncone
Spiazzi
Dezzo
Lardaro
Ballino
Dro
Borno
Passo della
Presolana
912
Breno
Castione
della Presolana
1297
Bienno
Arco
Bezzecca
RIVA DEL
GARDA
Boario Terme
VALLI
Nago
Rovetta
Condino
Pieve
di Ledro
Torbole
Darfo-
Molina
di Ledro
Costa
Volpino
Storo
Mori
Bagolino
Lovere
Ponte
Caffaro
Limone sul Garda
Collio
712
Pisogne
13
San Colombano
Magasa
Tremosine
Brentonico
Bovegno
Anfo
Riva di Solto
Lago
d'Idro

6
Längenfeld
Ranalt
Gschnitz
Gries am Brenner
Obernberg am Brenner
Passo del Brennero/ Brennerpaß
1374
3287
Cadipietra/ Steinhaus
11° 00'
11° 30'
Terme di Brennero/ Brennerbad
Croda Alta/ Hohe Wand-Sp.
3507
Fleres di Dentro/ Innerpflersch
Brennero/ Brenner
San Giacomo/ Sankt Jakob
3510
Sölden
Pan di Zucchero/ Zuckerhütl
C H
Masseria/ Maiern
Colle Isarco/ Gossensaß
Val di Vizze/ Pfitsch
Gran Pilastro/ Hochfeiler
Lutago/ Luttach
Picco della Croce/ Wilde Kreuzspitze
Lappago/ Lappach
1333
Vipiteno/ Sterzing
Ridanna/ Ridnaun
E45
Fundres/ Pfunders
Campo Tures/ Sand
Angern
Gurgl
44 bis
VALLE ISARCO
EISACKTAL
Selva dei Molini/ Mühlwald
Villa Ottone/ Uttenheim
1910
29
Passo di Monte Giovo/ Jaufenpaß
38
Campo di Trens/ Freienfeld
A22
Vandoies/ Vintl
Chiénes/ Kiens
Brunico/ Bruneck
Moso in Passiria/ Moos in Passeier
2094
San Leonardo in Passiria/ Sankt Leonhard in Passeier
Mezzaselva/ Mittewald
36
31
Rio di Pusteria/ Mühlbach
34
838
688
San Martino in Passiria/ Sankt Martin in Passeier
Pénnes/ Pens
Fortezza/ Franzensfeste
Sciaves/ Schabs
San Lorenzo di Sebato/ St. Lorenzen
VAL PASSIRIA/ PASSEIERTAL
2781
Riobianco/ Weißenbach
Varna/ Vahrn
Novacella/ Neustift
Lusón/ Lüsen
VAL PUSTERIA
Schwärze
Senales/ Schnals
20
Punta Cervina/ Hirzer-Sp.
508
BRESSANONE/ BRIXEN
559
Longega/ Zwischenwasser
Tirolo/ Tirol
Rifiano/ Riffian
67
Plancios/ Palmschoß
Marebbe/ Enneberg
Lagundo/ Algund
Scena/ Schenna
Campolasta/ Astfeld
17
San Martino in Badia/ Sankt Martin in Thurn
48
325
MERANO/ MERAN
Chiusa/ Klausen
Funes/ Villnöss
Naturno/ Naturns
28
Avelengo/ Hafling
Sarentino/ Sarnthein
Ortisei/ Sankt Ulrich in Gröden
Santa Cristina Valgardena/ Sankt Christina in Gröden
Selva di Valgardena/ Wolkenstein in Gröden
Lana
Postal/ Burgstall
Ponte Gardena/ Waidbruck
39
Badia/ Abtei
San Pancrazio/ Pankraz in Ulten
Gargazzone/Gargazon
Castelrotto/ Kastelruth
242
La Villa/ Stern
S. Cassiano/ Sankt Kassian
238
38
San Genesio Atesino/ Jenesien
21
VAL GARDENA/ GRÖDERTAL
Colfosco/ Kollfuschg
1190
Renon/ Ritten
47
Siusi/ Seis
Gruppo di Sella/ Sellagruppe
Passo di Falzarego
Passo delle Palade/ Gampen Joch
1518
Terlano/ Terlan
BOLZANO/ BOZEN
Fiè allo Sciliar/ Völs am Schlern
Corvara in Badia/ Corvara
2105
39
262
Catinaccio d' Antermóia/ Kessel Kogel
3151
2239
San Felice/ Sankt Felix
Campitello di Fassa
Appiano sulla Strada del Vino/ Eppan a.d.W.
Prato all'Isarco/ Blumau
Tires/ Tiers
Arabba
3004
Passo Pordoi/ Pordoijoch
Canazei
17
Marcena
Adige/ Etsch
1028
Pozza di Fassa
Rocca Pietore
939
20
Fondo
37
241
Nova Levante/ Welschnofen
VAL DI FASSA
Vigo di Fassa
3343
1363
Láives/ Leifers
Caldaro sulla Strada del Vino/ Kaltern a.d.W.
36
Marmolada
Ronzone
Passo della Mendola/ Mendelpaß
Nova Ponente/ Deutschnofen
Carezza al Lago/ Karersee
Alleghe
Revò
Moena
7
2116
20
1184
Cles
Termeno s. Str. d. Vino/ Tramin a. d. W.
Ora/ Auer
2846
Falcade
Latemar
15
48
Tuenno
Dermulo
52
Cencenighe Agordino
Taio
A22
24
San Lugano
Predazzo
Bellamonte
Egna/ Neumarkt
13
Cavalese
Passo di Rolle
Cortaccia s. Str. d. Vino/ Kurtatsch a. d. W.
1970
Castello Molina di Fiemme
Tesero
Panchià
San Martino di Castrozza
VAL DI FIEMME
50
40
2987
Frassenè
24
1467
Pale di San Martino
28
Salorno/ Salurn
Sover
Mezzolombardo
Gosaldo
Fai della Paganella
Segonzano
2847
Caoria
79
San Michele all'Adige
Brusago
Cima d'Asta
Molveno
2124
2490
Canal San Bovo
Fiera di Primiero
15
Cembra
Monte Croce
Paganella
53
Imer
Lavis
965
Palù del Fersina
BELLUNESI
Adige
Baselga di Pinè
2434
Cimon Rava
Cesiomaggiore
Vezzano
Pieve Tesino
Croce d'Aune
TRENTO
Pergine Valsugana
Strigno
Santa Giustina
19
194
Roncegno
Scurelle
Calavino
Vetriolo Terme
Castello Tesino
San Cristoforo al Lago
Borgo Valsugana
Castelnuovo
Lamon
271
50
58
VAL SUGANA
29
Lago di Caldonazzo
Grigno
Fonzaso
Arten
8
Levico Terme
Feltre
2105
24
Caldonazzo
Monte Ortigara
13
Arsiè
Passo di Vezzena
31
28
Lavarone
1402
12
Quero
1166
Cismon del Grappa
E45
Folgaria
Pedemonte
348
ROVERETO
Serrada
Gallio
Brenta
Roana
Asiago
31
Pederobba
993
Canove
28
Possagno
Tonezza del Cimone
Pedescala
Valstagna
Crespano del Grappa
Cornuda
46
39
36
Romano d'Ezzelino
Maser
Pasubio
Asolo
2235
Posina
© ISTITUTO GEOGRAFICO DE AGOSTINI SpA - Novara
A22
Arsiero
Pove del Grappa
Mussolente
Vallarsa
1159
Caltrano
Lugo di Vicenza
Lusiana
BASSANO
248
21
DOLOMITI

7
Ginzling
Vetta d'Italia/ Glochkenkar-K.
2911
Picco dei Tre Signori/ Dreiherrn-Sp.
3498
Großglockner 3798
Hellig
12° 00'
12° 30'
65
Predoi/ Prettau
Casere/ Kasern
Hinterbichl
Prägraten
Virgen
Matrei in Osttirol
Kals
Cadipietra/ Steinhaus
Haslach
Schober gruppe
Lutago/ Luttach
Riva di Túres/ Rain in Taufers
Sankt Veit in Defereggen
Huben
28
3240
/ Hochfeiler
Lappago/ Lappach
1333
Erlsbah
Campo Túres/ Sand in Taufers
Collalto/ Hochgall
Passo di Stalle/ Staller Sattel
Sankt Jakob in Defereggen
Sankt Johann im Walde
108
Selva dei Molini/ Mühlwald
3435
2052
2952
Ainet
Ö
S
Villa Ottone/ Uttenheim
Anterselva di Sopra/ Antholz Obertal
Hochgrabe
Santa Maddalena Vallalta/ Sankt Magdalena
Lienz
673
49
Chiénes/ Kiens
Brunico/ Bruneck
838
34
Bagni di Salomone/ Bad Solomonsbrunn
Innervillgraten
E 68
San Lorenzo di Sebato/ St. Lorenzen
27
Monguelfo/ Welsberg
Anras
Drau
Valdáora/ Olang
1087
Dobbiaco/ Toblach
Prato alla Drava/ Winnebach
Sillian
48
Abfaltersbach
Lusón/ Lüsen
Bráies/ Prags
1240
S. Cándido/ Innichen
Arnbach
P U S T E R T A L
Longega/ Zwischenwasser
Maria L.
Sesto/ Sexten
Obertilliach
Plancios/ Palmschoß
Marebbe/ Enneberg
Passo Monte Croce di Comelico/ Kreuzbergpaß
Martino in Badia/ St. Martin in Thurn
13
Prato Piazza/ Plätzwiesen
Tre Cime di Lavaredo/ Drei Zinnen
1636
Monte Peralba
St. Cristina Valgardena/ St. Christina in Gröden
Selva di Valgardena/ Wolkenstein in Gröden
Croda Rossa/ Hohe Gaisl
3146
2998
Comelico Superiore
2694
Forni Avoltri
Badia/ Abtei
Carbonin/ Schluderbach
la Villa/ Stern
51
R
E
S. Cassiano/ Sankt Kassian
C O N C A
Misurina
San Pietro di Cadore
30
O
Colfosco/ Kollfuschg
Le Tofane
19
Passo Tre Croci
862
Gruppo di Sella/ Sellagruppe
3243
1805
48
D
Santo Stefano di Cadore
Sappada
Corvara in Badia/ Corvara
Passo di Falzarego
12
Auronzo di Cadore
A
3151
2105
Pocol
Cortina d'Ampezzo
46° 30'
26
48
21
C
Vigo di Cadore
Arabba
Andraz
Lozzo di Cadore
Passo Pordoi/ Pordoijoch
San Vito di Cadore
Lorenzago di Cadore
Canazei
Selva di Cadore
A M P E Z Z O
Calalzo di Cadore
12
Passo della Mauria
Sauris
Antelao
Piave
Rocca Pietore
1298
3343
Caprile
3264
Pieve di Cadore
Forni di Sopra
Borca di Cadore
Tagliamento
64
Marmolada
I
30
560
T
Alleghe
6
Zoppè di Cadore
Perarolo di Cadore
3220
2479
Forni di Sotto
Falcade
Zoldo Alto
Monte Civetta
Pramaggiore
2703
Cencenighe Agordino
Ospitale di Cadore
Cima dei Preti
51
203
Forno di Zoldo
Tramonti di Sopra
Passo di Rolle
32
1970
Cimolais
Agordo
611
Erto
Claut
Lago del Vajont
2987
Frassenè
Longarone
1467
Pale di San Martino
58
474
2471
PARCO
NAZIONALE
Col Nudo
F
79
Gosaldo
DELLE
Ponte nelle Alpi
Pieve d'Alpago
Barcis
Maniago
Fiera di Primiero
11
Chies d'Alpago
DOLOMITI
7
Bovo
51
283
Sospirolo
Vignole
383
Farra d'Alpago
Montereale Valcellina
Imer
6
BELLUNESI
Sedico
11
BELLUNO
Lago di Santa Croce
Croce d'Aune
Cesiomaggiore
13
Limana
24
Aviano
25
27
San Martino di Campagna
Santa Giustina
352
Trichiana
San della Ric
Mel
Polcenigo
San Quirino
50
271
Lentiai
8
Arten
La Crosetta
Roveredo in Piano
46° 00'
Feltre
Revine Lago
140
Sarmede
PORDENONE
Cordenon
31
28
VITTORIO VENETO
15
Sacile
Cas della D
Follina
16
Porcia
22
d
San Pietro di Feletto
Cordignano
Quero
36
Brugnera
Grappa
Valdobbiadene
Pieve di Soligo
San Fior
Azzano Decimo
348
A28
Sernaglia della Battaglia
Conegliano
15
Gaiarine
26
Prata di Pordenone
27
Pederobba
Vidor
13
Possagno
Crocetta del Montello
Susegana
13
21
Pasiano di Pordenone
Cornuda
76
Fontanelle

8
Böckstein
1131
Kolm Saigurn
13° 00'
D
3360
Hochalm-Spitze
Muhr
13° 30'
E
Thomatal
Rennweg
A10
Turr
1288
enblut
Mallnitz
1190
Großkirchheim
2965
Reißeck
Krems in Karnten
99
Flattach
Obervellach
49
Gmünd
741
E 55
Gr.-Rosennock
2440
Stall
107
Winklern
2784
Polinik
Reißeck
Lurnfeld
Lieser
Ebe
Reiche
T E R R E I C H
16
Rangersdorf
Sachsenburg
8
Millstatt
88
Radenthein
10
Spittal an der Drau
Seeboden
98
Bad Kleinkirc
21
Nikolsdorf
Kleblach-Lind
Millstätter See
Döbriach
Feld am See
2772
42
A10
38
98
621
100
Dellach
Greifenburg
Stockenboi
100
Fresach
Ar
r.-Sand-Spitze
Oberdrauburg
E 66
Drau
Neusach
Afritz
uggau
13
Techendorf
Weissen See
Paternion
Birnbaum
Kötschach-
Weißbriach
Kreuzen
E 55
Weißenstein
110
-Mauthen
Kirchbach
60
Hermagor
40
Sankt Stefan im Gailtal
Bad Bleiberg
Passo di Monte Croce Carnico
603
111
Nötsch a. d. Gail
Villach
Coglians
Tröpolach
Gail
A2
27
18
2780
1360
Feistritz a. d. Gail
83
Timau
1552
Passo di Pramollo
Unter-thörl
10
Rigolato
48
Arnoldstein
ato rnico
Ravascletto
Paularo
Sella di Camporosso
Tarvisio
Wurzen-Pass
1073
Paluzza
Pontebba
Malborghetto
816
Podkoren
Comeglians
51
Fusine in Valromana
Kranjsk Gora
Arta Terme
V A L C A N A L E
C A R N I A
Cave del Predil
355
Dogna
Iôf di Montasio
Villa Santina
56
2753
1156
S L O V E N I J A
Ampezzo
52 bis
Moggio Udinese
Chiusaforte
Passo del Predil
Log pod Mangartom
320
Trenta
52
Tolmezzo
133
Amaro
Resiutta
51
Soča
Carnia
Prato di Resia
2587
Soča
Cavazzo Carnico
Monte Canin
487
Lago di Cavazzo
Bovec
13
Venzone
San Francesco
13
Lepena
Bohinjs jeze
Žaga
Tramonti di Sotto
Trasaghis
Gemona del Friuli
Lusevera
Dom Savica
Krn
34
272
Breginj
2244
Osoppo
R
Artegna
Kobarid
Meduno
F R I U L I
Platischis
Staro selo
Buia
Tarcento
Kamno
Kneške
Nimis
Pinzano al Tagliamento
230
18
Majano
27
Tolmin
Pulfero
Drenchia
Volče
26
A23
E 55
Tricesimo
uals
San Daniele del Friuli
252
Colloredo di M. Albano
Faedis
Savogna
Most na Soči
24
Reana del Roiale
San Pietro al Natisone
463
Pagnacco
Tavagnacco
Stregna
limbergo
Fagagna
44
Avče
Povoletto
Dolnja Trebuša
24
135
Dignano
54
CIVIDALE DEL FRIULI
Martignacco
Kanal
Giorgio hinvelda
464
UDINE
35
13
Čepovan
113
Tagliamento
Plave
Campoformido
Buttrio
Lok
Šmartno v Brdih
25
21
Sedegliano
Pavia di Udine
is
sarsa elizia
Pozzuolo del Friuli
13
56
Manzano
Solkan
Trnovo
Cormons
21
Nova Gorica
Codroipo
GORIZIA
Mortegliano
20
84
26
12
15
San Vito al Tagliamento
Talmassons
Palmanova
Romans d'Isonzo
16
Črniče
Castions di Strada
17
Gradisca d'Isonzo
23
Varmo
Bagnaria Arsa
Miren
A4
Aiello del Friuli
Dornberk
Sesto Reghena
Rivignano
29
E 70
Vipa
24
9
8
6
Branik
San Giorgio di Nogaro
Cordovado
35
6
21
Ronchi dei Legionari

9
A
B
1
Cesana Torinese
1354
Sestriere
2035
854
7° 00'
Perrero
Perosa Argentina
Piossasco
Cumiana
377
Stupinigi
19
Villar Perosa
Volvera
7°30'
36
None
Airasca
18
Carignano
37
376
23
18
Prali
1455
Pinerolo
Buriasco
Virle Piemonte
Carmagnola
Torre Pellice
Bobbio Pellice
Bricherasio
Vigone
Pancalieri
Casalgrasso
Col d'Izoard
2361
1530
Abriès
Aiguilles
Château-Queyras
Villanova
732
Luserna San Giovanni
Bibiana
Pellice
Campiglione-Fenile
300
Cavour
Villafranca Piemonte
56
Moretta
Maira
L'Echalp
Molines-en-Queyras
53
a
Bagnolo Piemonte
31
Barge
Staffarda
Cavallermaggiore
Guil
Saint-Véran
Colle dell'Agnello
2748
Crissolo
614
3841
Paesana
Po
Monasterolo di Savigliano
20
Revello
Chianale
Monviso
340
Savigliano
321
Pic de la Font-Sancte
3387
Pontechianale
Saluzzo
13
Maurin
Casteldelfino
Verzuolo
420
15
Sampéyre
46
1572
Bellino
976
Costigliole Saluzzo
Col de Vars
Aiguille de Chambeyron
3064
V A L
Varaita
Venasca
33
Fossano
3411
Pelvo d'Elva
V A R A I T A
Villafalletto
1435
Saint-Paul
Stroppo
Busca
Sant'Albano Stura
44° 30'
Chiappera
Prazzo
35
San Damiano Macra
Centallo
11
426
24
1200
Acceglio
V A L
Maira
M A I R A
622
Dronero
22
231
Castelletto Stura
Larche
17
17
Jausiers
Colle della Maddalena
822
Pradleves
1996
Campomolino
Caraglio
20
CUNEO
1684
Argentera
1761
20
27
Santuario di San Magno
534
Bersezio
Cervasca
Borgo San Dalmazzo
8
Beinette
Peveragno
Pietraporzio
21
636
Boves
Bousiéyas
Vinadio
60
Demonte
Roccavione
Chiusa di Pesio
Saint-Dalmas-le-Selvage
3031
Mont Ténibre
Stura di Demonte
Robilante
Valdieri
E 74
Bagni di Vinadio
2327
b
Saint-Étienne-de-Tinée
1148
Santuario di Sant'Anna
Colle della Lombarda
Gesso
904
Entracque
24
Vernante
859
Certosa di Pesio
1608
Auron
32
2351
Terme di Valdieri
Limone Piemonte
1010
Entraunes
Isola
Isola 2000
3297
Mont Mounier
Argentera
2651
Trafoio del Colle di Tenda
Saint-Martin-d'Entraunes
2817
PARC
NATIONAL
Cima del Gelas
3143
Var
Péone
le Boréon
Vallée des Merveilles
Roya
1500
Guillaumes
Beuil
24
496
Saint-Martin-Vésubie
815
Tende
Notre-Dame des Fontaines
40
Valberg
Saint-Sauveur-sur-Tinée
1300
Cime du Diable
Saint-Dalmas Valdeblore
2687
31
la Brigue
Daluis
Ilonse
F R A N C E
DU MERCANTOUR
Gorges de Daluis
44° 00'
Roquebillière
la Bollène-Vésubie
Fontan
E 74
Tinée
25
Saorge
Puget-Théniers
Lantosque
690
Moulinet
204
Notre-Dame
Entrevaux
21
Var
19
Peïra Cava
Gorges du Piaon
286
Breil-sur-Roya
Pigna
Utelle
202
Madone d'Utelle
Sospel
Baiardo
C
324
Lucéram
64
349
26
le Plan-du-Var
Airole
Dolceacqua
St-Auban
Roquesteron
Levens
Gilette
L'Escarène
20
Saint-Martin-du-Var
Sainte-Agnès
Thorenc
40
Coursegoules
32
Contes
Balzi Rossi
Gréolières
Carros
48
Menton
Col de Valferrière
1169
Tourette-Levens
Gattières
Roquebrune-Cap-Martin
la Trinité
Gourdon
Vence
325
A8
Villefranche
Monaco
MONTE-CARLO
VENTIMIGLIA

10
11
Moncalieri
Santena
Poirino
Villastellone
Villafranca d'Asti
Baldichieri d'Asti
ASTI
Montemagno
Fubine
San Salvatore Monferrato
ALESS
Solero
Felizzano
Oviglio
Castellazzo Bormida
Rocchetta Tanaro
Isola d'Asti
Pralormo
Ceresole Alba
Montà
Canale
San Damiano d'Asti
Costigliole d'Asti
Nizza Monferrato
Gamalero
Sezzadio
Mombaruzzo
Basaluzzo
Predosa
Cassine
Sommariva del Bosco
Sommariva Perno
Castagnole delle Lanze
Canelli
Barbaresco
Santa Vittoria d'Alba
Santo Stefano Belbo
Acqui Terme
Bistagno
Bubbio
Visone
Carpeneto
Ovada
Molare
Bra
ALBA
Diano d'Alba
Cherasco
Cervere
Narzole
Monforte d'Alba
Dogliani
Castino
Vesime
Roccaverano
Cortemilia
Ponzone
Pian Castagna
Bossolasco
Spigno Monferrato
Bene Vagienna
Trinità
Carrù
Murazzano
Marsaglia
Monesiglio
Piana Crixia
Mioglia
Palo
San Pietro d'Olba
Sassello
Dego
Pontinvrea
Colle del Giovo
Scoglio dell'Agug
Morozzo
Mondovì
Vicoforte
Santuario di Vicoforte
Ceva
Montezemolo
Cengio
Millesimo
Cairo Montenotte
Carcare
C. di Cadibona
Albisola Sup.
Varazze
Celle Ligure
Albissola Marina
Cogoleto
Villanova Mondovì
Frabosa Soprana
Prato Nevoso
Bossea
Bagnasco
Viola
Pamparato
Murialdo
Osiglia
Altare
Mallare
Quiliano
SAVONA
Vado Ligure
Bergeggi
BERGEGGI
San Giorgio
Calizzano
Colle di Melogno
Bormida di Millesimo
Garessio
Colle San Bernardo
Bardineto
Spotorno
Noli
Capo di Noli
Varigotti
VIA AURELIA
Finale Ligure
Borgio-Verezzi
Pietra Ligure
Loano
Grotte di Toirano
Toirano
Borghetto Santo Spirito
Ceriale
Ormea
Tanaro
Ponte di Nava
Erli
Nasino
Colle di Nava
Borghetto d'Arroscia
Cisano sul Neva
Monesi
Pornassio
Pieve di Teco
Arroscia
Villanova d'Albenga
ALBENGA
GALLINARA
Capo Santa Croce
ALASSIO
Rezzo
Colle S. Bartolomeo
Triora
Castello di Andora
Laigueglia
Capo Mele
Andora
Cervo
San Bartolomeo al Mare
Diano Marina
Pontedassio
Montalto Ligure
Dolcedo
Ceriana
Taggia
IMPERIA
San Romolo
San Lorenzo al Mare
Arma di Taggia
SAN REMO
Ospedaletti
RDIGHERA
GLIA
Calvi
l'Île Rousse
Bastia
Golfo di Genova
RIVIERA DI PONENTE
MAR LIGURE
MONFERRATO
LANGHE
Stura di Demonte
Bormida
Orba

11
ABBIATEGRASSO
Trezzano sul Naviglio
Milanese
Granozzo con Monticello
Vespolate
Cassolnovo
Abbazia di Morimondo
Rozzano
Opera
Melegnano
Spino d'Adda
3
A
B
9° 00'
Rosate
VIGEVANO
Binasco
Landriano
Robbio
Cilavegna
Siziano
Vidigulfo
A1
A7
Motta Visconti
Certosa di Pavia
Sant'Angelo Lodigiano
Mortara
Gambolò
Bereguardo
Rosasco
Lardirago
Cozzo
Candia Lomellina
Zeme
Tromello
Villanterio
San Colombano al Lambro
Garlasco
PAVIA
Lambro
Ticino
Agogna
San Giorgio di Lomellina
Gropello Cairoli
Valle Lomellina
51-52
LOMELLINA
San Martino Siccomario
Belgioioso
Corteolona
Po
Lomello
A26
Zinasco
Sartirana Lomellina
Mede
Sannazzaro de' Burgondi
Bressana Bottarone
Barbianello
A21
Stradella
E 25
E 62
Torre Beretti
Pieve del Cairo
Cervesina
Broni
Castel San Giovanni
E 70
Valenza
Santa Giuletta
45° 00'
Bassignana
Casteggio
Borgonovo Val Tidone
San Salvatore Monferrato
Sale
Casei Gerola
Voghera
Montalto Pavese
Santa Maria della Versa
Tanaro
Castelnuovo Scrivia
Pontecurone
Rivanazzano
Borgoratto Mormorolo
Pianello Val Tidone
Tidone
E 25
Salice Terme
Solero
ALESSANDRIA
Viguzzolo
Zavattarello
Nibbiano
TORTONA
Volpedo
Godiasco
Ponte Nizza
Abbazia Sant'Alberto di Butrio
Pecorara
Castellazzo Bormida
35 bis
Bosco Marengo
Villavernia
Varzi
Trebbia
A26 A7
Staffora
Orba
Sezzadio
Basaluzzo
Pozzolo Formigaro
Garbagna
San Sebastiano Curone
Monte Penice
1460
Bobbio
Predosa
Novi Ligure
Cassano Spinola
Brallo di Pregola
Cassine
Borghetto di Borbera
Caldirola
Serravalle Scrivia
10
Rocchetta Ligure
Monte Ebro 1700
Corte Brugnatella
Bormida
Carpeneto
Castelletto d'Orba
Gavi
Arquata Scrivia
Cabella Ligure
Montaldo di Cosola
Ferriere
Mornese
Ovada
Voltaggio
Ronco Scrivia
Ottone
Molare
Vobbia
Crocefieschi
Rossiglione
Busalla
Santo Stefano d' Aveto
Pian Castagna
Campo Ligure
Casella
Serra Riccò
Montoggio
Torriglia
Montebruno
Masone
Campomorone
Rezzoaglio
44° 30'
Ceranesi
Scrivia
Passo della Scoffera
San Pietro d'Olba
Passo del Turchino
Madonna della Guardia
Sant'Olcese
La Forcella
Sassello
Bolzaneto
GÉNOVA
Bargagli
Scoglio dell'Agugia
Colle del Giovo
Voltri
Pegli
A12
Cicagna
E 80
Uscio
Borzonasca
Passo del Bo
Arenzano
Nervi
Nostra Signora di Montallegro
A10
Cogoleto
Sestri Ponente
Sampierdarena
Sori
Borgonovo Ligure
Bogliasco
Recco
Ruta
RAPALLO
Varazze
Camogli
Zoagli
Carasco
Basilica dei Fieschi
Celle Ligure
Albissola Marina
San Fruttuoso
Santa Margherita Ligure
Cristo degli Abissi
Golfo di Genova
SAVONA
Portofino
CHIAVARI
Lavagna
Cavi
Ligure
C
RIVIERA DI LEVANTE
Sestri Levante
MAR LIGURE
Moneglia
Deiva Marina
Porto-Vecchio
Barcelona
Tunis
Palermo
Porto Torres
Palau
Ólbia
Arbatax
Cágliari

12
Orzinuovi
Manerbio
Ghedi
Leno
Bagnolo Cremasco
CREMA
Borgo San Giacomo
Verolanuova
Calvisano
Carpenedolo
Santa Maria di Bressanoro
LODI
Castelleone
Quinzano d'Oglio
Pavone del Mella
Isorella
Montodine
Adda
Soresina
Casalmorano
Pontevico
Gottolengo
Secugnago
Castiglione d'Adda
Casalbuttano ed Uniti
Gambara
Casalmoro
Asola
Ostiano
Casalpusterlengo
Pizzighettone
Castelverde
Casalromano
Canneto sull'Oglio
Acquanegra sul Chiese
Ospedaletto Lodigiano
Codogno
Acquanegra Cremonese
CREMONA
Vescovato
Fombio
Piadena
Sospiro
Bozzolo
Monticelli d'Ongina
San Rocco al Porto
San Giovanni in Croce
Rivarolo Mantovano
San Daniele Po
Rottofreno
PIACENZA
Caorso
Po
Roccabianca
Gussola
Casalmaggiore
Gragnano Trebbiense
Pontenure
Cortemaggiore
Polesine Parmense
Busseto
Sissa
Cadeo
San Giorgio Piacentino
Florenzuola d'Arda
Soragna
Colorno
Rivergaro
Grazzano Visconti
Chiaravalle della Colomba
San Secondo Parmense
Brescello
Carpaneto Piacentino
Alseno
Fidenza
Fontanellato
Ponte dell'Olio
Castell'Arquato
Sorbolo
Gropparello
Salsomaggiore Terme
Perino
Lugagnano Val d'Arda
Noceto
Velleia
Tabiano Bagni
PARMA
Bettola
Vernasca
Medesano
Taro
Pellegrino Parmense
Sant'Andrea Bagni
Collecchio
Sant'Ilario d'Enza
Farini
Morfasso
Bore
Varano de' Melegari
Monticelli Terme
Fornovo di Taro
Felino
Pilastro
Montecchio Emilia
Varsi
Castello di Torrechiara
Bardi
Traversetolo
San Polo d'Enza
Langhirano
Calestano
Ciano d'Enza
Cassio
Castello di Canossa
Masanti di Sotto
Neviano degli Arduini
La Strada
Monte Cervellino
Ostia Parmense
Tizzano Val Parma
Bedonia
Borgo Val di Taro
Berceto
Scurano
Casina
Parma
Passo della Cisa
Corniglio
Vetto
Tarsogno
Albareto
Montelungo
PARCO NAZIONALE
Palanzano
Felina
Castelnovo ne' Monti
Pietra Bismantova
Passo di Cento Croci
Lagdei
DELL'APPENNINO
Enza
Grondola
Monchio delle Corti
Ramiseto
Secchia
Varese Ligure
Pontremoli
Trecchia Rossa
Rigoso
Busana
Villa Minozzo
San Pietro Vara
Monte Sillara
Collagna
TOSCO-EMILIANO
Filattiera
La Gabellina
Ligonchio
Bagnone
Passo del Cerreto
Monte Cusna
Sesta Godano
Villafranca in Lunigiana
Tavernelle
Passo del Bracco
Licciana Nardi
Civago
Calice al Cornoviglio
Fivizzano
Sillano
Framura
Borghetto di Vara
Aulla
Giuncugnano
Bonassola
Piazza al Serchio
Corfino
Levanto
Riccò del Golfo di Spezia
Minucciano
San Pellegrino in Alpe
Monterosso al Mare
Santo Stefano di Magra
Castelnuovo di Garfagnana
Fosdinovo
LA SPEZIA
Sarzana
CINQUE TERRE
LUNIGIANA
13
17
© ISTITUTO GEOGRAFICO DE AGOSTINI SpA - Novara

13
Pisogne
Riva di Solto
Marone
Monte Isola
Sale Marasino
Lago d'Iseo
Iseo
Gardone Val Trompia
Lumezzane
Passirano
Gussago
Rodengo-Saiano
Concesio
Nave
Ospitaletto
Torbole
BRESCIA
Mazzano
Rezzato
Bovegno
Tavernole sul Mella
Marcheno
Lavenone
Casto
Odolo
San Colombano
Anfo
Lago d'Idro
Idro
Vestone
Vobarno
Gavardo
Toscolano-Maderno
Gardone Riviera
Salò
San Felice del Benaco
Manerba del Garda
Bedizzole
Desenzano del Garda
Lonato
Calcinato
Castenedolo
Montichiari
Ghedi
Bagnolo Mella
Dello
Manerbio
Leno
Verolanuova
Calvisano
Isorella
Quinzano d'Oglio
Pontevico
Pavone del Mella
Gottolengo
Gambara
Ostiano
Casalmoro
Asola
Casalromano
Canneto sull'Oglio
Acquanegra sul Chiese
Castiglione delle Stiviere
Carpenedolo
Solferino
Guidizzolo
Castel Goffredo
Casaloldo
Ceresara
Goito
Gazoldo degli Ippoliti
Marmirolo
Volta Mantovana
Valeggio sul Mincio
Roverbella
MANTOVA
Castellucchio
Curtatone
Virgilio
Roncoferraro
Bagnolo San
Magasa
Tremosine
Tignale
Gargnano
Malcesine
Avio
Monte Baldo 2218
Brenzone
Ferrara di Monte Baldo
Brentonico
San Zeno di Montagna
Torri del Benaco
Caprino Veronese
Garda
San Vigilio
Bardolino
Affi
Rivoli Veronese
Lazise
Sirmione
Peschiera del Garda
Castelnuovo del Garda
San Martino della Battaglia
Sommacampagna
Bussolengo
Fumane
Sant'Ambrogio di Valpolicella
Negrar
Sant'Anna d'Alfaedo
Dolcè
Peri
Villafranca di Verona
Mozzecane
Vigasio
Trevenzuolo
Lago di Garda
CREMONA
Vescovato
Piadena
Sospiro
San Daniele Po
San Giovanni in Croce
Bozzolo
Marcaria
Rivarolo Mantovano
Gazzuolo
Borgoforte
Roccabianca
Gussola
Polesine Parmense
Busseto
Casalmaggiore
Sabbioneta
Sissa
Colorno
Viadana
Dosolo
Suzzara
Gonzaga
Pegognaga
Luzzara
Guastalla
Moglia
Soragna
San Secondo Parmense
Brescello
Boretto
Gualtieri
Reggiolo
Fidenza
Fontanellato
Sorbolo
Poviglio
Novellara
Fabbrico
Novi di Modena
Salsomaggiore Terme
Noceto
Tabiano Bagni
Medesano
Sant'Andrea Bagni
Rio Saliceto
Correggio
Bagnolo in Piano
CARPI
PARMA
Collecchio
Sant'Ilario d'Enza
Cadelbosco di Sopra
Soliera
Monticelli Terme
Cavriago
Campogalliano
Fornovo di Taro
Felino
Pilastro
Montecchio Emilia
Varano Melegari
Castello di Torrechiara
Traversetolo
San Polo d'Enza
REGGIO NELL'EMILIA
Rubiera
Calestano
Langhirano
Ciano d'Enza
Vezzano sul Crostolo
Scandiano
Casalgrande
Formigine
Neviano degli Arduini
Castello di Canossa
Viano
Fiorano Modenese
Sassuolo
Castelnuovo Rangone
Spilamberto
Monte Cervellino
La Strada
Tizzano
Po
Oglio
Chiese
Mincio
Taro
Secchia
E 70
E 45
E 35
A1
A4
A15
A21
A22
45° 30'
45° 00'
10° 30'

14
Posina
Arsiero
Vallarsa
Raossi
Ala
Passo Pian delle Fugazze
Valli del Pasubio
Piovene Rocchette
Caltrano
Lugo di Vicenza
Lusiana
Pove del Grappa
Mussolente
BASSANO DEL GRAPPA
Montebelluna
Marostica
Molvena
Nove
Rosà
Riese Pio X
MONTI LESSINI
Recoaro Terme
Schio
Zanè
Thiene
Fara Vicentino
Marano Vicentino
Maglio Superiore
Tezze sul Brenta
CASTELFRANCO VENETO
Giazza
Malo
Sandrigo
Cittadella
Bosco Chiesanuova
Crespadoro
Valdagno
Dueville
San Pietro in Gù
San Martino di Lupari
Resana
Bolca
San Pietro Mussolino
Isola Vicentina
Caldogno
Monticello Conte Otto
San Giorgio in Bosco
Villa del Conte
Camposampiero
Rovere Veronese
Vestenanova
Badia Calavena
Trissino
Chiampo
Costabissara
VICENZA
Torri di Quartesolo
Piazzola sul Brenta
S.Giorgio delle Pertiche
Curtarolo
Grezzana
Tregnago
Arzignano
Montecchia di Crosara
Montecchio Maggiore
Arcugnano
Grumolo delle Abbadesse
Campodarsego
VERONA
Illasi
Colognola ai Colli
Montebello Vicentino
Brendola
Longare
Grisignano di Zocco
Vigonza
San Martino Buon Albergo
Soave
Barbarano Vicentino
Cervarese Santa Croce
Montegalda
Mestrino
Rubano
Noventa Padovana
PADOVA
Zevio
San Bonifacio
Lonigo
Ponte di Barbarano
Bastia
Abano Terme
San Giovanni Lupatoto
Arcole
Adige
Teolo
Ponte S. Nicolò
Albignasego
Buttapietra
Ronco all'Adige
Cologna Veneta
Sossano
Montegrotto Terme
Piove di Sacco
Oppeano
Albaredo d'Adige
Isola della Scala
Roverchiara
Noventa Vicentina
Battaglia Terme
Bovolenta
Bovolone
Bevilacqua
Ospedaletto Euganeo
Arquà Petrarca
Monselice
Pontelongo
Minerbe
Montagnana
Saletto
Este
Conselve
Cerea
Sanguinetto
Legnago
Casale di Scodosia
Tribano
Nogara
Casaleone
Merlara
Solesino
Bagnoli di Sopra
Villa Bartolomea
Valli Mocenighe
Villa Estense
Anguillara Veneta
Gazzo Veronese
Stanghella
Castagnaro
Badia Polesine
Lendinara
ROVIGO
Villadose
Ostiglia
Bergantino
Revere
Trecenta
Fratta Polesine
San Benedetto Po
Castelmassa
Quistello
Calto
Bagnolo di Po
Crespino
Sermide
Fiesso Umbertiano
Polesella
Poggio Rusco
Ficarolo
Po
Cologna
Berra
Ro
Concordia sulla Secchia
Pilastri
Occhiobello
Ambrogio
Copparo
Mirandola
Bondeno
Malborghetto
Pontelagoscuro
San Felice sul Panaro
Vigarano Mainarda
FERRARA
Formignana
Finale Emilia
Cona
Tresigallo
San Prospero
Panaro
Sant'Agostino
Migliarino
Camposanto
Sorbara
Poggio Renatico
Ostellato
Bomporto
Crevalcore
CENTO
Malalbergo
Pieve di Cento
Castello d'Argile
San Nicolò Ferrarese
Portomaggiore
Nonantola
San Pietro in Casale
Santa Maria Codifiume
San Giovanni in Persiceto
San Giorgio di Piano
Bando
MODENA
Reno
Sala Bolognese
Molinella
Argenta
Castelfranco Emilia
Minerbio
Calderara di Reno
Longastrino
Granarolo dell'Emilia
San Martino
Lavezzola
Castel Maggiore
© ISTITUTO GEOGRAFICO DE AGOSTINI SpA - Novara
Anzola dell'Emilia
Budrio
Sant'Antonio
Sillaro
BOLOGNA
San Bernardino
E 70
A31
A13
A1
15

15
San Pietro di Feletto
Cordignano
Porcia
Codroipo
Valdobbiadene
Pieve di Soligo
San Fior
Azzano Decimo
San Vito al Tagliamento
Conegliano
Gaiarine
Prata di Pordenone
Varmo
Vidor
Crocetta del Montello
Susegana
Fontanelle
Sesto al Reghena
Pasiano di Pordenone
Cordovado
Nervesa della Battaglia
Annone Veneto
Oderzo
San Polo di Piave
Portogruaro
Spresiano
Maserada sul Piave
Motta di Livenza
Santo Stino di Livenza
Concordia Sagittaria
San Michele al Tagliamento
Volpago del Montello
Villorba
Trevignano
Ponte di Piave
Cessalto
Vedelago
TREVISO
Livenza
Piave
Ceggia
Torre di Mosto
Paese
San Biagio di Callalta
Noventa di Piave
San Donà di Piave
Quinto di Treviso
San Giorgio di Livenza
Piombino Dese
Preganziol
Casier
Roncade
Musile di Piave
Caorle
Casale sul Sile
Quarto d'Altino
Caposile
Eraclea
Scorzè
Mogliano Veneto
Noale
Portegrandi
Jesolo
Eraclea Mare
Santa Maria di Sala
Spinea
MESTRE
Torcello
45°30'
Mirano
Lido di Jesolo
Burano
Murano
Cavallino
Marghera
Dolo
Mira
Punta Sabbioni
VENEZIA
Lido
Stra
Camponogara
Malamocco
Golfo di Venezia
Sant' Angelo di Piove di Sacco
Alberoni
14
San Pietro in Volta
Laguna Veneta
Pellestrina
Codevigo
CHIOGGIA
Correzzola
Sottomarina
Cavarzere
Rosolina Mare
Adige
STRADA ROMEA
Igoumenítsa
Pátrai
Kérkyra
Izmir
Rosolina
ALBARELLA
Adria
Loreo
Porto Viro
Porto Levante
Contarina
Po
45°00'
Taglio di Po
Ca' Venier
Pila
Ariano nel Polesine
Porto Tolle
DELTA DEL PO
Mesola
Po di Goro
Scardovari
Mezzogoro
Jolanda di Savoia
Goro
Codigoro
Abbazia di Pompos
Gnocchetta
Gorino Veneto
Foci del Po
Massa Fiscaglia
Lido di Volano
Lagosanto
Corte Centrale
Lido delle Nazioni
Lido di Pompos
Lido degli Scacchi
Comacchio
Porto Garibaldi
19

GORIZIA
Nova Gorica
Mortegliano
Talmassons
Palmanova
Romans d'Isonzo
Castions di Strada
Bagnaria Arsa
Aiello del Friuli
Gradisca d'Isonzo
Rivignano
San Giorgio di Nogaro
Redipuglia
Ronchi dei Legionari
Muzzana del Turgnano
Cervignano del Friuli
Fiumicello
Monfalcone
Latisana
Aquileia
Duino
Sistiana
Marano Lagunare
Ausa Corno
Aurisina
Pertegada
Laguna di Marano
Isonzo
Grignano
Castello di Miramare
Lignano Sabbiadoro
Grado
Lignano Pineta
TRIESTE
Bibione
Muggia
Golfo di Trieste
Črniče
Miren
Dornberk
Vipava
Branik
SLOVENIJA
KRAS
Komen
Štanjel
Štjak
San Giovanni al Timavo
Dutovlje
Štorje
Prosecco
Sežana
Villa Opicina
Lipica
Divača
Lokev
Basovizza
Kozina
San Dorligo della Valle
Ankaran
Sp. Škofije
Koper
Izola
Piran
Dekani
Sv. Anton
Podgorje
Gažon
Rt Savudrija
Portorož
Hrastovlje
Šmarje
Savudrija
Sečovlje
Sočerga
Umag
Buje
Buzet
Lovrečica
Grožnjan
Sv. Lucija
Brtonigla
Mirna
Dajla
Vižinada
Motovun
Novigrad
Karojba
Cerovlje
Tar
Višnjan
ISTRA
Beram
Pazin
Tinjan
Poreč
HRVATSKA
Vrsar
Žminj
Kanfanar
Brajkovići
Svetvinčenat
Rovinj
Barban
Bale
Vodnjan
Marčana
NACIONALNI PARK BRIJUNI
Brijuni
Fažana
VELIKI BRIJUN
PULA
Šišan
Medulin
Premantura
Rt Kamenjak
Durrës
Igoumenítsa
Pátrai
MAR
ADRIATICO
E 70
E 751
A4
16
13°30'

17
A
B
a
c
d
12
13
10° 00'
44° 30'
44° 00'
43° 30'
Bardi
Varsi
di Taro
Felino
Emilia
Castello di Torrechiara
Traversetolo
Langhirano
San Polo d'Enza
Ciano d'Enza
Castello di Canossa
Calestano
Cassio
Neviano degli Arduini
Masanti di Sotto
Ostia Parmense
La Strada
Monte Cervellino
Tizzano Val Parma
Scurano
Casina
Bedonia
Borgo Val di Taro
Passo della Cisa
Berceto
Corniglio
Vetto
Tarsogno
Albareto
Montelungo
PARCO NAZIONALE
Palanzano
Castelnovo ne' Monti
Felina
Passo di Cento Croci
Grondola
Lagdei
Monchio delle Corti
DELL'APPENNINO
Ramiseto
Pietra Bismantova
Varese Ligure
Trecchia Rossa
Pontremoli
Rigoso
Collagna
Busana
Villa Minozzo
San Pietro Vara
Filattiera
Monte Sillara
La Gabellina
TOSCO - EMILIANO
Ligonchio
Bagnone
Passo del Cerreto
Monte Cusna
Villafranca in Lunigiana
Tavernelle
Passo del Bracco
Sesta Godano
Licciana Nardi
Civago
Calice al Cornoviglio
Fivizzano
Sillano
Framura
Borghetto di Vara
Aulla
Giuncugnano
Piazza al Serchio
Corfino
Levanto
Ricco del Golfo di Spezia
Minucciano
San Pellegrino in Alpe
Monterosso al Mare
Santo Stefano di Magra
Equi Terme
Castiglione di Garfagnana
Vernazza
LA SPEZIA
Fosdinovo
PARCO NAZIONALE DELLE CINQUE TERRE
Sarzana
Castelnuovo Magra
CARRARA
Vagli Sotto
Castelnuovo di Garfagnana
Riomaggiore
Forno
Ameglia
Lerici
MASSA
Gallicano
Portovenere
Tellaro
Luni
PALMARIA
Bocca di Magra
Grotta del Vento
ISOLA DEL TINO
Golfo di La Spezia
Marina di Carrara
Montignoso
Seravezza
Stazzema
Marina di Massa
Pietrasanta
Pescaglia
FORTE DEI MARMI
CAMAIORE
Diecimo
Marina di Pietrasanta
Lido di Camaiore
Massarosa
VIAREGGIO
Lago di Massaciuccoli
Torre del Lago Puccini
Bastia
Ólbia
Tunis
Vecchiano
San Giuliano Terme
Migliarino
MAR
Gombo
PISA
Arno
Marina di Pisa
S. Piero a Grado
LIGURE
Tirrenia
Calambrone
LIVORNO
Capráia
Bastia
Ardenza
Montenero
Antignano
PARCO NAZIONALE DELL' ARCIPELAGO TOSCANO
Ólbia
Golfo Aranci
Cágliari
Palermo
Cátania
Gabbro
Quercianella
GORGONA
(Livorno)
Castiglioncello

REGGIO NELL'EMILIA
Rubiera
MODENA
San Giovanni in Persiceto
San Giorgio di Piano
Sala Bolognese
18
Scandiano
Casalgrande
Vezzano sul Crostolo
Fiorano Modenese
Formigine
Castelfranco Emilia
Calderara di Reno
Castel Maggiore
Granarolo dell'Emilia
Viano
Sassuolo
Castelnuovo Rangone
Spilamberto
Anzola dell'Emilia
BOLOGNA
Castellarano
Terme di Salvarola
Maranello
Castelvetro di Modena
Baiso
Bazzano
Zola Predosa
Vignola
Carpineti
Prignano sulla Secchia
Marano sul Panaro
Monteveglio
Casalecchio di Reno
San Lazzaro di Savena
Ozzano dell'Emilia
Lugo
Guiglia
Serramazzoni
Sasso Marconi
Toano
Cerredolo
Sassi di Rocca Malatina
Savigno
Pianoro
Montefiorino
Polinago
Zocca
Marzabotto
Pavullo nel Frignano
Coriano
Frassinoro
Bocca dei Ravari
Necropoli Etrusca
Monterenzio
Lama Mocogno
Vergato
Monzuno
La Santona
Castel d'Aiano
Rioveggio
Loiano
Montese
Grizzana Morandi
San Benedetto Val di Sambro
San Benedetto Querceto
Montecreto
Sestola
Piandelagotti
Riolunato
Gaggio Montano
Riola di Vergato
Lagaro
Monghidoro
Pievepelago
Fanano
Lizzano in Belvedere
Castel di Casio
Camugnano
Piano del Voglio
Fiumalbo
Monte Cimone
Silla
Abetone
Madonna dell'Acero
Porretta Terme
Castiglione dei Pepoli
Coniale
Passo dell'Abetone
Coviglaio
Firenzuola
Garfagnana
Cutigliano
Sambuca Pistoiese
Passo della Futa
San Marcello Pistoiese
La Lima
Montepiano
Coreglia Antelminelli
Maresca
Vernio
Passo della Collina
Cantagallo
Barberino di Mugello
Scarperia
Bagni di Lucca
Prunetta
Villa di Baggio
Vaiano
San Piero a Sieve
Borgo San Lorenzo
Vellano
Colognora
PISTOIA
Montale
Montemurlo
Vicchio
Pieve di Brancoli
Serravalle Pistoiese
Agliana
Vaglia
Convento Monte Senario
Pescia
Pieve a Nievole
Collodi
MONTECATINI TERME
PRATO
Calenzano
Sesto Fiorentino
Monsummano Terme
Quarrata
Campi Bisenzio
Capannori
Molino del Piano
Chiesina Uzzanese
Fiesole
Poggio a Caiano
Altopascio
Ponte di Masino
Vinci
Artimino
Signa
FIRENZE
Galleno
Cerreto Guidi
Lastra a Signa
Scandicci
Bagno a Ripoli
Galluzzo
Buti
Fucecchio
EMPOLI
Santa Croce sull'Arno
Montelupo Fiorentino
Bientina
Certosa di Pisa
Castelfranco di Sotto
Cerbaia
Impruneta
Calcinaia
SAN MINIATO
Pontedera
Montopoli in Val d'Arno
San Casciano in Val di Pesa
Incisa in Val d'Arno
Montespertoli
Lucignano
Ponsacco
Castelfiorentino
Figline Valdarno
Palaia
Collesalvetti
Tavarnelle Val di Pesa
Capannoli
Greve in Chianti
Crespina
Lari
Montaione
San Giovanni Valdarno
Certaldo
Peccioli
Barberino Val d'Elsa
Gambassi Terme
Cavriglia
Casciana Terme
Terricciola
Chianti
Castagno
Castellina in Chianti
Radda in Chianti
Santa Luce
Lajatico
SAN GIMIGNANO
Poggibonsi
Gaiole in Chianti
21
Colle di Val d'Elsa
Castellina Marittima
VOLTERRA
Staggia
19
© ISTITUTO GEOGRAFICO DE AGOSTINI SpA - Novara

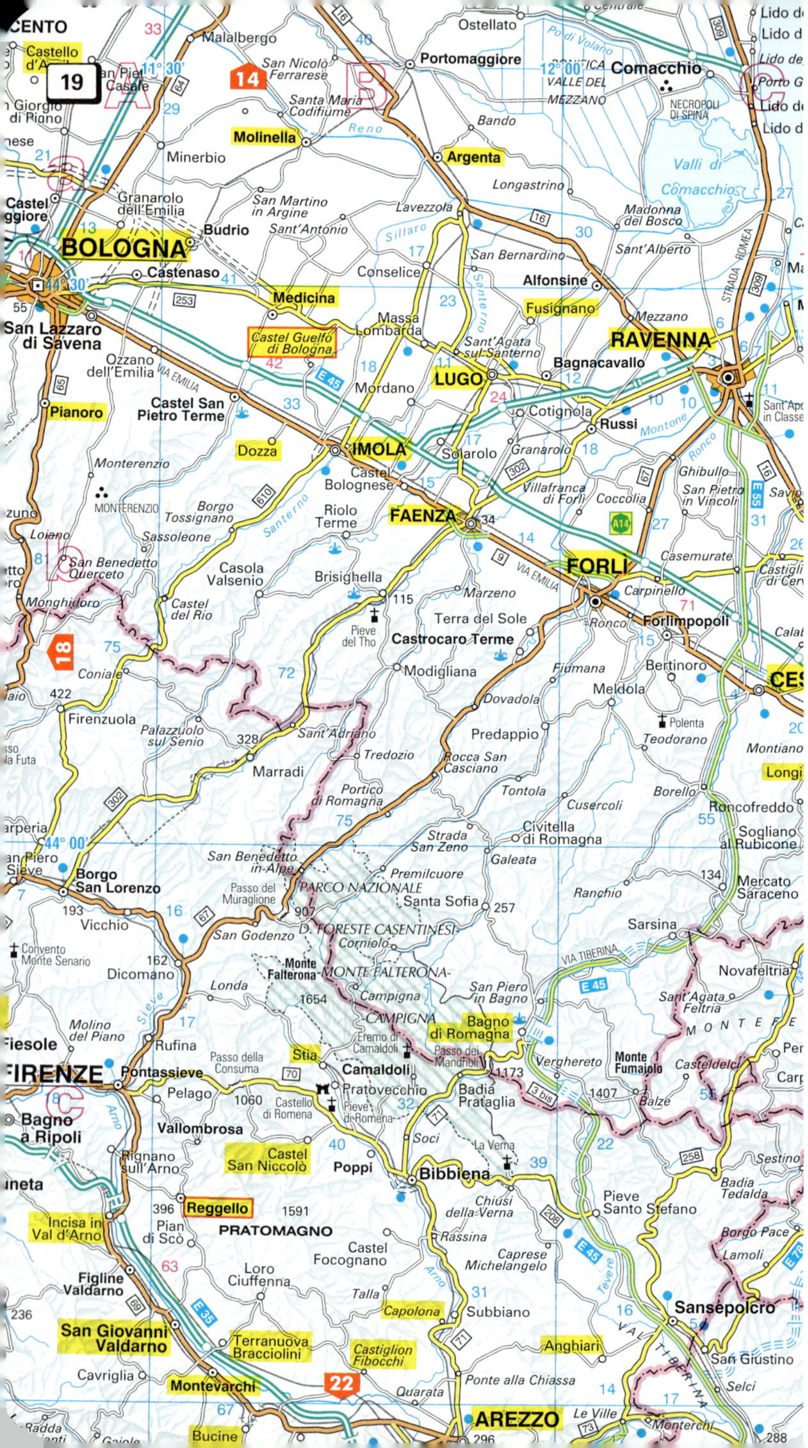

19
CENTO
Castello d'Argile
Malalbergo
San Pietro in Casale
11° 30'
San Nicolò Ferrarese
14
Ostellato
Portomaggiore
Comacchio
12° 00'
VALLE DEL MEZZANO
NECROPOLI DI SPINA
Santa Maria Codifiume
Reno
Bando
Molinella
Argenta
Valli di Comacchio
Minerbio
Longastrino
Granarolo dell'Emilia
San Martino in Argine
Lavezzola
Madonna del Bosco
Castel Maggiore
Budrio
Sant'Antonio
Sillaro
Sant'Alberto
BOLOGNA
San Bernardino
STRADA ROMEA
Castenaso
Conselice
Alfonsine
44° 30'
Medicina
Santerno
Fusignano
Mezzano
San Lazzaro di Savena
Massa Lombarda
RAVENNA
Castel Guelfo di Bologna
Sant'Agata sul Santerno
Bagnacavallo
Ozzano dell'Emilia
VIA EMILIA
E 45
Mordano
LUGO
Castel San Pietro Terme
Cotignola
Sant'Apollinare in Classe
Pianoro
Russi
Montone
Dozza
IMOLA
Solarolo
Granarolo
Ronco
Monterenzio
Castel Bolognese
Villafranca di Forlì
Ghibullo
San Pietro in Vincoli
MONTERENZIO
Borgo Tossignano
Riolo Terme
FAENZA
Coccolia
E 55
A14
Loiano
Sassoleone
Casemurate
San Benedetto Querceto
Casola Valsenio
Brisighella
FORLÌ
Castiglione di Cervia
Monghidoro
Castel del Rio
Marzeno
Carpinello
18
Pieve del Tho
Terra del Sole
Castrocaro Terme
Forlimpopoli
Ronco
Coniale
Modigliana
Fiumana
Bertinoro
Meldola
Firenzuola
Dovadola
Polenta
Palazzuolo sul Senio
Sant'Adriano
Predappio
Teodorano
Montiano
Tredozio
Rocca San Casciano
Marradi
Portico di Romagna
Tontola
Cusercoli
Borello
Roncofreddo
Civitella di Romagna
Sogliano al Rubicone
44° 00'
Strada San Zeno
Galeata
San Piero a Sieve
Borgo San Lorenzo
San Benedetto in Alpe
Premilcuore
Mercato Saraceno
Passo del Muraglione
PARCO NAZIONALE
Santa Sofia
Ranchio
Vicchio
San Godenzo
D. FORESTE CASENTINESI-
Sarsina
Convento Monte Senario
Corniolo
VIA TIBERINA
Novafeltria
Dicomano
Monte Falterona
MONTE FALTERONA-
E 45
Londa
Campigna
San Piero in Bagno
Sant'Agata Feltria
CAMPIGNA
Molino del Piano
Rufina
Bagno di Romagna
MONTEFELTRO
Fiesole
Eremo di Camaldoli
Passo dei Mandrioli
Stia
Verghereto
Monte Fumaiolo
Casteldelci
Passo della Consuma
FIRENZE
Pontassieve
Camaldoli
Pelago
Castello di Romena
Pratovecchio
Badia Prataglia
Balze
Pieve di Romena
Bagno a Ripoli
Arno
Vallombrosa
Soci
La Verna
Sestino
Rignano sull'Arno
Castel San Niccolò
Poppi
Bibbiena
Badia Tedalda
Pieve Santo Stefano
Chiusi della Verna
Reggello
PRATOMAGNO
Incisa in Val d'Arno
Pian di Scò
Rassina
Borgo Pace
Caprese Michelangelo
Lamoli
Castel Focognano
Figline Valdarno
Loro Ciuffenna
Talla
Capolona
Subbiano
Sansepolcro
VAL TIBERINA
San Giovanni Valdarno
E 35
Terranuova Bracciolini
Castiglion Fibocchi
Anghiari
San Giustino
Cavriglia
Montevarchi
22
Quarata
Ponte alla Chiassa
Selci
Tevere
AREZZO
Le Ville
Monterchi
Bucine

12° 30'
13° 00'
D
E
MAR
ADRIATICO
Cátania
Punta Marina
Lido Adriano
Marina di Ravenna
Casal Borsetti
Lido di Classe
Lido di Savio
Milano Marittima
CERVIA
CESENATICO
Gatteo a Mare
San Mauro a Mare
Bellaria
Igea Marina
Torre Pedrera
Gatteo
San Mauro Pascoli
Viserba
Savignano sul Rubicone
RIMINI
Santarcangelo di Romagna
Borghi
Miramare
RICCIONE
Misano Adriatico
CATTOLICA
Gabicce Mare
Fiorenzuola di Focara
PESARO
Fano
Madonna del Ponte
Torrette di Fano
Marotta
Cesano
SENIG
Verucchio
Coriano
Serravalle
SAN MARINO
San Giovanni in Marignano
Gradara
San Leo
Rocca di Maioletto
Mercatino Conca
Morciano di Romagna
Tavullia
Saludecio
Montecchio
Montelabbate
Sant'Angelo in Lizzola
Carignano
Monte Cerignone
Tavoleto
Colbordolo
Mombaroccio
VIA FLAMINIA
Macerata Feltria
Sassocorvaro
Petriano
Cartoceto
Calcinelli
San Costanzo
Mondolfo
Convento di Montefiorentino
URBINO
Montefelcino
Saltara
Piagge
Orciano di Pesaro
Monte Porzio
Monterado
Piandimeleto
Fossombrone
Sant'Ippolito
Mondavio
Corinaldo
Montemarciano
Sant'Angelo in Vado
Urbania
Fermignano
Mercatello sul Metauro
Acqualagna
San Lorenzo in Campo
Ostra Vetere
Ostra
Chiara
Monte San Vit
Piobbico
Pergola
Belvedere Ostrense
Serra de' Conti
Apecchio
Cagli
JESI
Montecarotto
Bocca Serriola
Pianello
Monastero di Fonte Avellana
Cantiano
SERRA BURA
Foglia
Metauro
Cesano
Rubicone
Marecchia
24
A14
© ISTITUTO GEOGRAFICO DE AGOSTINI SpA - Novara

Antignano
Gabbro
Santa Luce
Lajatico
SAN GIMIGNANO
Quercianella
10°30'
Castellina Marittima
18
Colle
Castiglioncello
147
Rosignano Mar.
VOLTERRA
Montecatini Val di Cecina
531
Rosignano Solvay
Riparbella
Saline di Volterra
Torre di Montemiccioli
Vada
68
San Pietro in Palazzi
Cecina
Ponteginori
Casole
Montescudaio
MAR
Marina di Cecina
Pomarance
439
Bibbona
Forte di Bibbona
Bolgheri
Larderello
LIGURE
Serrazzano
Canneto
Marina di Castagneto Carducci
Castelnuovo di Val di Cecina
Castagneto Carducci
Monteverdi Marittimo
COLLINE
1060
METALLIFERE
Donoratico
Sassetta
Monterotondo Marittimo
CAPRAIA
(Livorno)
Livorno
Portoferraio
Capraia Isola
447
E 80
San Vincenzo
Suvereto
43° 00'
PARCO NAZIONALE DELL' ARCIPELAGO TOSCANO
9° 50'
Campiglia Marittima
Massa Marittima
400
Venturina
VIA AURELIA
TOMBE ETRUSCHE
Valpiana
Populonia
Riotorto
Cura Nuova
Monte Massoncello
286
Cornia
Capráia
Bastia
Canale di Piombino
PIOMBINO
Follonica
Gavorrano
Golfo di Follonica
Scarlino
Capo della Vita
322
ELBA
(Livorno)
Cavo
PALMAIOLA
Vetulonia
Marciana Marina
PORTOFERRAIO
Rio Marina
Pian d'Alma
Biodola
Macchiascandona
Marciana
San Martino
Punta Ala
Punta Nera
1019
Procchio
Porto Azzurro
Castiglione della Pescaia
Lacona
GROSSETO
Pomonte
Marina di Campo
Capoliveri
Punta di Fetovaia
Ólbia
Marina di Grosseto
Punta dei Ripalti
Principina a Mare
PARCO NAZIONALE DELL' ARCIPELAGO TOSCANO
Marina di Alberese
PIANOSA
(Livorno)
Pianosa
ARCIPELAGO
FORMICHE DI GROSSETO
(Grosseto)
42° 30'
TOSCANO
MAR
PARCO NAZIONALE DELL' ARCIPELAGO TOSCANO
Giglio Campese
Giglio Castello
SCOGLIO D' AFFRICA O FORMICA DI MONTECRISTO
(Livorno)
La Villa
645
MONTECRISTO
(Livorno)
GIGLIO
(Grosseto)
496
Giglio Porto
Punta del Capel Rosso
TIRRENO
PARCO NAZIONALE DELL' ARCIPELAGO TOSCANO

22
23
25
Poggibonsi
Colle di Val d'Elsa
Staggia
Castel San Gimignano
Monteriggioni
Radda in Chianti
Castellina in Chianti
Gaiole in Chianti
Bucine
Pergine Valdarno
Civitella in Val di Chiana
Monte San Savino
Arezzo
Santa
Castiglion Fiorentino
Montecchio
Foiano della Chiana
Camucia
Montagnano
Pianella
Castelnuovo Berardenga
San Dalmazio
SIENA
Sovicille
Radicondoli
Rosia
Taverne d'Arbia
Monteroni d'Arbia
Rapolano Terme
Lucignano
Asciano
Sinalunga
Trequanda
Grotti
Lucignano d'Arbia
Murlo
Casciano
Chiusdino
Abbazia di S. Galgano
San Lorenzo a Merse
Monticiano
Boccheggiano
Torniella
Roccatederighi
Roccastrada
Ribolla
Civitella Marittima
Buonconvento
Bagni di Petriolo
Abbazia di Monte Oliveto Maggiore
San Giovanni d'Asso
Lucignano d'Asso
Torrita di Siena
Petroio
Gracciano
MONTEPULCIANO
Torrenieri
Montalcino
San Quirico d'Orcia
Pienza
Chianciano Terme
Abbazia di Sant'Antimo
Sant'Angelo in Colle
Castiglione d'Orcia
Sarteano
Cetona
Campiglia d'Orcia
Bagni S.Filippo
Radicofani
Seggiano
Paganico
Sasso d'Ombrone
Castel del Piano
Monte Amiata
Abbadia San Salvatore
Piazze
San Casciano dei Bagni
Braccagni
Campagnatico
Cinigiano
Arcidosso
Batignano
ROVINE DI ROSELLE
NECROPOLI ETRUSCA
Stribugliano
Santa Fiora
Piancastagnaio
Bagno Roselle
Arcille
Cana
Trevinano
Castell'Azzara
Roccalbegna
Polveraia
Istia d'Ombrone
GROSSETO
Semproniano
Murci
Acquapendente
Castel Giorgio
Pancole
Scansano
San Martino sul Fiora
Sorano
Grotte di Castro
Alberese
Pereta
Saturnia
Terme di Saturnia
Sovana
MONTI VOLSINI
Montiano
Pitigliano
Gradoli
Bolsena
Lago di Bolsena
Montemerano
Magliano in Toscana
Manciano
Valentano
Fonteblanda
Farnese
Capodimonte
Marta
Talamone
Marsiliana
CASTRO
Ischia di Castro
Piansano
Albinia
Canino
Arlena di Castro
Orbetello
Laguna di Orbetello
Capalbio
Abbadia
TOMBE ETRUSCHE
Porto Santo Stefano
Monte Argentario
Nunziatella
VULCI
Tuscania
COSA
Ansedonia
Spacco della Regina
VIA AURELIA
Capo d'Uomo
Porto Ercole
Montalto di Castro
Il Casalone
Marina di Pescia Romana
NORCHIA
Montalto Marina
GIANNUTRI
(Grosseto)
VILLA ROMANA
TARQUINIA
Monte Romano
Tarquinia Lido
Ombrone
Albegna
Fiora
VIA CASSIA
VAL DI CHIANA
CHIANTI
MAREMMA
11°30'
© ISTITUTO GEOGRAFICO DE AGOSTINI SpA - Novara

23
20
22
26
Urbino
Montefelcino
Fossombrone
Urbania
Fermignano
Sant'Ippolito
Sestino
Piandimeleto
Badia Tedalda
Pieve Santo Stefano
Sant'Angelo in Vado
Borgo Pace
Lamoli
Mercatello sul Metauro
Acqualagna
San Lorenzo in Campo
Piobbico
Sansepolcro
Anghiari
San Giustino
Selci
Apecchio
Cagli
Pergola
Arcevia
Chiassa
Monterchi
Monte Santa Maria Tiberina
Città di Castello
Bocca Serriola
Pianello
Serra di Burano
Cantiano
Monastero di Fonte Avellana
Palazzo del Pero
Santa Lucia
Pietralunga
Isola Fossara
Sassoferrato
Grotte di Frasassi
San Secondo
Morra
Montone
Monteleto
Scheggia e Pascelupo
Gubbio
Fabriano
Campo Reggiano
Padule
Sigillo
Valle Dame
Niccone
Umbertide
Cortona
Mercatale
Sant'Andrea di Sorbello
Pierantonio
Via Tiberina
Scritto
Branca
Fossato di Vico
Serradica
Gualdo Tadino
Esanatoglia
Riccio
Preggio
Col Palombo
Tuoro sul Trasimeno
Castel Rigone
Grello
Passignano sul Trasimeno
Magione
Lago Trasimeno
Castiglione del Lago
Piccione
Casa Castalda
Gaifana
Valfabbrica
Corciano
Perugia
Nocera Umbra
Petrignano
Piano delle Pieve
Bastia Umbra
Assisi
Eremo delle Carceri
Serravalle di Chienti
Monte Buono
Castel del Piano
Ponte San Giovanni
Torgiano
S. Maria d. Angeli
Valtopina
Colfiorito
Tomba della Scimmia
Chiusi
Panicale
San Martino in Colle
Ponte Nuovo
Bettona
Cannara
Spello
Via Flaminia
Casenove Serrone
Piegaro
Tavernelle
Deruta
Foligno
Abbazia di Sassovivo
Cerqueto
Montegabbione
Marsciano
Gualdo Cattaneo
Bevagna
Montefalco
Monteleone d'Orvieto
Collazzone
Trevi
Tempio del Clitunno
San Venanzo
San Terenziano
Pissignano
Fratta Todina
Castel Ritaldi
Campello
Cerreto di Spoleto
Fonti del Clitunno
S. Clitunno
Fabro
Ficulle
Giano dell'Umbria
Massa Martana
San Giacomo
Colonnetta di Prodo
Prodo
Todi
Uncinano
Piedipaterno
Castel Viscardo
Orvieto
Lago di Corbara
Tevere
Izzalini
Rosceto
Spoleto
Madonna di Baiano
Poggiodomo
Civitella del Lago
Monteluco
Tombe Etrusche
Baschi
Acquasparta
Avigliano Umbro
Montecastrilli
Carsulae
San Pietro in Valle
Sambucheto
Castiglione in Teverina
Guardea
Bagnoregio
Castel dell'Aquila
San Gemini
San Gemini Fonte
Ferentillo
Civitella d'Agliano
Capitone
Arrone
Polino
Graffignano
Amelia
Lugnano in Teverina
Terni
Piediluco
Montefiascone
Attigliano
Marmore
Cascata delle Marmore
Morro Reatino
Narni
Via Cassia
Grotte S. Stefano
Bomarzo
Ferento
Stroncone
S. Urbano
Orte
Nera
Vigne
Convento La Foresta

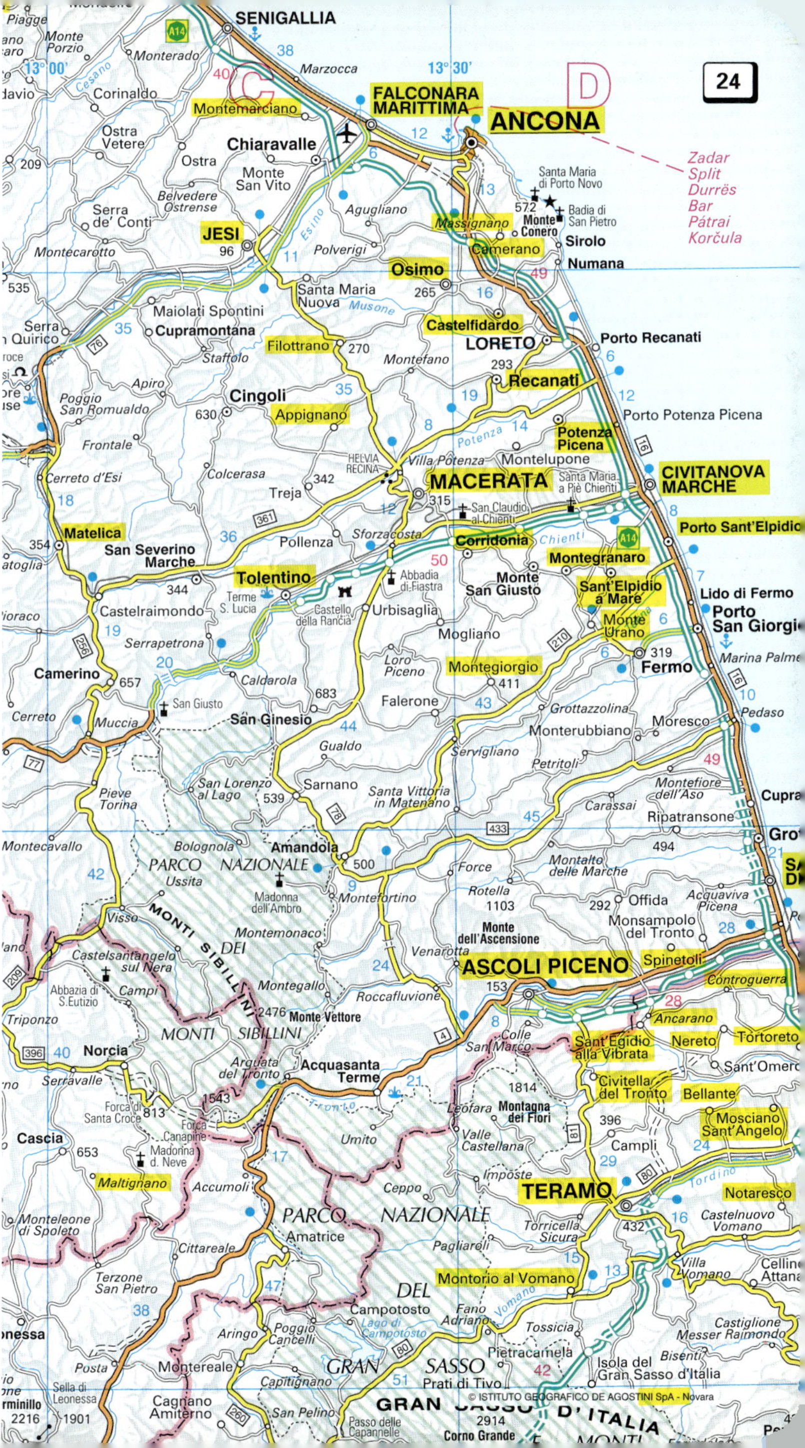
SENIGALLIA
Piagge
Monte Porzio
Monterado
13° 00'
13° 30'
C
D
Marzocca
Corinaldo
Montemarciano
FALCONARA MARITTIMA
ANCONA
Zadar
Split
Durrës
Bar
Pátrai
Korčula
Ostra Vetere
Ostra
Chiaravalle
Monte San Vito
Belvedere Ostrense
Serra de' Conti
Agugliano
Santa Maria di Porto Novo
Badia di San Pietro
Monte Conero
Sirolo
Massignano
Camerano
Numana
JESI
Montecarotto
Polverigi
Esino
Osimo
Santa Maria Nuova
Musone
Castelfidardo
Maiolati Spontini
Cupramontana
Serra San Quirico
Staffolo
Filottrano
LORETO
Porto Recanati
Montefano
Recanati
Apiro
Poggio San Romualdo
Cingoli
Appignano
Porto Potenza Picena
Potenza
Potenza Picena
Frontale
HELVIA RECINA
Villa Potenza
Montelupone
Cerreto d'Esi
Colcerasa
MACERATA
Santa Maria a Piè Chienti
CIVITANOVA MARCHE
Treja
San Claudio al Chienti
Matelica
Sforzacosta
Pollenza
Corridonia
Chienti
Porto Sant'Elpidio
San Severino Marche
Montegranaro
Tolentino
Abbadia di Fiastra
Monte San Giusto
Sant'Elpidio a Mare
Lido di Fermo
Terme S. Lucia
Castello della Rancia
Urbisaglia
Porto San Giorgio
Castelraimondo
Monte Urano
Mogliano
Serrapetrona
Loro Piceno
Fermo
Marina Palmense
Camerino
Montegiorgio
Caldarola
Falerone
Pedaso
San Giusto
San Ginesio
Grottazzolina
Cerreto
Muccia
Moresco
Monterubbiano
Gualdo
Servigliano
Petritoli
San Lorenzo al Lago
Pieve Torina
Sarnano
Santa Vittoria in Matenano
Montefiore dell'Aso
Carassai
Cupra
Ripatransone
Montecavallo
Bolognola
Amandola
PARCO NAZIONALE
Ussita
Force
Montalto delle Marche
Madonna dell'Ambro
Montefortino
Rotella
Offida
Acquaviva Picena
Visso
MONTI SIBILLINI
DEI
Montemonaco
Monte dell'Ascensione
Monsampolo del Tronto
Castelsantangelo sul Nera
Venarotta
ASCOLI PICENO
Spinetoli
Abbazia di S.Eutizio
Campi
Montegallo
Controguerra
Roccafluvione
Triponzo
Monte Vettore
Ancarano
MONTI SIBILLINI
Colle San Marco
Sant'Egidio alla Vibrata
Nereto
Tortoreto
Norcia
Arquata del Tronto
Acquasanta Terme
Sant'Omero
Serravalle
Civitella del Tronto
Bellante
Forca di Santa Croce
Forca Canapine
Tronto
Leofara
Montagna dei Fiori
Mosciano Sant'Angelo
Cascia
Madonna d. Neve
Umito
Valle Castellana
Campli
Maltignano
Accumoli
Ceppo
Imposte
TERAMO
Notaresco
Tordino
Monteleone di Spoleto
PARCO
NAZIONALE
Torricella Sicura
Castelnuovo Vomano
Amatrice
Cittareale
Pagliaroli
Villa Vomano
Cellino Attanasio
Terzone San Pietro
DEL
Montorio al Vomano
Campotosto
Lago di Campotosto
Fano Adriano
Vomano
Tossicia
Castiglione Messer Raimondo
Aringo
Poggio Cancelli
Bisenti
Posta
Montereale
GRAN
SASSO
Pietracamela
Isola del Gran Sasso d'Italia
Capitignano
Prati di Tivo
Sella di Leonessa
Cagnano Amiterno
San Pelino
GRAN SASSO D'ITALIA
Passo delle Capannelle
Corno Grande
© ISTITUTO GEOGRAFICO DE AGOSTINI SpA - Novara

25
22
Arlena di Castro
TOMBE ETRUSCHE
Bagni di Viterbo
FERENTO
Orte
S. Urbano
Vigne
Tuscania
VITERBO
Bagnaia
Soriano nel Cimino
Monte Cimino
Vignanello
Vasanello
Calvi dell'Umbria
Magliano Sabina
Montebuono
San Martino al Cimino
MONTI CIMINI
Fabrica di Roma
Gallese
Il Casalone
NORCHIA
Vetralla
Lago di Vico
Caprarola
Borghetto
Civita Castellana
SABINA
Casperia
Stimigliano
Blera
Ronciglione
FALERII NOVI
VIA FLAMINIA
TARQUINIA
NECROPOLI ETRUSCHE
Monte Romano
Barbarano Romano
Capranica
Sutri
Nepi
Faleria
Sant'Oreste
Vejano
Bassano Romano
La Farnesiana
ZONA ARCHEOLOGICA DI SAN GIOVENALE
MONTI SABATINI
Monterosi
Rignano Flaminio
Fiano Romano
Allumiere
Tolfa
Bagni di Vicarello
Trevignano Romano
Campagnano di Roma
MONTI DELLA TOLFA
Manziana
Lago di Bracciano
Morlupo
LUCUS FERONIAE
TERME TAURINE
Bagni di Stigliano
Bracciano
Anguillara Sabazia
Sacrofano
Riano
Sasso
NECROPOLI ETRUSCA
VIA CASSIA
Capo Linaro
Santa Marinella
Santa Severa
CERVETERI
Madonna di Bracciano
VEIO
Mentana
Tragliata
Ólbia
Golfo Aranci
Arbatax
Cágliari
Ladispoli
Palo
Palidoro
ROMA
VIA AURELIA
Maccarese
Fregene
Focene
Fiumicino
Ostia Antica
OSTIA
Castel Fusano
Lido di Ostia
Ciampino
MARINO
Castel Gandolfo
ALBANO LAZIALE
Ariccia
MAR
TIRRENO
Arbatax
Pomezia
Torvaianica
Ardea
VIA SEVERIANA
Lido dei Pini
Lavinio Lido di Enea
ANZIO
Capo d'Anzio
Ponza
Anzio
PARCO NAZIONALE DEL CIRCEO
ZANNONE
Terracina
Gaeta
Formia
PALMAROLA
GAVI
PONZA
Ponza
Punta della Guardia
ISOLE PONZIANE O PONTINE
(Latina)
Ventotene
VENTOTENE
SANTO STEFANO
b
c
a

Stroncone
Greccio
Contigliano
Cottanello
Convento La Foresta
RIETI
Terminillo
2216
1901
13° 00'
Antrodoco
Cittaducale
Amiterno
San Pelino
Passo delle Capannelle
2914
Corno Grande
26
Pizzoli
1299
Arischia
Menzano
Scoppito
AMITERNUM
Rocca di Corno
1000
L'AQUILA
DELLA
990
Monte Luco
MONTI
1288
Convento di Fonte Colombo
Terme di Cotilia
Sella di Corno
CICOLANO
SABINI
San Giovanni Reatino
Monte San Giovanni in Sabina
Poggio Mirteto
Rocca Sinibalda
Petrella Salto
Fiamignano
Tornimparte
San Demetrio ne' Vestini
Prata d'Ansidonia
Casamaina
1387
Montopoli di Sabina
Abbazia di Farfa
Varco Sabino
Lago del Salto
Fiumata
Rocca di Cambio
Fontecchio
Lago del Turano
Pescorocchiano
Rocca di Mezzo
Fara in Sabina
VIA SALARIA
Poggio Moiano
Castel di Tora
Paganico
819
Leofreni
Borgorose
Monte Velino
2487
Scandriglia
Montelibretti
Collalto Sabino
Orvinio
Santa Maria in Valle Porclaneta
Ovindoli
2349
1379
Monte Sirente
Moricone
Monteflavio
Sante Marie
603
Magliano de' Marsi
Celano
800
Vallinfreda
Carsoli
Colli di Montebove
Palombara Sabina
Licenza
Tagliacozzo
ALBA FUCENS
Collarmele
Monterotondo
Arsoli
Pereto
Scurcola Marsicana
695
CONCA
Pescina
Montecelio
Marcellina
350
Vicovaro
Camerata Nuova
Avezzano
TIVOLI
Sambuci
Cervara di Roma
Cappadocia
DEL FUCINO
Bagni di Tivoli
235
Aniene
MONTI
SIMBRUINI
734
Capistrello
Ortucchio
Luco dei Marsi
Trasacco
VILLA ADRIANA
San Gregorio da Sassola
Canterano
Subiaco
Vallepietra
MARSICA
408
Civitella Roveto
Gallicano nel Lazio
San Vito Romano
Bellegra
Arcinazzo Romano
Filettino
27
Collelongo
Castel S. Pietro Romano
Olevano Romano
Altipiani di Arcinazzo
2156
Monte Viglio
Morino
San Vincenzo Valle Roveto
Montecompatri
Palestrina
Genazzano
Campocatino
Balsorano
Zagarolo
Paliano
Piglio
2062
MONTI
ERNICI
Cave
Fiuggi
Guarcino
Grottaferrata
COLLI
Valmontone
Abbazia di Trisulti
Rocca di Papa
956
ANAGNI
Vico nel Lazio
Lago Albano
Artena
424
ALBANI
Alatri
Sora
Nemi
Lago di Nemi
Colleferro
502
300
Lariano
Ferentino
Abbazia di Casamari
Rocca Massima
VIA CASILINA
Veroli
Isola del Liri
Lanuvio
VELLETRI
668
Segni
CIOCIARIA
FROSINONE
Sgurgola
291
384
Montelanico
Monte S. Giovanni Campano
Fontana Liri Inferiore
Cori
Aprilia
Carpineto Romano
550
Supino
Ripi
Norma
Pofi
Cisterna di Latina
NINFA
MONTI LEPINI
200
Ceccano
Ceprano
1536
Sermoneta
VIA APPIA
Roccagorga
Villa Santo Stefano
Sacco
Le Ferriere
AGRO
319
Sezze
Castro dei Volsci
San Giovanni Incarico
Borgo Piave
PONTINO
Nettuno
21
151
Priverno
Amaseno
Grotte di Pastena
Pastena
LATINA
Abbazia di Fossanova
Vallecorsa
Pico
Sonnino
Capo Portiere
Pontinia
Lenola
Torre Astura
Foce Verde
RUDERI DI SIBILLA
1090
MONTI
AUSONI
Campodimele
Lago di Fogliano
Borgo Grappa
Monte San Biagio
Fondi
VIA APPIA
Madonna della Civita
PARCO
NAZIONALE
Lago di Fondi
Itri
Sabaudia
DEL CIRCEO
TEMPIO DI GIOVE ANXUR
Terracina
Lago di Sabaudia
Ponza
Sperlonga
TOMBA DI CICERONE
29
Grotta della Maga Circe
© ISTITUTO GEOGRAFICO DE AGOSTINI SpA - Novara
541
Capo Circeo
Monte Circeo
San Felice Circeo
Golfo di
Terracina

27
24
A
B
14° 00'
Cupra Marittima
Montefiore dell'Aso
Carassai
Ripatransone
Grottammare
Montalto delle Marche
SAN BENEDETTO DEL TRONTO
Offida
Acquaviva Picena
Porto d'Ascoli
Monsampolo del Tronto
Monte dell'Ascensione
ASCOLI PICENO
Spinetoli
Martinsicuro
Controguerra
Alba Adriatica
Colle San Marco
Ancarano
Sant'Egidio alla Vibrata
Nereto
Tortoreto
Tortoreto Lido
Sant'Omero
Giulianova
Civitella del Tronto
Bellante
Montagna dei Fiori
Valle Castellana
Mosciano Sant'Angelo
Campli
Cologna
Roseto degli Abruzzi
Imposte
TERAMO
Tordino
Notaresco
Torricella Sicura
Castelnuovo Vomano
Pagliaroli
Pineto
Montorio al Vomano
Villa Vomano
Cellino Attanasio
Atri
A14
Silvi
Fano Adriano
Vomano
I Calanchi
Tossicia
Castiglione Messer Raimondo
Città Sant'Angelo
Pietracamela
Montesilvano Marina
Isola del Gran Sasso d'Italia
Bisenti
42° 30'
Montesilvano
PESCARA
Castelli
GRAN SASSO D'ITALIA
Corno Grande
Collecorvino
Penne
CAMPO IMPERATORE
MONTI
Farindola
Spoltore
Loreto Aprutino
Francavilla al
S.Giovanni Teatino
Assergi
Pianella
DELLA LAGA
Castel del Monte
Civitella Casanova
Cepagatti
Ripa Teatina
Miglianico
AQUILA
Villa Santa Lucia degli Abruzzi
Catignano
CHIETI
Tollo
Ofena
Barisciano
Pescara
Bucchianico
Crecchio
San Demetrio ne' Vestini
Brittoli
Alanno
Santa Maria Arabona
Prata d'Ansidonia
Torre de' Passeri
Scafa
Ari
Frisa
Capestrano
Casacanditella
Lanciano
Navelli
Tocco da Casauria
San Clemente a Casauria
Manoppello
Bominaco
Filetto
Fontecchio
Pretoro
Orsogna
Rocca di Mezzo
Bussi sul Tirino
Guardiagrele
Mozzagrogna
Aterno
San Tommaso
Castel Frentano
26
Popoli
Penna piedimonte
Sant'Eusanio del Sangro
Secinaro
PARCO
Molina Aterno
Caramanico Terme
Monte Sirente
Gagliano Aterno
Sant'Eufemia a Maiella
Sangro
Casoli
Corfinio
Palombaro
Pratola Peligna
LA MAIELLA
Fara San Martino
Celano
Badia Morronese
Monte Amaro
Raiano
Collarmele
Forca Caruso
Sulmona
NAZIONALE
Gessopalena
E 80
CONCA
Cocullo
Pacentro
Lama dei Peligni
Bomba
Pescina
Torricella Peligna
Cansano
Campo di Giove
San Benedetto dei Marsi
A25
42° 00'
DEL FUCINO
Introdacqua
Pennadomo
Palena
Anversa degli Abruzzi
Lago di Bomba
IUVANUM
Ortucchio
Trasacco
PARCO NAZ.
Pettorano sul Gizio
DELLA
MAIELLA
Villa Santa Maria
Gioia dei Marsi
Bisegna
Villalago
Rocca Pia
Pizzoferrato
MARSICA
Quadri
Rosello
Collelongo
Scanno
Montagna Grande
Valico della Forchetta
S. Angelo del Pesco
D' ABRUZZO
Pescocostanzo
Rivisondoli
Pescopennataro
San Vincenzo Valle Roveto
Ateleta
Castel del Giudice
Balsorano
LAZIO
29
Roccaraso
Capracotta
Pescasseroli
San Pietro Avellana
Agnone
E MOLISE
Villetta Barrea
Castel di Sangro

14° 30'
C
15° 00'
D
MAR
ADRIATICO
Mare
tona
Marina di San Vito
San Vito Chietino
10
San Giovanni in Venere
Fossacesia Marina
Fossacesia
Torino di Sangro Marina
agrogna
20
96
Torino di Sangro
31
Punta della Penna
652
Paglieta
25
Casalbordino
30
VASTO
Vasto Marina
Scerni
A14
Monteodorisio
8
San Salvo Marina
Atessa
Cupello
86
100
Casalanguida
105
San Salvo
Petacciato Marina
E 55
Gissi
23
Termoli
Furci
MONTI DEI FRENTANI
Petacciato
San Buono
Trigno
Montenero di Bisaccia
Campomarino
5
Mafalda
16
29
Marina di Chieuti
Montazzoli
Palmoli
Guglionesi
Cliternia Nuova
Fraine
Carunchio
Palata
16 ter
31
Ripalta
Torrebruna
Madonna di Canneto
San Martino in Pensilis
Chieuti
77
87
Montefalcone nel Sannio
Acquaviva Collecroce
Castelmauro
647
341
Guardialfiera
Larino
Ururi
22
650
Trivento
52
54
16
Schiavi
© ISTITUTO GEOGRAFICO DE AGOSTINI SpA - Novara

29
27
26
E MOLISE
Villetta Barrea
Castel di Sangro
San Pietro Avellana
Abbazia di Trisulti
Lazio
13° 30'
Alatri
502
Campoli Appennino
Forca d'Acero
Opi
1535
Colle della Croce
14° 00'
1164
Barrea
Alfedena
Vastogirardi
Pietrabbondante
Carovilli
Roccasicura
Rionero Sannitico
Sora
300
Abbazia di Casamari
Veroli
Isola del Liri
Alvito
San Donato Val di Comino
FROSINONE
291
Arpino
Casalvieri
Picinisco
Abbazia di San Vincenzo
Cerro al Volturno
Miranda
ISERNIA
457
Monte S. Giovanni Campano
Fontana Liri Inferiore
Ripi
Atina
San Biagio Saracinisco
Colli a Volturno
Pofi
Rocca d'Arce
Cardito
Montaquila
Ceprano
Roccasecca
205
Filignano
Monteroduni
Abbazia di Montecassino
516
Sant'Elia Fiumerapido
Sacco
41° 30'
San Giovanni Incarico
Aquino
Cassino
Cervaro
Venafro
222
Capriati a Volturno
Letino
Grotte di Pastena
Pastena
Pontecorvo
97
Cimitero Militare Britannico
Pico
Liri
E 45
VIA CASILINA
Valle Agricola
Lenola
San Giorgio a Liri
Pratella
Campodimele
Sant'Apollinare
Mignano Monte Lungo
San Gregorio
Fondi
Esperia
Ausonia
Galluccio
Sant'Angelo d'Alife
Madonna della Civita
Vairano Patenora
VIA APPIA
Lago di Fondi
MONTI AURUNCI
1533
Terme di Suio
Santa Maria dei Lattani
Pietravairano
Castelforte
Marzano Appio
Itri
Roccamonfina
Minturno
Dragoni
Sperlonga
TOMBA DI CICERONE
Formia
Scauri
Garigliano
168
Teano
Pietramelara
Grotta di Tiberio
Gaeta
MINTURNAE
Sessa Aurunca
Pignataro Maggiore
Formicola
Sparanise
Baia Domizia
Carinola
Bellona
Falciano del Massico
Sant'Andrea del Pizzone
Bagni di Mondragone
PIANURA CAMPANA
Capua
Sant'Angelo in Formis
Mondragone
Grazzanise
Cancello ed Arnone
Volturno
Santa Maria Capua Vetere
Trápani Ponza
Golfo di Gaeta
Marcianise
Castel Volturno
Casal di Principe
41° 00'
Villa Literno
Ponza
Aversa
Caivano
Sant'Antimo
Marina di Lago Patria
Giugliano in C.
Grumo Nevano
LITERNUM
Qualiano
Arzano
Calvizzano
Casoria
Marano di Napoli
CUMA
Solfatara
POZZUOLI
Baia
Portici
ERCOLANO
Ventotene
139
SANTO STEFANO
VENTOTENE
Monte di Procida
Bacoli
NAPOLI
Capo Miseno
Lacco Ameno
Casamicciola Terme
Procida
PROCIDA
TORRE DEL GRECO
MAR
Forio
788
Ischia
Golfo di Napoli
ISCHIA (Napoli)
Barano d'Ischia
Sant'Angelo
TIRRENO
Palau Cágliari Tūnis
Palermo Cátania Milazzo
Massa Lubrense
CAPRI (Napoli)
Grotta Azzurra
Anacapri
589
Capri

30
Trivento
Schiavi di Abruzzo
Civitacampomarano
Guardialfiera
Larino
Ururi
Montorio nei Frentani
Rotello
Casacalenda
Morrone del Sannio
Lucito
Salcito
San Biase
Bagnoli del Trigno
Petrella Tifernina
Bonefro
Santa Croce di Magliano
Fortore
Torremagg
Colletorto
Pescolanciano
Civitanova del Sannio
Limosano
Montagano
Torella del Sannio
Sessano del Molise
Carpinone
Frosolone
Castropignano
Santa Maria della Strada
Casalnuovo Monterotaro
Sant'Elia a Pianisi
San Giovanni in Galdo
Castelnuovo della Daunia
Lago di Occhito
Pietra-montecorvino
CAMPOBASSO
Castelpetroso
Macchiagodena
Baranello
Mirabello Sannitico
Campodipietra
Celenza Valfortore
Motta Montecorvino
Cantalupo nel Sannio
Colle d'Anchise
Biferno
Vinchiaturo
Gildone
Riccia
Gambatesa
Campitello Matese
Bojano
San Giuliano del Sannio
Cercemaggiore
Castelvetere in Val Fortore
Alberona
S A N N I O
MONTI DEL MATESE
Guardiaregia
SAEPINUM
Sepino
Santa Croce del Sannio
Colle Sannita
Baselice
San Bartolomeo in Galdo
Biccari
Gregorio Matese
Angelo
Piedimonte Matese
Roseto Valfortore
Montefalcone di Val Fortore
Faeto
Morcone
San Marco dei Cavoti
Gioia Sannitica
Cusano Mutri
Cerreto Sannita
Volturno
Campolattaro
San Giorgio la Molara
Castelfranco in Miscano
Pontelandolfo
Fragneto Monforte
Greci
San Salvatore Telesino
Guardia Sanframondi
Alvignano
Telese Terme
Pesco Sannita
Buonalbergo
Savignano Irpino
Amorosi
Calore
Pietrelcina
Montecalvo Irpino
Torrecuso
Solopaca
Caiazzo
Paduli
Ariano Irpino
Limatola
Frasso Telesino
Foglianise
Villanova del Battista
Castel Morrone
Sant' Agata de' Goti
BENEVENTO
Apice
CASERTA
Montesarchio
Grottaminarda
Flumeri
Maddaloni
Airola
VIA APPIA
S. Giorgio del Sannio
Mirabella Eclano
Castel Baronia
Sturno
Carife
Santa Maria a Vico
Cervinara
San Felice a Cancello
San Martino Valle Caudina
Altavilla Irpina
Pratola Serra
Taurasi
Gesualdo
Cicciano
Baiano
Santuario di Monte Vergine
Paternopoli
Torella dei Lombardi
Acerra
Marigliano
Mercogliano
Montemarano
Sant'Angelo dei Lombardi
Nola
Atripalda
Pomigliano d'Arco
Somma Vesuviana
Lauro
AVELLINO
Volturara Irpina
Nusco
Lioni
Palma Campania
Monteforte Irpino
S. Anastasia
PARCO NAZ. DEL VESUVIO
Serino
Montella
Bagnoli Irpino
Caposele
S. Giorgio a Cr.
Vesuvio
S. Giuseppe Vesuviano
Sarno
MONTI PICENTINI
Solofra
Poggiomarino
Castel San Giorgio
Mercato S. Severino
M. Cervialto
Calabritto
Boscoreale
le Croci d'Acerno
Pompei
Scafati
Angri
Nocera Inferiore
Baronissi
San Cipriano Picentino
Giffoni Valle Piana
Acerno
Senerchia
Torre Annunziata
CASTELLAMMARE DI STABIA
Pagani
Gragnano
Cava de' Tirreni
Montecorvino Rovella
Oliveto Citra
SALERNO
Vico Equense
Ravello
Maiori
Vietri sul Mare
Faiano
Campagna
Contursi Terme
Sorrento
Meta
Agerola
Amalfi
Pontecagnano
Eboli
Positano
S. Agata sui due Golfi
Praiano
Golfo di Salerno
Battipaglia
Serre
LI GALLI
Punta Campanella
Messina Palermo
València Valletta-Malta
© ISTITUTO GEOGRAFICO DE AGOSTINI SpA - Novara
Altavilla Silentina
A1
A16
A30
A3
E 841
E 842
31
35

A
B
15° 30'
16° 00'
a
b
c
d
42° 00'
41° 30'
Chieuti
Marina di Lesina
Lago di Lesina
Lesina
Poggio Imperiale
Lido di Torre Mileto
Lago di Varano
Rodi Garganico
San Menaio
Peschici
Grotte San Nicola
Santa Maria di Merino
Ischitella
Vico del Gargano
Carpino
San Nicandro Garganico
222
Cagnano Varano
FORESTA UMBRA
PARCO NAZIONALE DEL GARGANO
G A R G A N O
Monte Calvo
1055
830
60
Baia d
Mattinata
Apricena
San Paolo di Civitate
78
San Marco in Lamis
557
San Giovanni Rotondo
Monte Sant'Angelo
Rignano Garganico
San Severo
Manfredonia
Lido di Siponto
Santa Maria di Siponto
San Leonardo
Golfo
Manfred
Candelaro
T A V O L I E R E
LUCERA
251
FOGGIA
Borgo Tavernola
Cervaro
Carapelle
Zapponeta
159
Saline
Marg
Celone
Troia
Giardinetto
Borgo Segezia
Santuario dell'Incoronata
Carapelle
Orta Nova
Ordona
Trinitapoli
San Ferdinando di Puglia
Ofanto
Orsara di Puglia
Castelluccio de' Sauri
HERDONIAE
Stornara
Cerignola
120
CANNE
Bovino
Deliceto
Stornarella
Ascoli Satriano
Canosa di Puglia
105
Monteleone di Puglia
Accadia
Monte
Anzano di Puglia
Sant'Agata di Puglia
Candela
Villaggio Moschella
Posta Piana
Minervino Murge
429
Rocchetta Sant'Antonio
Lavello
313
Lago di Rendina
Montemilone
Vallata
Bisaccia
Lacedonia
Monteverde
Melfi
Aquilonia
Andretta
Monticchio Bagni
Rapolla
Venosa
Spinazzola
435
Rionero in Vulture
A14
A16
16
16 ter
160
90
655
93
30
35
22
13
63
35
34
30
18
29
17
21
23
22
48
25
28
20
37
26
19
34
44
16
7
12
36
59
43
28
24
6
8
5
42
22
16
21
10
14

C
D
E
a
15°30'
17°00'
42°-10'
PIANOSA
ISOLE TREMITI
(Foggia)
CAPRAIA O CAPRARA
PARCO NAZIONALE DEL GARGANO
176
SAN NICOLA
SAN DOMINO
Grotta del Bue Marino
MAR ADRIATICO
este
ido di Portonuovo
Testa del Gargano
Pugnochiuso
elle Zagare
d i
o n i a
herita di Savoia
Igoumenítsa
Pátrai
Durrës
Split
Dubrovnik
Kotor
BARLETTA
TRANI
Bisceglie
Molfetta
Giovinazzo
Andria
DOLMEN DI CHIANCA
Il Pulo
Santo Spirito
Palese
BARI
Corato
Terlizzi
BITONTO
grosso
Castel del Monte
Ruvo di Puglia
Modugno
S. Felice in Balsignano
Triggiano
San Giorgio
Torre a Mare
Mola
TERRA DI BARI
Mariotto
Palo del Colle
Bitritto
Capurso
Noicàttaro
Bitetto
Valenzano
Grumo Appula
Rutigliano
Toritto
Adelfia
Sannicandro di Bari
Casamassima
Turi
650
Monte Caccia
A14
E55
16
98
100
114
151
190
232
© ISTITUTO GEOGRAFICO DE AGOSTINI SpA - Novara

33
32
36
17° 00'
17° 30'
40° 30'
40° 00'
Bitetto
Grumo Appula
Valenzano
Capurso
Noicàttaro
Rutigliano
Cozze
E 55
Polignano a Mare
Adelfia
Casamassima
Conversano
Monopoli
E 843
Turi
Castellana Grotte
Grotte di Castellana
Cassano Murge
Acquaviva delle Fonti
Sammichele di Bari
EGNAZIA
Savelletri
Torre Canne
A14
Grotta di Putignano
Putignano
Fasano
VILLAGGIO APULO
Noci
Selva di Fasano
Villanova
Gioia del Colle
Alberobello
Locorotondo
Cisternino
Ostuni
Martina Franca
Carovigno
San Basilio
Mottola
Laterza
Castellaneta
Palagianello
Crispiano
Ceglie Messapica
San Michele Salentino
Massafra
Villa Castelli
Ginosa
Palagiano
Statte
Montemesola
Grottaglie
VIA APPIA
PIANA DI METAPONTO
Chiatona
San Giorgio Ionico
Castellaneta Marina
TARANTO
Carosino
San Marzano di San Giuseppe
Riva dei Tessali
ISOLE CORADI O CHERADI
Faggiano
Fragagnano
TAVOLE PALATINE
Marina di Ginosa
Talsano
Lizzano
Sava
Manduria
E 90
METAPONTUM
Metaponto
Capo San Vito
Leporano
Pulsano
Lido di Metaponto
Torricella
Marina di Pulsano
Maruggio
Marina di Pisticci
Campomarino
Lido di Scanzano
Golfo di Taranto
MAR IONIO

C
D
E
18° 00'
MAR ADRIATICO
Canale d'Otranto
Torre Santa Sabina
Specchiolla
Punta Penne
Kérkira
Vlorë
BRINDISI
San Vito dei Normanni
108
Grotta S. Giovanni
21
16
14
E 90
VIA APPIA ANTICA
avilla
na
Latiano
19
Mesagne
605
Tuturano
613
33
36
Oria
San Pietro Vernotico
Casalabate
Torre Santa Susanna
Cellino S. Marco
Torchiarolo
San Donaci
Squinzano
40
Borgo Grappa
Erchie
TERRA D'OTRANTO
Frigole
Campi Salentina
Trepuzzi
Surbo
San Pancrazio Salentino
Guagnano
San Cataldo
30
12
Salice Salentino
Novoli
6
543
Avetrana
TAVOLIERE DI LECCE
Carmiano
LECCE
35
Veglie
Monteroni di Lecce
174
Cavallino
Lizzanello
San Foca
Torre Colimena
47
Leverano
Lequile
San Cesario di Lecce
Vernole
Roca Vecchia
10
Melendugno
Copertino
Porto Cesareo
San Donato di Lecce
16
Calimera
101
664
Borgagne
14
21
Martano
Carpignano Salentino
Vlorë
Soleto
Galatina
26
Castrignano de' Greci
Nardò
Cursi
Otranto
Santa Caterina
Galatone
Corigliano d'Otranto
11
17
16
4
Maglie
Palmariggi
Santa Maria al Bagno
Aradeo
Cutrofiano
Capo d'Otra
13
Muro Leccese
Sannicola
Collepasso
5
Uggiano la Chiesa
Gallipoli
Alezio
Scorrano
30
459
Poggiardo
SANT'ANDREA
Parabita
Nociglia
29
Santa Cesarea Terme
Matino
Diso
Grotta Zinzulusa
Casarano
Supersano
Punta del Pizzo
Castro Marina
Taviano
32
Ruffano
Andrano
Melissano
Montesano Salentino
274
50
Posto Racale
Racale
Taurisano
Tricase
275
Ugento
Specchia
Marina Serra
173
AUSENTUM
Presicce
Alessano
Marina San Giovanni
50
Salve
Marina di Novaglie
10
13
Gagliano del Capo
Castrignano del Capo
5
Marina di Leuca
Capo Santa Maria di Leuca

35
31
30
37
Paternopoli
Torella dei Lombardi
Guardia Lombardi
Andretta
Monticchio Bagni
Rapolla
Rionero in Vult
Montemarano
Sant'Angelo dei Lombardi
Calitri
15° 00'
15° 30'
Nusco
Lioni
Atella
Ripacandida
Sorino
Montella
Teora
Sant'Andrea di Conza
Ruvo del Monte
Bagnoli Irpino
Sella di Conza
Pescopagano
Caposele
San Fele
Filiano
Castel Lagopes
Severino
M. Cervialto
Calabritto
Castelgrande
Passo delle Crocelle
le Croci d'Acerno
PICENTINI
Laviano
Bella
MONTI
Giffoni Valle Piana
Acerno
Senerchia
Colliano
Muro Lucano
Avigliano
Ruoti
Montecorvino Rovella
Oliveto Citra
Bagni Contursi
Campagna
Contursi Terme
Palomonte
San Gregorio Magno
VIA APPIA
Faiano
Buccino
Picerno
POTENZA
Eboli
Battipaglia
Serre
Vietri di Potenza
Tito
Pignola
PIANA DEL SELE
Sele
Auletta
Caggiano
Grotta di Pertosa
Altavilla Silentina
Sicignano degli Alburni
Satriano di Lucania
Calore
Controne
Petina
Polla
40° 30'
PARCO NAZ.
Albanella
Sant'Angelo a Fasanella
Sant'Arsenio
Brienza
Abriola
Aquara
Corleto Monforte
Atena Lucana
Marsico Nuovo
Roccadaspide
San Rufo
Capaccio
PAESTUM
Castel San Lorenzo
Sala Consilina
Felitto
Monteforte Cilento
Ogliastro Cilento
Sacco
Teggiano
Agropoli
DEL CILENTO E
Padula
Prignano Cilento
Laurino
Sassano
Certosa San Lorenzo
Tramuto
CILENTO
Santa Maria
Rutino
Stio
Monte Cervati
1899
Montesano sulla Marcell
Castellabate
Perito
Buonabitacolo
Perdifumo
Omignano
Salento
Vallo della Lucania
Sanza
E 45
Casalbuono
Ogliastro Marina
Casal Velino
Rofrano
Pollica
Ceraso
VALLO DI DIANO
San Biase
Acciaroli
Marina di Casal Velino
VELIA
Laurito
Casaletto Spartano
Ascea
Futani
Montano Antilia
Torre Orsaia
Celle di Bulgheria
Torraca
Lagonegro
Pisciotta
Sapri
Rive
Centola
San Giovanni a Piro
Policastro Bussentino
Scario
Palinuro
Grotta Azzurra
Capo Palinuro
Camerota
Trecchina
Golfo di Policastro
Maratea
40° 00'
Marina di Camerota
Fiumicello Santa Venere
Marina
MAR
Praia a Mare
I. DI DINO
San Nicola Arcella
Scalea
TIRRENO
Santa Mar del Ced
Cirella
I. DI CIRELLA

36
Venosa
Spinazzola
Maschito
16° 00'
San Gervasio
Poggiorsini
Lago di Serra di Corvo
16° 30'
Il Pulo
Banzi
Genzano di Lucania
Forenza
Acerenza
Gravina in Puglia
Altamura
Santeramo in Colle
Pietragalla
Oppido Lucano
Irsina
Cancellara
Gravina
Bradano
Tolve
Vaglio Basilicata
San Chirico Nuovo
MATERA
Basento
Tricarico
Grassano
VIA APPIA
Lago di San Giuliano
Grottole
Miglionico
Albano di Lucania
Passo Croce dello Scrivano
Trivigno
Garaguso
Montescaglioso
A N I A
Anzi
Pietrapertosa
Salandra
Pomarico
Accettura
San Mauro Forte
Ferrandina
Calvello
Laurenzana
E 847
Bernalda
Stigliano
Pisticci
Gorgoglione
Corleto Perticara
Craco
Guardia Perticara
Viggiano
Aliano
Montalbano Jonico
Grumento Nova
Montemurro
Bacino di Gannano
Lago Pietra del Pertusillo
Missanello
Santa Maria d'Anglona
Scanzano Jonico
Tursi
Spinoso
Moliterno
Sant'Arcangelo
ERACLEA
Roccanova
Policoro
Castronuovo di Sant'Andrea
Colobraro
Rotondella
Castelsaraceno
San Chirico Raparo
Valsinni
Senise
Lago di Monte Cotugno
Nova Siri
Monte Sirino 2005
Chiaromonte
San Giorgio Lucano
Rocca Imperiale
Rocca Imperiale Marina
Latronico
Fardella
Nocara
Episcopia
Francavilla in Sinni
Noepoli
Montegiordano
Oriolo
Montegiordano Marina
E 90
Castelluccio Inferiore
San Severino Lucano
San Costantino Albanese
San Paolo Albanese
Roseto Capo Spulico
PARCO NAZIONALE
Terranova di Pollino
Castroregio
Capo Spulico
Laino Borgo
Tortora
Viggianello
Alessandria del Carretto
Amendolara
Rotonda
POLLINO
Monte Sparviere
Albidona
Marina di Amendolara
Mormanno
Plataci
Papasidero
San Lorenzo Bellizzi
Cerchiara di Calabria
Trebisacce
Serra Dolcedorme
Frascineto
Villapiana
Santa Domenica Talao
Morano Calabro
Francavilla Marittima
Golfo di
DEL POLLINO
Castrovillari
Cassano allo Ionio
Villapiana Lido
Orsomarso
Corigliano
Saracena
Lao
Verbicaro
Cozzo del Pellegrino 1987
Lungro
PIANA
Marina di Sibari
Grisolia
Firmo
Doria
Acquaformosa
Sibari
E 844
Buonvicino
Altomonte
Terme
DI SIBARI
Crati
© ISTITUTO GEOGRAFICO DE AGOSTINI SpA - Novara

37
36
40
a
b
c
MAR
TIRRENO
Golfo di Sant'Eufemia
39° 30'
39° 00'
16° 00'
del Cedro
Cirella
I. DI CIRELLA
Grisolia
Diamante
Buonvicino
400
Lungro
1987
Acquaformosa
Firmo
Altomonte
PIANA
Doria
Sibari
E 844
DI SIBARI
Spezzano Albanese
Terranova da Sibari
San Lorenzo del Vallo
Tarsia
San Sosti
Sant'Agata di Esaro
Belvedere Marittimo
740
Passo dello Scalone
Marina di Belvedere
Bonifati
Malvito
Roggiano Gravina
Vaccarizzo Albanese
San Demetrio Corone
Fagnano Castello
San Marco Argentano
Cetraro
Santa Sofia d'Epiro
Torano Castello
Bisignano
Cetraro Marina
Terme Luigiane
Acri
Guardia Piemontese Lido
Guardia Piemontese
Lattarico
Luzzi
Abbazia della Sambucina
Mucone
Marina di Fuscaldo
Fuscaldo
Montalto Uffugo
Rose
Lago di Cecita
Santuario di San Francesco
Paola
San Pietro in Guarano
Camigliatello Silano
1272
Marina di Paola
San Fili
Rende
Celico
San Lucido
COSENZA
Spezzano della Sila
238
Pedace
1928
Botte Donato
Cerisano
Fiumefreddo Bruzio
Mendicino
Carolei
730
Aprigliano
1541
Monte Cocuzzo
1384
Colle d'A
Lago
Rogliano
Belmonte Calabro
Parenti
Grimaldi
Aiello Calabro
Amantea
502
Motta Santa Lucia
108 bis
Soveria Mannelli
Campora San Giovanni
Savuto
Conflenti
Nocera Tirinese
Decollatura
Passo di Acquabona
Falerna
Platania
1020
Serrastretta
Falerna Marina
Gizzeria
215
Sambiase
Nicastro
Gimigliano
A3
Lamezia Terme
Miglierina
Tiriolo
Gizzeria Lido
Santa Eufemia Lamezia
E 848
Maida Marina
San Pietro a Maida
Maida
Cortale
Curinga
441
Girifalco
Filadelfia
Amaroni
E 45
Francavilla Angitola
Polia
Pizzo
Vibo Marina
Briatico
Lago dell'Angitola
San Vito sullo Ionio
Gasperina
Maierato
Monterosso Calabro
Tropea
VIBO VALENTIA
Filogaso
558
Chiaravalle Centrale
Satriano
Parghelia
Cessaniti
476
Cardinale
Zungri
San Nicola da Crissa
Davoli
Ricadi
Capo Vaticano
Mileto
360
Simbario
Rombiolo
Isca sullo Ionio
Joppolo
San Calogero
Gerocarne
Soriano Calabro
790
Serra San Bruno
Badolato
Nicotera
la Certosa
Monte Pecoraro
1423
Limbadi
Acquaro
Santa Caterina dello Ionio
Nicotera Marina
1335
Dinami
Mongiana
Guardavalle
Rosarno
270
1276
Passo di Pietra Spada
Ferdinandea
San Ferdinando
Laureana di Borrello
Monte
947
Stilo

Golfo di Corigliano
C
D
17° 00'
Marina di Sibari
Marina di Schiavonea
Lido Sant'Angelo
Capo Trionto
Mirto Crosia
Corigliano Calabro
Rossano
Santa Maria del Patire
Crosia
Paludi
Cropalati
Trionto
Cariati
Pietrapaola
Mandatoriccio
Terravecchia
Torretta
LA GRECA
Monte Paleparto
Longobucco
Bocchigliero
PARCO NAZIONALE DELLA SILA
Fossiata
Campana
Crucoli
Punta Alice
Cirò
Cirò Marina
Umbriatico
Lago di Ariamacina
GRANDE
Verzino
Pallagorio
Melissa
Torre Melissa
Savelli
Castello Aragonese
San Nicola dell'Alto
San Giovanni in Fiore
Cerenzia
Strongoli
Casabona
Lago Arvo
Belvedere di Spinello
Marina di Strongoli
Lago Ampollino
Caccuri
Neto
Rocca di Neto
Trepidò Sottano
Cotronei
Santa Severina
SILA
Roccabernarda
Monte Gariglione
Scandale
Petilia Policastro
MARCHESATO
San Mauro Marchesato
CROTONE
Mesoraca
Buturo
Papanice
SILA PICCOLA
TEMPIO DI HERA LACINIA
Capo Colonna
Petronà
Tacina
Taverna
Sersale
Marcedusa
Cutro
Belcastro
Zagarise
Pentone
Cropani
Isola di Capo Rizzuto
Soveria Simeri
Crichi
Sellia Marina
Botricello
Cropani Marina
Capo Rizzuto
le Castella
CATANZARO
Caraffa di Catanzaro
Catanzaro Lido
Borgia
ROCCELLETTA DEL VESCOVO DI SQUILLACE
Squillace
Copanello
Golfo di Squillace
MAR IONIO
Soverato
Marina di Davoli
Sant'Andrea Apostolo dello Ionio
Badolato Marina
Santa Caterina dello Ionio Marina
Guardavalle Marina

A
B
15° 00'
15° 30'
STROMBOLICCHIO
STROMBOLI
924
Stromboli
Ginostra
Punta Lena
MAR
TIRRENO
a
BASILUZZO
PANAREA
LISCA BIANCA
San Pietro
SALINA
Malfa
962
Santa Marina Salina
Rinella
ISOLE EOLIE
O LIPARI
(Messina)
Acquacalda
Punta Castagna
Quattropani
LIPARI
38° 30'
602
Canneto
Terme di San Calogero
Lipari
Milazzo
Porto di Levante
VULCANO
500
Punta Bandiera
Nápoli
Salerno
Salina
44
b
Capo di Milazzo
Spartà
Castanea delle Furie
Torre Faro
Villafranca Tirrena
Ganzirri
Milazzo
Spadafora
Golfo di Patti
Capo Calavà
Gioiosa Marea
Brolo
Torregrotta
Saponara
Barcellona-Pozzo di Gotto
San Pier Niceto
Rometta
MESSINA
Piraino
TYNDARIS
Patti
Vigliatore
Terme Vigliatore
Santa Lucia del Mela
Monforte San Giorgio
Larderia
Naso
Sant'Angelo di Brolo
Galati Marina
Furnari
Castroreale
Sinagra
Altolia
Raccuja
San Piero Patti
MONTI PELORITANI
Itala
Scaletta Zanclea
REGGIO DI CALABRIA
Alì
468
Tortorici
Novara di Sicilia
Fiumedinisi
Montalbano Elicona
920
Mandanici
Alì Terme
Punta di Pellaro
38° 00'
Floresta
Portella Mandrazzi
1125
Antillo
Nizza di Sicilia
Portella dello Zoppo
1264
Roccalumera
Lazzaro
Roccella Valdemone
Montagna Grande
Forza d'Agrò
Santa Teresa di Riva
Capo dell' Armi
1374
Sant'Alessio Siculo
Santa Domenica Vittoria
Francavilla di Sicilia
Randazzo
Castiglione di Sicilia
Gola d'Alcantara
Letojanni
Valletta-Malta
765
TAORMINA
Linguaglossa
Calatabiano
Giardini-Naxos
Maletto
NAXOS
Piedimonte Etneo
760
Bronte
Fiumefreddo di Sicilia
ETNA
Mascali
Sant'Alfio
Riposto
3323
Giarre
1915
Zafferana Etnea
574
Adrano
Santa Venerina
560
Biancavilla
Trecastagni
Nicolosi
Acireale
A20
A18
E 90
E 45

C
D
E
37
40
16° 00'
Golfo di Sant'Eufemia
Maida Marina
San Pietro a Maida
Maida
Caraffa di Catanzaro
Cortale
Curinga
Girifalco
Borgia
Filadelfia
Amaroni
Squillace
Francavilla Angitola
Polia
Lago dell'Angitola
Pizzo
Vibo Marina
Briatico
Maierato
San Vito sullo Ionio
Gasperina
Monterosso Calabro
Tropea
VIBO VALENTIA
Filogaso
Chiaravalle Centrale
Satriano
Parghelia
Cessaniti
San Nicola da Crissa
Cardinale
Davoli
Sant'Andrea dello Ionio
Ricadi
Zungri
Simbario
Capo Vaticano
Mileto
Rombiolo
Isca sullo Ionio
Joppolo
San Calogero
Gerocarne
Soriano Calabro
Serra San Bruno
Badolato
Nicotera
la Certosa
Monte Pecoraro
Limbadi
Acquaro
Santa Caterina dello Ionio
Nicotera Marina
Dinami
Mongiana
Guardavalle
Rosarno
Laureana di Borrello
Passo di Pietra Spada
Ferdinandea
Stilo
San Ferdinando
Monte Crocco
Fabrizia
Nardodipace
Monasterace
Golfo di Gioia
Galatro
Passo Croce Ferrata
Gioia Tauro
Melicucco
Cinquefrondi
Paradiso
Monasterace Marina
Rizziconi
Placanica
Polistena
Riace
PIANA DI GIOIA
San Giorgio Morgeto
Caulonia
Palmi
Grotteria
Riace Marina
Monte Sant' Elia
Taurianova
Mammola
Cittanova
Gioiosa Ionica
Caulonia Marina
Seminara
Canolo
Varapodio
Molochio
Roccella Ionica
PARCO
Bagnara Calabra
Marina di Gioiosa Ionica
Scilla
Oppido Mamertina
Antonimina
Cosoleto
Gerace
Siderno
Sant'Eufemia d'Aspromonte
Santa Cristina d'Aspromonte
Cimina
Locri
Delianuova
Platì
LOCRI EPIZEFIRI
ASPROMONTE
NAZIONALE
Benestare
Ardore
Laganadi
Gambarie
Montalto (Monte Cocuzza)
Ardore Marina
Santo Stefano in Aspromonte
San Luca
Bovalino
Terreti
Sant' Agata del Bianco
Bianco
Cardeto
Samo
DELL' ASPROMONTE
Oliveto
Roccaforte del Greco
Ferruzzano
Bagaladi
Motta San Giovanni
San Lorenzo
Condofuri
Staiti
Montebello Ionico
Bova
Palizzi
Brancaleone Marina
COSTA DEI GELSOMINI
Punta di Melito di Porto Salvo
Melito di Porto Salvo
Bova Marina
Palizzi Marina
Capo Spartivento
MAR IONIO
E 848
E 45
E 90
A3

12° 00'
12° 30'
A
B
C
a
b
MAR TIRRENO
Capo San Vito
San Vito lo Capo
Cágliari
Gaeta
Custonaci
ERICE
TRAPANI
Valderice
M. Sp
187
LEVANZO
MARAONE
Levanzo
FORMICA
38° 00'
MARETTIMO
686
Marettimo
FAVIGNANA
Favignana
Paceco
Buseto Palizzolo
Fulgatore
113
11
13
32
31
Rilievo
A29 dir
751
ISOLE EGADI
(Trapani)
Lago Rubino
ISOLE DELLO STAGNONE
MOZIA
115
49
Marsala
Capo Boeo o Lilibeo
188
50
VAL
Lago della Trinità
Petrosino
42
115
Mazaro
SS. Trinità di Delia
Pantelleria
Tūnis
Castelvetrano
Mazara del Vallo
E 90
31
E 931
Rocche di Cusa
Granitola Torretta
Punta Granitola
b
12° 00'
Trapani
Pantelleria
36° 50'
Punta Spadillo
Khamma
SESI
Montagna Grande
836
Scauri
PANTELLERIA
(Trapani)
Porto Empedocle
LINOSA
195
Linosa
37° 30'
ISOLE
PELAGIE
(Agrigento)
c
a
MA
LAMPIONE
Porto Empedocle
LAMPEDUSA
Capo Ponente
133
Lampedusa
35° 30'
12° 30'

13° 00'
13° 30'
D
E
Ústica
Cágliari
València
Génova
Livorno
Nápoli
Salerno
43
Capo Gallo
Partanna-Mondello
Punta Raisi
Isola delle Femmine
Monte Pellegrino
PALERMO
Terrasini
Cinisi
Capaci
Torretta
Golfo di
Castellammare
Carini
Montelepre
San Martino delle Scale
Monreale
SOLUNTO
Capo Zafferano
Ficarazzi
Santa Flavia
Villabate
Bagheria
Casteldaccia
Scopello
Trappeto
Balestrate
Partinico
Borgetto
Altofonte
Belmonte Mezzagno
Misilmeri
Altavilla Milicia
Castellammare del Golfo
Lago Poma
San Giuseppe Jato
Piana degli Albanesi
Trabia
Alcamo
Portella Ginestra
Eleutero
Bolognetta
Marineo
San Cipirello
Ventimiglia di Sicilia
SEGESTA
Godrano
Calatafimi
Camporeale
Villafrati
Ciminna
Vita
Madonna del Rosario
Rocca Busambra
Mezzojuso
MAZARA
Salemi
Destro
Roccamena
Sinistro
Giardinello
Vicari
Gibellina
Corleone
RUDERI DI GIBELLINA
Belice
Portella Scorciavacche
Lercara Friddi
Santa Ninfa
Poggioreale
Salaparuta
Campofiorito
Contessa Entellina
Prizzi
Partanna
Bisacquino
Montevago
Santa Margherita di Belice
Chiusa Sclafani
Castronuovo di Sicilia
Portella Mola
Palazzo Adriano
Portella Misilbesi
Giuliana
MONTI SICANI
Cammarata
Campobello di Mazara
Sambuca di Sicilia
Bivona
Lago Arancio
San Carlo
Burgio
Santo Stefano Quisquina
Monte Cammarata
Menfi
Villafranca Sicula
SELINUNTE
Caltabellotta
Alessandria della Rocca
Marinella
Porto Palo
Lucca Sicula
Casteltermini
San Calogero
Calamonaci
Cianciana
Ribera
San Biagio Platani
SCIACCA
Capo San Marco
Sant'Angelo Muxaro
Platani
Cattolica Eraclea
Santa Elisabetta
Raffadali
Aragona
ERACLEA MINOA
Montallegro
AGRIGENTO
Siculiana
Realmonte
VALLE DEI TEMPLI
Porto Empedocle
San Leone
MARE DI SICILIA
Castello di Montechiaro
45
Linosa
Lampedusa

A
B
a
b
d
13° 30'
14° 00'
38° 30'
38° 00'
37° 30'
USTICA
(Palermo)
238
Ustica
38° 40'
13° 10'
Palermo
Ústica
Cágliari
València
Génova
Livorno
Nápoli
Salerno
42
M A R
Capo Gallo
Partanna-Mondello
Isola delle Femmine
Monte Pellegrino
Capaci
600
PALERMO
Torretta
San Martino delle Scale
SOLUNTO
Capo Zafferano
Ficarazzi
Santa Flavia
Golfo di
Termini Imerese
Monreale
Villabate
Bagheria
Altofonte
Casteldaccia
Belmonte Mezzagno
Misilmeri
Altavilla Milicia
Cefalù
Piana degli Albanesi
856
Termini Imerese
Campofelice di Roccella
Trabia
Santuario di Gibilmanna
Portella Ginestra
Eleutero
Bolognetta
Marineo
Gratteri
531
Ventimiglia di Sicilia
521
Caccamo
IMERA
Godrano
Sciara
Collesano
Madonna del Rosario
Villafrati
Ciminna
Cerda
Pizzo Carbonara
1979
Rocca Busambra
Aliminusa
1613
Mezzojuso
LE MADONIE
Montemaggiore Belsito
Giardinello
700
Petralia Sottana
Sinistro
Corleone
Vicari
Caltavuturo
635
Polizzi Generosa
Roccapalumba
Portella Scorciavacche
683
Alia
Lercara Friddi
566
Castellana Sicula
Campofiorito
Portella dello Scavo
903
Valledolmo
Prizzi
966
Bisacquino
744
Castronuovo di Sicilia
Portella Mola
902
Resuttano
Vallelunga Pratameno
Palazzo Adriano
Giuliana
Platani
MONTI SICANI
Cammarata
Portella di Recattivo
832
Villalba
San Carlo
Bivona
1578
San Giovanni Gemini
Burgio
Santo Stefano Quisquina
Monte Cammarata
720
Marianopoli
Santa Caterina Villarmosa
Villafranca Sicula
Mussomeli
726
949
Lucca Sicula
533
Alessandria della Rocca
Casteltermini
Calamonaci
Sutera
Cianciana
CALTANISSETTA
Ribera
San Biagio Platani
Campofranco
568
San Cataldo
Sant'Angelo Muxaro
Platani
Milena
Cattolica Eraclea
Montedoro
Serradifalco
Santa Elisabetta
445
Raffadali
420
Aragona
Racalmuto
A19
A20
E 90
E 932
113
186
118
121
120
188
189
386
115
640
45

C
D
44
14° 30'
FILICUDI
774
Filicudi Porto
Capo Graziano
Pecorini a Mare
ALICUDI
675
SALINA
Malfa
962
Santa Marina Sa
Rinella
Acquacalda
Punta
Quattropani
602
Terme di San Calogero
Milazzo
Lipa
ISOLE EOLIE O LIPARI
(Messina)
VULCANO
39
TIRRENO
Capo Calavà
Gioiosa Marea
Capo d'Orlando
Capo d'Orlando
Brolo
Piraino
Patti
Naso
Sant'Angelo
E 90
Castell'Umberto
Sinagra
Sant'Agata di Militello
A20
Galati Mamertino
Raccuja
Acquedolci
Marina di Caronia
468
Tortorici
Santo Stefano di Camastra
Milianni
HALAESA
113
Caronia
San Fratello
Alcara li Fusi
Montalbano Elicona
Pollina
Tusa
Reitano
Floresta
1264
Pettineo
Portella dello Zoppo
Castelbuono
San Mauro Castelverde
Mistretta
900
MONTI NEBRODI
1847
Monte Soro
1524
Portella Femmina Morta
Santa Domenica Vittoria
Randazzo
765
Pollina
289
Geraci Siculo
Portella del Bafurco
1120
Colle del Contrasto
1107
Capizzi
1100
Lago dell' Ancipa
Cesarò
1150
117
120
Maletto
284
Simeto
Gangi
Petralia Soprana
1147
Cerami
Troina
1121
760
Bronte
1333
Monte Zimmara
Sperlinga
724
Nicosia
Bompietro
Gagliano Castelferrato
Salso
Alimena
Lago di Pozzillo
Adrano
560
Biancavilla
Nissoria
Leonforte
603
Agira
121
Regalbuto
Centuripe
Assoro
Santa Maria di Licodia
Belpasso
Villarosa
Calascibetta
Catenanuova
225
Paternò
E 932
931
ENNA
Pergusa
Lago di Pergusa
192
A19
Dittaino
Misterbianco
BUCINA
Valguarnera Caropepe
475
Castel di Iudica
Raddusa
117 bis
MORGANTINA
Pietraperzia
Piazza Armerina
Aidone
Lago di Ogliastro
Gornalunga
191
PIANA DI
© ISTITUTO GEOGRAFICO DE AGOSTINI SpA - Novara

45
MADONIE
Collesano
Pizzo Carbonara
1979
14° 00'
Cerda
Sciara
Castelverde
Geraci Siculo
Portella del Bafurco
1120
Colle del Contrasto
1107
900
Castronovo di Sicilia
Caltavuturo
Belsito
Roccapalumba
Alia
Lercara Friddi
Polizzi Generosa
Petralia Sottana
Petralia Soprana
1147
Gangi
Castellana Sicula
Monte Zimmara
1333
Sperlinga
724
Nicosia
Portella dello Scavo
566
903
Valledolmo
Bompietro
Alimena
Resuttano
E 932
Vallelunga Pratameno
Villalba
Portella di Recattivo
832
Platani
Cammarata
San Giovanni Gemini
1578
Monte Cammarata
Mussomeli
726
Marianopoli
720
Santa Caterina Villarmosa
Villarosa
Calascibetta
Leonforte
603
Nissoria
Assoro
ENNA
931
Pergusa
Lago di Pergusa
Valguarnera Caropepe
Casteltermini
Sutera
Campofranco
CALTANISSETTA
SABUCINA
568
San Cataldo
Milena
Montedoro
Serradifalco
Pietraperzia
117 bis
MORGANTINA
Santa Elisabetta
Racalmuto
445
Grotte
Canicattì
465
Barrafranca
Piazza Armerina
697
VILLA ROMANA DEL CASALE
Castrofilippo
Delia
Sommatino
Favara
338
VALLE DEI TEMPLI
Naro
500
Riesi
330
Mazzarino
553
San Cono
Campobello di Licata
Ravanusa
Camastra
Palma di Montechiaro
Salso
Imera Meridionale
Butera
Niscemi
332
Marina di Palma
Licata
E 931
Castello di Falconara
PIANA DI GELA
Gela
E 45
37° 30'
37° 00'
Golfo di Gela
MAR DI SICILIA
Scoglitti
Santa Croce Camerina
Punta Secca
San Pietro
Acate
A19

46
Monte Soro
Portella Femmina Morta
Santa Domenica Vittoria
Francavilla di Sicilia
Gola d'Alcantara
Letojanni
Randazzo
Castiglione di Sicilia
Capizzi
Lago dell' Ancipa
Cesarò
Maletto
Linguaglossa
Calatabiano
Giardini-Naxos
NAXOS
Piedimonte Etneo
Fiumefreddo di Sicilia
Cerami
Troina
Simeto
Bronte
ETNA
Sant'Alfio
Mascali
Riposto
Gagliano Castelferrato
Zafferana Etnea
Giarre
Lago di Pozzillo
Adrano
Santa Venerina
Agira
Regalbuto
Biancavilla
Nicolosi
Trecastagni
Acireale
Centuripe
Santa Maria di Licodia
Belpasso
San Giovanni la Punta
Aci Catena
Nápoli Livorno Marina di Ravenna
Catenanuova
Mascalucia
Aci Trezza
Paternò
Gravina di Catania
Aci Castello
Dittaino
Misterbianco
CATANIA
Castel di Iudica
Raddusa
Golfo di Catania
Lago di Ogliastro
Gornalunga
PIANA DI CATANIA
Ramacca
Vallettta-Malta
Palagonia
Agnone Bagni
Scordia
Lentini
Brucoli
Mineo
Militello in Val di Catania
Carlentini
Villasmundo
Capo Santa Croce
Caltagirone
Francofonte
Augusta
Grammichele
MEGARA HYBLAEA
Melilli
Licodia Eubea
Sortino
Priolo Gargallo
Vizzini
Granieri
Ferla
NECROPOLI DI PANTALICA
Buccheri
CASTELLO EURIALO
Solarino
Siracusa
Monterosso Almo
Mazzarrone
Buscemi
Palazzolo Acreide
Floridia
AKRAI
Canicattini Bagni
Giarratana
Chiaramonte Gulfi
VAL DI NOTO
Testa dell' Acqua
Cassibile
Comiso
Vittoria
NOTO ANTICA
RAGUSA
Avola
Noto
Calabernardo
Modica
Lido di Noto
Irminio
ELORO
CAVA D'ISPICA
Rosolini
Golfo di Noto
Marina di Ragusa
Scicli
Ispica
Donnalucata
Marzamemi
Sampieri
Pozzallo
Pachino
Capo Passero
Portopalo di Capo Passero
Capo delle Correnti

A
B
8° 30'
9° 00'
a
b
c
41° 00'
40° 30'
Propriano
Génova
Punta Caprara
o dello Scorno
PARCO NAZIONALE
DELL' ASINARA
408
Cala d'Oliva
La Reale
ASINARA
Fornelli
Capo del Falcone
Stintino
Golfo
dell' Asinara
Porto
Torres
Platamona
Marina
di Sorso
Sorso
Sennori
S. Michele
di Plaianu
SASSARI
225
Osilo
Nulvi
Castelsardo
Valledoria
Badesi Mare
Isola Rossa
Trinitá d'Agultu
e Vignola
Punta
li France
Portobello
di Gallura
COSTA PARADISO
Viddalba
Punta Sa
911
Terme di
Castel Doria
Bortigiada
L' Elefante
Sedini
S. Pietro di Simbranos
Laerru
Perfugas
Martis
Chiaramonti
Tula
ANGLONA
NURRA
Palmadula
Argentiera
NECROPOLI
ANGHELU RUIU
Olmedo
Monte Doglia
436
Fertilia
Tramariglio
Grotta
di Nettuno
Maristella
Rada
d' Alghero
Capo Caccia
ALGHERO
Santuario
di Valverde
Putifigari
Usini
Ossi
Uri
Florinas
R. Mannu
Ittiri
400
SS. Trinità
di Saccargia
Ploaghe
S. Antioco
di Bisarcio
Ardara
Chilivani
390
LOGUDORO
Siligo
Thiesi
Mores
Ittireddu
Bonnanaro
Torralba
San Pietro
di Sorres
NUR. S. ANTINE
Giave
Villanova
Monteleone
567
Monteleone
Rocca Doria
San Nicolò
di Trullas
508
Bonorva
Foresta
di Burgos
1258
Monte Rasu
Burgos
NUR. PALA
E RUGHES
Bolotana
Silanus
Padria
Pozzomaggiore
Monte
Mannu
802
Montresta
MAR DI
SARDEGNA
Capo Marargiu
Bosa
Bosa Marina
Sindia
Suni
Tresnuraghes
Abbazia di Santa
Maria di Corte
563
Macomer
NURAGHE
SANTA SABINA
Dualchi
Borore
Noragugume
Scano di
Montiferro
Cuglieri
483
San Leonardo
de Siete Fuentes
Sedilo
Monte Ferru
1050
S. Caterina
Abbasanta
NURAGHE
Ghilarza
Lago
Omodeo
Tirso
291
127 bis
131
597
131 bis
128 bis
292
129 bis
129
131 D.C.N.
134
127
132

49

Bonifacio
Capo di Feno
Capo Pertusato
CAVALLO
ÎLES LAVEZZI
C
D
9° 30'
Bocche di Bonifacio
RAZZOLI
SANTA MARIA
BUDELLI
PARCO NAZIONALE
Génova
MAR TIRRENO
Punta Falcone
SPARGI
MADDALENA
Santa Teresa Gallura
Capo Testa
DELL'ARCIPELAGO
CAPRERA
Civitavècchia
Livorno
La Maddalena
Tomba di Garibaldi
Palau
DE LA MADDALENA
Nápoli
Porto Pozzo
l'Orso
Capo Ferro
Baia Sardinia
Porto Cervo
Torre Vignola
Génova
La Spezia
Livorno
Civitavècchia
Piombino
Cannigione
Bassacutena
Liscia
COSTA SMERALDA
Arzachena
MORTORIO
Capriccioli
SOFFI
Aglientu
639
Monte Puntaccia
Luogosanto
S. Pantaleo
Golfo di Congianus
Porto Rotondo
G A L L U R A
Lago di Liscia
Capo Figari
Sant'Antonio di Gallura
Golfo Aranci
NURAGHE MAIORI
Luras
OLBIA
Golfo di Olbia
Calangianus
566
Tempio Pausania
Telti
TAVOLARA
MOLARA
1359
Monte Limbara
la Variante
Loiri
Porto San Paolo
Monte Petrosu
Capo Coda Cavallo
Berchiddeddu
Arbatax
Berchidda
Monti
San Teodoro
Padru
Budditogliu
Straulas
Monte Nieddu
971
Cuzzola
Budoni
Oschiri
202
Brunella
Piras
Alà dei Sardi
NURAGHE RUJU
Posada
Torpè
la Caletta
Monte Lerno
1093
Pattada
345
Buddusò
700
Mamone
Lodè
Siniscola
Santa Lucia
Nughedu di San Nicolò
Tirso
Osidda
Monte Albo
Capo Comino
B A R O N I E
548
Lula
1127
Bultei
Benetutti
Bitti
Cala Liberotto
Bono
Terme Aurora
Orune
750
Loculi
Onifai
Galtelli
Orosei
Marina di Orosei
NUORO
Monte Ortobene
955
SERRA ORRIOS
Cedrino
549
Orotelli
Dorgali
390
Cala Gonone
Oliena
379
Monte Corrasi
1463
Orani
Grotta del Bue Marino
PARCO NAZ.
Golfo di Orosei
Sarule
Ottana
Mamoiada
846
Ianna Caguseli
Orgosolo
Olzai
Gavoi
DEL
Fonni
906

47
A
B
a
b
c
d
40° 00'
39° 30'
39° 00'
8° 30'
9° 00'
MAR DI SARDEGNA
S. Caterina di Pittinuri
Santu Lussurgiu
Abbasanta
NURAGHE LOSA
Ghilarza
Lago Omodeo
Sorradile
Bonarcado
Seneghe
CORNUS
S' Archittu
Narbolia
Paulilatino
Ardauli
Milis
Capo Mannu
Putzu Idu
MAL DI VENTRE
San Vero Milis
NUR. S'URACHI
Bauladu
Busachi
Ortueri
Riola Sardo
Villanova Truschedu
Tirso
Fordongianus
S. Lussurgiu
SINIS
Stagno di Cabras
Nurachi
Solarussa
Cabras
Simaxis
Siamanna
Samughe
Ruinas
ORISTANO
Marina di Torre Grande
S. Giovanni di Sinis
THARROS
Santa Giusta
Mogorella
Asuni
Capo San Marco
Laco
Golfo di Oristano
Usellus
Nureci
Monte Arci
812
GIARA DI GESTURI
Nuragu
Capo della Frasca
Arborea
Marrubiu
Morgongiori
Albagiara
Ales
Baradili
Simala
S. Antonio di Santadi
Terralba
Tuili
Uras
NURAGHE SU NURAXI
San Nicolò d'Arcidano
Mogoro
Gonnostramatza
Las P
NUR. GENNA MARIA
Villanovaforru
Terme di Sardara
Sardara
Villamar
Marina di Arbus
Pabillonis
CAMPIDANO
COSTA VERDE
Montevecchio
Sanluri
Guas
Arbus
Guspini
San Gavino Monreale
Furtei
Ingurtosu
Serrenti
Gonnosfanadiga
Samassi
Capo Pecora
Monte Linas
1236
Villacidro
Nuraminis
Fluminimaggiore
Serramanna
TEMPIO DI ANTAS
Buggerru
Malacalzetta
Arcu Genna Bogai
549
Vallermosa
Villasor
Decimoputzu
Grotta di San Giovanni
Masua
Iglesias
Domusnovas
Decimom
Villaspeciosa
Assem
Golfo di Gonnesa
Siliqua
Gonnesa
Cixerri
Uta
NURAGHE SERUCI
Villamassargia
CASTELLO DI ACQUAFREDDA
Portoscuso
Terraseo
Tonnare
Paringianu
Carbonia
Narcao
Acquacadda
Capoterra
Carloforte
211
Monte is Caravius
1116
Matzaccara
Calasetta
San Giovanni Suergiu
la Caletta
Villaperuccio
SULCIS
IGLESIENTE
Lago di Monte Pranu
Santadi
SAN PIETRO
Tratalias
Sant'Antioco
Giba
SANT' ANTIOCO
271
Porto Botte
Golfo di Palmas
Sant'Anna Arresi
Pula
Cannai
NURAGHE BARUSSA
Teulada
Porto Pino
Domus de Maria
Santa Margheri
Capo Sperone
LA VACCA
COSTA DEL SUD
Golfo di Teulada
BITHIA
IL TORO
Capo Teulada
Capo Spartivento

50
Fonni
Passo di Caravai
Genna Cruxi
906
Urzulei
9° 30'
Capo di Monte Santu
Teti
Ovodda
1000
1118
1246
Arcu Correboi
Austis
DI OROSEI
MONTI DEL
Talana
Baunei
Triei
Ólbia
Génova
Civitavécchia
Fiumicino
Sorgono
Tonara
Desulo
BARBAGIA DEL
Santa Maria Navarrese
Atzara
1834
Punta La Marmora
GENNARGENTU
Villanova Strisaili
Villagrande Strisaili
Lotzorai
796
Aritzo
Lago Alto del Flumendosa
Meana Sardo
Arzana
Arbatax
Tortolì
Flumendosa
GENNARGENTU
Monte Perdedu
1334
Lanusei
OGLIASTRA
Seulo
Seui
Gairo
Bari Sardo
Grotta su Marmuri
Ulassai
Cardedu
Nurallao
Ussassai
Esterzili
Jerzu
Monte Santa Vittoria
1212
Villanova Tulo
Marina di Gairo
Isili
Gesturi
523
Nurri
Lago del Flumendosa
Flumineddu
Capo Sferracavallo
Barumini
Serri
Tertenia
121
Gergei
Orroli
Perdasdefogu
Lassas
Mandas
Lago Mulargia
MAR
Escalaplano
Gesico
Siurgus Donigala
NURAGHE GONI
Goni
Suelli
Ballao
CASTELLO DI QUIRRA
199
Senorbì
San Basilio
Armungia
San Nicolò Gerrei
Quirra
Capo San Lorenzo
Samatzai
Villasalto
Flumendosa
Sant'Andrea Frius
San Vito
Villaputzu
TIRRENO
Ussana
Muravera
Monastir
NURAGHE S'ORO
Punta Serpeddi
1067
Dolianova
Burcei
San Priamo
Sestu
134
Sinnai
Monte Sette Fratelli
Settimo San Pietro
Maracalagonis
1023
Capo Ferrato
COSTA REI
Selargius
Quartu Sant'Elena
Castiadas
Sant'Andrea
Poetto
CÁGLIARI
Capo Sant' Elia
Geremeas
Villasimius
SERPENTARA
Capo Boi
Capo Carbonara
Golfo di
Cagliari
I. DEI CAVOLI
Génova
Livorno
Civitavécchia
Nápoli
Tūnis
Palermo
Trápani
© ISTITUTO GEOGRAFICO DE AGOSTINI SpA - Novara

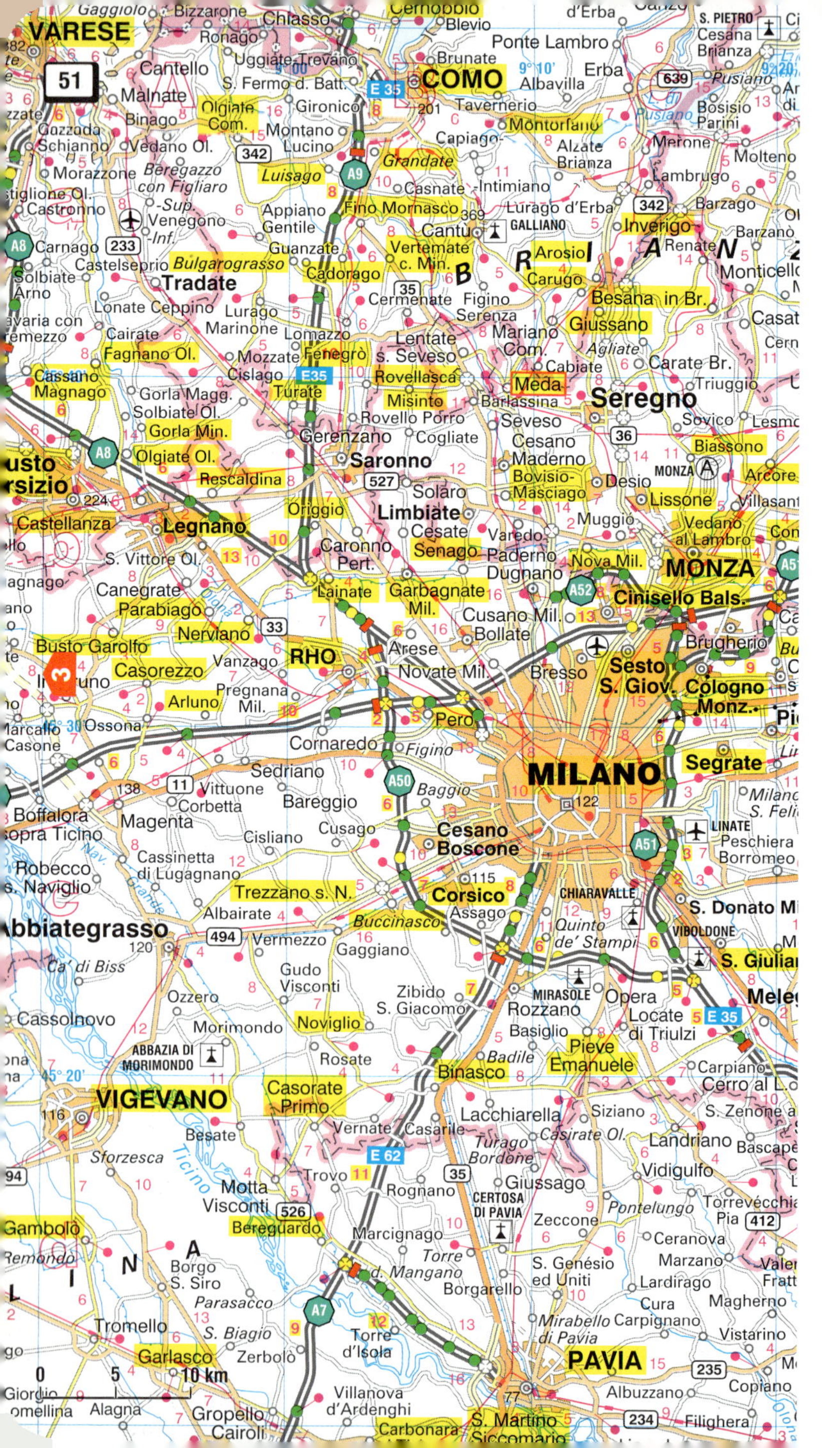

VARESE
51
Gaggiolo
Bizzarone
Ronago
Chiasso
Cernobbio
Blevio
Uggiate-Trevano
Brunate
COMO
Ponte Lambro
Erba
Albavilla
Tavernerio
Montorfano
Alzate Brianza
Merone
Molteno
S. PIETRO
Cesana
Brianza
Pusiano
Bosisio Parini
Cantello
Malnate
Binago
Olgiate Com.
Gironico
S. Fermo d. Batt.
Montano
Lucino
Gazzada
Schianno
Vedano Ol.
Morazzone
Beregazzo con Figliaro
Luisago
Grandate
Capiago
Casnate
Intimiano
Lurago d'Erba
Lambrugo
Barzago
Barzanò
Castronno
Venegono Sup.
Venegono Inf.
Appiano Gentile
Guanzate
Fino Mornasco
Cantù
GALLIANO
Inverigo
Renate
Carnago
Castelseprio
Bulgarograsso
Cadorago
Vertemate c. Min.
Arosio
Carugo
Monticello
Solbiate Arno
Tradate
Lonate Ceppino
Lurago Marinone
Lomazzo
Cermenate
Figino Serenza
Mariano Com.
Besana in Br.
Giussano
Agliate
Carate Br.
Cairate
Fagnano Ol.
Mozzate
Fenegrò
Lentate s. Seveso
Cabiate
Meda
Barlassina
Seregno
Triuggio
Cassano Magnago
Gorla Magg.
Solbiate Ol.
Gorla Min.
Cislago
Turate
Rovellasca
Misinto
Rovello Porro
Seveso
Cesano Maderno
Sovico
Biassono
Busto Arsizio
Olgiate Ol.
Gerenzano
Cogliate
Saronno
Bovisio-Masciago
Desio
MONZA
Arcore
Castellanza
Rescaldina
Solaro
Limbiate
Lissone
Villasanta
Legnano
Origgio
Cesate
Muggiò
Vedano al Lambro
S. Vittore Ol.
Caronno Pert.
Senago
Varedo
Paderno Dugnano
Nova Mil.
Canegrate
Parabiago
Lainate
Garbagnate Mil.
Cinisello Bals.
Busto Garolfo
Nerviano
Cusano Mil.
Bollate
Brugherio
Casorezzo
Vanzago
RHO
Arese
Novate Mil.
Bresso
Sesto S. Giov.
Cologno Monz.
Arluno
Pregnana Mil.
Pero
Ossona
Cornaredo
Figino
MILANO
Segrate
Sedriano
Vittuone
Corbetta
Bareggio
Baggio
Boffalora sopra Ticino
Magenta
Cisliano
Cusago
Cesano Boscone
LINATE
Peschiera Borromeo
Robecco s. Naviglio
Cassinetta di Lugagnano
Trezzano s. N.
Corsico
Assago
CHIARAVALLE
S. Donato Mi
Abbiategrasso
Albairate
Vermezzo
Buccinasco
Quinto de' Stampi
VIBOLDONE
S. Giuliano
Ca' di Biss
Gudo Visconti
Gaggiano
Zibido S. Giacomo
MIRASOLE
Opera
Ozzero
Rozzano
Locate di Triulzi
Melegnano
Cassolnovo
Morimondo
Noviglio
Basiglio
Pieve Emanuele
ABBAZIA DI MORIMONDO
Rosate
Badile
Binasco
Carpiano
Cerro al L.
VIGEVANO
Casorate Primo
Lacchiarella
Siziano
S. Zenone
Besate
Vernate
Casarile
Turago Bordone
Casirate Ol.
Landriano
Bascapè
Sforzesca
Ticino
Trovo
Giussago
Vidigulfo
Motta Visconti
Rognano
CERTOSA DI PAVIA
Pontelungo
Torrevecchia Pia
Gambolò
Bereguardo
Marcignago
Zeccone
Ceranova
Remondò
Borgo S. Siro
Torre d. Mangano
S. Genesio ed Uniti
Marzano
Lardirago
Valera Fratta
Parasacco
Borgarello
Cura Carpignano
Magherno
Tromello
S. Biagio
Torre d'Isola
Mirabello di Pavia
Vistarino
Garlasco
Zerbolò
PAVIA
0 5 10 km
Alagna
Villanova d'Ardenghi
Albuzzano
Copiano
Gropello Cairoli
S. Martino Siccomario
Carbonara
Filighera
LIGURIA?
A8
A9
A50
A51
A52
A7
E 35
E 62

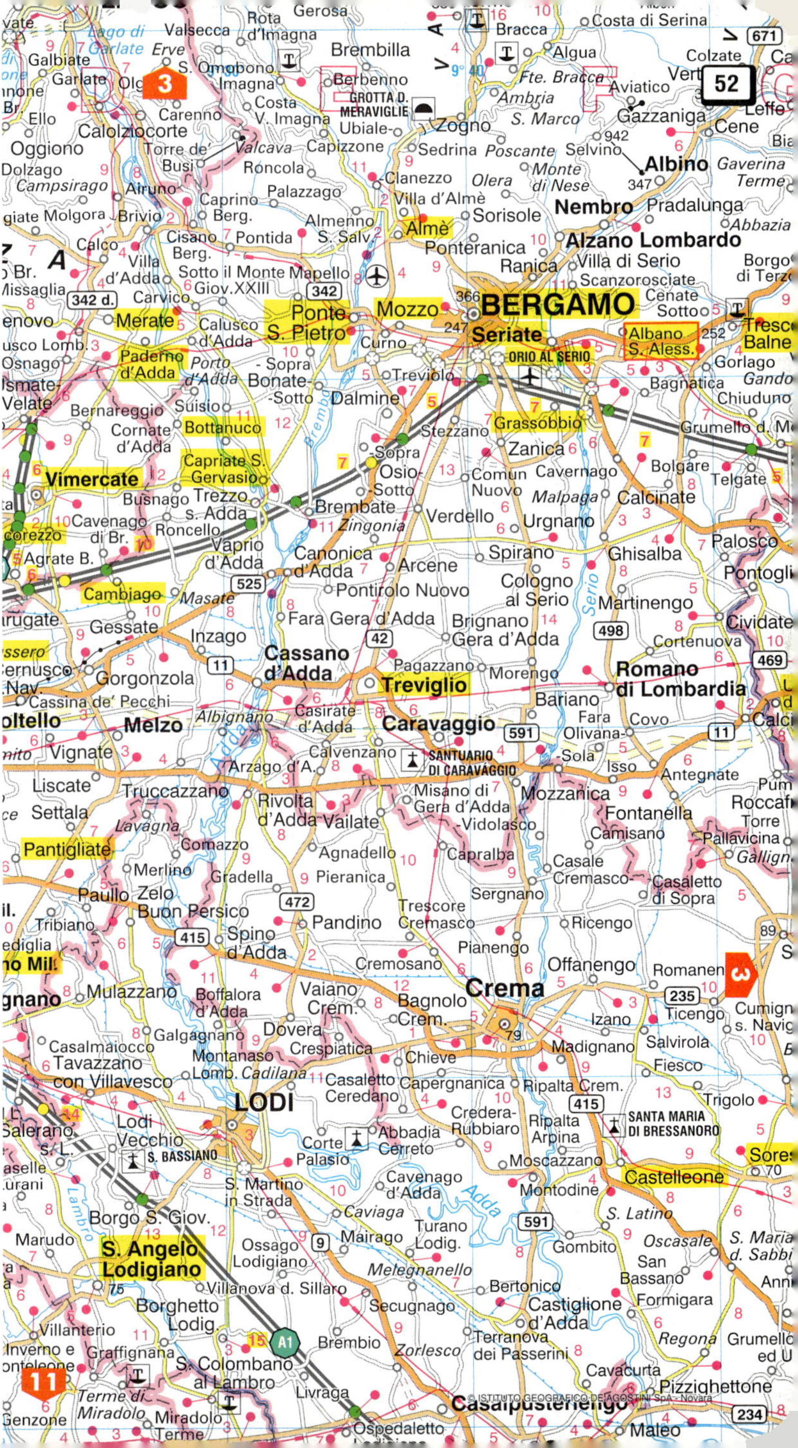

Lago di Garlate
Valsecca
Rota d'Imagna
Gerosa
Brembilla
Bracca
Costa di Serina
Algua
Colzate
Vertova
Galbiate
Garlate
Olginate
Erve
S. Omobono
Imagna
Berbenno
Grotta d. Meraviglie
Fte. Bracca
Aviatico
Ambria
Gazzaniga
Leffe
Cene
Ello
Calolziocorte
Carenno
Costa V. Imagna
Ubiale-Capizzone
Zogno
S. Marco
Oggiono
Dolzago
Torre de' Busi
Valcava
Sedrina
Poscante
Selvino
Albino
Gaverina Terme
Campsirago
Airuno
Roncola
Clanezzo
Olera
Monte di Nese
Caprino Berg.
Palazzago
Villa d'Almè
Sorisole
Nembro
Pradalunga
Molgora
Brivio
Almenno S. Salv.
Almè
Abbazia
Calco
Cisano Berg.
Pontida
Ponteranica
Alzano Lombardo
Villa d'Adda
Sotto il Monte Giov. XXIII
Mapello
Ranica
Villa di Serio
Borgo di Terzo
Missaglia
Carvico
Scanzorosciate
Merate
Calusco d'Adda
Ponte S. Pietro
Mozzo
BERGAMO
Cenate Sotto
Seriate
Albano S. Aless.
Trescore Balneario
Osnago
Paderno d'Adda
Porto d'Adda
Sopra Bonate Sotto
Curno
Orio al Serio
Gorlago
Velate
Treviolo
Bagnatica
Gandosso
Bernareggio
Suisio
Dalmine
Chiuduno
Cornate d'Adda
Bottanuco
Stezzano
Grassobbio
Grumello d. Monte
Sopra
Zanica
Vimercate
Capriate S. Gervasio
Osio Sotto
Comun Nuovo
Cavernago
Bolgare
Telgate
Busnago
Trezzo s. Adda
Brembate
Malpaga
Calcinate
Cavenago di Br.
Roncello
Zingonia
Verdello
Urgnano
Agrate B.
Vaprio d'Adda
Canonica d'Adda
Spirano
Ghisalba
Palosco
Arcene
Cologno al Serio
Pontoglio
Cambiago
Masate
Pontirolo Nuovo
Martinengo
Fara Gera d'Adda
Brignano Gera d'Adda
Gessate
Inzago
Cassano d'Adda
Cividate
Cortenuova
Cernusco s. Nav.
Gorgonzola
Pagazzano
Morengo
Romano di Lombardia
Treviglio
Cassina de' Pecchi
Casirate d'Adda
Bariano
Fara Olivana
Covo
Calcio
Melzo
Albignano
Caravaggio
Vignate
Calvenzano
Santuario di Caravaggio
Sola
Isso
Antegnate
Arzago d'A.
Liscate
Truccazzano
Rivolta d'Adda
Misano di Gera d'Adda
Mozzanica
Pumenengo
Roccafranca
Settala
Vailate
Vidolasco
Fontanella
Torre Pallavicina
Lavagna
Camisano
Pantigliate
Comazzo
Agnadello
Capralba
Casale Cremasco
Gallignano
Merlino
Gradella
Pieranica
Casaletto di Sopra
Paullo
Zelo Buon Persico
Sergnano
Tribiano
Pandino
Trescore Cremasco
Ricengo
Spino d'Adda
Pianengo
Cremosano
Offanengo
Romanengo
Mulazzano
Boffalora d'Adda
Vaiano Crem.
Bagnolo Crem.
Crema
Izano
Ticengo
Cumignano s. Navig.
Casalmaiocco
Galgagnano
Dovera
Crespiatica
Madignano
Salvirola
Tavazzano con Villavesco
Montanaso Lomb.
Cadilana
Chieve
Fiesco
Casaletto Ceredano
Capergnanica
Ripalta Crem.
Trigolo
LODI
Credera-Rubbiano
Ripalta Arpina
Santa Maria di Bressanoro
Salerano s/L.
Lodi Vecchio
Abbadia Cerreto
Corte Palasio
Moscazzano
S. Bassiano
Castelleone
S. Martino in Strada
Cavenago d'Adda
Montodine
Lambro
Caviaga
Adda
S. Latino
Borgo S. Giov.
Turano Lodig.
Oscasale
S. Maria d. Sabbioni
Marudo
Mairago
Gombito
S. Angelo Lodigiano
Ossago Lodigiano
San Bassano
Melegnanello
Villanova d. Sillaro
Bertonico
Formigara
Borghetto Lodig.
Secugnago
Castiglione d'Adda
Villanterio
Terranova dei Passerini
Regona
Grumello ed Uniti
Inverno e Monteleone
Graffignana
Brembio
Zorlesco
Cavacurta
S. Colombano al Lambro
Pizzighettone
Terme di Miradolo
Livraga
Casalpusterlengo
Genzone
Miradolo Terme
Ospedaletto
Maleo
© ISTITUTO GEOGRAFICO DE AGOSTINI SpA - Novara

www.vicolungooutlets.com
vicolungo outlets
Aperti tutti i giorni con prezzi scontati fino al 70% su abbigliamento donna, uomo e bambino, sportswear, accessori, articoli per la casa, cosmetici e idee per il benessere.
A4 MI-TO USCITA BIANDRATE/VICOLUNGO
ASSOCIAZIONE DI VIA VICOLUNGO OUTLETS - TEL. 0321 83 50 32

MACULAN
BELLENDA
Giusto
SENZA ZUCCHERO
XII Premio "Dino Villani" 2000
Accademia Italiana della Cucina
German certification DLG
Golden Medal 2000
Medaglia d'oro CCIAA
2002
GOLD
GREAT
Taste
AWARDS 2003
LONDON - UK
FORNO A LEGNA
Loison
Nature's Finest
GMO FREE
CERTIFIED
Pasticceri dal 1938
The taste of Italy
made in Italy
DOLCIARIA A. LOISON S.r.l.
S.S. Pasubio, 6 - 36030 COSTABISSARA (VI) - Italy - T. +39 0444 557 844 - F. +39 0444 557 869
loison@loison.com - www.loison.com